ABOUT THIS PUBLICATION

FOR SERVICE ASSISTANCE

Customer Service
1.704.898.0770

North Carolina General Statues is published by The Muliti-Media Group of Greater Charlotte in Charlotte, North Carolina. Copyright 2015 by the Multi-Media Group of Greater Charlotte. This book or parts thereof may not be reproduced in any form, stored in a retrieval system, or transmitted in any form by any means—electronic, mechanical, photocopy, recording or otherwise—without prior written permission of the publisher, except as provided by United States of America copyright law.

The records required by U.S. Code 2257(a) through (c) and the pertinent regulations 28 C.F.R. Cli. 1, Part 75 with respect to this publication and all materials associated with such records are maintained by The Multi-Media Group of Greater Charlotte, Publisher and available for review by Attorney General.

www.visionbooks.org

Copyright © 2015 by MMGGC
All rights reserved!

TID: 5072114
ISBN (10) digit: 1502990393
ISBN (13) digit: 978-1502990396

123-4-56789-01239-Paperback
123-4-56789-01239-Hardback

First Edition

090520140547

Printed in the United States of America

2015 EDITION

North Carolina Criminal Law And Procedure-Pamphlet # 66

Printed In conjunction with the Administration of the Courts

North Carolina Criminal Law and Procedure
Pamphlet Reference Guide

Chapters	Pamphlet
Chapter 1 Civil Procedure	1
Chapter 1 Civil Procedure (Continue)	2
Chapter 1A Rules of Civil Procedure	2
Chapter 1B Contribution.	2
Chapter 1C Enforcement of Judgments.	2
Chapter 1D Punitive Damages.	2
Chapter 1E Eastern Band of Cherokee Indians.	2
Chapter 1F North Carolina Uniform Interstate Depositions and Discovery Act.	2
Chapter 2 - Clerk of Superior Court [Repealed and Transferred.]	3
Chapter 3 - Commissioners of Affidavits and Deeds [Repealed.]	3
Chapter 4 - Common Law	3
Chapter 5 - Contempt [Repealed.]	3
Chapter 5A - Contempt	3
Chapter 6 - Liability for Court Costs	3
Chapter 7 - Courts [Repealed and Transferred.]	3
Chapter 7A – Judicial Department	3
Chapter 7A – Continuation (Judicial Department)	4
Chapter 7A – Continuation (Judicial Department)	5
Chapter 7B - Juvenile Code	5
Chapter 8 - Evidence	6
Chapter 8A - Interpreters for Deaf Persons [Recodified.]	6
Chapter 8B - Interpreters for Deaf Persons	6
Chapter 8C - Evidence Code	6
Chapter 9 - Jurors	6
Chapter 10 - Notaries [Repealed.]	6
Chapter 10A - Notaries [Recodified.]	6
Chapter 10B - Notaries	6
Chapter 11 - Oaths	6
Chapter 12 - Statutory Construction	6
Chapter 13 - Citizenship Restored	6
Chapter 14 - Criminal Law	7
Chapter 14 –Criminal Law (Continuation)	8
Chapter 15 - Criminal Procedure	9
Chapter 15A - Criminal Procedure Act (Continuation)	10
Chapter 15A - Criminal Procedure Act (Continuation)	11
Chapter 15B - Victims Compensation	11
Chapter 15C - Address Confidentiality Program	11
Chapter 16 - Gaming Contracts and Futures	11
Chapter 17 - Habeas Corpus	11

Chapter 17A - Law-Enforcement Officers [Recodified.]	11
Chapter 17B - North Carolina Criminal Justice Education and Training System [Recodified.] Chapter 17C - North Carolina Criminal Justice Education and Training Standards Commission	11
Chapter 17D - North Carolina Justice Academy	11
Chapter 17E - North Carolina Sheriffs' Education and Training Standards Commission	11
Chapter 18 - Regulation of Intoxicating Liquors [Repealed.]	12
Chapter 18A - Regulation of Intoxicating Liquors [Repealed.]	12
Chapter 18B - Regulation of Alcoholic Beverages	12
Chapter 18C - North Carolina State Lottery	12
Chapter 19 - Offenses against Public Morals	12
Chapter 19A - Protection of Animals	12
Chapter 20 - Motor Vehicles	13
Chapter 20 - Motor Vehicles (Continuation)	14
Chapter 20 - Motor Vehicles (Continuation)	15
Chapter 20 - Motor Vehicles (Continuation)	16
Chapter 21 - Bills of Lading	17
Chapter 22 - Contracts Requiring Writing	17
Chapter 22A - Signatures	17
Chapter 22B - Contracts Against Public Policy	17
Chapter 22C - Payments to Subcontractors	17
Chapter 23 - Debtor and Creditor	17
Chapter 24 – Interest	17
Chapter 25 – Uniform Commercial Code	18
Chapter 25 – Uniform Commercial Code (Continuation)	19
Chapter 25A – Retail Installment Sales Act	20
Chapter 25B - Credit	20
Chapter 25C - Sales of Artwork	20
Chapter 26 - Suretyship	20
Chapter 27 - Warehouse Receipts [Repealed.]	20
Chapter 28 - Administration [Repealed.]	20
Chapter 28A - Administration of Decedents' Estates	20
Chapter 28B - Estates of Absentees in Military Service	20
Chapter 28C - Estates of Missing Persons	20
Chapter 29 - Intestate Succession	21
Chapter 30 - Surviving Spouses	21
Chapter 31 - Wills	21
Chapter 31A - Acts Barring Property Rights	21
Chapter 31B - Renunciation of Property and Renunciation of Fiduciary Powers Act	21
Chapter 31C - Uniform Disposition of Community Property Rights at Death Act	21
Chapter 32 - Fiduciaries	21
Chapter 32A - Powers of Attorney	21
Chapter 33 - Guardian and Ward [Repealed and Recodified.]	21

Chapter 33A - North Carolina Uniform Transfers to Minors Act	21
Chapter 33B - North Carolina Uniform Custodial Trust Act	21
Chapter 34 - Veterans' Guardianship Act	22
Chapter 35 - Sterilization Procedures	22
Chapter 35A - Incompetency and Guardianship	22
Chapter 36 - Trusts and Trustees [Repealed.]	22
Chapter 36A - Trusts and Trustees	22
Chapter 36B - Uniform Management of Institutional Funds Act [Repealed.]	22
Chapter 36C - North Carolina Uniform Trust Code	22
Chapter 36D - North Carolina Community Third Party Trusts, Pooled Trusts	23
Chapter 36E - Uniform Prudent Management of Institutional Funds Act	23
Chapter 37 - Allocation of Principal and Income [Repealed.]	23
Chapter 37A - Uniform Principal and Income Act	23
Chapter 38 - Boundaries	23
Chapter 38A - Landowner Liability	23
Chapter 39 - Conveyances	23
Chapter 39A - Transfer Fee Covenants Prohibited	23
Chapter 40 - Eminent Domain [Repealed.]	23
Chapter 40A - Eminent Domain	23
Chapter 41 - Estates	23
Chapter 41A - State Fair Housing Act	23
Chapter 42 - Landlord and Tenant	23
Chapter 42A - Vacation Rental Act	23
Chapter 43 - Land Registration	23
Chapter 44 - Liens	24
Chapter 44A - Statutory Liens and Charges	24
Chapter 45 - Mortgages and Deeds of Trust	24
Chapter 45A - Good Funds Settlement Act	24
Chapter 46 - Partition	24
Chapter 47 - Probate and Registration	25
Chapter 47A - Unit Ownership	25
Chapter 47B - Real Property Marketable Title Act	25
Chapter 47C - North Carolina Condominium Act	25
Chapter 47D - Notice of Settlement Act [Expired.]	25
Chapter 47E - Residential Property Disclosure Act	25
Chapter 47F - North Carolina Planned Community Act	25
Chapter 47G - Option to Purchase Contracts	25
Chapter 47H - Contracts for Deed	25
Chapter 48 - Adoptions +	26
Chapter 48A - Minors	26
Chapter 49 - Bastardy	26
Chapter 49A - Rights of Children	26
Chapter 50 - Divorce and Alimony	26
Chapter 50A - Uniform Child-Custody Jurisdiction and	

Enforcement Act	26
Chapter 50B - Domestic Violence	26
Chapter 50C - Civil No-Contact Orders	26
Chapter 51 - Marriage	26
Chapter 52 - Powers and Liabilities of Married Persons	27
Chapter 52A - Uniform Reciprocal Enforcement of Support Act [Repealed.]	27
Chapter 52B - Uniform Premarital Agreement Act	27
Chapter 52C - Uniform Interstate Family Support Act	27
Chapter 53 - Banks	27
Chapter 53A - Business Development Corporations and North Carolina Capital Resource Corporations	28
Chapter 53B - Financial Privacy Act	28
Chapter 54 - Cooperative Organizations	28
Chapter 54A - Capital Stock Savings and Loan Associations [Repealed.]	28
Chapter 54B - Savings and Loan Associations	29
Chapter 54C - Savings Banks	29
Chapter 55 - North Carolina Business Corporation Act	30
Chapter 55A - North Carolina Nonprofit Corporation Act	31
Chapter 55B - Professional Corporation Act	31
Chapter 55C - Foreign Trade Zones	31
Chapter 55D - Filings, Names, and Registered Agents for Corporations, Nonprofit Corporations, and Partnerships	31
Chapter 56 - Electric, Telegraph and Power Companies [Repealed.]	31
Chapter 57 - Hospital, Medical and Dental Service Corporations [Recodified.]	31
Chapter 57A - Health Maintenance Organization Act [Recodified.]	31
Chapter 57B - Health Maintenance Organization Act [Recodified.]	31
Chapter 57C - North Carolina Limited Liability Company Act.	31
Chapter 58 - Insurance.	32
Chapter 58 - Insurance (Continuation)	33
Chapter 58 - Insurance (Continuation)	34
Chapter 58 - Insurance (Continuation)	35
Chapter 58 - Insurance (Continuation)	36
Chapter 58 - Insurance (Continuation)	37
Chapter 58 - Insurance (Continuation)	38
Chapter 58A - North Carolina Health Insurance Trust Commission [Recodified.]	38
Chapter 59 - Partnership.	39
Chapter 59B - Uniform Unincorporated Nonprofit Association Act.	39
Chapter 60 - Railroads and Other Carriers [Repealed and Transferred.]	39
Chapter 61 - Religious Societies	39
Chapter 62 - Public Utilities	39

Chapter 62 - Public Utilities (Continuation)	40
Chapter 62A - Public Safety Telephone Service And Wireless Telephone Service	40
Chapter 63 - Aeronautics	40
Chapter 63A - North Carolina Global TransPark Authority	40
Chapter 64 - Aliens	40
Chapter 65 – Cemeteries	40
Chapter 66 - Commerce and Business	41
Chapter 67 - Dogs	41
Chapter 68 - Fences and Stock Law	41
Chapter 69 - Fire Protection	41
Chapter 70 - Indian Antiquities, Archaeological Resources and Unmarked Human Skeletal Remains Protection	42
Chapter 71 - Indians [Repealed.]	42
Chapter 71A - Indians	42
Chapter 72 - Inns, Hotels and Restaurants	42
Chapter 73 - Mills	42
Chapter 74 - Mines and Quarries	42
Chapter 74A - Company Police [Repealed.]	42
Chapter 74B - Private Protective Services Act [Repealed.]	42
Chapter 74C - Private Protective Services	42
Chapter 74D - Alarm Systems	42
Chapter 74E - Company Police Act	42
Chapter 74F - Locksmith Licensing Act	42
Chapter 74G - Campus Police Act	42
Chapter 75 - Monopolies, Trusts and Consumer Protection	42
Chapter 75A - Boating and Water Safety	43
Chapter 75B - Discrimination in Business	43
Chapter 75C - Motion Picture Fair Competition Act	43
Chapter 75D - Racketeer Influenced and Corrupt Organizations	43
Chapter 75E - Unlawful Activities in Connection With Certain Corporate Transactions	43
Chapter 76 - Navigation	43
Chapter 76A - Navigation and Pilotage Commissions	43
Chapter 77 - Rivers, Creeks, and Coastal Waters	43
Chapter 78 - Securities Law [Repealed.]	43
Chapter 78A - North Carolina Securities Act	43
Chapter 78B - Tender Offer Disclosure Act [Repealed.]	43
Chapter 78C - Investment Advisers	43
Chapter 78D - Commodities Act	43
Chapter 79 - Strays [Repealed.]	43
Chapter 80 - Trademarks, Brands, etc.	44
Chapter 81 - Weights and Measures [Recodified.]	44
Chapter 81A - Weights and Measures Act of 1975.	44
Chapter 82 - Wrecks [Repealed.]	44
Chapter 83 - Architects [Recodified.]	44

Chapter 83A - Architects	44
Chapter 84 - Attorneys-at-Law	44
Chapter 84A - Foreign Legal Consultants	44
Chapter 85 - Auctions and Auctioneers [Repealed.]	44
Chapter 85A - Bail Bondsmen and Runners [Recodified.]	44
Chapter 85B - Auctions and Auctioneers	44
Chapter 85C - Bail Bondsmen and Runners [Recodified.]	44
Chapter 86 - Barbers [Recodified.]	44
Chapter 86A - Barbers	44
Chapter 87 - Contractors	44
Chapter 88 - Cosmetic Art [Repealed.]	44
Chapter 88A - Electrolysis Practice Act	44
Chapter 88B - Cosmetic Art	45
Chapter 89 - Engineering and Land Surveying [Recodified.]	45
Chapter 89A - Landscape Architects	45
Chapter 89B - Foresters	45
Chapter 89C - Engineering and Land Surveying	45
Chapter 89D - Landscape Contractors	45
Chapter 89E - Geologists Licensing Act	45
Chapter 89F - North Carolina Soil Scientist Licensing Act	45
Chapter 89G - Irrigation Contractors	45
Chapter 90 - Medicine and Allied Occupations	45
Chapter 90 - Medicine and Allied Occupations (Continuation)	46
Chapter 90 - Medicine and Allied Occupations (Continuation)	47
Chapter 90 - Medicine and Allied Occupations (Continuation)	48
Chapter 90A - Sanitarians and Water and Wastewater Treatment Facility Operators	48
Chapter 90B - Social Worker Certification and Licensure Act	48
Chapter 90C - North Carolina Recreational Therapy Licensure Act	48
Chapter 90D - Interpreters and Transliterators	48
Chapter 91 - Pawnbrokers [Repealed.]	48
Chapter 91A - Pawnbrokers Modernization Act of 1989	48
Chapter 92 - Photographers [Deleted.]	48
Chapter 93 - Certified Public Accountants	48
Chapter 93A - Real Estate License Law	49
Chapter 93B - Occupational Licensing Boards	49
Chapter 93C - Watchmakers [Repealed.]	49
Chapter 93D - North Carolina State Hearing Aid Dealers and Fitters Board.	49
Chapter 93E - North Carolina Appraisers Act	49
Chapter 94 - Apprenticeship	49
Chapter 95 - Department of Labor and Labor Regulations	49
Chapter 95 - Department of Labor and Labor Regulations (Continuation)	50
Chapter 96 - Employment Security	50
Chapter 97 - Workers' Compensation Act	50
Chapter 97 - Workers' Compensation Act (Continuation)	51

Chapter 98 - Burnt and Lost Records	51
Chapter 99 - Libel and Slander	51
Chapter 99A - Civil Remedies for Criminal Actions	51
Chapter 99B - Products Liability	51
Chapter 99C - Actions Relating to Winter Sports Safety and Accidents	51
Chapter 99D - Civil Rights	51
Chapter 99E - Special Liability Provisions	51
Chapter 100 - Monuments, Memorials and Parks	51
Chapter 101 - Names of Persons	51
Chapter 102 - Official Survey Base	51
Chapter 103 - Sundays, Holidays and Special Days	51
Chapter 104 - United States Lands	51
Chapter 104A - Degrees of Kinship	51
Chapter 104B - Hurricanes or Other Acts of Nature	51
Chapter 104C - Atomic Energy, Radioactivity and Ionizing Radiation [Repealed and Recodified.]	51
Chapter 104D - Southern States Energy Compact	51
Chapter 104E - North Carolina Radiation Protection Act	51
Chapter 104F - Southeast Interstate Low-Level Radioactive Waste Management Compact [Repealed]	51
Chapter 104G - North Carolina Low-Level Radioactive Waste Management Authority Act of 1987 [Repealed]	51
Chapter 105 - Taxation	51
Chapter 105 - Taxation (Continuation)	52
Chapter 105 - Taxation (Continuation)	53
Chapter 105 - Taxation (Continuation)	54
Chapter 105A - Setoff Debt Collection Act	55
Chapter 105B - Defaulted Student Loan Recovery Act	55
Chapter 106 - Agriculture	55
Chapter 106 - Agriculture (Continue)	56
Chapter 106 - Agriculture (Continue)	57
Chapter 107 - Agricultural Development Districts [Repealed.]	57
Chapter 108 - Social Services [Repealed and Recodified.]	57
Chapter 108A - Social Services	57
Chapter 108B - Community Action Programs	58
Chapter 108C Medicaid and Health Choice Provider Requirements.	58
Chapter 108D Medicaid Managed Care for Behavioral Health Services.	58
Chapter 109 - Bonds [Recodified.]	58
Chapter 110 - Child Welfare	58
Chapter 111 - Aid to the Blind	58
Chapter 112 - Confederate Homes and Pensions [Repealed.]	58
Chapter 113 - Conservation and Development	58
Chapter 113 - Conservation and Development (Continuation)	59

Chapter 113A - Pollution Control and Environment	59
Chapter 113A - Pollution Control and Environment (Continuation)	60
Chapter 113B - North Carolina Energy Policy Act of 1975	60
Chapter 114 - Department of Justice	60
Chapter 115 - Elementary and Secondary Education [Repealed.]	60
Chapter 115A - Community Colleges, Technical Institutes, and Industrial Education Centers [Repealed.]	60
Chapter 115B - Tuition and Fee Waivers	60
Chapter 115C - Elementary and Secondary Education	60
Chapter 115C - Elementary and Secondary Education (Continuation)	61
Chapter 115C - Elementary and Secondary Education (Continuation)	62
Chapter 115C - Elementary and Secondary Education (Continuation)	63
Chapter 115D - Community Colleges	63
Chapter 115E - Private Educational Facilities Finance Act [Recodified]	63
Chapter 116 - Higher Education	63
Chapter 116 - Higher Education (Continuation)	64
Chapter 116A - Escheats and Abandoned Property [Repealed.]	64
Chapter 116B - Escheats and Abandoned Property	64
Chapter 116C - Continuum of Education Programs	64
Chapter 116D - Higher Education Bonds	64
Chapter 116E -Education Longitudinal Data System	64
Chapter 117 - Electrification	64
Chapter 118 - Firemen's and Rescue Squad Workers' Relief and Pension Funds [Recodified.]	64
Chapter 118A - Firemen's Death Benefit Act [Repealed.]	64
Chapter 118B - Members of a Rescue Squad Death Benefit Act [Repealed.]	64
Chapter 119 - Gasoline and Oil Inspection and Regulation	64
Chapter 120 - General Assembly	65
Chapter 120 - General Assembly (Continuation)	66
Chapter 120 - General Assembly (Continuation)	67
Chapter 120C - Lobbying	67
Chapter 121 - Archives and History	67
Chapter 122 - Hospitals for the Mentally Disordered [Repealed.]	67
Chapter 122A - North Carolina Housing Finance Agency	67
Chapter 122B - North Carolina Agricultural Facilities Finance Act [Repealed.]	67
Chapter 122C - Mental Health, Developmental Disabilities, and Substance Abuse Act of 1985	67
Chapter 122C - Mental Health, Developmental Disabilities, and Substance Abuse Act of 1985 (Continuation)	68

Chapter 122D - North Carolina Agricultural Finance Act	68
Chapter 122E - North Carolina Housing Trust and Oil Overcharge Act	68
Chapter 123 - Impeachment	69
Chapter 123A - Industrial Development [Repealed.]	69
Chapter 124 - Internal Improvements	69
Chapter 125 - Libraries	69
Chapter 126 - State Personnel System	69
Chapter 127 - Militia [Repealed.]	69
Chapter 127A - Militia	69
Chapter 127B - Military Affairs	69
Chapter 127C - Advisory Commission on Military Affairs	69
Chapter 128 - Offices and Public Officers	69
Chapter 128 - Offices and Public Officers (Continuation)	70
Chapter 129 - Public Buildings and Grounds	70
Chapter 130 - Public Health [Repealed.]	70
Chapter 130A - Public Health	70
Chapter 130A - Public Health (Continuation)	71
Chapter 130A - Public Health (Continuation)	72
Chapter 130B - Hazardous Waste Management Commission [Repealed.]	72
Chapter 131 - Public Hospitals [Repealed.]	72
Chapter 131A - Health Care Facilities Finance Act	72
Chapter 131B - Licensing of Ambulatory Surgical Facilities [Repealed.]	72
Chapter 131C - Charitable Solicitation Licensure Act [Repealed.]	72
Chapter 131D - Inspection and Licensing of Facilities	72
Chapter 131E - Health Care Facilities and Services	72
Chapter 131E - Health Care Facilities and Services (Continuation)	73
Chapter 131F - Solicitation of Contributions	73
Chapter 132 - Public Records	73
Chapter 133 - Public Works	74
Chapter 134 - Youth Development [Recodified.]	74
Chapter 134A - Youth Services [Repealed.]	74
Chapter 135 - Retirement System for Teachers and State Employees; Social Security; Health Insurance Program for Children	74
Chapter 135 - Retirement System for Teachers and State Employees; Social Security; Health Insurance Program for Children	75
Chapter 136 - Transportation	75
Chapter 136 - Transportation (Continuation)	76
Chapter 137 - Rural Rehabilitation [Repealed.]	76
Chapter 138 - Salaries, Fees and Allowances	76
Chapter 138A - State Government Ethics Act	76

Chapter	Page
Chapter 139 - Soil and Water Conservation Districts	76
Chapter 140 - State Art Museum; Symphony and Art Societies	76
Chapter 140A - State Awards System	76
Chapter 141 - State Boundaries	76
Chapter 142 - State Debt	76
Chapter 143 - State Departments, Institutions, and Commissions	77
Chapter 143 - State Departments, Institutions, and Commissions (Continuation)	78
Chapter 143 - State Departments, Institutions, and Commissions (Continuation)	79
Chapter 143 - State Departments, Institutions, and Commissions (Continuation)	80
Chapter 143A - State Government Reorganization	80
Chapter 143B - Executive Organization Act of 1973	80
Chapter 143B - Executive Organization Act of 1973 (Continuation)	81
Chapter 143B - Executive Organization Act of 1973 (Continuation)	82
Chapter 143C - State Budget Act	83
Chapter 143D - The State Governmental Accountability and Internal Control Act	83
Chapter 144 - State Flag, Official Governmental Flags, Motto, and Colors	83
Chapter 145 - State Symbols and Other Official Adoptions.	83
Chapter 146 - State Lands	83
Chapter 147 - State Officers	83
Chapter 148 - State Prison System	84
Chapter 149 - State Song and Toast	84
Chapter 150 - Uniform Revocation of Licenses [Repealed.]	84
Chapter 150A - Administrative Procedure Act [Recodified.]	84
Chapter 150B - Administrative Procedure Act	84
Chapter 151 - Constables [Repealed.]	84
Chapter 152 - Coroners	84
Chapter 152A - County Medical Examiner [Repealed.]	84
Chapter 152A - County Medical Examiner [Repealed.] (Continuation)	85
Chapter 153 - Counties and County Commissioners [Repealed.]	85
Chapter 153A - Counties	85
Chapter 153B - Mountain Resources Planning Act	85
Chapter 153C - Uwharrie Regional Resources Act	85
Chapter 154 - County Surveyor [Repealed.]	85
Chapter 155 - County Treasurer [Repealed.]	85
Chapter 156 - Drainage	85

Chapter 156 – Drainage (Continuation)	86
Chapter 157 - Housing Authorities and Projects	86
Chapter 157A - Historic Properties Commissions [Transferred.]	86
Chapter 158 - Local Development	86
Chapter 159 - Local Government Finance	86
Chapter 159 - Local Government Finance (Continuation)	87
Chapter 159A - Pollution Abatement and Industrial Facilities Financing Act [Unconstitutional.]	87
Chapter 159B - Joint Municipal Electric Power and Energy Act	87
Chapter 159C - Industrial and Pollution Control Facilities Financing Act	87
Chapter 159D - The North Carolina Capital Facilities Financing Act	87
Chapter 159E - Registered Public Obligations Act	87
Chapter 159F - North Carolina Energy Development Authority [Repealed.]	87
Chapter 159G - Water Infrastructure	87
Chapter 159H - [Reserved.]	87
Chapter 159I - Solid Waste Management Loan Program and Local Government Special Obligation Bonds	87
Chapter 160 - Municipal Corporations [Repealed And Transferred.]	87
Chapter 160A - Cities and Towns	88
Chapter 160A - Cities and Towns (Continuation)	89
Chapter 160B - Consolidated City-County Act	89
Chapter 160C - Baseball Park Districts [Repealed.]	90
Chapter 161 - Register of Deeds	90
Chapter 162 - Sheriff	90
Chapter 162A - Water and Sewer Systems	90
Chapter 162B Continuity of Local Government in Emergency.	90
Chapter 163 Elections and Election Laws.	90
Chapter 163 Elections and Election Laws. (Continuation)	91
Chapter 164 Concerning the General Statutes of North Carolina.	92
Chapter 165 Veterans.	92
Chapter 166 Civil Preparedness Agencies [Repealed.]	92
Chapter 166A North Carolina Emergency Management Act.	92
Chapter 167 State Civil Air Patrol [Repealed.]	92
Chapter 168 Persons with Disabilities.	92
Chapter 168A Persons With Disabilities Protection Act.	92

District 31: Durham County: VTD: 01, VTD: 02: Block(s) 0630003011005, 0630003011006, 0630003011007, 0630003011008, 0630003011016, 0630003011017, 0630003011019, 0630003011020, 0630003012000, 0630003012001, 0630003012002, 0630003012003, 0630003012004, 0630003012005, 0630003012006, 0630003012007, 0630003012008, 0630003012009, 0630003012010, 0630003012011, 0630003012012, 0630003012013, 0630003013000, 0630003013001, 0630003013002, 0630003013003, 0630003013004, 0630003013005, 0630003013006, 0630003013007, 0630003013008, 0630003013009, 0630003013010, 0630003013011, 0630003013012, 0630003013013, 0630003013014, 0630003013015, 0630003013016, 0630003013017, 0630003023005, 0630003023006, 0630003023012, 0630003023013, 0630003023014, 0630003023020, 0630003023028, 0630003023029, 0630003023030, 0630003023033, 0630004011000, 0630004011001, 0630004011002, 0630004011003, 0630004011018, 0630004011021, 0630004011025, 0630004012000, 0630004012021, 0630004012022, 0630004013024, 0630004021000, 0630004021018, 0630004021028, 0630004021029, 0630022001011; VTD: 07: 0630003023003, 0630003023004, 0630003023007, 0630003023008, 0630003023009, 0630003023010, 0630003023011, 0630003023015, 0630003023016, 0630003023019, 0630003023021, 0630003023022, 0630003023023, 0630003023024, 0630003023025, 0630003023026, 0630003023027, 0630003023031, 0630003023032, 0630022001007, 0630022001008, 0630022001009, 0630022001010, 0630022001012, 0630022001013, 0630022001014, 0630022001015, 0630022001016, 0630022001017, 0630022001024, 0630022001025, 0630022001030, 0630022001031; VTD: 14: 0630018024005, 0630018024006, 0630018024010, 0630018024011, 0630018024012, 0630018024013, 0630018024014, 0630018024015, 0630018024016, 0630018024017, 0630018024018; VTD: 18: 0630009001000, 0630009001008, 0630010011000, 0630010011001, 0630010011007, 0630010021004, 0630010021005, 0630010021006, 0630010021007, 0630010021008, 0630010021009, 0630010021010, 0630010021011, 0630010021012, 0630010021013, 0630010021014, 0630010021015, 0630010021016, 0630010021017, 0630010021018, 0630010021019, 0630010021020, 0630010021021, 0630010021022, 0630010021023, 0630010021024, 0630010021025, 0630010021026, 0630010022009, 0630010024000, 0630010024001, 0630010024002, 0630010024003, 0630010024004, 0630010024005, 0630010024006, 0630010024007, 0630010024008, 0630010024009, 0630010024010, 0630010024011, 0630010024012, 0630010024013, 0630018021002, 0630018021005, 0630018021006, 0630018021007, 0630018021008, 0630018021009, 0630018021010, 0630018021023,

0630018021024, 0630018021033, 0630018021036; VTD: 19, VTD: 20, VTD: 21, VTD: 22, VTD: 23, VTD: 24: Block(s) 0630017051023, 0630017051024, 0630017051025, 0630017051026, 0630017051027, 0630017051028, 0630017051029, 0630017051030, 0630017051033, 0630017051036, 0630017051037, 0630017052008, 0630017052019, 0630017052030, 0630017053003, 0630017053004, 0630017053005, 0630017053006, 0630017053007, 0630017053008, 0630017053009, 0630017111015, 0630017113000, 0630017113001, 0630017113002, 0630017113003, 0630017113004, 0630017113005, 0630017113006, 0630017113007, 0630017113008, 0630017113009, 0630017113010, 0630017113011, 0630017113012; VTD: 29: 0630017091000, 0630017091008, 0630017091009, 0630017091010, 0630017091011, 0630017091016, 0630018011000, 0630018011001, 0630018011003, 0630018011004, 0630018011005, 0630018011006, 0630018011007, 0630018011008, 0630018011009, 0630018011011, 0630018011012, 0630018011013, 0630018011025, 0630018011026, 0630018011027, 0630018011028, 0630018011030, 0630018013000, 0630018013001, 0630018013002, 0630018013003, 0630018013004, 0630018013005, 0630018013006, 0630018013007, 0630018013008, 0630018013009, 0630018013010, 0630018013011, 0630018013012, 0630018013013, 0630018013014, 0630018013015, 0630018013016, 0630018013017, 0630018013018, 0630018013019, 0630018013020, 0630018013021, 0630018013022, 0630018013023, 0630018013024, 0630018013025, 0630018013026, 0630018013027, 0630018013028, 0630018013029, 0630018013030, 0630018013031, 0630018013032, 0630018013033, 0630018013034, 0630018013035, 0630018013036, 0630018013037, 0630018013038, 0630018013039, 0630018013040, 0630018013041, 0630018013042, 0630018013043, 0630018013044, 0630018013045, 0630018013046, 0630018013059, 0630018013060, 0630018013061, 0630018013062, 0630018014000, 0630018014001, 0630018014002, 0630018014003, 0630018014004, 0630018014005, 0630018014006, 0630018014007, 0630018014008, 0630018014009, 0630018014010, 0630018014011, 0630018014012, 0630018014013, 0630018014014, 0630018014016, 0630018014017, 0630018014018, 0630018014019, 0630018014020, 0630018014021, 0630018014022, 0630018014023, 0630018014024, 0630018014027, 0630018014035, 0630018014049, 0630018015032, 0630018015033, 0630018015044, 0630018015045, 0630018015046, 0630018015047, 0630018015058, 0630018015060, 0630018015061, 0630018015062, 0630018015064, 0630018015065, 0630018015067, 0630018061022, 0630018062001, 0630018062002, 0630018062003, 0630018062004, 0630018062005, 0630018062006, 0630018062007, 0630018062008,

0630018062009, 0630018062010, 0630018062011, 0630018062012, 0630018062014, 0630018062063, 0630018062064, 0630018062065, 0630018062066, 0630018062067, 0630018062068, 0630018062069, 0630018062075; VTD: 30-1: 0630018071001, 0630018071002, 0630018071003, 0630018071004, 0630018071005, 0630018071006, 0630018071007, 0630018071008, 0630018071009, 0630018071010, 0630018071011, 0630018071012, 0630018071013, 0630018071014, 0630018071022, 0630018071023, 0630018071024, 0630018071025, 0630018071026, 0630018071027, 0630018071028, 0630018071029, 0630018071030, 0630018071031, 0630018071032, 0630018071033, 0630018071034, 0630018071035, 0630018071041, 0630018071042, 0630018081000, 0630018081001, 0630018081002, 0630018081003, 0630018081004, 0630018081005, 0630018081006, 0630018081007, 0630018081008, 0630018081009, 0630018081010, 0630018081011, 0630018081012, 0630018081013, 0630018081014, 0630018081015, 0630018081016, 0630018081017, 0630018081018, 0630018081019, 0630018081020, 0630018081021, 0630018081022, 0630018081023, 0630018081024, 0630018081025, 0630018081026, 0630018081027, 0630018081028, 0630018081031, 0630018081032, 0630018081033, 0630018081034, 0630018081035, 0630018081036, 0630018081037, 0630018081038, 0630018081039, 0630018081040, 0630018081041, 0630018081042, 0630018081043, 0630018081044, 0630018082000, 0630018082001, 0630018082002, 0630018082003, 0630018082004, 0630018082005, 0630018082006, 0630018082007, 0630018082011, 0630018082012, 0630018082013, 0630018082014, 0630018082015, 0630018082016, 0630018082017, 0630018082018, 0630018082019, 0630018082020, 0630018082021, 0630018082022, 0630018082023, 0630018082024, 0630018082099, 0630018082100; VTD: 30-2: 0630018061046, 0630018062013, 0630018062015, 0630018062016, 0630018062017, 0630018062019, 0630018062020, 0630018062021, 0630018062022, 0630018062023, 0630018062024, 0630018062025, 0630018062026, 0630018062027, 0630018062028, 0630018062029, 0630018062030, 0630018062031, 0630018062032, 0630018062033, 0630018062034, 0630018062035, 0630018062036, 0630018062037, 0630018062038, 0630018062039, 0630018062040, 0630018062041, 0630018062042, 0630018062043, 0630018062044, 0630018062045, 0630018062046, 0630018062047, 0630018062048, 0630018062049, 0630018062050, 0630018062051, 0630018062052, 0630018062053, 0630018062054, 0630018062055, 0630018062056, 0630018062057, 0630018062058, 0630018062059, 0630018062060, 0630018062061, 0630018062062, 0630018062070, 0630018062071, 0630018062072,

0630018062073, 0630018062074, 0630018072000, 0630018072001,
0630018072002, 0630018072003, 0630018072004, 0630018072005,
0630018072006, 0630018072007, 0630018072008, 0630018072009,
0630018072010, 0630018072011, 0630018072012, 0630018072013,
0630018072014, 0630018072015, 0630018072016, 0630018072017,
0630018072018, 0630018072019, 0630018072020, 0630018072021,
0630018072022, 0630018072023, 0630018072024, 0630018072025,
0630018072026, 0630018072027, 0630018072028, 0630018072029,
0630018072030, 0630018072031, 0630018072032, 0630018072033,
0630018072034, 0630018072035, 0630018072036, 0630018072037,
0630018072038, 0630018073000, 0630018073001, 0630018073002,
0630018073003, 0630018073004, 0630018073005, 0630018073006,
0630018073007, 0630018073008, 0630018073009, 0630018073010,
0630018073011, 0630018073012, 0630018073013, 0630018073014,
0630018073015, 0630018073016, 0630018073020, 0630018073023,
0630018073024, 0630018073025, 0630018073026, 0630018073027,
0630018073028, 0630018073029, 0630018073030, 0630018073031,
0630018073039, 0630018073040, 0630018073041, 0630018073044; VTD: 31:
0630010013033, 0630010013034, 0630010013038, 0630010013039,
0630010013040, 0630010013043, 0630018024009, 0630018091003,
0630018091004, 0630018091005, 0630018091006, 0630018091028,
0630018091029, 0630018091030, 0630018091031, 0630018091032,
0630018091033, 0630018091034, 0630018091035, 0630018091036,
0630018091037, 0630018091045, 0630018091046, 0630018091062,
0630018091063, 0630018091064, 0630018091065, 0630018091066,
0630018091067, 0630018091072, 0630018091073, 0630018091074,
0630018091079, 0630018091080, 0630020271000, 0630020271001,
0630020271002, 0630020271003, 0630020271004, 0630020271005,
0630020271006, 0630020271007, 0630020271008, 0630020271009,
0630020271010, 0630020271011, 0630020271012, 0630020271013,
0630020271014, 0630020271015, 0630020271016, 0630020271017,
0630020271018, 0630020271019, 0630020271020, 0630020271021,
0630020271022, 0630020271023, 0630020271024, 0630020271025,
0630020271054, 0630020271055, 0630020271063, 0630020271064,
0630020271065, 0630020271067, 0630020271070, 0630020271071,
0639801001012, 0639801001013; VTD: 34: 0630020262004, 0630020262005,
0630020262006, 0630020262007, 0630020262008, 0630020262011,
0630020262012, 0630020262013, 0630020262014, 0630020262016,
0630020262018, 0630020262019, 0630020262020, 0630020262021,
0630020262022, 0630020262023, 0630020262025, 0630020262036; VTD: 37:
0630017111000, 0630017111008, 0630017111009, 0630017111010,

0630017111013; VTD: 45: 0630016012017, 0630016012018, 0630016012019, 0630016012022, 0630016012023, 0630016012024, 0630016012028, 0630016012029, 0630016012030, 0630016012031, 0630017081003, 0630017081004; VTD: 46, VTD: 47: Block(s) 0630020262000, 0630020262001, 0630020262002, 0630020262003, 0630020271029; VTD: 52.

District 32: Granville County: VTD: ANTI: Block(s) 0779704001002, 0779704001003, 0779704001004, 0779704001005, 0779704001006, 0779704001051, 0779704001058, 0779704001060, 0779704001062, 0779704001063, 0779704002000, 0779704002001, 0779704002007, 0779704002022, 0779705001009, 0779705001010, 0779705001011, 0779705001012, 0779705001013, 0779705001014, 0779705001015, 0779705001016, 0779705001037, 0779705001038, 0779705001039, 0779705001040, 0779705001045, 0779705001046, 0779705001047, 0779705001048, 0779705001049, 0779705001052, 0779705001056, 0779705001057, 0779705001058; VTD: CORI: 0779703002043, 0779703002044, 0779703002048, 0779703002049, 0779703002050, 0779703003032, 0779703003044, 0779703003045, 0779703003046, 0779703003047, 0779703003051, 0779703003052, 0779703003053, 0779703003054, 0779703003055, 0779703003056, 0779703003057, 0779703003059, 0779703003060, 0779703003061, 0779703003062, 0779703003063, 0779703003064, 0779703003065, 0779703003066, 0779703003067, 0779703003069, 0779703003070, 0779703003072, 0779703003074, 0779703003075, 0779703003083, 0779703003084, 0779703003090, 0779703003091, 0779703003092, 0779703003094, 0779703003096, 0779703003097, 0779703003098, 0779704003020, 0779704003022, 0779704003024, 0779704003025, 0779704003027, 0779704003030, 0779704003031, 0779704003032, 0779704003033, 0779704003034, 0779704003043, 0779704003044, 0779704003045, 0779704003046, 0779704003047, 0779704003048, 0779704003049, 0779704003050, 0779704003051, 0779705001022, 0779705001023, 0779705001028, 0779705001029, 0779705001030, 0779705001031, 0779705001032, 0779705001033, 0779705001034, 0779705001035, 0779705001036, 0779705003000, 0779705003001, 0779705003008, 0779705003009, 0779705003019, 0779705003020, 0779705003022, 0779705003023, 0779705003027, 0779705003033; VTD: CRDL: 0779702003023, 0779702003027, 0779702003028, 0779702003029, 0779702003030, 0779702003031, 0779702003032, 0779702003033, 0779702003034, 0779702003035, 0779702003036, 0779702003037, 0779702003038, 0779702003039, 0779702003040, 0779702003041, 0779702003042, 0779702003043, 0779702003044, 0779703001000,

0779703001001, 0779703001002, 0779703001003, 0779703001004, 0779703001006, 0779703001007, 0779703001014, 0779703001015, 0779703001017, 0779703001018, 0779703001019, 0779703001020, 0779703001021, 0779703001030, 0779703002013, 0779703002015, 0779703002023, 0779703002024, 0779703002041; VTD: EAOX: 0779702001058, 0779702001066, 0779702001067, 0779702001068, 0779702002000, 0779702002001, 0779702002002, 0779702002006, 0779702002007, 0779702002008, 0779702002009, 0779702002010, 0779702002011, 0779702002012, 0779702002013, 0779702002014, 0779702002015, 0779702002028, 0779702002029, 0779702002030, 0779702002031, 0779702002035, 0779702002036, 0779702002037, 0779702002038, 0779702002039, 0779704001037, 0779704001039, 0779704001040, 0779704001042, 0779704001052, 0779704001064, 0779704001065, 0779704001066, 0779704001083, 0779704001084, 0779704002002, 0779704002003, 0779704002004, 0779704002005, 0779704002006, 0779704002008, 0779704002009, 0779704002010, 0779704002011, 0779704002012, 0779704002017, 0779704002018, 0779704002028, 0779705001017, 0779705001018, 0779705001024, 0779705001041, 0779705001042; VTD: OKHL, VTD: SALM: Block(s) 0779701013069, 0779701013074, 0779701013075, 0779701013076, 0779701013077, 0779701013085, 0779701013088, 0779701013091, 0779701013092, 0779701013093, 0779701013094, 0779701013095, 0779701013096, 0779701013097, 0779701013101, 0779702001004, 0779702001005, 0779702001006, 0779702001012, 0779702001013, 0779702001014, 0779702001015, 0779702001016, 0779702001017, 0779702001018, 0779702001019, 0779702001020, 0779702001021, 0779702001022, 0779702001034, 0779702001035, 0779702001036, 0779702001037, 0779702001038, 0779702001039, 0779702001040, 0779702001041, 0779702001042, 0779702001043, 0779702001046, 0779702001047, 0779702001048, 0779702001049, 0779702001050, 0779702001051, 0779702001052, 0779702001053, 0779702001054, 0779702001055, 0779702001056, 0779702001057, 0779702001059, 0779702001060, 0779702001061, 0779702001062, 0779702001063, 0779702001064, 0779702001065, 0779702001069, 0779702001070, 0779702001071, 0779702001072, 0779702001085, 0779702001087, 0779702002003, 0779702002004, 0779702002005, 0779702002016, 0779704001000, 0779704001001, 0779704001077, 0779704001078, 0779704001079, 0779704001080, 0779704001081, 0779705001005, 0779705001006, 0779705001008; VTD: SASS, VTD: SOOX, VTD: WOEL; Vance County, Warren County.

District 33: Wake County: VTD: 01-14: Block(s) 1830501001048, 1830501001049, 1830501001053, 1830501001054, 1830501001055, 1830501001056, 1830501001065, 1830506003019, 1830506003020, 1830506003024, 1830506003025, 1830506003026, 1830506003027; VTD: 01-20, VTD: 01-21, VTD: 01-22, VTD: 01-23, VTD: 01-25, VTD: 01-26, VTD: 01-27: Block(s) 1830501001072, 1830501001079, 1830501001080, 1830501001087, 1830501001092, 1830501001110, 1830501001111, 1830501001112, 1830501001113, 1830501001114, 1830501001115, 1830510002002, 1830510002003, 1830510002016, 1830510002017, 1830510002018, 1830510002019, 1830510002020, 1830510002024, 1830510002025, 1830510002026, 1830510002027, 1830510002028, 1830510002029, 1830510002030, 1830510002031, 1830523021037, 1830523021038, 1830523021039, 1830523021048, 1830523021049, 1830523021050, 1830523021051, 1830523021052, 1830523021053, 1830523021054, 1830545001005, 1830545001006, 1830545001007, 1830545001008, 1830545001009, 1830545001010, 1830545001011, 1830545001012, 1830545001013, 1830545001014, 1830545001015, 1830545001016, 1830545001017, 1830545001018, 1830545001019, 1830545001020, 1830545001021, 1830545001022, 1830545001023, 1830545001024, 1830545001025, 1830545001026, 1830545001027, 1830545001028, 1830545001029, 1830545001030, 1830545001031, 1830545001032, 1830545001033, 1830545001034, 1830545001035, 1830545001036, 1830545001037, 1830545001038, 1830545001039, 1830545001040, 1830545001041, 1830545001042, 1830545001043, 1830545001044, 1830545001045, 1830545001047, 1830545001048, 1830545001053; VTD: 01-31: 1830511012000, 1830511012004, 1830511012005, 1830511012007, 1830511012008, 1830511012011, 1830511012012, 1830511012013, 1830511013000, 1830511013001, 1830524012011, 1830524081000, 1830524081001, 1830524081002, 1830524081009, 1830524081010, 1830524081011, 1830524081012, 1830524081013, 1830524082000, 1830524093000, 1830524093001, 1830524093002; VTD: 01-35, VTD: 01-50, VTD: 16-01: Block(s) 1830528032014, 1830528032015, 1830528032020, 1830528032021, 1830528032052, 1830528072044, 1830528072048, 1830528072049, 1830528072050, 1830528072051, 1830528072052, 1830528072053, 1830528072084, 1830528072085, 1830528072086, 1830528072095, 1830528072096; VTD: 16-02, VTD: 16-03: Block(s) 1830528022001, 1830528022002, 1830528022003, 1830528022004, 1830528022005, 1830528022006, 1830528022007, 1830528022008, 1830528022009, 1830528022010, 1830528023022, 1830528023023, 1830528023029, 1830528032029; VTD: 16-04: 1830528081018, 1830528081019, 1830528081020, 1830528081022, 1830528081023,

1830528081024, 1830528081028, 1830528081029, 1830528083000, 1830528083001, 1830528083007, 1830528083008, 1830528083009, 1830528083010; VTD: 16-05: 1830528021000, 1830528021001, 1830528021002, 1830528021003, 1830545002052, 1830545002071; VTD: 16-06: 1830528015000, 1830528015001, 1830528015002, 1830528015003, 1830528081000, 1830528081001, 1830528081002, 1830528081004, 1830528081007, 1830528081008, 1830528081011, 1830528081012, 1830528081013, 1830528081016, 1830528081025, 1830528082003, 1830528082004, 1830528082005, 1830528082006, 1830528082007, 1830528082008, 1830528082009, 1830528082010, 1830528082011, 1830528082012, 1830528082013, 1830528082014, 1830528082015, 1830528082016, 1830528082030; VTD: 16-08: 1830528032008, 1830528032009, 1830528032010, 1830528032011, 1830528032016, 1830528032051, 1830528032053, 1830528032054, 1830528032057, 1830528032058, 1830528032059, 1830528032060, 1830528061000, 1830528061001, 1830528061002, 1830528061003, 1830528061004, 1830528061005, 1830528061006, 1830528061007, 1830528061008, 1830528061009, 1830528061010, 1830528061011, 1830528061012, 1830528061013, 1830528061014, 1830528061015, 1830528061016, 1830528061017, 1830528061018, 1830528061030, 1830528061031, 1830528061032, 1830528061033, 1830528064000, 1830528064001, 1830528064002, 1830528064003, 1830528064004, 1830528064005, 1830528064006, 1830528064007, 1830528064008, 1830528064009, 1830528064010, 1830528064011, 1830528064012, 1830528064013, 1830528064014, 1830528064015, 1830528064016, 1830528064017, 1830528064018, 1830528064019, 1830528064020, 1830528064021, 1830528064022, 1830528064023, 1830528064024, 1830528064025, 1830528064026, 1830528064027, 1830528064028, 1830528064029, 1830528064030, 1830528064031, 1830528064032, 1830528064033, 1830528064034, 1830528064035, 1830528064036, 1830528064037, 1830528064038, 1830528064039, 1830528064045, 1830528064046, 1830528064047, 1830528064048, 1830528064049, 1830528064050, 1830528064051, 1830528064052, 1830528064053, 1830528064054, 1830528064055, 1830528064056, 1830528064057, 1830528064058, 1830528064059, 1830528064060, 1830528064061, 1830528071005, 1830528071006, 1830528071007, 1830528071008, 1830528072000, 1830528072001, 1830528072002, 1830528072003, 1830528072004, 1830528072005, 1830528072006, 1830528072007, 1830528072008, 1830528072009, 1830528072010, 1830528072011, 1830528072012, 1830528072013, 1830528072014, 1830528072015, 1830528072016, 1830528072017, 1830528072018, 1830528072019, 1830528072020,

1830528072021, 1830528072022, 1830528072023, 1830528072024, 1830528072025, 1830528072026, 1830528072027, 1830528072028, 1830528072029, 1830528072030, 1830528072031, 1830528072032, 1830528072033, 1830528072034, 1830528072035, 1830528072036, 1830528072037, 1830528072038, 1830528072039, 1830528072040, 1830528072041, 1830528072042, 1830528072043, 1830528072045, 1830528072046, 1830528072047, 1830528072054, 1830528072055, 1830528072056, 1830528072057, 1830528072058, 1830528072059, 1830528072060, 1830528072061, 1830528072062, 1830528072063, 1830528072064, 1830528072065, 1830528072066, 1830528072067, 1830528072068, 1830528072069, 1830528072070, 1830528072071, 1830528072072, 1830528072073, 1830528072074, 1830528072075, 1830528072076, 1830528072077, 1830528072078, 1830528072079, 1830528072080, 1830528072081, 1830528072082, 1830528072083, 1830528072093, 1830528072094, 1830528072097; VTD: 16-09: 1830528082001, 1830528082002, 1830528082017, 1830528082018, 1830528082019, 1830528082022, 1830528082023, 1830528082024, 1830528082025, 1830528082026, 1830528082027, 1830528082028, 1830528082029, 1830528082034, 1830528082036, 1830528082037, 1830528082038; VTD: 17-07: 1830541061017, 1830541062000, 1830541062001, 1830541062002, 1830541062003, 1830541062004, 1830541062005, 1830541062006, 1830541062007, 1830541062008, 1830541062009, 1830541062010, 1830541062011, 1830541062012, 1830541062015, 1830541062023, 1830541062037, 1830541062038, 1830541062039, 1830541062040, 1830541062041, 1830541062042, 1830541062043, 1830541062044, 1830541062045, 1830541062046, 1830541062047, 1830541062048, 1830541062049, 1830541062050, 1830541062051, 1830541062052, 1830541062053, 1830541062054, 1830541062055, 1830541063017, 1830541063018, 1830541063030; VTD: 17-09, VTD: 18-01: Block(s) 1830523021021, 1830523021022, 1830523021023, 1830523021026, 1830523021043, 1830523021044, 1830523021045, 1830523021046, 1830523021047, 1830523022000, 1830523022001, 1830523022002, 1830523022003, 1830523022004, 1830523022005, 1830523022006, 1830523022007, 1830523022008, 1830523022009, 1830530082000, 1830530082001, 1830530082002, 1830530082003, 1830530082004; VTD: 18-04: 1830530091000, 1830530091001, 1830530091002, 1830530091003, 1830530091004, 1830530091005, 1830530091006, 1830530091007, 1830530091008, 1830530091009, 1830530091010, 1830530091011, 1830530091012, 1830530091013, 1830530091014, 1830530091015, 1830530091016, 1830530091017,

1830530091018, 1830530091019, 1830530091020, 1830530091021, 1830530091022, 1830530091023, 1830530091030.

District 34: Wake County: VTD: 01-01, VTD: 01-02, VTD: 01-05, VTD: 01-06, VTD: 01-07, VTD: 01-09, VTD: 01-10, VTD: 01-12, VTD: 01-13: Block(s) 1830505001000, 1830505001001, 1830505001004, 1830505001005, 1830505002004, 1830505002005, 1830505002006, 1830505002007, 1830505002008, 1830505002009, 1830505002010, 1830505002011, 1830505002013, 1830505002014, 1830505002015, 1830505002016, 1830505002017, 1830505002018, 1830505002019, 1830505002020, 1830505002021, 1830505002022, 1830505003000, 1830505003001, 1830505003002, 1830505003003, 1830505003004, 1830505003005, 1830505003006, 1830505003007, 1830505003008, 1830505003009, 1830505003010, 1830505003011, 1830505003012, 1830505003013, 1830505003014, 1830505003015, 1830505003016, 1830505003017, 1830505003018, 1830505003019, 1830505003020, 1830505003021, 1830505003022, 1830505003023, 1830518001000, 1830518001001, 1830518001002, 1830518001003, 1830518001004, 1830518001005, 1830518001006, 1830518001007, 1830518001038, 1830527052039, 1830527061039; VTD: 01-14: 1830501001000, 1830501001001, 1830501001002, 1830501001003, 1830501001004, 1830501001005, 1830501001006, 1830501001007, 1830501001008, 1830501001009, 1830501001015, 1830501001016, 1830501001017, 1830501001018, 1830501001019, 1830501001020, 1830501001021, 1830501001022, 1830501001023, 1830501001024, 1830501001025, 1830501001026, 1830501001039, 1830501001040, 1830501001041, 1830501001042, 1830501001043, 1830501001044, 1830501001045, 1830501001046, 1830501001047, 1830504001000, 1830504001001, 1830504001002, 1830504001003, 1830504001004, 1830504001005, 1830504001006, 1830504001007, 1830504001008, 1830504001009, 1830504001010, 1830504001011, 1830504001012, 1830504001013, 1830504001014, 1830504001015, 1830504001016, 1830504001017, 1830504001019, 1830504001020, 1830504001021, 1830504001022, 1830504001023, 1830504001024, 1830504001025, 1830504001026, 1830504001027, 1830504001028, 1830504001032, 1830504001033, 1830504001034, 1830504001035, 1830504001036, 1830504002000, 1830504002001, 1830504002002, 1830504002003, 1830504002004, 1830504002005, 1830504002006, 1830504002007, 1830504002008, 1830504002009, 1830504002010, 1830504002011, 1830504002012, 1830504002013, 1830504002014, 1830504002015, 1830505001002, 1830505001003, 1830505001006, 1830505001007, 1830505001008, 1830505001016,

1830505001017, 1830505001018, 1830505001019, 1830505001020, 1830505001021, 1830505001022, 1830505001023, 1830505001024, 1830505001025, 1830505001029, 1830505001030, 1830505001031, 1830506003000, 1830506003001, 1830506003002, 1830506003003, 1830506003004, 1830506003005, 1830506003006, 1830506003007, 1830506003008; VTD: 01-16, VTD: 01-18, VTD: 01-27: Block(s) 1830501001073, 1830501001074, 1830501001075, 1830501001076, 1830501001077, 1830501001078, 1830501001081, 1830501001082, 1830501001083, 1830501001084, 1830501001085, 1830501001086, 1830510001000, 1830510001001, 1830510001019, 1830510001020, 1830510001021, 1830510002000, 1830510002001, 1830510002004, 1830510002005, 1830510002006, 1830510002007, 1830510002008, 1830510002009, 1830510002010, 1830510002011, 1830510002012, 1830510002013, 1830510002014, 1830510002015, 1830510002021, 1830510002022, 1830510002023; VTD: 01-28: 1830527052026, 1830527052027, 1830527052028, 1830527052029, 1830527052030, 1830527052031, 1830527052032, 1830527052035, 1830527052036, 1830527052037, 1830527052038; VTD: 01-33, VTD: 01-37, VTD: 01-38: Block(s) 1830527051003, 1830527051004, 1830527051005, 1830527051006, 1830527051007, 1830527051008, 1830527051009, 1830527051010, 1830527051011, 1830527051012, 1830527051013, 1830527051014, 1830527051015, 1830527051016, 1830527051017, 1830527051018, 1830527051019, 1830527051028, 1830527051029, 1830527051030, 1830527051031, 1830527052000, 1830527052001, 1830527052002, 1830527052003, 1830527052004, 1830527052005, 1830527052006, 1830527052007, 1830527052008, 1830527052009, 1830527052010, 1830527052011, 1830527052012, 1830527052013, 1830527052014, 1830527052015, 1830527052016, 1830527052017, 1830527052018, 1830527052019, 1830527052020, 1830527052021, 1830527052022, 1830527052023, 1830527052024, 1830527052025, 1830527052033, 1830527052034; VTD: 01-39, VTD: 01-43, VTD: 01-44: Block(s) 1830540041000, 1830540041001, 1830540041002, 1830540041003, 1830540041004, 1830540041005, 1830540041006, 1830540041007, 1830540041008, 1830540041009, 1830540042000, 1830540042001, 1830540042002, 1830540042003, 1830540042004, 1830540042005, 1830540042006, 1830540043001, 1830540043002, 1830540043003, 1830540043004, 1830540043005, 1830540043006, 1830540044000, 1830540044001; VTD: 01-45, VTD: 01-46: Block(s) 1830527012000, 1830527012001, 1830527012011, 1830527012015, 1830527012018, 1830527012019, 1830527012022, 1830527012023, 1830527012024, 1830527041001, 1830527041002, 1830527041003, 1830527041004,

1830527041005, 1830527041006, 1830527041012, 1830527041013, 1830527041014; VTD: 01-51, VTD: 04-05: Block(s) 1830524011000, 1830524011001, 1830524011002, 1830524011003, 1830524011004, 1830524011006, 1830524011009, 1830525031001, 1830525031005, 1830525031006, 1830525033009, 1830525033010, 1830535211000, 1830535211001, 1830535211002, 1830535211003, 1830535211004, 1830535211005, 1830535211006, 1830535211007, 1839802001017, 1839802001018, 1839802001021, 1839802001022, 1839802001023, 1839802001024; VTD: 07-01: 1830525071000, 1830525071002, 1830525071003, 1830525071004, 1830525071005, 1830525071006, 1830525071007, 1830525071008, 1830525071009, 1830525071011, 1830525071012, 1830525071013, 1830525072001, 1830525072002, 1830525072003, 1830525072004, 1830525072005, 1830525072006, 1830525072007, 1830525072008, 1830525072009, 1830525072010, 1830525072011, 1830525072012, 1830525072013, 1830525072014, 1830525072015, 1830525072016, 1830525072017, 1830525072018, 1830525072019, 1830525072020, 1830525072021, 1830525072022, 1830525072023, 1830525072024, 1830525072025, 1830525072026, 1830525072027, 1830525072028; VTD: 07-04, VTD: 07-10: Block(s) 1830537091000, 1830537091001, 1830537091002, 1830537091003, 1830537091004, 1830537091005, 1830537091006, 1830537091007, 1830537091008, 1830537091009, 1830537091010, 1830537091012, 1830537091013, 1830537091014, 1830537091015, 1830537091016, 1830537092000, 1830537092001, 1830537092002, 1830537092003, 1830537092004, 1830537092005, 1830537092006, 1830537092007, 1830537092008, 1830537092009, 1830537092010, 1830537092011, 1830537092012, 1830537092013, 1830537092014, 1830537092015, 1830537092016, 1830537092017, 1830537092018, 1830537092019, 1830537092020, 1830537092021, 1830537092022, 1830537092023, 1830537092024, 1830537092025, 1830537092026, 1830537092027, 1830537092028, 1830537092031, 1830537092032, 1830537093026, 1830537093041, 1830537093042, 1830537093054, 1830537093055, 1830537262009; VTD: 08-02: 1830537113002, 1830537113003, 1830537113004, 1830537113005, 1830537113006, 1830537113007, 1830537113008, 1830537113009, 1830537113010, 1830537113011, 1830537113012, 1830537113013, 1830537113014, 1830537113015, 1830537113016, 1830537113017, 1830537113018, 1830537113019, 1830537113020, 1830537131006, 1830537131016; VTD: 08-06, VTD: 08-09: Block(s) 1830537262005, 1830537262006, 1830537262007, 1830537262008, 1830537262010; VTD: 08-10: 1830537251000, 1830537251001, 1830537251002, 1830537251004, 1830537251005, 1830537251006,

1830537251007, 1830537251008, 1830537251009, 1830537251010, 1830537251023, 1830537251024, 1830537251029, 1830537252024, 1830537252025, 1830537252026, 1830537252027, 1830537252028, 1830537252029, 1830537252030, 1830537252031, 1830537252032, 1830537252033, 1830537252034, 1830537252035, 1830537252036, 1830537252037, 1830537252038, 1830537252039, 1830537252040, 1830537252041, 1830537252042, 1830537252043, 1830537252044, 1830537252045, 1830537252046, 1830537252047, 1830537252048, 1830537252049; VTD: 11-01: 1830524011007, 1830524011008, 1830524011011, 1830524011012, 1830524011013, 1830524011023, 1830524011032, 1830524011033, 1830524011100, 1830525031000, 1830525031002, 1830525031003, 1830525031004, 1830525031007, 1830525031008, 1830525031009, 1830525031010, 1830525031011, 1830525031012, 1830525031013, 1830525031014, 1830525031015, 1830525031016, 1830525031017, 1830525031018, 1830525031019, 1830525031020, 1830525033000, 1830525033001, 1830525033002, 1830525033003, 1830525033004, 1830525033005, 1830525033006, 1830525033007, 1830525033008, 1830525033011, 1830525033012, 1830525033013, 1830525033014, 1830525033015, 1830525033016, 1830525033017, 1830525033018, 1830525033019, 1830525033020, 1830525033021, 1830525033022, 1830525033023, 1830525033024, 1830525033025, 1830525033026, 1830525033027, 1830525033028, 1830525033029, 1830525033030, 1830525033031, 1830525033032, 1830525033033, 1830525033034, 1830525033035, 1830525033036, 1830525033037.

District 35: Wake County: VTD: 09-01, VTD: 09-03, VTD: 10-01, VTD: 10-02, VTD: 13-06: Block(s) 1830540161000, 1830540161001, 1830540161002, 1830540161003, 1830540161004, 1830540161005, 1830540161006, 1830540161007, 1830540161008, 1830540161009, 1830540161010, 1830540161011, 1830540161012, 1830540161013, 1830540162000, 1830540162001, 1830540162002, 1830540162003, 1830540162020, 1830540162021, 1830540162022, 1830540162023, 1830540162024, 1830540162030; VTD: 13-10, VTD: 17-02, VTD: 17-04: Block(s) 1830541111004, 1830541111005, 1830541111013, 1830541111018, 1830541111019, 1830541121016, 1830541121019, 1830541121020, 1830541121021, 1830541121022, 1830541121023, 1830541121024, 1830541121025, 1830541121026, 1830541121027, 1830541121028, 1830541121029, 1830541121030, 1830541121031, 1830541121032, 1830541121033, 1830541121034, 1830541121035, 1830541121036, 1830541121037, 1830541121041, 1830541121042, 1830541121043,

1830541121044, 1830541121045; VTD: 19-04, VTD: 19-06, VTD: 19-07, VTD: 19-09, VTD: 19-10, VTD: 19-11, VTD: 19-12, VTD: 19-16.

District 36: Wake County: VTD: 04-06, VTD: 04-07, VTD: 04-10, VTD: 04-12, VTD: 04-14, VTD: 04-16: Block(s) 1830535181000, 1830535181001, 1830535181002, 1830535181003, 1830535181004, 1830535181005, 1830535181006, 1830535181007, 1830535181008, 1830535182005, 1830535182009, 1830535183010, 1830535183011, 1830535183013, 1830535183014, 1830535183015, 1830535183016, 1830535191000, 1830535191001, 1830535191002, 1830535191003, 1830535191004, 1830535191005, 1830535191006, 1830535191007, 1830535191008; VTD: 04-19: 1830534221000, 1830534221001, 1830534221002, 1830534221006, 1830534221007, 1830534221008, 1830534221009, 1830534221010, 1830534221011, 1830534221012, 1830534221013, 1830534221014, 1830534221015, 1830534221016, 1830534221017, 1830534221018, 1830534221019, 1830534222000, 1830534222001, 1830534222002, 1830534222003, 1830534222004, 1830534222005, 1830534222006, 1830534222007, 1830534222008; VTD: 06-07, VTD: 12-05, VTD: 12-07, VTD: 15-02: Block(s) 1830530092000, 1830530092001, 1830530092002, 1830530092003, 1830530092004, 1830530092005, 1830530092006, 1830530092007, 1830530092008, 1830530092009, 1830530092010, 1830530092011, 1830530092012, 1830530092013, 1830530092014, 1830530092015, 1830530092016, 1830530092017, 1830530092018, 1830530092019, 1830530092020, 1830530092021, 1830530092022, 1830530092023, 1830530092024, 1830530092025, 1830530092026, 1830530092027, 1830530092028, 1830530092029, 1830530092030, 1830530092031, 1830530092032, 1830530092033, 1830530092034, 1830531101000, 1830531101001, 1830531101018, 1830531101019, 1830531101023, 1830531101024, 1830531101027, 1830531101028, 1830531101029, 1830531101030, 1830531101032, 1830531101033, 1830531101034; VTD: 18-02, VTD: 18-03, VTD: 18-04: Block(s) 1830530071000, 1830530071007, 1830530071008, 1830530071009, 1830530071010, 1830530072000, 1830530072001, 1830530072002, 1830530072003, 1830530072004, 1830530072005, 1830530072006, 1830530072007, 1830530072008, 1830530083005, 1830530083006, 1830530083007, 1830530083008; VTD: 18-05, VTD: 18-07, VTD: 18-08: Block(s) 1830530031058, 1830530031059, 1830530031060, 1830530031062, 1830530031063, 1830530031064, 1830530031065, 1830530031066, 1830530031068, 1830530031069, 1830530031070, 1830530031071, 1830530031072, 1830530031073, 1830530031075, 1830530031076, 1830530031081, 1830530031082, 1830530031083, 1830530031086,

1830530031087, 1830530032000, 1830530032001, 1830530032002, 1830530032003, 1830530032004, 1830530032005, 1830530032006, 1830530032007, 1830530032008, 1830530032009, 1830530032010, 1830530032011, 1830530071001, 1830530071002, 1830530071003, 1830530071004, 1830530071005, 1830530071006; VTD: 20-01, VTD: 20-05, VTD: 20-09.

District 37: Wake County: VTD: 03-00: Block(s) 1830534131037, 1830534131038, 1830534131045, 1830534171020, 1830534171021, 1830534171023, 1830534171024; VTD: 06-01, VTD: 06-04, VTD: 06-05, VTD: 06-06, VTD: 12-01, VTD: 12-02, VTD: 12-04, VTD: 12-06, VTD: 12-08, VTD: 12-09, VTD: 15-01: Block(s) 1830529011000, 1830529011001, 1830529011002, 1830529011003, 1830529011004, 1830529011005, 1830529011006, 1830529011007, 1830529011008, 1830529011013, 1830529011031, 1830529021000, 1830529021001, 1830529021002, 1830529021003, 1830529021004, 1830529021005, 1830529021006, 1830529021007, 1830529021008, 1830529021009, 1830529021010, 1830529021011, 1830529021012, 1830529021013, 1830529021014, 1830529021015, 1830529021016, 1830529021017, 1830529021018, 1830529021019, 1830529021020, 1830529021021, 1830529021022, 1830529021023, 1830529021024, 1830529021025, 1830529021026, 1830529021027, 1830529021028, 1830529022010, 1830529022011, 1830529022012, 1830529022013, 1830529022014, 1830529022015, 1830529022016, 1830529022017, 1830529022018, 1830529022019, 1830529022020, 1830529022021; VTD: 15-03, VTD: 20-03, VTD: 20-06: Block(s) 1830534141032, 1830534141033, 1830534141038, 1830534141039, 1830534142000, 1830534142001, 1830534142002, 1830534142003, 1830534142022, 1830534142023, 1830534142024, 1830534142025, 1830534142026, 1830534142027, 1830534142028, 1830534142029, 1830534142030, 1830534142031, 1830534142032, 1830534142033, 1830534142034, 1830534142035, 1830534142036, 1830534142043, 1830534171000, 1830534171001, 1830534171002, 1830534171003, 1830534171004, 1830534171005, 1830534171006, 1830534171007, 1830534171008, 1830534171009, 1830534171010, 1830534171011, 1830534171012, 1830534171013, 1830534171014, 1830534171015, 1830534171016, 1830534171017, 1830534171018, 1830534171019, 1830534171027, 1830534171028, 1830534171029, 1830534171030, 1830534171031, 1830534171032, 1830534171033, 1830534171034, 1830534171035, 1830534171036, 1830534171037, 1830534171038, 1830534171039, 1830534171040, 1830534171041, 1830534171042, 1830534171043, 1830534171044, 1830534171045, 1830534171046,

1830534171047, 1830534171048, 1830534171049, 1830534171050,
1830534171051, 1830534171052, 1830534171053, 1830534171054,
1830534171055, 1830534171057; VTD: 20-08: 1830534161019,
1830534161020, 1830534161021, 1830534161022, 1830534161023,
1830534161024, 1830534161025, 1830534161026, 1830534161027,
1830534161028, 1830534161029, 1830534161030, 1830534161031,
1830534161032, 1830534161033, 1830534161034, 1830534161035,
1830534161036, 1830534161037, 1830534161038, 1830534161039,
1830534161057, 1830534161058, 1830534161059, 1830534161060,
1830534161067, 1830534162002, 1830534162003, 1830534162004,
1830534162005, 1830534162006, 1830534162007, 1830534162008,
1830534162009, 1830534162010, 1830534162011, 1830534162012,
1830534162013, 1830534162014, 1830534162015, 1830534162016,
1830534162017, 1830534162018, 1830534162019, 1830534162020,
1830534162021, 1830534162022, 1830534162023, 1830534162024,
1830534162025, 1830534162026, 1830534162027, 1830534162028,
1830534162029, 1830534162030, 1830534162031, 1830534162032,
1830534162033, 1830534162034, 1830534162035, 1830534162036,
1830534162037, 1830534162038, 1830534162039, 1830534162043,
1830534162045, 1830534162046, 1830534162047, 1830534162048,
1830534162049, 1830534163001, 1830534163002, 1830534163003,
1830534163004, 1830534163005, 1830534163006, 1830534163007,
1830534163008, 1830534163009, 1830534163010, 1830534163014,
1830534163015.

District 38: Wake County: VTD: 01-13: Block(s) 1830505001010,
1830505001011, 1830505001012, 1830505002002, 1830505002003,
1830505002012; VTD: 01-14: 1830505001009, 1830505001013,
1830505001014, 1830505001015, 1830505001026, 1830505001027,
1830505001028, 1830506003009, 1830506003010; VTD: 01-19, VTD: 01-28:
Block(s) 1830505002000, 1830505002001, 1830505003024, 1830519001000,
1830519001001, 1830519001002, 1830519001003, 1830519001004,
1830519001005, 1830519001006, 1830519001007, 1830519001008,
1830519001009, 1830519001010, 1830519001011, 1830519001012,
1830519001013, 1830519001014, 1830519001015, 1830519001016,
1830519001017, 1830519001018, 1830519001019, 1830519001020,
1830519001021, 1830519001022, 1830519001023, 1830519001024,
1830519001025, 1830519001026, 1830519001027, 1830519001028,
1830519001029, 1830519001030, 1830519001031, 1830519001032,
1830519001033, 1830519001034, 1830519001035, 1830519001036,
1830519001037, 1830519001038, 1830519001039, 1830519001040,

1830519001041, 1830519001042, 1830519001043, 1830519001044, 1830519001045, 1830519001046, 1830519001047, 1830519002000, 1830519002001, 1830519002002, 1830519002003, 1830519002004, 1830519002005, 1830519002006, 1830519002007, 1830519002008, 1830519002009, 1830519002010, 1830519002011, 1830519002012, 1830519002013, 1830519002014, 1830519002015, 1830519002016, 1830519002017, 1830519002018, 1830519002019, 1830519002020, 1830519002021, 1830519002022, 1830519003000, 1830519003001, 1830519003002, 1830519003003, 1830519003004, 1830519003005, 1830519003006, 1830519003007, 1830519003008, 1830519003009, 1830519003010, 1830519003011, 1830519003012, 1830519003014, 1830519003015, 1830519003016, 1830519003017, 1830527061035, 1830527061036, 1830527061037, 1830527061038, 1830527061040, 1830527062013, 1830527062014, 1830527062015, 1830527062016, 1830527062017, 1830527062018, 1830527063025, 1830527063026, 1830527063027, 1830527063028, 1830527063031, 1830527063032, 1830527063033, 1830527063034, 1830541061038, 1830541061039; VTD: 01-34, VTD: 01-38: Block(s) 1830527051002, 1830527051020, 1830527051021, 1830527051022, 1830527051023, 1830527051024, 1830527051025, 1830527051026, 1830527051027, 1830527051032; VTD: 01-40, VTD: 01-44: Block(s) 1830540043007, 1830540043008, 1830540043009, 1830540043010, 1830540043011, 1830540043012, 1830540043013, 1830540043014, 1830540043015, 1830540181007, 1830540181019, 1830540181020, 1830540181021, 1830540181022, 1830540181023, 1830540181024, 1830540181025; VTD: 01-46: 1830527041000, 1830527041007, 1830527041008, 1830527041009, 1830527041010, 1830527041011, 1830527042000, 1830527042001, 1830527042002, 1830527042003, 1830527042004, 1830527042005, 1830527042006, 1830527042007, 1830527043001, 1830527043002, 1830527043003, 1830527043004, 1830527043005, 1830527043006, 1830527043007, 1830527043008, 1830527043009, 1830527043010, 1830527043011, 1830527043012, 1830527043013, 1830527043014, 1830527043015, 1830527043016, 1830527043017, 1830527043018, 1830527043019, 1830527043020, 1830527043021, 1830527043022, 1830527043025, 1830527051000, 1830527051001, 1830540181026, 1830540181028, 1830540181029, 1830540181030, 1830540181031, 1830540181032, 1830540181035, 1830540181036; VTD: 13-01: 1830527043000, 1830527043023, 1830527043024, 1830540081000, 1830540081001, 1830540081002, 1830540081003, 1830540081004, 1830540081005, 1830540081006, 1830540081007, 1830540081008, 1830540081009, 1830540081010, 1830540081011, 1830540081012, 1830540081013, 1830540081014,

1830540081015, 1830540082000, 1830540082001, 1830540082002, 1830540082003, 1830540082004, 1830540082005, 1830540082006, 1830540082007, 1830540082008, 1830540082009, 1830540082010, 1830540082011, 1830540082012, 1830540082013, 1830540082014, 1830540082015, 1830540082016, 1830540083000, 1830540083001, 1830540083002, 1830540083003, 1830540083004, 1830540083005, 1830540083006, 1830540083007, 1830540083008, 1830540083009, 1830540084000, 1830540084001, 1830540084002, 1830540181012, 1830540181013, 1830540181014, 1830540181015, 1830540181016, 1830540181017, 1830540181018, 1830540181027, 1830540181033, 1830540181034, 1830541041026, 1830541041028, 1830541041030, 1830541041031, 1830541041032, 1830541041043, 1830541041044, 1830541041045, 1830541041046, 1830541041047, 1830541043014, 1830541043015, 1830541043016, 1830541043017, 1830541043018, 1830541043019, 1830541043045; VTD: 13-05, VTD: 13-07, VTD: 13-08, VTD: 13-09, VTD: 17-01, VTD: 17-03: Block(s) 1830541051006, 1830541051007, 1830541051008, 1830541051009, 1830541051010, 1830541051011, 1830541051012, 1830541051013, 1830541051014, 1830541051015, 1830541051016, 1830541051017, 1830541051018, 1830541051019, 1830541051020, 1830541051021, 1830541051022, 1830541051023, 1830541051024, 1830541051025, 1830541051026, 1830541051027, 1830541051028, 1830541051029, 1830541051030, 1830541051031, 1830541051032, 1830541051033, 1830541051034, 1830541051035, 1830541051036, 1830541051037, 1830541051039, 1830541051040, 1830541051041, 1830541051043, 1830541051046, 1830541052001, 1830541052002, 1830541052003, 1830541052004, 1830541052005, 1830541052006, 1830541052007, 1830541052008, 1830541052009, 1830541052011, 1830541052012, 1830541052013, 1830541052014, 1830541052022, 1830541052023, 1830541052024, 1830541052027, 1830541052028, 1830541052029, 1830541052030, 1830541052031, 1830541052032, 1830541052034, 1830541052035, 1830541052036, 1830541053005, 1830541053023, 1830541053024; VTD: 17-04: 1830541132036, 1830541132037, 1830541132038, 1830541132039, 1830541132040, 1830541132041, 1830541132042; VTD: 17-05: 1830527073000, 1830527073001, 1830527073002, 1830527073003, 1830527073004, 1830527073005, 1830527073006, 1830527073007, 1830527073008, 1830527073009, 1830527073010, 1830527073011, 1830527073012, 1830527073013, 1830527073014, 1830527073015, 1830527073016, 1830527073017, 1830527073018, 1830527073019, 1830527073020, 1830527073021, 1830527073022, 1830527073023, 1830527073024, 1830527073025, 1830527073026, 1830527073027,

1830527073028, 1830527073029, 1830527073030, 1830527073031, 1830527073032, 1830527073033, 1830527073034, 1830527073035, 1830527073036, 1830527073037, 1830527073038, 1830527073039, 1830527073040, 1830527073041, 1830527073042, 1830527073043, 1830527073044, 1830527073045, 1830541052015, 1830541054004, 1830541054005, 1830541054006, 1830541054007, 1830541054008, 1830541054009, 1830541054010, 1830541054011, 1830541054012, 1830541054013, 1830541054014, 1830541054015, 1830541054016, 1830541054017, 1830541054018, 1830541054019, 1830541054020, 1830541054021, 1830541054023, 1830541054024, 1830541054025, 1830541054026, 1830541054027; VTD: 17-07: 1830541051038, 1830541051042, 1830541051044, 1830541051045, 1830541052033, 1830541061000, 1830541061001, 1830541061002, 1830541061003, 1830541061004, 1830541061005, 1830541061006, 1830541061007, 1830541061008, 1830541061009, 1830541061010, 1830541061011, 1830541061012, 1830541061013, 1830541061014, 1830541061015, 1830541061016, 1830541061018, 1830541061019, 1830541061020, 1830541061022, 1830541061023, 1830541061024, 1830541061027, 1830541061028, 1830541061029, 1830541061030, 1830541061042, 1830541061043, 1830541061044, 1830541061045, 1830541061046, 1830541061049, 1830541061050, 1830541063000, 1830541063001, 1830541063002, 1830541063003, 1830541063004, 1830541063005, 1830541063006, 1830541063007, 1830541063008, 1830541063009, 1830541063010, 1830541063011, 1830541063012, 1830541063013, 1830541063014, 1830541063015, 1830541063016, 1830541063019, 1830541063020, 1830541063021, 1830541063022, 1830541063023, 1830541063024, 1830541063025, 1830541063026, 1830541063027, 1830541063028, 1830541063029, 1830541063031, 1830541063032, 1830541063033, 1830541063034, 1830541063035, 1830541063036, 1830541063037, 1830541063038, 1830541063039, 1830541063040, 1830541063041; VTD: 17-08: 1830541141020, 1830541141022, 1830541141024, 1830541141025, 1830541141026, 1830541141039, 1830541141040, 1830541141041, 1830541141042, 1830541141043, 1830541141044, 1830541141045, 1830541141046, 1830541141047, 1830541141048, 1830541141049, 1830541141054, 1830541141055, 1830541142000, 1830541142001, 1830541142002, 1830541142003, 1830541142004, 1830541142005, 1830541142006, 1830541142007, 1830541142008, 1830541142009, 1830541142010, 1830541142011, 1830541142015, 1830541142016, 1830541142017, 1830541153015; VTD: 17-10, VTD: 17-11: Block(s) 1830541041029, 1830541041036, 1830541041038, 1830541042033, 1830541043000, 1830541043001, 1830541043002,

1830541043003, 1830541043004, 1830541043005, 1830541043006, 1830541043007, 1830541043008, 1830541043009, 1830541043010, 1830541043011, 1830541043012, 1830541043013, 1830541043020, 1830541043021, 1830541043022, 1830541043023, 1830541043024, 1830541043025, 1830541043026, 1830541043027, 1830541043028, 1830541043029, 1830541043030, 1830541043031, 1830541043032, 1830541043033, 1830541043034, 1830541043035, 1830541043036, 1830541043037, 1830541043038, 1830541043039, 1830541043040, 1830541043041, 1830541043042, 1830541043043, 1830541043044, 1830541043046, 1830541043047, 1830541043048, 1830541043049, 1830541043050, 1830541044000, 1830541044001, 1830541044002, 1830541044003, 1830541044004, 1830541044005, 1830541044006, 1830541044007, 1830541044008, 1830541044009, 1830541044010, 1830541044011, 1830541044012, 1830541044013, 1830541044014, 1830541044015, 1830541044016, 1830541044017, 1830541044018, 1830541044019, 1830541044020, 1830541044021, 1830541044022.

District 39: Wake County: VTD: 09-02, VTD: 10-03, VTD: 10-04, VTD: 13-01: Block(s) 1830541041000, 1830541041001, 1830541041002, 1830541041003, 1830541041004, 1830541041005, 1830541041006, 1830541041007, 1830541041008, 1830541041009, 1830541041010, 1830541041011, 1830541041012, 1830541041013, 1830541041014, 1830541041015, 1830541041016, 1830541041017, 1830541041018, 1830541041019, 1830541041020, 1830541041021, 1830541041022, 1830541041023, 1830541041024, 1830541041025, 1830541041033, 1830541041039, 1830541041040, 1830541041041, 1830541041042, 1830541041048, 1830541041049, 1830541041050, 1830541042000, 1830541042002, 1830541042010, 1830541042023, 1830541042024, 1830541042025, 1830541042026, 1830541042027, 1830541042028, 1830541042029, 1830541042030; VTD: 15-01: 1830529022000, 1830529022001, 1830529022002, 1830529022003, 1830529022004, 1830529022005, 1830529022006, 1830529022007, 1830529022008, 1830529022009; VTD: 15-02: 1830529041000, 1830529041001, 1830529041002, 1830529041003, 1830529041004, 1830529041005, 1830529041006, 1830529041007, 1830529041008, 1830529041009, 1830529041010, 1830529041011, 1830529041012, 1830529041013, 1830529041014, 1830529041015, 1830529041016, 1830529041017, 1830529041018, 1830529041019, 1830529041020, 1830529041021, 1830529041022, 1830529041023, 1830529041024, 1830529041025, 1830529041026; VTD: 15-04, VTD: 16-01: Block(s) 1830528071000, 1830528071001, 1830528071002, 1830528071003, 1830528071009, 1830528071010, 1830528071011, 1830528071012,

1830528071013, 1830528071014, 1830528071015, 1830528071016, 1830528071017, 1830528071018, 1830528071019, 1830528071020, 1830528071021, 1830528071022, 1830528071023, 1830528071024, 1830528071025, 1830528071026, 1830528071027, 1830528071028, 1830528071029, 1830528072087, 1830528072088, 1830528072089, 1830528072090, 1830528072091, 1830528072092, 1830528084000, 1830528084001, 1830528084002, 1830528084003, 1830528084004, 1830528084005, 1830528084006, 1830528084007, 1830528084008, 1830528084009, 1830528084010, 1830528084011, 1830528084012, 1830528084013, 1830528084014, 1830528084015, 1830528084016, 1830528084017, 1830528084018, 1830528084019, 1830528084020, 1830528084021, 1830528084022, 1830528084023, 1830528084024, 1830528084044, 1830528092000, 1830528092001, 1830528092002, 1830528092003, 1830528092004, 1830528092005, 1830528092006, 1830528092007, 1830528092008, 1830528092009, 1830528092010, 1830528092011, 1830528092012, 1830528092013, 1830528092014, 1830528092015, 1830528092016, 1830528092017, 1830528092018, 1830528092019, 1830528092020, 1830528092021, 1830528092022, 1830528092023, 1830528092024, 1830528092025, 1830528092026, 1830528092027, 1830528092028, 1830528092029, 1830528092030, 1830528092031, 1830528092032, 1830528092033, 1830528092034, 1830528092035, 1830528092036, 1830528092037, 1830528092038, 1830528092039, 1830528092040, 1830528092041, 1830528092042, 1830528092043, 1830528092044, 1830528092045, 1830528092046; VTD: 16-03: 1830528021020, 1830528022000, 1830528023000, 1830528023001, 1830528023002, 1830528023003, 1830528023004, 1830528023005, 1830528023024, 1830528023027, 1830528023028, 1830528024000, 1830528024001, 1830528024002, 1830528024003, 1830528024004, 1830528024005, 1830528024006, 1830528024020, 1830545002074, 1830545002091, 1830545002092; VTD: 16-04: 1830528081017, 1830528081021, 1830528081026, 1830528081027, 1830528083002, 1830528083003, 1830528083004, 1830528083005, 1830528083006, 1830528083011, 1830528083012, 1830528083013, 1830528083014, 1830528083015, 1830528083016, 1830528083017, 1830528083018, 1830528083020, 1830528083021, 1830528083024, 1830528083028, 1830528083029, 1830528083033, 1830528083034, 1830528083035, 1830528083036, 1830528083037, 1830528083038, 1830528083039, 1830528083040, 1830528083041, 1830528083044, 1830528083045, 1830528083046, 1830528083047, 1830528083048, 1830528083049, 1830528084054; VTD: 16-05: 1830528021004, 1830528021005, 1830528021006, 1830528021007, 1830528021008, 1830528021009,

1830528021010, 1830528021011, 1830528021012, 1830528021013,
1830528021014, 1830528021015, 1830528021016, 1830528021017,
1830528021018, 1830528021019, 1830528021021, 1830528021022,
1830528021023, 1830528021024, 1830528021025, 1830528021026,
1830528021027, 1830528021028, 1830528021029, 1830528021030,
1830528021031, 1830528021032, 1830528023006, 1830528023007,
1830528023008, 1830528023009, 1830528023010, 1830528023011,
1830528023012, 1830528023013, 1830528023014, 1830528023015,
1830528023016, 1830528023017, 1830528023018, 1830528023019,
1830528023020, 1830528023021, 1830528023025, 1830528023026,
1830528024007, 1830528024008, 1830528024009, 1830528024010,
1830528024011, 1830528024012, 1830528024013, 1830528024014,
1830528024015, 1830528024016, 1830528024017, 1830528024018,
1830528024019, 1830528024021, 1830530093000, 1830530093001,
1830530093002, 1830530093003, 1830530093004, 1830530093005,
1830530093006, 1830530093007, 1830530093008, 1830530093009,
1830530093010, 1830530093011, 1830530093012, 1830530093013,
1830530093014, 1830530093015, 1830530093016, 1830530093017,
1830530093018, 1830530093019, 1830530093020, 1830530093021,
1830545002069, 1830545002078, 1830545002079; VTD: 16-06:
1830528014000, 1830528014001, 1830528014002, 1830528014003,
1830528014004, 1830528014005, 1830528014006, 1830528014007,
1830528014008, 1830528014009, 1830528014010, 1830528014011,
1830528014012, 1830528014013, 1830528014014, 1830528014015,
1830528014016, 1830528015004, 1830528081003, 1830528081005,
1830528081006, 1830528081009, 1830528081010, 1830528081014,
1830528081015; VTD: 16-07, VTD: 16-08: Block(s) 1830528064040,
1830528064041, 1830528064042, 1830528064043, 1830528064044,
1830528071004; VTD: 16-09: 1830528082000, 1830528082020,
1830528082021, 1830528082031, 1830528082032, 1830528082033,
1830528082035, 1830528082039, 1830528082040, 1830528082041,
1830528082042, 1830528082043, 1830528082044, 1830528082045,
1830528082046, 1830528082047, 1830528082048, 1830528082049,
1830528082050, 1830528082051, 1830528082052, 1830528082053,
1830528082054, 1830528082055, 1830528082056, 1830528082057,
1830528082058, 1830528082059, 1830528084025, 1830528084026,
1830528084027, 1830528084028, 1830528084029, 1830528084030,
1830528084031, 1830528084032, 1830528084033, 1830528084034,
1830528084035, 1830528084036, 1830528084037, 1830528084038,
1830528084039, 1830528084040, 1830528084041, 1830528084042,
1830528084043, 1830528084045, 1830528084046, 1830528084047,

1830528084048, 1830528084049, 1830528084050, 1830528084051, 1830528084052, 1830528084053, 1830528084055, 1830528084056, 1830528091000, 1830528091001, 1830528091002, 1830528091003, 1830528091004, 1830528091005, 1830528091006, 1830528091007, 1830528091008; VTD: 17-03: 1830541051000, 1830541051001, 1830541051002, 1830541051003, 1830541051004, 1830541051005, 1830541052000, 1830541052010, 1830541052016, 1830541052017, 1830541052018, 1830541052019, 1830541052020, 1830541052021, 1830541052025, 1830541052026, 1830541053000, 1830541053001, 1830541053002, 1830541053003, 1830541053004, 1830541053006, 1830541053007, 1830541053008, 1830541053009, 1830541053010, 1830541053011, 1830541053012, 1830541053013, 1830541053014, 1830541053015, 1830541053016, 1830541053017, 1830541053018, 1830541053019, 1830541053020, 1830541053021, 1830541053022, 1830541053025, 1830541053026, 1830541053027, 1830541055000, 1830541055001, 1830541055002, 1830541055003, 1830541055004, 1830541055005, 1830541055006, 1830541055007, 1830541055008, 1830541055009, 1830541055010, 1830541055011, 1830541055012, 1830541055013; VTD: 17-04: 1830541102041, 1830541102042, 1830541102043, 1830541102044, 1830541102045, 1830541102046, 1830541102047, 1830541102048, 1830541102049, 1830541102052, 1830541102053, 1830541103039, 1830541103040, 1830541103041, 1830541103042, 1830541111006, 1830541111007, 1830541111008, 1830541111009, 1830541111010, 1830541111011, 1830541111012, 1830541111014, 1830541111015, 1830541111016, 1830541111017, 1830541121000, 1830541121001, 1830541121002, 1830541121003, 1830541121004, 1830541121005, 1830541121006, 1830541121007, 1830541121008, 1830541121009, 1830541121010, 1830541121011, 1830541121012, 1830541121013, 1830541121014, 1830541121015, 1830541121017, 1830541121018, 1830541121038, 1830541131000, 1830541131001, 1830541131002, 1830541131003, 1830541131004, 1830541131005, 1830541131006, 1830541131007, 1830541131008, 1830541131009, 1830541131010, 1830541131011, 1830541131012, 1830541131013, 1830541131014, 1830541131015, 1830541131016, 1830541131017, 1830541131018, 1830541131019, 1830541131020, 1830541131021, 1830541132000, 1830541132001, 1830541132002, 1830541132003, 1830541132004, 1830541132005, 1830541132006, 1830541132007, 1830541132008, 1830541132009, 1830541132010, 1830541132011, 1830541132012, 1830541132013, 1830541132014, 1830541132015, 1830541132016, 1830541132017, 1830541132018, 1830541132019, 1830541132020, 1830541132021, 1830541132022,

1830541132023, 1830541132026, 1830541132028, 1830541132029, 1830541132030, 1830541132031, 1830541132032, 1830541132033, 1830541132043, 1830541132044; VTD: 17-05: 1830541054000, 1830541054001, 1830541054002, 1830541054003, 1830541054022; VTD: 17-06, VTD: 17-08: Block(s) 1830541132024, 1830541132025, 1830541132027, 1830541132034, 1830541132035, 1830541141000, 1830541141001, 1830541141002, 1830541141003, 1830541141004, 1830541141005, 1830541141006, 1830541141007, 1830541141008, 1830541141009, 1830541141010, 1830541141011, 1830541141012, 1830541141013, 1830541141014, 1830541141015, 1830541141016, 1830541141017, 1830541141018, 1830541141019, 1830541141021, 1830541141023, 1830541141027, 1830541141028, 1830541141029, 1830541141030, 1830541141031, 1830541141032, 1830541141033, 1830541141034, 1830541141035, 1830541141036, 1830541141037, 1830541141038, 1830541141050, 1830541141051, 1830541141052, 1830541141053, 1830541141056, 1830541142019, 1830541142020, 1830541142021, 1830541142022, 1830541142023, 1830541142024, 1830541142025, 1830541142026, 1830541142027, 1830541142028, 1830541142029, 1830541142030, 1830541142046, 1830541151000, 1830541151001, 1830541151002, 1830541151003, 1830541151004, 1830541151005, 1830541151006, 1830541151007, 1830541151008, 1830541151009, 1830541151010, 1830541151011, 1830541151012, 1830541151013, 1830541151014, 1830541152000, 1830541152001, 1830541152002, 1830541152003, 1830541152004, 1830541152005, 1830541152006, 1830541152007, 1830541152008, 1830541152009, 1830541152010, 1830541152011, 1830541152012, 1830541152013, 1830541152014, 1830541152015, 1830541152016, 1830541152017, 1830541152018, 1830541152019, 1830541152020, 1830541152021, 1830541152022, 1830541152023, 1830541152024, 1830541152025, 1830541152026, 1830541152027, 1830541152028, 1830541152029, 1830541152030, 1830541152031, 1830541152032, 1830541153000, 1830541153001, 1830541153002, 1830541153003, 1830541153004, 1830541153005, 1830541153006, 1830541153007, 1830541153008, 1830541153009, 1830541153010, 1830541153011, 1830541153012, 1830541153013, 1830541153014, 1830541153016, 1830541153017, 1830541153018, 1830541153019, 1830541153020, 1830541153021, 1830541153022, 1830541153023; VTD: 17-11: 1830541041027, 1830541041034, 1830541041035, 1830541041037, 1830541042001, 1830541042003, 1830541042004, 1830541042005, 1830541042006, 1830541042007, 1830541042008, 1830541042009, 1830541042011, 1830541042012, 1830541042013, 1830541042014, 1830541042015, 1830541042016,

1830541042017, 1830541042018, 1830541042019, 1830541042020, 1830541042021, 1830541042022, 1830541042031, 1830541042032; VTD: 19-17.

District 40: Wake County: VTD: 02-02, VTD: 02-03, VTD: 02-04, VTD: 05-04: Block(s) 1830536021079, 1830536021080, 1830536021081, 1830536021082, 1830536021083, 1830536021084, 1830536021085, 1830536021086, 1830536021087, 1830536021088, 1830536021089, 1830536021090, 1830536021091, 1830536021092, 1830536021093, 1830536021094, 1830536021095, 1830536021096, 1830536021097, 1830536021098, 1830536071000, 1830536071001, 1830536071002, 1830536071003, 1830536071004, 1830536071005, 1830536071006, 1830536071007, 1830536071008, 1830536071009, 1830536071010, 1830536071011, 1830536071012, 1830536071013, 1830536071014, 1830536071015, 1830536071016, 1830536071017, 1830536071018, 1830536071019, 1830536071020, 1830536071021, 1830536071022, 1830536071023, 1830536071024, 1830536071025, 1830536071026, 1830536071027, 1830536071028, 1830536071029, 1830536071030, 1830536071031, 1830536071032, 1830536071033, 1830536071034, 1830536071035, 1830536071036, 1830536071037, 1830536071038, 1830536071039, 1830536071040, 1830536071041, 1830536071042, 1830536071043, 1830536071044, 1830536071045, 1830536071046, 1830536071047, 1830536071048, 1830536071049, 1830536071050, 1830536071051, 1830536071052, 1830536071053, 1830536071054, 1830536071055, 1830536071056, 1830536071057, 1830536071058, 1830536071059, 1830536071060, 1830536071061, 1830536071062, 1830536071063, 1830536071064, 1830536071065, 1830536071066, 1830536071067, 1830536071068, 1830536071069, 1830536071070, 1830536071071, 1830536071072, 1830536071073, 1830536071074, 1830536071075, 1830536071076, 1830536071077, 1830536071078, 1830536071079, 1830536071093, 1830536071094, 1830536071095, 1830536071096, 1830536071097, 1830536071098, 1830536071099, 1830536071100, 1830536071101, 1830536071102, 1830536071103, 1830536071104, 1830536071105, 1830536071106, 1830536071111, 1830536071112, 1830536071113, 1830536071114, 1830536071115, 1830536071116, 1830536071117, 1830536071118, 1830536081000, 1830536081001, 1830536081002, 1830536081003, 1830536081004, 1830536081005, 1830536081006, 1830536081007, 1830536081008, 1830536081009, 1830536081010, 1830536081011, 1830536081012, 1830536081013, 1830536081014, 1830536081015, 1830536081016, 1830536081017, 1830536081018, 1830536081019, 1830536081020, 1830536081021,

1830536081022, 1830536081023, 1830536081024, 1830536081025,
1830536081026, 1830536081027, 1830536081028, 1830536081029,
1830536081030, 1830536081031, 1830536081032, 1830536081033,
1830536081034, 1830536081035, 1830536081036, 1830536081037,
1830536081038, 1830536081039, 1830536081040, 1830536081041,
1830536081042, 1830536081043, 1830536081044, 1830536081045,
1830536081046, 1830536081047, 1830536081048, 1830536081049,
1830536081050, 1830536081051, 1830536081052, 1830536081053,
1830536081054, 1830536081055, 1830536081056, 1830536081057,
1830536081058, 1830536081059, 1830536081060, 1830536081061,
1830536091006, 1830536091007, 1830536091008, 1830536091009,
1830536091010, 1830536091011, 1830536091012, 1830536091013,
1830536091014, 1830536091015, 1830536091016, 1830536091017,
1830536091018, 1830536091019, 1830536091020, 1830536091031,
1830536091032, 1830536091033, 1830536091034, 1830536091035,
1830536091036, 1830536091037, 1830536091038, 1830536091039,
1830536091040, 1830536091041, 1830536091042, 1830536091043,
1830536091044, 1830536091045, 1830536091046, 1830536091047,
1830536091048, 1830536091049, 1830536091050, 1830536091051,
1830536091052, 1830536091053, 1830536091054, 1830536091055,
1830536091056, 1830536091057, 1830536091058, 1830536091059,
1830536091060, 1830536091061, 1830536091062, 1830536091063,
1830536091064, 1830536091065, 1830536091066, 1830536091067,
1830536091068, 1830536091069, 1830536091070, 1830536091071,
1830536091072, 1830536091073, 1830536091074, 1830536091075,
1830536091076, 1830536091077, 1830536091078, 1830536091079,
1830536091080, 1830536091081, 1830536091082, 1830536091083,
1830536091085, 1830536091086, 1830536091087, 1830536091088,
1830536091089, 1830536091090, 1830536091091, 1830536091092,
1830536091093, 1830536091099, 1830536091106, 1830536091107,
1830536091108, 1830536091109, 1830536091110, 1830536091117,
1830536091118, 1830536091122; VTD: 05-05, VTD: 07-10: Block(s)
1830537091011, 1830537092029, 1830537092030, 1830537093000,
1830537093001, 1830537093002, 1830537093003, 1830537093004,
1830537093005, 1830537093006, 1830537093007, 1830537093008,
1830537093009, 1830537093010, 1830537093011, 1830537093012,
1830537093013, 1830537093014, 1830537093015, 1830537093016,
1830537093017, 1830537093018, 1830537093019, 1830537093020,
1830537093021, 1830537093022, 1830537093023, 1830537093024,
1830537093025, 1830537093027, 1830537093028, 1830537093029,
1830537093030, 1830537093031, 1830537093032, 1830537093033,

1830537093034, 1830537093035, 1830537093036, 1830537093037,
1830537093038, 1830537093039, 1830537093040, 1830537093043,
1830537093044, 1830537093045, 1830537093046, 1830537093047,
1830537093048, 1830537093049, 1830537093050, 1830537093051,
1830537093052, 1830537093053, 1830537093056, 1830537093057,
1830537093058, 1830537093059, 1830537241007, 1830537241009,
1830537241088, 1830537241089, 1830537241090, 1830537241091,
1839801001025, 1839801001033, 1839801001034, 1839801001035,
1839802001001, 1839802001005, 1839802001007, 1839802001009,
1839802001010, 1839802001011, 1839802001012, 1839802001013,
1839802001015, 1839802001016; VTD: 08-02: 1830537111000,
1830537111001, 1830537111002, 1830537111003, 1830537111004,
1830537111005, 1830537111006, 1830537111007, 1830537111008,
1830537111009, 1830537111010, 1830537111011, 1830537111012,
1830537111013, 1830537111014, 1830537111015, 1830537111016,
1830537111017, 1830537111021, 1830537111022, 1830537111023,
1830537111024, 1830537111025, 1830537111026, 1830537111027,
1830537111028, 1830537111029, 1830537111030, 1830537111031,
1830537111032, 1830537111033, 1830537111034, 1830537111035,
1830537111036, 1830537111037, 1830537112000, 1830537112001,
1830537112002, 1830537112003, 1830537112004, 1830537112005,
1830537112006, 1830537112007, 1830537112008, 1830537112009,
1830537112010, 1830537112011, 1830537112012, 1830537112013,
1830537112014, 1830537112015, 1830537112016, 1830537112017,
1830537112018, 1830537112019, 1830537112020, 1830537112021,
1830537112022, 1830537112023, 1830537112024, 1830537112025,
1830537112026, 1830537112027, 1830537112028, 1830537113000,
1830537113001, 1830537113021; VTD: 08-03, VTD: 08-04, VTD: 08-08, VTD: 08-10: Block(s) 1830537251003, 1830537252000, 1830537252001,
1830537252002, 1830537252003, 1830537252004, 1830537252005,
1830537252006, 1830537252007, 1830537252008, 1830537252009,
1830537252010, 1830537252011, 1830537252012, 1830537252013,
1830537252014, 1830537252015, 1830537252016, 1830537252017,
1830537252018, 1830537252019, 1830537252020, 1830537252021,
1830537252022, 1830537252023; VTD: 08-11, VTD: 14-01, VTD: 14-02, VTD: 19-03, VTD: 19-05.

District 41: Wake County: VTD: 03-00: Block(s) 1830532071000,
1830532071001, 1830532071002, 1830532071003, 1830532071004,
1830532071005, 1830532071006, 1830532071007, 1830532071008,
1830532071009, 1830532071010, 1830532071011, 1830532071012,

1830532071013, 1830532071014, 1830532071015, 1830532071016,
1830532071017, 1830532071018, 1830532071019, 1830532071027,
1830532071028, 1830532071029, 1830532071030, 1830532071062,
1830532071079, 1830532071080, 1830532071081, 1830532071082,
1830532071083, 1830532071084, 1830532072018, 1830532072019,
1830532072020, 1830532072021, 1830532072022, 1830532072023,
1830532072024, 1830532072025, 1830532072026, 1830532072027,
1830532072028, 1830532072059, 1830534131010, 1830534131011,
1830534131012, 1830534131013, 1830534131014, 1830534131016,
1830534131017, 1830534131018, 1830534131019, 1830534131020,
1830534131033, 1830534131034, 1830534131035, 1830534131036,
1830534131039, 1830534131040, 1830534131042, 1830534131043,
1830534131044, 1830534131046, 1830534131047, 1830534131048,
1830534131049, 1830534131050, 1830534131051, 1830534131052,
1830534132004, 1830534132005, 1830534132006, 1830534132007,
1830534132008, 1830534132009, 1830534132010, 1830534132011,
1830534132012, 1830534132013, 1830534132014, 1830534132015,
1830534132016, 1830534132017, 1830534132018, 1830534132019,
1830534132020, 1830534132021, 1830534132022, 1830534132023,
1830534132024, 1830534132025, 1830534132026, 1830534132027,
1830534132028, 1830534132029, 1830534132030, 1830534132031,
1830534132032, 1830534132033, 1830534132034, 1830534132035,
1830534132036, 1830534132037, 1830534132038, 1830534132039,
1830534132040, 1830534132041, 1830534132042, 1830534132043,
1830534132044, 1830534132045, 1830534132046, 1830534132047,
1830534132048, 1830534132049, 1830534171022, 1830534171025,
1830534171026, 1830534171056, 1830534201032, 1830534201033,
1830534201034, 1830534201035, 1830534201053, 1830534201054,
1830534201056; VTD: 04-08: 1830535222008, 1830535222041,
1830535222042; VTD: 04-09, VTD: 04-13, VTD: 04-18: Block(s)
1830535121002, 1830535121003, 1830535121004, 1830535121006,
1830535121008, 1830535121009, 1830535122018, 1830535122019,
1830535122023, 1830535122025, 1830535222001, 1830535222002,
1830535222009; VTD: 04-19: 1830534221003, 1830534221004,
1830534221005; VTD: 05-01, VTD: 05-03, VTD: 05-04: Block(s)
1830536021000, 1830536021001, 1830536021003, 1830536021004,
1830536021005, 1830536021006, 1830536021007, 1830536021008,
1830536021009, 1830536021010, 1830536021011, 1830536021012,
1830536021013, 1830536021014, 1830536021015, 1830536021016,
1830536021017, 1830536021028, 1830536021029, 1830536021030,
1830536021031, 1830536021032, 1830536021033, 1830536021034,

1830536021035, 1830536021036, 1830536021037, 1830536021038, 1830536021041, 1830536021042, 1830536021043, 1830536021044, 1830536021045, 1830536021046, 1830536021049, 1830536021050, 1830536021051, 1830536021052, 1830536021053, 1830536021054, 1830536021055, 1830536021056, 1830536021057, 1830536021058, 1830536021059, 1830536021060, 1830536021061, 1830536021062, 1830536021063, 1830536021064, 1830536021065, 1830536021066, 1830536021067, 1830536021068, 1830536021069, 1830536021070, 1830536021071, 1830536021072, 1830536021073, 1830536021074, 1830536021075, 1830536021076, 1830536021077, 1830536021078, 1830536021099, 1830536021100; VTD: 05-06, VTD: 20-02, VTD: 20-04, VTD: 20-06: Block(s) 1830534141000, 1830534141001, 1830534141002, 1830534141003, 1830534141004, 1830534141005, 1830534141006, 1830534141007, 1830534141008, 1830534141009, 1830534141010, 1830534141011, 1830534141012, 1830534141013, 1830534141014, 1830534141015, 1830534141016, 1830534141017, 1830534141018, 1830534141019, 1830534141020, 1830534141021, 1830534141022, 1830534141023, 1830534141024, 1830534141025, 1830534141026, 1830534141027, 1830534141028, 1830534141029, 1830534141030, 1830534141031, 1830534141034, 1830534141035, 1830534141036, 1830534141037, 1830534141040, 1830534141041, 1830534141042, 1830534141043, 1830534141044, 1830534141045, 1830534141046, 1830534141047, 1830534141048, 1830534141049, 1830534141050, 1830534141051, 1830534142004, 1830534142005, 1830534142006, 1830534142007, 1830534142008, 1830534142009, 1830534142010, 1830534142011, 1830534142012, 1830534142013, 1830534142014, 1830534142015, 1830534142016, 1830534142017, 1830534142018, 1830534142019, 1830534142020, 1830534142021, 1830534142037, 1830534142038, 1830534142039, 1830534142040, 1830534142041, 1830534142042, 1830534142044; VTD: 20-08: 1830534091000, 1830534091001, 1830534091002, 1830534091003, 1830534091004, 1830534091005, 1830534091006, 1830534091007, 1830534091008, 1830534091009, 1830534091010, 1830534091011, 1830534091012, 1830534091013, 1830534091014, 1830534091015, 1830534091016, 1830534091017, 1830534091018, 1830534091019, 1830534091020, 1830534091021; VTD: 20-10, VTD: 20-11, VTD: 20-12.

District 42: Cumberland County: VTD: AH49: Block(s) 0510032033000, 0510032033001, 0510032033002, 0510032033003, 0510032033004, 0510032033005, 0510032033007, 0510032033008, 0510032033009, 0510032033010, 0510032033013, 0510032033018, 0510032042000,

0510032042001, 0510032042002, 0510032042003, 0510032042004, 0510032042005, 0510032042006, 0510032042007, 0510032043000, 0510032043001, 0510032043002, 0510032043003, 0510032043004, 0510032043005, 0510032043006, 0510032043007, 0510032043008, 0510032043009, 0510032043010, 0510032043011, 0510032043012, 0510032043013, 0510032043014, 0510032043015, 0510032043016, 0510032043017, 0510032043018, 0510032043019, 0510032043020, 0510032043021, 0510032043022, 0510032043023, 0510032043024, 0510032043025, 0510032043026, 0510032044000, 0510032044001, 0510032045000, 0510032045001, 0510032045002, 0510032045010, 0510032045012; VTD: CC03: 0510022001000, 0510022001001, 0510022001002, 0510022001003, 0510022001004, 0510022001005, 0510022001006, 0510022001007, 0510022001008, 0510022001009, 0510022001010, 0510022001011, 0510022001012, 0510022001013, 0510022001014, 0510022001015, 0510022001016, 0510022001017, 0510022001018, 0510022001019, 0510022001020, 0510022001021, 0510022001022, 0510022002000, 0510022002001, 0510022002002, 0510022002003, 0510022002004, 0510022002005, 0510022002006, 0510022002007, 0510022002009, 0510022002013, 0510022002014, 0510022002015, 0510022002016, 0510022002017, 0510022002018, 0510022002019, 0510022002020, 0510022002021, 0510022002029, 0510022002030, 0510022002031, 0510022002032, 0510023001002, 0510023001003, 0510023001004, 0510023001005, 0510023001009, 0510023001010, 0510023001012, 0510023001013, 0510023001014, 0510023001015, 0510023001016, 0510023001017, 0510023001018, 0510023001020, 0510023001021, 0510023001022, 0510023001023, 0510023001024, 0510023001025, 0510023001026, 0510023001027, 0510023001028, 0510023001029, 0510023001030, 0510023001031, 0510023001032, 0510023001033, 0510023001034, 0510023001035, 0510023001036; VTD: CC17: 0510023001000, 0510023001001, 0510024011020, 0510024011021; VTD: CC25: 0510033051028, 0510033091009, 0510033091010, 0510033091011, 0510033091020, 0510033091021, 0510033092000, 0510033092001, 0510033092002, 0510033092003, 0510033092007, 0510033092008, 0510033092009, 0510033092011, 0510033092012, 0510033092013, 0510033092018, 0510033092019, 0510033092020, 0510033103000, 0510033103007, 0510033103008, 0510033103009; VTD: CC26: 0510033042003, 0510033042004, 0510033042005, 0510033042006, 0510033042007, 0510033042008, 0510033042009, 0510033042010, 0510033042011, 0510033042012, 0510033042013, 0510033043000, 0510033043001, 0510033043002, 0510033043003, 0510033043004, 0510033043005,

0510033043006, 0510033043008, 0510033043009, 0510033043010; VTD: CC27: 0510033071008, 0510033101000, 0510033101001, 0510033101002, 0510033101003, 0510033101004, 0510033101005, 0510033101006, 0510033101007, 0510033101008, 0510033101009, 0510033103002, 0510033103004, 0510033103005, 0510033103006, 0510033103018, 0510033103019, 0510033103020, 0510033103021, 0510033103022, 0510033104000, 0510033104001, 0510033104002, 0510033104003, 0510033104004, 0510033104005, 0510033104006, 0510033104007, 0510033104008, 0510033104009, 0510033104012, 0510033104013, 0510033104014, 0510033104015, 0510033111000, 0510033111001, 0510033111002, 0510033111003, 0510033111004, 0510033111005, 0510033111006, 0510033111007, 0510033111008, 0510033111009, 0510033111010, 0510033111011, 0510033111012, 0510033111013, 0510033111014, 0510033111016; VTD: CC29: 0510020021003, 0510020021004, 0510020021005, 0510020021006, 0510020021007, 0510020021008, 0510020021009, 0510020021010, 0510020021011, 0510020021012, 0510020021013, 0510020021014, 0510020021015, 0510020021016, 0510020021017, 0510020021018, 0510020021019, 0510020022000, 0510020022001, 0510020022002, 0510020022005, 0510020022006, 0510020022007, 0510020022008, 0510020023000, 0510020023015, 0510020023021, 0510033022005; VTD: CC31: 0510019021005, 0510019021006, 0510019021007, 0510019021008, 0510019034000, 0510019034001, 0510019034004, 0510019034005, 0510019034006, 0510019034007, 0510019034008, 0510019034010, 0510032031000; VTD: CC32: 0510033053000, 0510033053001, 0510033053002, 0510033053005, 0510033053006, 0510033053007, 0510033053008, 0510033053009, 0510033053010, 0510033053011, 0510033053012, 0510033053013, 0510033053014, 0510033053017, 0510033053018; VTD: CC33, VTD: CL57, VTD: G10: Block(s) 0510032012000, 0510032012001, 0510032012002; VTD: G11: 0510033132008, 0510034011000, 0510034011001, 0510034011010, 0510034011026, 0510034011028, 0510034011031, 0510034011032, 0510034011039, 0510034011041, 0510034011042, 0510034011043, 0510034021000, 0510034021016, 0510034021018, 0510034041002, 0510034041006, 0510034042010, 0510034042011, 0510034042013, 0510034042014, 0510034042015, 0510034042016, 0510034042017, 0510034042018, 0510034042019, 0510035001000, 0510035001001, 0510035001002, 0510035001003, 0510035001004, 0510035001005, 0510035001006, 0510035001007, 0510035001008, 0510035001009, 0510035001010, 0510035001011, 0510035001012, 0510035001014, 0510035001016, 0510035001017, 0510035001018, 0510035001019, 0510035001022,

0510035001023, 0510035001025, 0510035001026, 0510035001027,
0510035001028, 0510035001029, 0510035001030, 0510035002000,
0510035002001, 0510035002002, 0510035002003, 0510035002004,
0510035002005, 0510035002006, 0510035002007, 0510035002008,
0510035002009, 0510035002010, 0510035002011, 0510035002012,
0510035002013, 0510035002014, 0510035002015, 0510035002016,
0510035002017, 0510035002018, 0510035002019, 0510035002020,
0510035002021, 0510035002022, 0510035002023, 0510035002024,
0510035002025, 0510035002026, 0510035002027, 0510035002028,
0510035002029, 0510035003000, 0510035003001, 0510035003002,
0510035003003, 0510035003004, 0510035003005, 0510035003006,
0510035003007, 0510035003008, 0510035003009, 0510035003010,
0510035003011, 0510035003012, 0510035003014, 0510035003015,
0510035003016, 0510035003017, 0510035003018, 0510035003019,
0510035003020, 0510035003021, 0510035003022, 0510035003023,
0510035003024, 0510035003025, 0510035003026, 0510035003027,
0510035003028, 0510035003029, 0510035003030, 0510035003031,
0510035003032, 0510035003033, 0510035003036, 0510035003037,
0510035004000, 0510035004001, 0510035004004, 0510035004005,
0510035004006, 0510035004007, 0510035004008, 0510035004009,
0510035004010, 0510035004011, 0510035004012, 0510035004013,
0510035004014, 0510035004015, 0510035004016, 0510035004017,
0510035004018, 0510035004019, 0510035004020, 0510035004021,
0510035004022, 0510035004023, 0510035004024, 0510035004025,
0510035004026, 0510036001000, 0510036001001, 0510036001002,
0510036001003, 0510036001004, 0510036001005, 0510036001006,
0510036001007, 0510036001008, 0510036001009, 0510036001010,
0510036001012, 0510036001013, 0510036001014, 0510036001015,
0510036001016, 0510036001017, 0510036001019, 0510036001020,
0510036001021, 0510036001022, 0510036001023, 0510036001024,
0510036001025, 0510036001026, 0510036001027, 0510036001029,
0510036001039, 0510036001040, 0510036001041, 0510036001042,
0510036002000, 0510036002001, 0510036002002, 0510036002003,
0510036002004, 0510036002005, 0510036002006, 0510036002007,
0510036002009, 0510036002010, 0510036002011, 0510036002012,
0510036003023, 0510036003024, 0510036003025, 0510036003026,
0510036003027, 0510036003028, 0510036003029, 0510036003030,
0510036003031, 0510036003032, 0510036003036, 0510036003037,
0510036003038, 0510036003039, 0510036003040, 0510036003041,
0510036003042, 0510036003043, 0510036003044, 0510036003045,
0510036003046, 0510036003047, 0510036003048, 0510036003049,

0510036003050, 0510036004010, 0510036004022, 0510036004023, 0510036004024, 0510036004025, 0510036004026, 0510036004031, 0510036004032, 0510036004033, 0510036004034, 0510036004035, 0510036004036, 0510036004037, 0510036004038, 0510036004039, 0510036004042, 0510036004043, 0510036004044, 0510036004045, 0510036004046, 0510036004047, 0510036004048, 0510036004049, 0510036004050, 0510036004051, 0510036004052, 0510036004053, 0510036004054, 0510036004055, 0510036004056, 0510036004057, 0510036004059, 0519801001000, 0519801001001, 0519801001002, 0519801001003, 0519801001004, 0519801001005, 0519801001006, 0519801001007, 0519801001008, 0519801001009, 0519801001010, 0519801001011, 0519801001012, 0519801001013, 0519801001014, 0519801001015, 0519801001016, 0519801001017, 0519801001018, 0519801001019, 0519801001020, 0519801001021, 0519801001022, 0519801001023, 0519801001024, 0519801001025, 0519801001026, 0519801001027, 0519801001028, 0519801001029, 0519801001030, 0519801001031, 0519801001032, 0519801001033, 0519801001034, 0519801001035, 0519801001036, 0519801001037, 0519801001038, 0519801001039, 0519801001040, 0519801001041, 0519801001042, 0519801001043, 0519801001044, 0519801001045, 0519801001046, 0519801001047, 0519801001048, 0519801001049, 0519801001051, 0519801001052, 0519801001053, 0519801001054, 0519801001055, 0519801001056, 0519801001057, 0519801001058, 0519801001059, 0519801001060, 0519801001061, 0519801001062, 0519801001063, 0519801001064, 0519801001065, 0519801001066, 0519801001067, 0519801001068, 0519802001010; VTD: G2: 0510024011000, 0510024011001, 0510024011002, 0510024011003, 0510024011004, 0510024011005, 0510024011006, 0510024011007, 0510024011008, 0510024011010, 0510024011011, 0510024011013, 0510024011014, 0510024011015, 0510024011016, 0510024011017, 0510024011018, 0510024011019, 0510024011022, 0510024011024, 0510024011025, 0510024011026, 0510024011027, 0510024011028, 0510024011029, 0510024011030, 0510024011036, 0510024011038, 0510024011041, 0510024011042, 0510024011043, 0510024021005; VTD: G5: 0510032011000, 0510032011001, 0510032011002, 0510032011003, 0510032011004, 0510032011005, 0510032011006, 0510032011007, 0510032011008, 0510032011009, 0510032011010, 0510032011011, 0510032011012, 0510032011013, 0510032011014, 0510032011015, 0510032011016, 0510032011017, 0510032011018, 0510032011019, 0510032011020, 0510032011021, 0510032011022, 0510032011023, 0510032011024, 0510032011025, 0510032011026, 0510032011027, 0510032011028 0510032011029,

0510032011030, 0510032011031, 0510032011032, 0510032011033,
0510032011034, 0510032011035, 0510032011036, 0510032031001,
0510032031002, 0510032031003, 0510032031004, 0510032031005,
0510032031006, 0510032031007, 0510032031008, 0510032031009,
0510032031010, 0510032031011, 0510032031012, 0510032031013,
0510032031014, 0510032031015, 0510032031016, 0510032031017,
0510032031018, 0510032031019, 0510032031020, 0510032031021,
0510032031022, 0510032031023, 0510032031024, 0510032031025,
0510032031026, 0510032031027, 0510032031028, 0510032031029,
0510032031030, 0510032032000, 0510032032001, 0510032032002,
0510032032003, 0510032032004, 0510032032005, 0510032032006,
0510032032007, 0510032032008, 0510032032009, 0510032032010,
0510032032011, 0510032032012, 0510032032013, 0510032032014,
0510032032015, 0510032032016, 0510032032017, 0510032032018,
0510032032019, 0510032032020, 0510032032021, 0510032032022,
0510032041000, 0510032041001, 0510032041002, 0510032041003,
0510032041004, 0510032041005, 0510032041006, 0510032041007,
0510032041008, 0510032041009, 0510032041010, 0510032051000,
0510032051001, 0510032051002, 0510032051003, 0510032051004,
0510032051005, 0510032051006, 0510032051007, 0510032051008,
0510032051009, 0510032051010, 0510032051011, 0510032051012,
0510032051013, 0510032051014, 0510032051015, 0510032051016,
0510032051017, 0510032051018, 0510032051019, 0510032051020,
0510032051021, 0510032051022, 0510032051023, 0510032051024,
0510032051025, 0510032051026, 0510032051027, 0510032051028,
0510032052000, 0510032052001, 0510032052002, 0510032052003,
0510032052004, 0510032052005, 0510032052006, 0510032052007,
0510032052008, 0510032052009, 0510032052010, 0510032052011,
0510032052012, 0510032052013, 0510032052014, 0510032052015,
0510032052016, 0510032052017, 0510032052018, 0510032052019,
0510032052020, 0510032052021, 0510032053000, 0510032053001,
0510032053002, 0510032053003, 0510032053004, 0510032053005,
0510032053006, 0510032053007, 0510032053008, 0510032053009,
0510032053010, 0510033021000, 0510033021001, 0510033021002,
0510033021003, 0510033021004, 0510033021005, 0510033021006,
0510033021007, 0510033021008, 0510033021009, 0510033021010,
0510033021011, 0510033021012, 0510033021013, 0510033021014,
0510033021015, 0510033021016, 0510033021017, 0510033021018,
0510033021019, 0510033022003, 0510033022006, 0510033022008,
0510033022009, 0510033022012, 0510033022014, 0510033022015,
0510033022016, 0510033022017, 0510033022018, 0510033022019,

0510033022020, 0510033022021, 0510033022022, 0510033022023, 0510033022024, 0510033022025, 0510033022026, 0510033022027, 0510033022028, 0510033022029, 0510033071000, 0510033071001, 0510033071002, 0510033071003, 0510033071004, 0510033071005, 0510033071006, 0510033071007, 0510033071011, 0510033071012, 0510033071013, 0510033072009, 0510033072010, 0510033072011, 0510033072012, 0510033072013, 0510033072014, 0510033072015, 0510033072016, 0510033072017, 0510033072018, 0510033072019, 0510033072020, 0510033072021, 0510033072022, 0510033072023, 0510033072024, 0510033072025, 0510033072026, 0510033072027, 0510033072028, 0510033142023; VTD: G8: 0510032044002, 0510032044003, 0510032044004, 0510032044005, 0510032044006, 0510032044007, 0510032044008, 0510032044009, 0510032044010, 0510032044011, 0510032044012, 0510032045003, 0510032045007, 0510032045008, 0510032045009, 0510032045011, 0510032045015; VTD: LR63, VTD: MB62, VTD: MR02: Block(s) 0510033051004, 0510033051011, 0510033051012, 0510033051019, 0510033051022, 0510033051023, 0510033051024, 0510033051025, 0510033051026, 0510033051027, 0510033052001, 0510033052002, 0510033052003, 0510033052004, 0510033052005, 0510033052006, 0510033052010, 0510033052014, 0510033052015, 0510033052016, 0510033052017, 0510033052018, 0510033091012, 0510033091013, 0510033091014, 0510033091015, 0510033091016, 0510033091017, 0510033091018, 0510033091019, 0510033104010.

District 43: Cumberland County: VTD: CC01, VTD: CC04: Block(s) 0510008001013, 0510008001024, 0510008002001, 0510008002004, 0510038002008, 0510038002009, 0510038002010, 0510038002011, 0510038002012, 0510038002013, 0510038002014, 0510038002015, 0510038002016, 0510038002017, 0510038002018, 0510038002019; VTD: CC05, VTD: CC06: Block(s) 0510008002000, 0510009003002, 0510009003003, 0510009003006, 0510009004019; VTD: CC08: 0510007022000, 0510007022001, 0510007022009, 0510007022012, 0510008003020, 0510008003021, 0510008003029, 0510008003030, 0510008003031, 0510008003037; VTD: CC13, VTD: CC14: Block(s) 0510009003007, 0510009003008, 0510009003009, 0510021003000, 0510021003001; VTD: CC15: 0510006005015, 0510038003033, 0510038003034, 0510038003035, 0510038003060, 0510038003061; VTD: CC16, VTD: CC17: Block(s) 0510010001000, 0510010001008, 0510010001009, 0510010001010, 0510010001011, 0510010001012, 0510010001013, 0510010001014, 0510011001009, 0510011001010, 0510011001011, 0510011001014, 0510011001015, 0510011001016,

0510011001017, 0510011001018, 0510011001019, 0510011001020, 0510011001021, 0510011001022, 0510011002002, 0510011002004, 0510011002005, 0510011002007, 0510011002008, 0510011002013, 0510011002014, 0510011002015, 0510011002016, 0510011002017, 0510011002018, 0510011002019, 0510011002020, 0510011002021, 0510011002022, 0510023001008, 0510023001011, 0510023001019, 0510023001037, 0510023001038, 0510023001039, 0510023001040, 0510023001041, 0510023001046, 0510023003000, 0510023003001, 0510023003002, 0510023003003, 0510023003004, 0510023003005, 0510023003006, 0510023003010, 0510023003011, 0510023003012, 0510023003013, 0510023003014, 0510023003015, 0510023003016, 0510023003017, 0510023003018, 0510023003019, 0510023003020, 0510023003022, 0510023003023, 0510023003030, 0510024011012, 0510024011023, 0510024011031, 0510024011032, 0510024011033, 0510024011037, 0510024011039, 0510024011040, 0510024011044, 0510024012000, 0510024012001, 0510024012002, 0510024012003, 0510024012005, 0510024012006, 0510024012008, 0510024012009, 0510024012010, 0510024012011, 0510024012012, 0510024012013, 0510024012014, 0510024012015, 0510024012016, 0510024012017, 0510024012018, 0510024012019, 0510024012020, 0510024012021, 0510024012022, 0510024012023, 0510024012024, 0510024021001, 0510024021002, 0510024021003, 0510024021004, 0510024021006, 0510024021007, 0510024021008, 0510024021009, 0510024021010, 0510024021011, 0510024021012, 0510024021013, 0510024021014, 0510024021015, 0510024021016, 0510024021017, 0510024021018, 0510024021019, 0510024021020, 0510024021021, 0510024021022, 0510024021023, 0510024021024, 0510024021025, 0510024021026, 0510024021027, 0510024021028, 0510024021029, 0510024023010; VTD: CC19, VTD: CC21, VTD: EO61-1: Block(s) 0510014002008, 0510014002010, 0510014002011, 0510014002012, 0510014002013, 0510014002014, 0510014002015, 0510014002016, 0510014002017, 0510014002018, 0510014002019, 0510014002020, 0510014002021, 0510014002027, 0510014002028, 0510014002029, 0510014002030, 0510014003000, 0510014003001, 0510014003002, 0510014003003, 0510014003004, 0510014003005, 0510014003006, 0510014003007, 0510014003008, 0510014003009, 0510014003010, 0510014003011, 0510014003012, 0510014003013, 0510014003014, 0510014003015, 0510014003016, 0510014003017, 0510014003018, 0510014003019, 0510014003020, 0510014003024, 0510014003035, 0510014003038, 0510026002008, 0510026002009, 0510026002012, 0510026002013, 0510026002014, 0510026002015, 0510026002017, 0510026002023, 0510026002024,

0510026002028, 0510026002029, 0510026002030, 0510026002031, 0510026002032, 0510026002034, 0510026002035, 0510026002036, 0510026002037, 0510026002038, 0510026002041, 0510026002046, 0510026002047, 0510026002048, 0510026002049, 0510026002050, 0510026002051, 0510026002052, 0510026002053, 0510026002054, 0510026002055, 0510026002056, 0510026002057, 0510026002065, 0510026002066, 0510026002067, 0510026002068, 0510026002069, 0510026002070, 0510026002071, 0510026002079, 0510026002080, 0510026002081, 0510026002082, 0510026002083, 0510026002084, 0510026002085, 0510026002086, 0510026002087, 0510026002088, 0510026002089, 0510026002090, 0510026002091, 0510026002093, 0510026002094, 0510026002095, 0510026002096, 0510026002097, 0510026002104, 0510026002105, 0510026002106, 0510026002107, 0510026002108, 0510026002109, 0510026002110, 0510026002111, 0510026002114, 0510026003028, 0510026003029, 0510026003035, 0510026003036, 0510026003037, 0510027004005, 0510027004006, 0510027004008, 0510027004009, 0510027004010, 0510027004011, 0510027004012, 0510027004013, 0510027004014, 0510027004015, 0510027004016, 0510027004036; VTD: EO61-2: 0510027002022, 0510027002023, 0510027002024, 0510027002025, 0510027002026, 0510027002027, 0510027002028, 0510027002029, 0510027002030, 0510027002031, 0510027002032, 0510027002033, 0510027002034, 0510027002035, 0510027002036, 0510027002037, 0510027002038, 0510027002039, 0510027002040, 0510027002041, 0510027002045, 0510027002046, 0510027002047, 0510027002048, 0510027003000, 0510027003001, 0510027003002, 0510027003003, 0510027003004, 0510027003005, 0510027003006, 0510027003007, 0510027003008, 0510027003009, 0510027003010, 0510027003011, 0510027003012, 0510027003013, 0510027003014, 0510027003015, 0510027003017, 0510027004000, 0510027004001, 0510027004002, 0510027004003, 0510027004004, 0510027004007, 0510027004017, 0510027004018, 0510027004019, 0510027004020, 0510027004021, 0510027004022, 0510027004023, 0510027004024, 0510027004025, 0510027004026, 0510027004027, 0510027004028, 0510027004029, 0510027004030, 0510027004031, 0510027004032, 0510027004033, 0510027004034, 0510027004035, 0510027004037, 0510027004038, 0510027004039, 0510027004040, 0510027004041, 0510027004042, 0510027004043, 0510027004044, 0510027004045; VTD: G1: 0510014001000, 0510014001001, 0510014001002, 0510014001003, 0510014001004, 0510014001005, 0510014001006, 0510014001007, 0510014001008, 0510014001009, 0510014001010, 0510014001011, 0510014001012, 0510014001013,

0510014001014, 0510014001015, 0510014001016, 0510014001017,
0510014001018, 0510014001019, 0510014001020, 0510014001021,
0510014001022, 0510014001023, 0510014001024, 0510014001025,
0510014001026, 0510014001027, 0510014001028, 0510014001029,
0510014001030, 0510014001031, 0510014001032, 0510014001033,
0510014001034, 0510014001035, 0510014001036, 0510014001037,
0510014001038, 0510014001039, 0510014001040, 0510014001041,
0510014001042, 0510014001043, 0510014001044, 0510014002000,
0510014002001, 0510014002002, 0510014002003, 0510014002004,
0510014002005, 0510014002006, 0510014002007, 0510014002009,
0510014002022, 0510014002023, 0510014002024, 0510014002025,
0510014002026, 0510014002031, 0510014002032, 0510014002033,
0510014002034, 0510014002035, 0510014002036, 0510014002037,
0510014002038, 0510014002039, 0510014002040, 0510014002041,
0510014002042, 0510014002043, 0510014002044, 0510014002045,
0510014002046, 0510014002047, 0510014002048, 0510014002049,
0510014002050, 0510014002051, 0510014002052, 0510014002053,
0510014002054, 0510014002055, 0510014002056, 0510014002057,
0510014002058, 0510014002059, 0510014002060, 0510014002061,
0510014002062, 0510014002063, 0510014002064, 0510014002065,
0510014002066, 0510014002067, 0510014002068, 0510014002069,
0510014003021, 0510014003022, 0510014003023, 0510014003025,
0510014003026, 0510014003027, 0510014003028, 0510014003029,
0510014003030, 0510014003031, 0510014003032, 0510014003033,
0510014003034, 0510014003036, 0510014003037, 0510014003039,
0510014004000, 0510014004001, 0510014004002, 0510014004003,
0510014004004, 0510014004005, 0510014004006, 0510014004007,
0510014004008, 0510014004009, 0510014004010, 0510014004011,
0510014004012, 0510014004013, 0510014004014, 0510014004015,
0510014004016, 0510014004017, 0510014004018, 0510014004019,
0510014004020, 0510014004021, 0510014004022, 0510014004023,
0510014004024, 0510014004025, 0510014004026, 0510014004027,
0510014004028, 0510014004029, 0510014004030, 0510014004031,
0510014004032, 0510014004033, 0510014004034, 0510014004035,
0510014004036, 0510014004037, 0510014004038, 0510014004039,
0510014004040, 0510014004041, 0510014004042, 0510014004043,
0510014004044, 0510014004045, 0510014004046, 0510014004047,
0510014004048, 0510014004049, 0510014004050, 0510014004051,
0510014004052, 0510014004053, 0510014005000, 0510014005001,
0510014005002, 0510014005003, 0510014005004, 0510014005005,
0510014005009, 0510014005013, 0510014005014, 0510014005015,

0510014005016, 0510014005017, 0510014005018, 0510014005019, 0510014005020, 0510014005021, 0510014005022, 0510014005023, 0510014005024, 0510014005025, 0510014005026, 0510014005027, 0510014005028, 0510014005029, 0510014005030, 0510014005031, 0510014005032, 0510014005033, 0510014005034, 0510014005035, 0510014005036, 0510014005037, 0510014005038, 0510014005039, 0510014005040, 0510014005041, 0510014005046, 0510014005048, 0510026002092, 0510026002098, 0510026002099, 0510026002100, 0510026002101, 0510026002102, 0510026002103, 0510026002113, 0510027003016, 0510027003018, 0510027003019, 0510027003020, 0510027003021, 0510027003022, 0510027003023, 0510027003024, 0510027003025, 0510027003026, 0510027003027, 0510027003028, 0510027003029, 0510027003030, 0510027003031, 0510027003032, 0510027003033, 0510027003034, 0510027003035, 0510027003036, 0510027003037, 0510027003038, 0510027004046, 0510027004047, 0510027004048, 0510027004049, 0510027004050, 0510027004051, 0510027004052, 0510027004053, 0510027004054, 0510028002016, 0510028002022, 0510028002023; VTD: G11: 0510034071003, 0510034071004, 0510034071005, 0510034071006, 0510034071007, 0510034071008, 0510034071009, 0510034071010, 0510034071011, 0510034071012, 0510034071013, 0510034071014, 0510034071015, 0510034071016, 0510034071017, 0510034071018, 0510034072008, 0510034072009, 0510034072010, 0510034082044, 0510034082045, 0510034082046, 0510034082047, 0510034082048, 0510034082049, 0510034082050, 0510034082051, 0510034082063, 0510034082064, 0510034082073, 0510034082074, 0519802001023, 0519802001024, 0519802001025, 0519802001026, 0519802001032, 0519802001033, 0519802001034, 0519802001035, 0519802001036, 0519802001037, 0519802001038; VTD: G2: 0510012001000, 0510012001001, 0510012001002, 0510012001003, 0510012001004, 0510012001005, 0510012001006, 0510012001007, 0510012001008, 0510012001009, 0510012001010, 0510012004001, 0510012004002, 0510012004003, 0510012004004, 0510012004021, 0510012004022, 0510012004023, 0510012004024, 0510012004025, 0510012004026, 0510012004027, 0510012004028, 0510024011009, 0510024011034, 0510024011035, 0510024012004, 0510024012007, 0510024012025, 0510024021000, 0510024022000, 0510024022001, 0510024022002, 0510024022003, 0510024022004, 0510024022005, 0510024022006, 0510024022007, 0510024023000, 0510024023001, 0510024023002, 0510024023003, 0510024023004, 0510024023005, 0510024023006, 0510024023007, 0510024023008, 0510024023009, 0510024023011, 0510024023012, 0510024023013,

0510025011000, 0510025011001, 0510025011002, 0510025011003, 0510025011004, 0510025011005, 0510025011006, 0510025011007, 0510025011008, 0510025011009, 0510025011010, 0510025011011, 0510025011012, 0510025011013, 0510025011014, 0510025011015, 0510025011016, 0510025011017, 0510025011018, 0510025011019, 0510025011020, 0510025011021, 0510025011022, 0510025011023, 0510025012000, 0510025012001, 0510025012002, 0510025012003, 0510025012004, 0510025012005, 0510025012006, 0510025012007, 0510025012008, 0510025012009, 0510025012010, 0510025012011, 0510025012012, 0510025012013, 0510025012014, 0510025013000, 0510025013001, 0510025013002, 0510025013003, 0510025013004, 0510025013005, 0510025013006, 0510025013007, 0510025013008, 0510025013009, 0510025013010, 0510025013011, 0510025013012, 0510025013013, 0510025013014, 0510025013015, 0510025013016, 0510025013017, 0510025013018, 0510025013019, 0510025013020, 0510025013021, 0510025013022, 0510025013023, 0510025013024, 0510025013025, 0510025013026, 0510025013027, 0510025013028, 0510025013029, 0510025013030, 0510025013031, 0510025013032, 0510025013033, 0510025013034, 0510025013035, 0510025013036, 0510025013037, 0510025013038, 0510025013039, 0510025013040, 0510025013041, 0510025013042, 0510025013043, 0510025013044, 0510025013045, 0510025013046, 0510025013047, 0510025013048, 0510025013049, 0510025013050, 0510025013051, 0510025013052, 0510025013053, 0510025013054, 0510025013055, 0510025013056, 0510025013057, 0510025013058, 0510025013059, 0510025013060, 0510025013061, 0510025013062, 0510025013063, 0510025013064, 0510025013065, 0510025013066, 0510025013067, 0510025013068, 0510025013069, 0510025013070, 0510025013071, 0510025013072, 0510025013073, 0510025013074, 0510025013075, 0510025013076, 0510025013077, 0510025013078, 0510025013079, 0510025013080, 0510025013081, 0510025021000, 0510025021001, 0510025021002, 0510025021003, 0510025021004, 0510025021005, 0510025021006, 0510025021007, 0510025021008, 0510025021009, 0510025021010, 0510025021011, 0510025021012, 0510025021013, 0510025021014, 0510025021015, 0510025021016, 0510025021017, 0510025021018, 0510025021019, 0510025021020, 0510025021021, 0510025021022, 0510025021023, 0510025021024, 0510025021025, 0510025021026, 0510025021027, 0510025021028, 0510025021029, 0510025021030, 0510025021031, 0510025021032, 0510025021033, 0510025021034, 0510025021035, 0510025021036, 0510025021037, 0510025021038, 0510025021039, 0510025021040, 0510025021041, 0510025021042,

0510025021043, 0510025021044, 0510025021045, 0510025021046,
0510025021047, 0510025021048, 0510025021049, 0510025021050,
0510025021051, 0510025021052, 0510025021053, 0510025021054,
0510025021055, 0510025021056, 0510025021057, 0510025021058,
0510025021059, 0510025021060, 0510025021061, 0510025021062,
0510025021063, 0510025021064, 0510025021065, 0510025021066,
0510025021067, 0510025022000, 0510025022001, 0510025022002,
0510025022003, 0510025022004, 0510025022005, 0510025022006,
0510025022007, 0510025022008, 0510025022009, 0510025022010,
0510025022011, 0510025022012, 0510025022013, 0510025022014,
0510025022015, 0510025022016, 0510025022017, 0510025022018,
0510025022019, 0510025022020, 0510025022021, 0510025022022,
0510025022023, 0510025022024, 0510025022025, 0510025022026,
0510025022027, 0510025022028, 0510025022029, 0510025022030,
0510025022031, 0510025022032, 0510025022033, 0510025022034,
0510025022035, 0510025022036, 0510025022037, 0510025022038,
0510025022039, 0510025022040, 0510025022041, 0510025022042,
0510025022043, 0510025022044, 0510025022045, 0510025022046,
0510025022047, 0510025022048, 0510025022049, 0510025022050,
0510025022051, 0510025022052, 0510025022053, 0510025022054,
0510025022055, 0510025022056, 0510025022057, 0510025022058,
0510025022059, 0510025022060, 0510025022061, 0510025022062,
0510025022063, 0510025022064, 0510025022065, 0510025022066,
0510025022067, 0510025022068, 0510025022069, 0510025022070,
0510025022071, 0510025022072, 0510025022073, 0510025022074,
0510025022075, 0510025022076, 0510025022077, 0510025022078,
0510025022079, 0510025022080, 0510025022081, 0510025022082,
0510025022083, 0510025022084, 0510025023000, 0510025023001,
0510025023002, 0510025023003, 0510025023004, 0510025023005,
0510025023006, 0510025023007, 0510025023008, 0510025023009,
0510025023010, 0510025023011, 0510025023012, 0510025023013,
0510025023014, 0510025023015, 0510025023016, 0510025023017,
0510025023018, 0510025023019, 0510025023020, 0510025023021,
0510025023022, 0510025023023, 0510025023024, 0510025023025,
0510025023026, 0510025023027, 0510025023028, 0510025023029,
0510025023030, 0510025023031, 0510025023032, 0510025023033,
0510025023034, 0510025023035, 0510025023036, 0510025031000,
0510025031001, 0510025031002, 0510025031003, 0510025031004,
0510025031005, 0510025031006, 0510025031007, 0510025031008,
0510025031009, 0510025031010, 0510025031011, 0510025031012,
0510025031013, 0510025031014, 0510025031015, 0510025031016,

0510025031017, 0510025031018, 0510025031019, 0510025031020,
0510025031021, 0510025031022, 0510025031023, 0510025031024,
0510025031025, 0510025032000, 0510025032001, 0510025032002,
0510025032003, 0510025032004, 0510025032005, 0510025032006,
0510025032007, 0510025032008, 0510025032009, 0510025033000,
0510025033001, 0510025033002, 0510025033003, 0510025033004,
0510025033005, 0510025033006, 0510025033007, 0510025033008,
0510025033009, 0510025033010, 0510025033011, 0510025033012,
0510025033013, 0510025033014, 0510025033015, 0510025033016,
0510025033017, 0510025033018, 0510025033019, 0510025033020,
0510025033021, 0510025033022, 0510025033023, 0510025033024,
0510025033025, 0510025033026, 0510025033027, 0510025033028,
0510025033029, 0510025033030, 0510025033031, 0510025033032,
0510025033033, 0510025033034, 0510025033035, 0510025041004,
0510025041005, 0510025041006, 0510025041008, 0510025041009,
0510025041012, 0510025041014, 0510025041015, 0510025041016,
0510025041017, 0510025041018, 0510025041019, 0510025041021,
0510025041024, 0510025041025, 0510025041026, 0510025041027,
0510025041028, 0510025041029, 0510025042000, 0510025042001,
0510025042002, 0510025042003, 0510025042004, 0510025042005,
0510025042006, 0510025042007, 0510025042008, 0510025042009,
0510025042011, 0510025042012, 0510025042013, 0510025042014,
0510025042015, 0510025042016, 0510025042017, 0510025042018,
0510025042019, 0510025042020, 0510025042021, 0510025042022,
0510025042023, 0510025042024, 0510025042025, 0510025042026,
0510025042027, 0510025042028, 0510025042029, 0510025042030,
0510025042031, 0510025042032, 0510025042033, 0510025042034,
0510025042035, 0510025042036, 0510025042037, 0510025042038,
0510025042039, 0510025042040, 0510025042041, 0510025042042,
0510025042043, 0510025042044, 0510025042045, 0510025042046,
0510025042047, 0510025043004, 0510025043005, 0510025043006,
0510025043007, 0510025043008, 0510025043009, 0510025043013,
0510025043014, 0510025043018, 0510025043020, 0510025043021,
0510025043022, 0510025043023, 0510025043024, 0510025043025,
0510025043026, 0510025043027, 0510025043028, 0510025043029,
0510025043030, 0510025043031, 0510025043032, 0510025043033,
0510025043034, 0510025043035, 0510025043036, 0510025043037,
0510025043038, 0510026002016, 0510037001022, 0510037003088,
0510037003089, 0510037003090, 0510037003098, 0510037003099,
0510037003100, 0510037003101, 0510037003103, 0510037003104,
0510037003105, 0510037003106, 0510037003107, 0510037003110,

0510037003111, 0510037003112, 0510037003113, 0510037003114,
0519802001027; VTD: G3: 0510005001002, 0510005001003, 0510005003001,
0510005003002, 0510005003003, 0510005003004, 0510005003005,
0510005003006, 0510015001043, 0510015001044, 0510015001045,
0510015001046, 0510015001060, 0510015001075, 0510015001076,
0510015001082, 0510015001083, 0510015001084, 0510015001092,
0510015001093, 0510015001094, 0510015001095, 0510015001096,
0510015001097, 0510015001098, 0510015001099, 0510015001103,
0510015001106, 0510015001107, 0510015001108, 0510015001109,
0510015001110, 0510015001111, 0510015001112, 0510015001113,
0510015001114, 0510015001123, 0510015002001, 0510015002002,
0510015002011, 0510015002012, 0510015002013, 0510015002014,
0510015002017, 0510015002018, 0510015002036, 0510015002037,
0510015002039, 0510016042000, 0510016042001, 0510016042002,
0510016042003, 0510016042005, 0510016042006, 0510016042007,
0510016042008, 0510016042009, 0510016042010, 0510016042011,
0510016042012, 0510016042013, 0510016042014, 0510016042015,
0510016042016, 0510016042017, 0510016042018, 0510016042019,
0510016042020, 0510016042021, 0510016042022, 0510016043000,
0510016043001, 0510016043002, 0510016043003, 0510016043004,
0510016043005, 0510016043006, 0510016043007, 0510016043008,
0510016043009, 0510016043010, 0510016043011, 0510016043012,
0510016043013, 0510016043014, 0510016043015, 0510016043016,
0510016043017, 0510016043018, 0510016043019, 0510016043020,
0510016043021, 0510016043022, 0510016043023, 0510016043024,
0510016043025, 0510016043026, 0510016043027, 0510016043028,
0510016043029, 0510016043030, 0510016043031, 0510016043032,
0510016043033, 0510016043034, 0510016043035, 0510016043036,
0510016043037, 0510016043038, 0510016043039, 0510016043040,
0510016043041, 0510016043042, 0510016043043, 0510016043044,
0510016043045, 0510016043046, 0510016043047, 0510038003036,
0510038003037, 0510038003038, 0510038003051, 0510038003052,
0510038003053, 0510038003054, 0510038003056, 0510038003057,
0510038003058, 0510038003059; VTD: G6: 0510029002001, 0510029002003,
0510029002006, 0510029002007, 0510029002008, 0510029002009,
0510029002010, 0510029002011, 0510029002012, 0510029002014; VTD: G9:
0510015002007, 0510015002015, 0510015002016, 0510015002019,
0510015002020, 0510015002021, 0510015002022, 0510015002023,
0510015002024, 0510015002025, 0510015002026, 0510015002027,
0510015002028, 0510015002038, 0510016013000, 0510016013001,
0510016013002, 0510016013003, 0510016013004, 0510016013005,

0510016013006, 0510016013007, 0510016013008, 0510016013009,
0510016013010, 0510016013011, 0510016013012, 0510016013013,
0510016013014, 0510016013015, 0510016013016, 0510016013017,
0510016013018, 0510016013019, 0510016013020, 0510016013021,
0510016013022, 0510016013023, 0510016013024, 0510016013025,
0510016013054, 0510016013055, 0510016013056, 0510016013057,
0510016013058, 0510016013064, 0510016013065, 0510016013066,
0510016013068, 0510016013081, 0510016032025, 0510016032035,
0510016043048, 0510016043049, 0510030011015, 0510030011016,
0510030011017, 0510030011018, 0510030011055; VTD: LI65:
0510037003075, 0510037003077, 0510037003078, 0510037003079,
0510037003091, 0510037003109.

District 44: Cumberland County: VTD: AH49: Block(s) 0510032033006,
0510032033011, 0510032033012, 0510032033014, 0510032033015; VTD:
CC03: 0510020011003, 0510020011004, 0510020011005, 0510020011009,
0510022002008, 0510022002010, 0510022002011, 0510022002012,
0510022002022, 0510022002023, 0510022002024, 0510022002025,
0510022002026, 0510022002027, 0510022002028, 0510022002034,
0510022002035; VTD: CC04: 0510008001001, 0510008001008,
0510008001009, 0510008001010, 0510008001011, 0510008001012,
0510008001014, 0510008001015, 0510008001016, 0510008001017,
0510008001021, 0510008001022, 0510008001023, 0510008001025,
0510008001026, 0510008001029, 0510008001030, 0510008002002,
0510008002003, 0510008002005, 0510008002006, 0510008002007,
0510008002008, 0510008002009, 0510008002010, 0510008002011,
0510008002012, 0510008002013, 0510008003000, 0510008003001,
0510008003006, 0510008003007, 0510008003008, 0510008003009,
0510008003010, 0510008003011, 0510008003012; VTD: CC06:
0510009001005, 0510009001006, 0510009001007, 0510009001008,
0510009001009, 0510009001010, 0510009001011, 0510009001012,
0510009001013, 0510009001014, 0510009001015, 0510009001016,
0510009001017, 0510009001018, 0510009003000, 0510009003001,
0510009003004, 0510009003005, 0510009004001, 0510009004002,
0510009004003, 0510009004004, 0510009004005, 0510009004006,
0510009004007, 0510009004008, 0510009004009, 0510009004010,
0510009004011, 0510009004012, 0510009004013, 0510009004014,
0510009004015, 0510009004016, 0510009004017, 0510009004018,
0510009004021, 0510009004022, 0510009004023; VTD: CC07, VTD: CC08:
Block(s) 0510007021000, 0510007021001, 0510007021002, 0510007021003,
0510007021004, 0510007021007, 0510007021008, 0510007021009,

0510007021010, 0510007021011, 0510007021012, 0510007021013, 0510007021014, 0510007021015, 0510007021016, 0510007021017, 0510007021018, 0510007021019, 0510007021020, 0510007021021, 0510007021022, 0510007021023, 0510007021024, 0510007021025, 0510007022002, 0510007022003, 0510007022004, 0510007022005, 0510008003003, 0510008003014, 0510008003015, 0510008003036; VTD: CC10, VTD: CC12, VTD: CC14: Block(s) 0510007011000, 0510007011001, 0510007011002, 0510009003010, 0510009003011, 0510009003012, 0510009003013, 0510009003014, 0510009003015, 0510009005000, 0510009005001, 0510009005002, 0510009005003, 0510009005004, 0510009005005, 0510009005006, 0510009005007, 0510009005008, 0510009005009, 0510009005010, 0510009005011, 0510009006021, 0510009006022, 0510020011000, 0510020011001, 0510020011002, 0510020011017, 0510021002000, 0510021002001, 0510021002002, 0510021002003, 0510021002004, 0510021002005, 0510021002006, 0510021002007, 0510021002008, 0510021002009, 0510021002010, 0510021002011, 0510021002012, 0510021002013, 0510021002014, 0510021003002, 0510021003003, 0510021003004, 0510021003005, 0510021003006, 0510021003007, 0510021003008, 0510021003009, 0510021003010, 0510021003011, 0510021003012, 0510021003013, 0510021003014, 0510021003015, 0510021003016, 0510021003017, 0510021003018, 0510021003019, 0510021003020, 0510021003021, 0510021003022; VTD: CC15: 0510006001000, 0510006001001, 0510006001002, 0510006001003, 0510006001004, 0510006001005, 0510006001006, 0510006001007, 0510006001008, 0510006001009, 0510006001010, 0510006001011, 0510006001012, 0510006001013, 0510006001014, 0510006001015, 0510006001016, 0510006002000, 0510006002001, 0510006002002, 0510006002003, 0510006002004, 0510006002005, 0510006002006, 0510006002007, 0510006002008, 0510006002009, 0510006003000, 0510006003001, 0510006003002, 0510006003003, 0510006003004, 0510006003005, 0510006003006, 0510006003007, 0510006003008, 0510006003013, 0510006005000, 0510006005001, 0510006005002, 0510006005003, 0510006005004, 0510006005005, 0510006005006, 0510006005007, 0510006005008, 0510006005009, 0510006005010, 0510006005011, 0510006005012, 0510006005013, 0510006005014, 0510006005016, 0510006005018, 0510006005019, 0510006005020, 0510006005021, 0510006005022, 0510006005023, 0510018001000, 0510018001001, 0510018001002, 0510018001003, 0510018001004, 0510018001005, 0510018001006, 0510018001007, 0510018001008, 0510018001009, 0510018002000, 0510018002001, 0510018002002; VTD: CC18, VTD: CC24, VTD: CC25:

Block(s) 0510033052020, 0510033091000, 0510033091001, 0510033091002, 0510033091003, 0510033091004, 0510033091005, 0510033091006, 0510033091007, 0510033091008, 0510033092004, 0510033092005, 0510033092006, 0510033092010, 0510033092014, 0510033092015, 0510033092016, 0510033092017, 0510033092021, 0510033092022, 0510033092023, 0510033092024, 0510033092025, 0510033092026, 0510033092027, 0510033092028, 0510033092029, 0510033092030; VTD: CC26: 0510020012004, 0510020012005, 0510033043007, 0510033043011, 0510033043012, 0510033043013, 0510033043014, 0510033092032, 0510033093000, 0510033093001, 0510033093002, 0510033093003, 0510033093004, 0510033093005, 0510033093006, 0510033093007, 0510033093008, 0510033093009, 0510033093010, 0510033093011, 0510033093012, 0510033093013, 0510033093014, 0510033093015, 0510033093016, 0510033093017, 0510033093018; VTD: CC27: 0510020012020, 0510033092031, 0510033092033, 0510033102000, 0510033102001, 0510033102002, 0510033102003, 0510033102004, 0510033102005, 0510033102006, 0510033102007, 0510033102008, 0510033102009, 0510033102010, 0510033102011, 0510033102012, 0510033102013, 0510033103001, 0510033103003, 0510033103010, 0510033103011, 0510033103012, 0510033103013, 0510033103014, 0510033103015, 0510033103016, 0510033103017; VTD: CC29: 0510020022003, 0510020022004, 0510020023001, 0510020023002, 0510020023003, 0510020023004, 0510020023005, 0510020023006, 0510020023007, 0510020023008, 0510020023009, 0510020023010, 0510020023011, 0510020023012, 0510020023013, 0510020023014, 0510020023016, 0510020023017, 0510020023018, 0510020023019, 0510020023020, 0510033022000, 0510033022001, 0510033022002; VTD: CC31: 0510019021000, 0510019021001, 0510019021002, 0510019021003, 0510019021004, 0510019021009, 0510019021010, 0510019021011, 0510019021012, 0510019021013, 0510019021014, 0510019021015, 0510019021016, 0510019021017, 0510019021018, 0510019021019, 0510019021020, 0510019021021, 0510019021022, 0510019021023, 0510019021024, 0510019021025, 0510019021028, 0510019032000, 0510019032001, 0510019032002, 0510019032003, 0510019032004, 0510019032005, 0510019032006, 0510019032007, 0510019032008, 0510019032009, 0510019032010, 0510019032011, 0510019032015, 0510019033000, 0510019033001, 0510019033002, 0510019033003, 0510019033004, 0510019033005, 0510019033006, 0510019033007, 0510019033008, 0510019033009, 0510019033010, 0510019033011, 0510019033012, 0510019033013, 0510019033014, 0510019033015, 0510019033016, 0510019033017, 0510019033018, 0510019033019,

0510019034002, 0510019034003, 0510019034009, 0510019034011, 0510019034013, 0510019034014, 0510019034015, 0510019034016; VTD: CC32: 0510033053003, 0510033053004, 0510033053015, 0510033053016; VTD: CC34, VTD: CU02, VTD: G10: Block(s) 0510016011001, 0510016011002, 0510016011004, 0510016011005, 0510016011006, 0510016011007, 0510016011009, 0510016011010, 0510016011011, 0510016011012, 0510016011013, 0510016011014, 0510016011015, 0510016011016, 0510016011017, 0510016011025, 0510016011026, 0510016011027, 0510016011032, 0510032014045, 0510032014046, 0510032014047, 0510032014048, 0510032014049, 0510032014050, 0510032014051; VTD: G3: 0510002003045, 0510002003046, 0510002003053, 0510002003054, 0510002003055, 0510002003056, 0510002003057, 0510002003058, 0510002003059, 0510002003060, 0510002003061, 0510002003062, 0510002003063, 0510002003064, 0510002003065, 0510002003066, 0510002003067, 0510002003068, 0510002003069, 0510002003070, 0510002003071, 0510002003072, 0510002003073, 0510002003074, 0510002003075, 0510002003076, 0510002003077, 0510002003078, 0510002003079, 0510002003080, 0510002003081, 0510002003082, 0510002003083, 0510002003084, 0510002003085, 0510002003086, 0510005001000, 0510005001001, 0510005001004, 0510005001005, 0510005001006, 0510005001007, 0510005001008, 0510005001009, 0510005001010, 0510005001011, 0510005001012, 0510005001013, 0510005001014, 0510005001015, 0510005001016, 0510005001017, 0510005001018, 0510005001019, 0510005001020, 0510005001021, 0510005001022, 0510005001023, 0510005001024, 0510005001025, 0510005001026, 0510005001027, 0510005001028, 0510005001029, 0510005001030, 0510005001031, 0510005001032, 0510005001033, 0510005001034, 0510005001035, 0510005001036, 0510005001037, 0510005001038, 0510005001039, 0510005001040, 0510005001041, 0510005002000, 0510005002001, 0510005002002, 0510005002003, 0510005002004, 0510005002005, 0510005002006, 0510005002007, 0510005002008, 0510005002009, 0510005002010, 0510005002011, 0510005002012, 0510005002013, 0510005002014, 0510005002015, 0510005002016, 0510005002017, 0510005002018, 0510005002019, 0510005002020, 0510005002021, 0510005002022, 0510005002023, 0510005002024, 0510005002025, 0510005002026, 0510005002027, 0510005002028, 0510005002029, 0510005002030, 0510005002031, 0510005002032, 0510005002033, 0510005002034, 0510005002035, 0510005002036, 0510005002037, 0510005002038, 0510005002039, 0510005002040, 0510005002041, 0510005002042, 0510005002043, 0510005002044, 0510005002045, 0510005002046, 0510005002047,

0510005002048, 0510005002049, 0510005002050, 0510005002051,
0510005002052, 0510005002053, 0510005002054, 0510005002055,
0510005002056, 0510005002057, 0510005002058, 0510005002059,
0510005003007, 0510005003008, 0510005003009, 0510005003010,
0510005003011, 0510005003012, 0510005003013, 0510005003014,
0510005003015, 0510005003016, 0510005003017, 0510005003018,
0510005003019, 0510005003020, 0510005003021, 0510005003022,
0510005003023, 0510005003024, 0510005003025, 0510005003026,
0510005003027, 0510005003028, 0510005003029, 0510005003030,
0510005003031, 0510005003032, 0510005003033, 0510005003034,
0510005003035, 0510005003036, 0510005003037, 0510005003038,
0510005003039, 0510005003040, 0510005003041, 0510015001000,
0510015001001, 0510015001002, 0510015001003, 0510015001004,
0510015001005, 0510015001007, 0510015001008, 0510015001009,
0510015001010, 0510015001011, 0510015001012, 0510015001013,
0510015001014, 0510015001015, 0510015001016, 0510015001017,
0510015001018, 0510015001019, 0510015001020, 0510015001021,
0510015001022, 0510015001023, 0510015001024, 0510015001025,
0510015001026, 0510015001027, 0510015001028, 0510015001029,
0510015001030, 0510015001031, 0510015001032, 0510015001033,
0510015001034, 0510015001035, 0510015001036, 0510015001037,
0510015001038, 0510015001039, 0510015001040, 0510015001041,
0510015001042, 0510015001047, 0510015001048, 0510015001049,
0510015001050, 0510015001051, 0510015001052, 0510015001053,
0510015001054, 0510015001055, 0510015001056, 0510015001057,
0510015001058, 0510015001059, 0510015001061, 0510015001062,
0510015001063, 0510015001064, 0510015001065, 0510015001066,
0510015001067, 0510015001068, 0510015001069, 0510015001070,
0510015001071, 0510015001072, 0510015001073, 0510015001074,
0510015001077, 0510015001078, 0510015001079, 0510015001080,
0510015001081, 0510015001085, 0510015001086, 0510015001087,
0510015001088, 0510015001089, 0510015001090, 0510015001091,
0510015001115, 0510015001116, 0510015001117, 0510015001118,
0510015001119, 0510015001120, 0510015001121, 0510015001122,
0510015001128, 0510015001131, 0510015001132, 0510015001133,
0510015001134, 0510015002000, 0510015002003, 0510015002004,
0510015002005, 0510015002006, 0510015002008, 0510015002009,
0510015002010, 0510015002029, 0510015002030, 0510015002031,
0510016031000, 0510016031001, 0510016031002, 0510016031003,
0510016031004, 0510016031005, 0510016031006, 0510016031007,
0510016031008, 0510016031009, 0510016031010, 0510016031011,

0510016031012, 0510016031013, 0510016031014, 0510016031015, 0510016031016, 0510016031017, 0510016031018, 0510016031019, 0510016031020, 0510016031021, 0510016031022, 0510016031023, 0510016031024, 0510016031025, 0510016031026, 0510016031027, 0510016031028, 0510016031029, 0510016032000, 0510016032001, 0510016032002, 0510016032003, 0510016032005, 0510016032006, 0510016032007, 0510016032008, 0510016032009, 0510016032010, 0510016032011, 0510016032012, 0510016032013, 0510016032014, 0510016032015, 0510016032021, 0510016032024, 0510016032034, 0510016032045, 0510016032046, 0510016032047, 0510016032048, 0510016041000, 0510016041001, 0510016041002, 0510016041003, 0510016041004, 0510016041005, 0510016041006, 0510016041007, 0510016041008, 0510016041009, 0510016041010, 0510016041011, 0510016041012, 0510016041013, 0510016041014, 0510016041015, 0510016041016, 0510016041017, 0510016041018, 0510016041019, 0510016041020, 0510016041021, 0510016041022, 0510016041023, 0510016042004; VTD: G4, VTD: G5: Block(s) 0510033022007, 0510033022010, 0510033022011, 0510033022013; VTD: G8: 0510016011000, 0510016011003, 0510016011008, 0510016011028, 0510016011029, 0510016011030, 0510016011031, 0510016011033, 0510016011034, 0510016011035, 0510016011036, 0510016011037, 0510016011038, 0510016011039, 0510016011040, 0510016011042, 0510016012003, 0510016012004, 0510016012005, 0510016012006, 0510016012007, 0510016012008, 0510016012009, 0510016012012, 0510016012013, 0510016012014, 0510016012016, 0510016012017, 0510016012018, 0510016012019, 0510016012020, 0510016012021, 0510016012022, 0510016012023, 0510016012024, 0510016012025, 0510016012026, 0510016012027, 0510016012028, 0510016012029, 0510016012030, 0510016012032, 0510016012033, 0510016012034, 0510016012035, 0510016012036, 0510016012037, 0510016012038, 0510016012039, 0510016012040, 0510016012042, 0510016012043, 0510016012044, 0510016012045, 0510016012046, 0510016012047, 0510016012048, 0510016012049, 0510016012050, 0510016012051, 0510016012052, 0510016012053, 0510016032017, 0510016032018, 0510016032019, 0510016032020, 0510016032022, 0510016032023, 0510016032028, 0510016032029, 0510016032030, 0510016032031, 0510016032032, 0510016032044, 0510017001035, 0510017003011, 0510017003013, 0510017003014, 0510017004022, 0510017004023, 0510017004024, 0510017004025, 0510017004026, 0510017004027, 0510017004028, 0510017004029, 0510017004030, 0510017004031, 0510017004032, 0510017004033, 0510017004034, 0510017004035, 0510017004036,

0510017004037, 0510017004038, 0510017004039, 0510017004040,
0510017004041, 0510017004042, 0510017004043, 0510017004046,
0510017004047, 0510017004048, 0510019011000, 0510019011001,
0510019011002, 0510019011003, 0510019011004, 0510019011005,
0510019011006, 0510019011007, 0510019011008, 0510019011009,
0510019011010, 0510019011011, 0510019011012, 0510019011013,
0510019011014, 0510019011015, 0510019011016, 0510019011017,
0510019011018, 0510019011019, 0510019011020, 0510019011021,
0510019011022, 0510019011023, 0510019011024, 0510019011025,
0510019011026, 0510019011027, 0510019011028, 0510019011029,
0510019011030, 0510019011031, 0510019011032, 0510019011033,
0510019011034, 0510019011035, 0510019011036, 0510019011037,
0510019011038, 0510019011039, 0510019011040, 0510019011041,
0510019011042, 0510019022014, 0510019022015, 0510019022018,
0510019022022, 0510019022023, 0510019022024, 0510019022025,
0510019022026, 0510019022027, 0510019022028, 0510019022029,
0510019022030, 0510019022031, 0510019022032, 0510019022033,
0510019022034, 0510019022035, 0510019022036, 0510019022037,
0510019022038, 0510019022039, 0510019022040, 0510019022041,
0510019022044, 0510019022045, 0510019022046, 0510019031003,
0510019031004, 0510019031005, 0510019031006, 0510019031007,
0510019031008, 0510019031009, 0510019031010, 0510019031011,
0510019031012, 0510019031013, 0510019031014, 0510019031015,
0510019031016, 0510019031017, 0510019031018, 0510031033002,
0510031033003, 0510031033004, 0510031033005, 0510031033006,
0510031041002, 0510031041003, 0510031041004, 0510031041005,
0510031041006, 0510031041007, 0510031041008, 0510031041009,
0510031041010, 0510031041011, 0510031041012, 0510031041013,
0510031041014, 0510031041015, 0510031042011, 0510032014000,
0510032014001, 0510032014002, 0510032014003, 0510032014004,
0510032014005, 0510032014006, 0510032014007, 0510032014008,
0510032014009, 0510032014010, 0510032014011, 0510032014012,
0510032014013, 0510032014014, 0510032014015, 0510032014016,
0510032014017, 0510032014018, 0510032014019, 0510032014020,
0510032014021, 0510032014022, 0510032014023, 0510032014024,
0510032014025, 0510032014035, 0510032014036, 0510032014037,
0510032014038, 0510032014039, 0510032014043, 0510032014044,
0510032014052, 0510032014053, 0510032014054, 0510032014055,
0510032014056, 0510032033016, 0510032033017, 0510032033019,
0510032033020, 0510032033021, 0510032033022, 0510032033023,
0510032044013, 0510032044014, 0510032044015, 0510032044016,

0510032044017, 0510032045004, 0510032045005, 0510032045006,
0510032045013, 0510032045014, 0510032045016, 0510032045017,
0510032045018, 0510032045019, 0510032045020, 0510032045021,
0510032045022, 0510032045023, 0510032045024, 0510032045025,
0510032045026, 0510032045027; VTD: MR02: 0510033051000,
0510033051001, 0510033051002, 0510033051003, 0510033051005,
0510033051006, 0510033051007, 0510033051008, 0510033051009,
0510033051010, 0510033051013, 0510033051014, 0510033051015,
0510033051016, 0510033051017, 0510033051018, 0510033051020,
0510033051021, 0510033052000, 0510033052007, 0510033052008,
0510033052009, 0510033052011, 0510033052012, 0510033052013,
0510033052019, 0519801001050.

District 45: Cumberland County: VTD: AL51, VTD: EO61-1: Block(s)
0510026001120, 0510026002025, 0510026002026, 0510026002027,
0510026002039, 0510026002040, 0510026002042, 0510026002043,
0510026002044, 0510026002045, 0510026002058, 0510026002059,
0510026002060, 0510026002061, 0510026002062, 0510026002063,
0510026002064, 0510026002072, 0510026002073, 0510026002074,
0510026002075, 0510026002076, 0510026002077, 0510026002078,
0510026003010, 0510026003011, 0510026003012, 0510026003013,
0510026003014, 0510026003015, 0510026003016, 0510026003017,
0510026003018, 0510026003019, 0510026003020, 0510026003021,
0510026003022, 0510026003023, 0510026003024, 0510026003025,
0510026003026, 0510026003027, 0510026003030, 0510026003031,
0510026003032, 0510026003033, 0510026003034; VTD: EO61-2:
0510027002018, 0510027002019, 0510027002020, 0510027002021,
0510027002042, 0510027002043; VTD: G1: 0510014005006, 0510014005007,
0510014005008, 0510014005010, 0510014005011, 0510014005012,
0510014005042, 0510014005047, 0510028002005, 0510028002015; VTD:
G10: 0510016011018, 0510016011019, 0510016011020, 0510016011021,
0510016011022, 0510016011023, 0510016011024, 0510016011041,
0510016012041, 0510031021000, 0510031021001, 0510031021002,
0510031021003, 0510031021004, 0510031021005, 0510031021006,
0510031021007, 0510031021008, 0510031021009, 0510031021010,
0510031021011, 0510031021012, 0510031021013, 0510031021014,
0510031021015, 0510031021016, 0510031021017, 0510031021018,
0510031021019, 0510031021020, 0510031021021, 0510031021022,
0510031021023, 0510031021024, 0510031021025, 0510031021026,
0510031021027, 0510031021028, 0510031021029, 0510031021030,
0510031021031, 0510031021032, 0510031021033, 0510031021034,

0510031021035, 0510031021036, 0510031021037, 0510031021038, 0510031021039, 0510031021040, 0510031021041, 0510031021042, 0510031021043, 0510031021044, 0510031021045, 0510031021046, 0510031021047, 0510031021048, 0510031021049, 0510031021050, 0510031021051, 0510031021052, 0510031021053, 0510031021054, 0510031021055, 0510031021056, 0510031021057, 0510031021058, 0510031021059, 0510031021060, 0510031021061, 0510031021062, 0510031031000, 0510031031001, 0510031031002, 0510031031003, 0510031031004, 0510031031005, 0510031031006, 0510031031007, 0510031031008, 0510031031009, 0510031031010, 0510031031011, 0510031031012, 0510031031013, 0510031031014, 0510031031015, 0510031031016, 0510031031017, 0510031031018, 0510031031019, 0510031031020, 0510031031021, 0510031031022, 0510031032000, 0510031032001, 0510031032002, 0510031032003, 0510031032004, 0510031032005, 0510031032006, 0510031032007, 0510031032008, 0510031032009, 0510031032010, 0510031032011, 0510031032012, 0510031032013, 0510031032014, 0510031032015, 0510031032016, 0510031032017, 0510031032018, 0510031032019, 0510031032020, 0510031032021, 0510031032022, 0510031032023, 0510031032024, 0510031032025, 0510031032026, 0510031032027, 0510031032028, 0510031032029, 0510031032030, 0510031032031, 0510031032032, 0510031032033, 0510031032034, 0510031032035, 0510031032036, 0510031032037, 0510031032038, 0510031032039, 0510031032040, 0510031032041, 0510031032042, 0510031032043, 0510031032044, 0510031032045, 0510031032046, 0510031032047, 0510031032048, 0510031032049, 0510031032050, 0510031032051, 0510031032052, 0510031032053, 0510031032054, 0510031033000, 0510031033001, 0510031033009, 0510031033010, 0510031033011, 0510031033013, 0510031033015, 0510031033016, 0510031033030, 0510031033036, 0510032012003, 0510032012004, 0510032012005, 0510032012006, 0510032012007, 0510032012008, 0510032012009, 0510032012010, 0510032012011, 0510032012012, 0510032012013, 0510032012014, 0510032012015, 0510032012016, 0510032012017, 0510032012018, 0510032012019, 0510032012020, 0510032012021, 0510032012022, 0510032012023, 0510032012024, 0510032012025, 0510032012026, 0510032012027, 0510032012028, 0510032012029, 0510032013000, 0510032013001, 0510032013002, 0510032013003, 0510032013004, 0510032013005, 0510032013006, 0510032013007, 0510032013008, 0510032013009, 0510032013010, 0510032013011, 0510032013012, 0510032013013, 0510032013014, 0510032013015, 0510032013016, 0510032013017, 0510032013018, 0510032013019, 0510032013020,

0510032013021, 0510032013022, 0510032013023, 0510032013024, 0510032013025, 0510032013026, 0510032013027, 0510032013028, 0510032013029, 0510032013030, 0510032013031, 0510032013032, 0510032013033, 0510032013034, 0510032013035, 0510032013036, 0510032013037, 0510032013038, 0510032013039, 0510032013040, 0510032013041, 0510032013042, 0510032013043, 0510032013044, 0510032013045, 0510032013046, 0510032014026, 0510032014027, 0510032014028, 0510032014029, 0510032014030, 0510032014031, 0510032014032, 0510032014033, 0510032014034, 0510032014040, 0510032014041, 0510032014042, 0510032014057; VTD: G11: 0510025041000, 0510034011002, 0510034011003, 0510034011004, 0510034011005, 0510034011006, 0510034011007, 0510034011008, 0510034011009, 0510034011011, 0510034011012, 0510034011013, 0510034011014, 0510034011015, 0510034011016, 0510034011017, 0510034011018, 0510034011019, 0510034011020, 0510034011021, 0510034011022, 0510034011023, 0510034011024, 0510034011025, 0510034011027, 0510034011029, 0510034011030, 0510034011033, 0510034011034, 0510034011035, 0510034011036, 0510034011037, 0510034011038, 0510034011040, 0510034012000, 0510034012001, 0510034012002, 0510034012003, 0510034012004, 0510034012005, 0510034012006, 0510034012007, 0510034012008, 0510034012009, 0510034012010, 0510034012011, 0510034012012, 0510034012013, 0510034012014, 0510034012015, 0510034012016, 0510034012017, 0510034012018, 0510034012019, 0510034012020, 0510034012021, 0510034012022, 0510034012023, 0510034012024, 0510034012025, 0510034012026, 0510034012027, 0510034012028, 0510034012029, 0510034012030, 0510034012031, 0510034012032, 0510034012033, 0510034012034, 0510034012035, 0510034012036, 0510034012037, 0510034012038, 0510034012039, 0510034012040, 0510034012041, 0510034012042, 0510034012043, 0510034012044, 0510034012045, 0510034012046, 0510034012047, 0510034012048, 0510034012049, 0510034012050, 0510034012051, 0510034012052, 0510034012053, 0510034012054, 0510034012055, 0510034012056, 0510034012057, 0510034012058, 0510034012059, 0510034012060, 0510034012061, 0510034012062, 0510034012063, 0510034012064, 0510034012065, 0510034012066, 0510034012067, 0510034012068, 0510034012069, 0510034021001, 0510034021002, 0510034021003, 0510034021004, 0510034021005, 0510034021006, 0510034021007, 0510034021008, 0510034021009, 0510034021010, 0510034021011, 0510034021012, 0510034021013, 0510034021014, 0510034021015, 0510034021017, 0510034021019, 0510034021020, 0510034021021, 0510034021022,

0510034021023, 0510034021024, 0510034021025, 0510034021026,
0510034021027, 0510034021028, 0510034021029, 0510034021030,
0510034021031, 0510034022000, 0510034022001, 0510034022002,
0510034022003, 0510034031000, 0510034031001, 0510034031002,
0510034031003, 0510034031004, 0510034031005, 0510034031006,
0510034031007, 0510034031008, 0510034031009, 0510034031010,
0510034031011, 0510034031012, 0510034031013, 0510034032000,
0510034032001, 0510034032002, 0510034032003, 0510034032004,
0510034032005, 0510034032006, 0510034032007, 0510034032008,
0510034032009, 0510034032010, 0510034032011, 0510034032012,
0510034032013, 0510034032014, 0510034032015, 0510034041000,
0510034041001, 0510034041003, 0510034041004, 0510034041005,
0510034041007, 0510034041008, 0510034041009, 0510034042000,
0510034042001, 0510034042002, 0510034042003, 0510034042004,
0510034042005, 0510034042006, 0510034042007, 0510034042008,
0510034042009, 0510034042012, 0510034051000, 0510034051001,
0510034051002, 0510034051003, 0510034051004, 0510034051005,
0510034051006, 0510034051007, 0510034051008, 0510034051009,
0510034051010, 0510034051011, 0510034051012, 0510034051013,
0510034051014, 0510034051015, 0510034051016, 0510034051017,
0510034051018, 0510034051019, 0510034051020, 0510034051021,
0510034051022, 0510034051023, 0510034051024, 0510034051025,
0510034051026, 0510034051027, 0510034051028, 0510034051029,
0510034051030, 0510034051031, 0510034051032, 0510034061000,
0510034061001, 0510034061002, 0510034061003, 0510034061004,
0510034061005, 0510034061006, 0510034061007, 0510034061008,
0510034061009, 0510034061010, 0510034061011, 0510034061012,
0510034061013, 0510034061014, 0510034061015, 0510034061016,
0510034061017, 0510034061018, 0510034061019, 0510034061020,
0510034061021, 0510034061022, 0510034061023, 0510034061024,
0510034061025, 0510034061026, 0510034061027, 0510034061028,
0510034061029, 0510034061030, 0510034061031, 0510034061032,
0510034061033, 0510034061034, 0510034061035, 0510034061036,
0510034061037, 0510034061038, 0510034061039, 0510034061040,
0510034061041, 0510034061042, 0510034061043, 0510034061044,
0510034061045, 0510034061046, 0510034061047, 0510034061048,
0510034061049, 0510034061050, 0510034061051, 0510034061052,
0510034061053, 0510034061054, 0510034061055, 0510034061056,
0510034061057, 0510034061058, 0510034061059, 0510034061060,
0510034061061, 0510034061062, 0510034061063, 0510034061064,
0510034061065, 0510034061066, 0510034061067, 0510034061068,

0510034061069, 0510034061070, 0510034061071, 0510034061072,
0510034061073, 0510034061074, 0510034061075, 0510034061076,
0510034061077, 0510034061078, 0510034061079, 0510034061080,
0510034061081, 0510034061082, 0510034061083, 0510034061084,
0510034061085, 0510034061086, 0510034061087, 0510034061088,
0510034061089, 0510034061090, 0510034061091, 0510034061092,
0510034061093, 0510034061094, 0510034061095, 0510034061096,
0510034061097, 0510034061098, 0510034061099, 0510034061100,
0510034061101, 0510034061102, 0510034061103, 0510034061104,
0510034061105, 0510034061106, 0510034061107, 0510034061108,
0510034061109, 0510034071000, 0510034071001, 0510034071002,
0510034072000, 0510034072001, 0510034072002, 0510034072003,
0510034072004, 0510034072005, 0510034072006, 0510034072007,
0510034072011, 0510034081000, 0510034081001, 0510034081002,
0510034081003, 0510034081004, 0510034081005, 0510034081006,
0510034081007, 0510034081008, 0510034081009, 0510034081010,
0510034081011, 0510034081012, 0510034081013, 0510034081014,
0510034081015, 0510034081016, 0510034081017, 0510034081018,
0510034081019, 0510034081020, 0510034081021, 0510034081022,
0510034081023, 0510034081024, 0510034081025, 0510034081026,
0510034081027, 0510034081028, 0510034081029, 0510034081030,
0510034081031, 0510034081032, 0510034081033, 0510034081034,
0510034081035, 0510034081036, 0510034081037, 0510034081038,
0510034081039, 0510034081040, 0510034081041, 0510034081042,
0510034081043, 0510034081044, 0510034081045, 0510034081046,
0510034082000, 0510034082001, 0510034082002, 0510034082003,
0510034082004, 0510034082005, 0510034082006, 0510034082007,
0510034082008, 0510034082009, 0510034082010, 0510034082011,
0510034082012, 0510034082013, 0510034082014, 0510034082015,
0510034082016, 0510034082017, 0510034082018, 0510034082019,
0510034082020, 0510034082021, 0510034082022, 0510034082023,
0510034082024, 0510034082025, 0510034082026, 0510034082027,
0510034082028, 0510034082029, 0510034082030, 0510034082031,
0510034082032, 0510034082033, 0510034082034, 0510034082035,
0510034082036, 0510034082037, 0510034082038, 0510034082039,
0510034082040, 0510034082041, 0510034082042, 0510034082043,
0510034082052, 0510034082053, 0510034082054, 0510034082055,
0510034082056, 0510034082057, 0510034082058, 0510034082059,
0510034082060, 0510034082061, 0510034082062, 0510034082065,
0510034082066, 0510034082067, 0510034082068, 0510034082069,
0510034082070, 0510034082071, 0510034082072, 0510035001013,

0510035001015, 0510035001020, 0510035001021, 0510035001024, 0510035003013, 0510035003034, 0510035003035, 0510035004002, 0510035004003, 0510035004027, 0510035004028, 0510035004029, 0510036001011, 0510036001018, 0510036001028, 0510036001030, 0510036001031, 0510036001032, 0510036001033, 0510036001034, 0510036001035, 0510036001036, 0510036001037, 0510036001038, 0510036001043, 0510036001044, 0510036001045, 0510036001046, 0510036001047, 0510036001048, 0510036001049, 0510036001050, 0510036001051, 0510036001052, 0510036001053, 0510036001054, 0510036001055, 0510036001056, 0510036001057, 0510036001058, 0510036001059, 0510036001060, 0510036002008, 0510036003000, 0510036003001, 0510036003002, 0510036003003, 0510036003004, 0510036003005, 0510036003006, 0510036003007, 0510036003008, 0510036003009, 0510036003010, 0510036003011, 0510036003012, 0510036003013, 0510036003014, 0510036003015, 0510036003016, 0510036003017, 0510036003018, 0510036003019, 0510036003020, 0510036003021, 0510036003022, 0510036003033, 0510036003034, 0510036003035, 0510036003051, 0510036004000, 0510036004001, 0510036004002, 0510036004003, 0510036004004, 0510036004005, 0510036004006, 0510036004007, 0510036004008, 0510036004009, 0510036004011, 0510036004012, 0510036004013, 0510036004014, 0510036004015, 0510036004016, 0510036004017, 0510036004018, 0510036004019, 0510036004020, 0510036004021, 0510036004027, 0510036004028, 0510036004029, 0510036004030, 0510036004040, 0510036004041, 0510036004058, 0510037001003, 0510037001007, 0510037001008, 0510037001009, 0510037001023, 0510037001024, 0519802001000, 0519802001001, 0519802001002, 0519802001003, 0519802001004, 0519802001005, 0519802001006, 0519802001007, 0519802001008, 0519802001009, 0519802001011, 0519802001012, 0519802001013, 0519802001014, 0519802001015, 0519802001016, 0519802001017, 0519802001018, 0519802001019, 0519802001020, 0519802001021, 0519802001022, 0519802001028, 0519802001029, 0519802001030, 0519802001031, 0519802001039, 0519802001040, 0519802001041, 0519802001042, 0519802001043, 0519802001044, 0519802001045; VTD: G2: 0510025041001, 0510025041002, 0510025041003, 0510025041007, 0510025041010, 0510025041011, 0510025041013, 0510025041020, 0510025041022, 0510025041023, 0510025041030, 0510025042010, 0510025043000, 0510025043001, 0510025043002, 0510025043003, 0510025043010, 0510025043011, 0510025043012, 0510025043015, 0510025043016, 0510025043017, 0510025043019, 0510037001001, 0510037001002, 0510037001004, 0510037001005,

0510037001006, 0510037001010, 0510037001011, 0510037001012, 0510037001013, 0510037001014, 0510037001015, 0510037001016, 0510037001017, 0510037001018, 0510037001019, 0510037001020, 0510037001021, 0510037001025, 0510037001026; VTD: G3: 0510015001100, 0510015001101, 0510015001102, 0510015001104, 0510015001105, 0510015001124, 0510015001125, 0510015001126, 0510015001127, 0510015001129, 0510015001130, 0510015002032, 0510015002033, 0510015002034, 0510015002035, 0510015002040; VTD: G6: 0510014005043, 0510014005044, 0510014005045, 0510028001000, 0510028001001, 0510028001002, 0510028001003, 0510028001004, 0510028001005, 0510028001006, 0510028001007, 0510028001008, 0510028001009, 0510028001010, 0510028001011, 0510028001012, 0510028001013, 0510028001014, 0510028001015, 0510028001016, 0510028001017, 0510028001018, 0510028001019, 0510028001020, 0510028001021, 0510028001022, 0510028001023, 0510028001024, 0510028001025, 0510028001026, 0510028001027, 0510028001028, 0510028001029, 0510028001030, 0510028001031, 0510028001032, 0510028001033, 0510028002000, 0510028002001, 0510028002002, 0510028002003, 0510028002004, 0510028002006, 0510028002007, 0510028002008, 0510028002009, 0510028002010, 0510028002011, 0510028002012, 0510028002013, 0510028002014, 0510028002017, 0510028002018, 0510028002019, 0510028002020, 0510028002021, 0510028002024, 0510028002025, 0510028002026, 0510028002027, 0510028002028, 0510028002029, 0510028002030, 0510028002031, 0510028003000, 0510028003001, 0510028003002, 0510028003003, 0510028003004, 0510028003005, 0510028003006, 0510028003007, 0510028003008, 0510028003009, 0510028003010, 0510028003011, 0510028003012, 0510028003013, 0510028003014, 0510028003015, 0510028003016, 0510028003017, 0510028003018, 0510028003019, 0510028003020, 0510028003021, 0510028003022, 0510028003023, 0510028003024, 0510028003025, 0510028003026, 0510028003027, 0510028003028, 0510028003029, 0510028003030, 0510028003031, 0510028003032, 0510028003033, 0510028003034, 0510028003035, 0510028003036, 0510028003037, 0510028003038, 0510028003039, 0510028003040, 0510028003041, 0510028003042, 0510028003043, 0510028003044, 0510028003045, 0510028003046, 0510028003047, 0510028003048, 0510028003049, 0510028003050, 0510029001000, 0510029001001, 0510029001002, 0510029001003, 0510029001004, 0510029001005, 0510029001006, 0510029001007, 0510029001008, 0510029001009, 0510029001010, 0510029001011, 0510029001012, 0510029001013, 0510029001014, 0510029001015, 0510029001016, 0510029001017,

0510029001018, 0510029001019, 0510029001020, 0510029001021, 0510029001022, 0510029001023, 0510029001024, 0510029001025, 0510029001026, 0510029001027, 0510029001028, 0510029001029, 0510029001030, 0510029001031, 0510029002000, 0510029002002, 0510029002004, 0510029002005, 0510029002013, 0510029002015, 0510029002016, 0510029002017, 0510029002018, 0510029002019, 0510029002020, 0510029002021, 0510029002022, 0510029002023, 0510029002024, 0510029002025, 0510029002026, 0510029002027, 0510029002028, 0510029002029, 0510029002030, 0510029002031, 0510029002032, 0510029002033, 0510029002034, 0510029003000, 0510029003001, 0510029003002, 0510029003003, 0510029003004, 0510029003005, 0510029003006, 0510029003007, 0510029003008, 0510029003009, 0510029003010, 0510029003011, 0510029003012, 0510029003013, 0510029003014, 0510029003015, 0510029003016, 0510029003017, 0510029003018, 0510029003019, 0510029003020, 0510029003021, 0510029003022, 0510029003023, 0510029003024, 0510029003025, 0510029003026, 0510029003027, 0510029003028, 0510029003029, 0510029003030, 0510029003031, 0510029004000, 0510029004001, 0510029004002, 0510029004003, 0510029004004, 0510029004005, 0510029004006, 0510029004007, 0510029004008, 0510029004009, 0510029004010, 0510029004011, 0510029004012, 0510029004013, 0510029004014, 0510029004015, 0510029004016, 0510029004017, 0510029004018, 0510029004019, 0510029004020, 0510029004021, 0510029004022, 0510029004023, 0510029004024, 0510029004025, 0510029004026, 0510029004027; VTD: G7, VTD: G9: Block(s) 0510016012000, 0510016012001, 0510016012002, 0510016012010, 0510016012011, 0510016012015, 0510016012031, 0510016013026, 0510016013027, 0510016013028, 0510016013029, 0510016013030, 0510016013031, 0510016013032, 0510016013033, 0510016013034, 0510016013035, 0510016013036, 0510016013037, 0510016013038, 0510016013039, 0510016013040, 0510016013041, 0510016013042, 0510016013043, 0510016013044, 0510016013045, 0510016013046, 0510016013047, 0510016013048, 0510016013049, 0510016013050, 0510016013051, 0510016013052, 0510016013053, 0510016013059, 0510016013060, 0510016013061, 0510016013062, 0510016013063, 0510016013067, 0510016013069, 0510016013070, 0510016013071, 0510016013072, 0510016013073, 0510016013074, 0510016013075, 0510016013076, 0510016013077, 0510016013078, 0510016013079, 0510016013080, 0510016032004, 0510016032016, 0510016032026, 0510016032027, 0510016032033, 0510016032036, 0510016032037, 0510016032038, 0510016032039, 0510016032040, 0510016032041,

0510016032042, 0510016032043, 0510016032049, 0510030011006,
0510030011009, 0510030011010, 0510030011011, 0510030011012,
0510030011013, 0510030011014, 0510030011019, 0510030011020,
0510030011021, 0510030011022, 0510030011023, 0510030011024,
0510030011025, 0510030011026, 0510030011027, 0510030011028,
0510030011029, 0510030011030, 0510030011031, 0510030011032,
0510030011033, 0510030011034, 0510030011035, 0510030011036,
0510030011037, 0510030011038, 0510030011039, 0510030011040,
0510030011041, 0510030011042, 0510030011043, 0510030011044,
0510030011045, 0510030011046, 0510030011047, 0510030011048,
0510030011049, 0510030011050, 0510030011051, 0510030011052,
0510030011053, 0510030011054, 0510030011056, 0510030011057,
0510030011058, 0510030011059, 0510030011060, 0510030011061,
0510030011062, 0510030011063, 0510030011064, 0510030011065,
0510030012010, 0510030012012, 0510030012013, 0510030012018,
0510030012019, 0510030012033, 0510030013000, 0510030013001,
0510030013002, 0510030013003, 0510030013004, 0510030013005,
0510030013006, 0510030013008, 0510030013009, 0510030013010,
0510030013011, 0510030013012, 0510030013013, 0510030013014,
0510030013015, 0510030013016, 0510030013017, 0510030013018,
0510031022000, 0510031022001, 0510031022002, 0510031022003,
0510031022004, 0510031022005, 0510031022006, 0510031022007,
0510031022008, 0510031022009, 0510031022010, 0510031022011,
0510031022012, 0510031022013, 0510031022014, 0510031022015,
0510031022016, 0510031022017, 0510031033007, 0510031033008,
0510031033012, 0510031033014, 0510031033017, 0510031033018,
0510031033019, 0510031033020, 0510031033021, 0510031033022,
0510031033023, 0510031033024, 0510031033025, 0510031033026,
0510031033027, 0510031033028, 0510031033029, 0510031033031,
0510031033032, 0510031033033, 0510031033034, 0510031033035,
0510031033037, 0510031041000, 0510031041001, 0510031041016,
0510031041017, 0510031041018, 0510031041019, 0510031042000,
0510031042001, 0510031042002, 0510031042003, 0510031042004,
0510031042005, 0510031042006, 0510031042007, 0510031042008,
0510031042009, 0510031042010, 0510031042012, 0510031042013,
0510031042014, 0510031042015, 0510031042016, 0510031042017,
0510031042018, 0510031042019, 0510031042020, 0510031042021,
0510031042022, 0510031042023, 0510031042024, 0510031043000,
0510031043001, 0510031043002, 0510031043003, 0510031043004,
0510031043005, 0510031043006, 0510031043007, 0510031043008,
0510031043009, 0510031043010, 0510031043011, 0510031043012,

0510031043013, 0510031043014, 0510031043015, 0510031043016,
0510031043017, 0510031043018, 0510031043019, 0510031043020,
0510031043021, 0510031043022, 0510031043023, 0510031043024,
0510031043025, 0510031043026, 0510031043027, 0510031043028,
0510031043029, 0510031043030, 0510031043031, 0510031043032,
0510031043033, 0510031043034, 0510031043035, 0510031043036,
0510031043037, 0510031043038, 0510031043039, 0510031043040,
0510031043041, 0510031043042, 0510031043043, 0510031043044,
0510031043045, 0510031043046, 0510031043047, 0510031043048,
0510031043049, 0510031043050, 0510031043051, 0510031043052,
0510031043053, 0510031043054, 0510031043055, 0510031043056,
0510031043057, 0510031043058, 0510031043059, 0510031043060,
0510031043061, 0510031043062, 0510031043063, 0510031043064,
0510031043065, 0510031043066, 0510031043067, 0510031043068,
0510031043069, 0510031043070; VTD: LI65: 0510037001000,
0510037002000, 0510037002001, 0510037002002, 0510037002003,
0510037002004, 0510037002005, 0510037002006, 0510037002007,
0510037002008, 0510037002009, 0510037002010, 0510037002011,
0510037002012, 0510037003000, 0510037003001, 0510037003002,
0510037003003, 0510037003004, 0510037003005, 0510037003006,
0510037003007, 0510037003008, 0510037003009, 0510037003010,
0510037003011, 0510037003012, 0510037003013, 0510037003014,
0510037003015, 0510037003016, 0510037003017, 0510037003018,
0510037003019, 0510037003020, 0510037003021, 0510037003022,
0510037003023, 0510037003024, 0510037003025, 0510037003026,
0510037003027, 0510037003028, 0510037003029, 0510037003030,
0510037003031, 0510037003032, 0510037003033, 0510037003034,
0510037003035, 0510037003036, 0510037003037, 0510037003038,
0510037003039, 0510037003040, 0510037003041, 0510037003042,
0510037003043, 0510037003044, 0510037003045, 0510037003046,
0510037003047, 0510037003048, 0510037003049, 0510037003050,
0510037003051, 0510037003052, 0510037003053, 0510037003054,
0510037003055, 0510037003056, 0510037003057, 0510037003058,
0510037003059, 0510037003060, 0510037003061, 0510037003062,
0510037003063, 0510037003064, 0510037003065, 0510037003066,
0510037003067, 0510037003068, 0510037003069, 0510037003070,
0510037003071, 0510037003072, 0510037003073, 0510037003074,
0510037003076, 0510037003080, 0510037003081, 0510037003082,
0510037003083, 0510037003084, 0510037003085, 0510037003086,
0510037003087, 0510037003092, 0510037003093, 0510037003094,

0510037003095, 0510037003096, 0510037003097, 0510037003102, 0510037003108; VTD: SH77.

District 46: Bladen County: VTD: P201: Block(s) 0179505003028, 0179505003029, 0179505003030, 0179505003031, 0179505003032, 0179505003033, 0179505003034, 0179505003037, 0179505003038, 0179505003039, 0179505003040, 0179505003041, 0179505003042, 0179505003043, 0179505003044, 0179505003045, 0179505003046, 0179505003047, 0179505003048, 0179505003049, 0179505003050, 0179505003053, 0179505003054, 0179505003063, 0179505004007, 0179505004008, 0179505004009, 0179505004010, 0179505004011, 0179505004012, 0179505004013, 0179505004014, 0179505004015, 0179505004016, 0179505004017, 0179505004018, 0179505004019, 0179505004020, 0179505004021, 0179505004022, 0179505004023, 0179505004024, 0179505004025, 0179505004026, 0179505004027, 0179505004028, 0179505004029, 0179505004030, 0179505004031, 0179505004032, 0179505004033, 0179505004034, 0179505004035, 0179505004036, 0179505004037, 0179505004038, 0179505004039, 0179505004040, 0179505004041, 0179505004042, 0179505004043, 0179505004044, 0179505004045, 0179505004046, 0179505004047, 0179505004048, 0179505004049, 0179505004050, 0179505004051, 0179505004052, 0179505004053, 0179505004054, 0179505004055, 0179505004056, 0179505004062, 0179505004063, 0179505004064, 0179505005015, 0179505005016, 0179505005017, 0179505005018, 0179505005019, 0179505006000, 0179505006001, 0179505006002, 0179505006003, 0179505006004, 0179505006005, 0179505006006, 0179505006007, 0179505006008, 0179505006009, 0179505006010, 0179505006011, 0179505006012, 0179505006013, 0179505006014, 0179505006015, 0179505006016, 0179505006017, 0179505006018, 0179505006019, 0179505006020, 0179505006021, 0179505006022, 0179505006023, 0179505006024, 0179505006025, 0179505006026, 0179505006027, 0179505006028, 0179505006029, 0179505006030, 0179505006031, 0179505006032, 0179505006033, 0179505006034, 0179505006035, 0179505006036, 0179505006037, 0179505006038, 0179505006039, 0179505006040, 0179505006041, 0179505006042, 0179505006043, 0179505006044, 0179505006045; VTD: P202; Columbus County, Robeson County: VTD: 03, VTD: 08, VTD: 09: Block(s) 1559613011018, 1559613011019, 1559613011020, 1559613011021, 1559613011051, 1559613011053, 1559613011054, 1559613011055, 1559613011068, 1559614002063, 1559614002070, 1559614002077, 1559614002078, 1559614002079, 1559614002080, 1559614002081,

1559614002082, 1559614002087, 1559614002088, 1559614002089, 1559614002090, 1559614002091, 1559614002092, 1559614002093, 1559614002094, 1559614002095, 1559614002096, 1559614002097, 1559614002098, 1559614002099; VTD: 11: 1559607013053, 1559607013054, 1559607013055, 1559607013058, 1559607013059, 1559607013060, 1559607013061, 1559607013066, 1559607013067, 1559607013068, 1559607013069, 1559607013070, 1559607013071, 1559607013072, 1559607013073, 1559607013074, 1559607013075, 1559607013076, 1559607013077, 1559607013078, 1559607013079, 1559607013080, 1559607013081, 1559607013082, 1559607013083, 1559607013084, 1559607013085, 1559607013086, 1559607013087, 1559607013088, 1559607013089, 1559607013090, 1559607013091, 1559607013092, 1559607013094, 1559607013101, 1559607013105, 1559607013106, 1559607013107, 1559607013108, 1559607013112, 1559613011028, 1559613011031, 1559613011039, 1559613011040, 1559613011041, 1559613011042, 1559613011043, 1559613011044, 1559613011045, 1559613011046, 1559613011069, 1559613011070, 1559613011071, 1559613011072, 1559613011073, 1559613011074, 1559613011075, 1559613011076, 1559613011077, 1559613011078, 1559613011079, 1559613011080, 1559613011081, 1559613011082, 1559613011083, 1559613011084, 1559613011085, 1559613011086, 1559613011087, 1559613011088, 1559613011089, 1559613011090, 1559613011091, 1559613011092, 1559613011093, 1559613011094, 1559613011095, 1559613011096, 1559613011097, 1559613011098, 1559613011099, 1559613011100, 1559613011101, 1559613011102, 1559613011103, 1559613011104, 1559613011108, 1559613011109, 1559613011110, 1559613011111, 1559613011112, 1559613011113, 1559613011114, 1559613011115, 1559613011116, 1559613011117, 1559613011118, 1559613011119, 1559613011120, 1559613011121, 1559613011122, 1559613011123, 1559613011124, 1559613011125, 1559613011126, 1559613011127, 1559613011128, 1559613011129, 1559613011130, 1559613011131, 1559613011132, 1559613011133, 1559613011134, 1559613011135, 1559613011136, 1559613011137, 1559613011138, 1559613011139, 1559613011140, 1559613011142, 1559613021000, 1559613021001, 1559613021002, 1559613021003, 1559613021004, 1559613021005, 1559613021006, 1559613021007, 1559613021008, 1559613021009, 1559613021010, 1559613021011, 1559613021012, 1559613021013, 1559613021014, 1559613021015, 1559613021016, 1559613021017, 1559613021018, 1559613021019, 1559613021020, 1559613021021, 1559613021022, 1559613021023, 1559613021024, 1559613021025, 1559613021026, 1559613021027, 1559613021028,

1559613021029, 1559613021030, 1559613021031, 1559613021032, 1559613022000, 1559613022001, 1559613022002, 1559613022003, 1559613022004, 1559613022005, 1559613022006, 1559613022007, 1559613022008; VTD: 12: 1559609001016, 1559610001000, 1559610001003, 1559610001004, 1559610001005, 1559610001006, 1559610001007, 1559610001008, 1559610001009, 1559610001010, 1559610001011, 1559610001012, 1559610001013; VTD: 18A: 1559609001002, 1559609001003, 1559609001004, 1559609001005, 1559609001007, 1559609001008, 1559609001009, 1559609001010, 1559609001011, 1559609001012, 1559609001013, 1559609001014, 1559609001015, 1559609001017, 1559609001018, 1559609001019, 1559609001020, 1559609001021, 1559609001022, 1559609001023, 1559609001024, 1559609001025, 1559609001026, 1559609001027, 1559609001028, 1559609001029, 1559609001030, 1559609001031, 1559609001032, 1559609001033, 1559609001034, 1559609001035, 1559609001036, 1559609001037, 1559609001038, 1559609001039, 1559609001040, 1559609001041, 1559609001042, 1559609001043, 1559609001044, 1559609001045, 1559609001046, 1559609001047, 1559609001048, 1559609001049, 1559609001050, 1559609001051, 1559609001052, 1559609001053; VTD: 20: 1559616012040, 1559616012049, 1559616012050, 1559616023003, 1559616023004, 1559616023005, 1559616023006, 1559616023011, 1559616023030, 1559616023031, 1559616023032, 1559616023033, 1559616023034, 1559616023035, 1559616023037, 1559616023038, 1559616023039, 1559616023040, 1559616023041, 1559616023042, 1559616023043, 1559616023044, 1559616023045, 1559616023046, 1559616023047, 1559616023048, 1559616023049, 1559616023050, 1559616023051; VTD: 30: 1559607011015, 1559607011022, 1559607011038, 1559607011039, 1559607011040, 1559607011041, 1559607011042, 1559607011043, 1559607013000, 1559607013001, 1559607013002, 1559607013003, 1559607013004, 1559607013005, 1559607013006, 1559607013007, 1559607013010, 1559607013011, 1559607013012, 1559607013013, 1559607013014, 1559607013015, 1559607013016, 1559607013017, 1559607013018, 1559607013019, 1559607013020, 1559607013021, 1559607013022, 1559607013023, 1559607013024, 1559607013030, 1559607013031, 1559607013032, 1559607013056, 1559607013057, 1559607013062, 1559607013063, 1559607013064, 1559607013065, 1559607013093, 1559607013104, 1559607013109, 1559607013110, 1559613011004, 1559613011005, 1559613011006, 1559613011007, 1559613011008, 1559613011009, 1559613011010, 1559613011011, 1559613011012, 1559613011013, 1559613011014, 1559613011015, 1559613011016, 1559613011017,

1559613011022, 1559613011023, 1559613011024, 1559613011025, 1559613011026, 1559613011027, 1559613011029, 1559613011030, 1559613011032, 1559613011033, 1559613011034, 1559613011035, 1559613011036, 1559613011037, 1559613011038, 1559613011052, 1559614002064, 1559614002065, 1559614002066, 1559614002067; VTD: 37, VTD: 41.

District 47: Robeson County: VTD: 01: Block(s) 1559620021019, 1559620021020, 1559620021047, 1559620021057, 1559620021058, 1559620021075, 1559620022015, 1559620022016, 1559620022019, 1559620022020, 1559620022021, 1559620022022, 1559620022024, 1559620022025, 1559620022026, 1559620022027, 1559620022028, 1559620022029, 1559620022030, 1559620022031, 1559620022032, 1559620022033, 1559620022034, 1559620022035, 1559620022036, 1559620022037, 1559620022038, 1559620022039, 1559620022040, 1559620022041, 1559620022042, 1559620022043, 1559620022044, 1559620022045, 1559620022046, 1559620022047, 1559620022048, 1559620022049, 1559620022050, 1559620022051, 1559620022052, 1559620022053, 1559620022054, 1559620022056, 1559620022059, 1559620022060, 1559620022061, 1559620022062, 1559620022063, 1559620022064, 1559620022065, 1559620022066, 1559620022067, 1559620022068, 1559620022069, 1559620022070, 1559620022071, 1559620022072, 1559620022073, 1559620022074, 1559620022075, 1559620022076, 1559620022077, 1559620022078, 1559620022079, 1559620022080, 1559620022081, 1559620022082, 1559620022083, 1559620022084, 1559620022085, 1559620022086, 1559620022087, 1559620022088, 1559620022089, 1559620022090, 1559620022091, 1559620022092, 1559620022093, 1559620022094, 1559620022095, 1559620022096, 1559620022097, 1559620022098, 1559620022099, 1559620022100, 1559620022101, 1559620022102, 1559620022103, 1559620022104, 1559620022105, 1559620022106, 1559620022107, 1559620022108, 1559620022109, 1559620022110, 1559620022111, 1559620022112, 1559620022113, 1559620022114, 1559620022115, 1559620022116, 1559620022117, 1559620022118, 1559620022119, 1559620022120, 1559620022121, 1559620022122, 1559620022124, 1559620022125, 1559620022126, 1559620022127, 1559620022128, 1559620022129, 1559620022130, 1559620022133; VTD: 02: 1559605031041, 1559605031042, 1559605031043, 1559605031044, 1559605031045, 1559605031046, 1559605031047, 1559605031048, 1559605031049, 1559608012032, 1559608012033, 1559608012034, 1559608012035, 1559608012036, 1559608012037, 1559608012038, 1559608012042,

1559608012108, 1559608012109, 1559608012110, 1559608012111, 1559608012112, 1559608012113, 1559608012114, 1559608012115, 1559618021000, 1559618021001, 1559618021002, 1559618021003, 1559618021004, 1559618021005, 1559618021006, 1559618021007, 1559618021008, 1559618021009, 1559618021010, 1559618021011, 1559618021012, 1559618021013, 1559618021014, 1559618021015, 1559618021016, 1559618021017, 1559618021018, 1559618021019, 1559618021020, 1559618021021, 1559618021022, 1559618021023, 1559618021024, 1559618021025, 1559618021026, 1559618021027, 1559618021028, 1559618021029, 1559618021030, 1559618021031, 1559618021032, 1559618021033, 1559618021034, 1559618021035, 1559618021036, 1559618021037, 1559618021038, 1559618021039, 1559618021040, 1559618021041, 1559618021042, 1559618021043, 1559618021044, 1559618021048, 1559618021056, 1559618021057, 1559618021058, 1559618021059, 1559618021060, 1559618021061, 1559618021062, 1559618021068, 1559618021101, 1559618023001, 1559618023002, 1559618023003, 1559618023004, 1559618023005, 1559618023006, 1559618023007, 1559618023008, 1559618023009, 1559618023010, 1559618023011, 1559618023012, 1559618023013, 1559618023017, 1559618023018, 1559618023019, 1559618023020, 1559618023021, 1559618023022, 1559618023031, 1559618023032, 1559618023033, 1559618023034, 1559618023035, 1559618023036, 1559618023038, 1559618024024, 1559618024025; VTD: 04, VTD: 05: Block(s) 1559617001017, 1559617001018, 1559617001019, 1559617003009, 1559617003011, 1559617003024, 1559617003025, 1559617003026, 1559617003027, 1559617003042, 1559617003043, 1559617003045, 1559617003047, 1559617003048, 1559617003051, 1559617003052, 1559617003056, 1559617004019, 1559617004021, 1559617004022, 1559617004023, 1559617004024, 1559617004025, 1559617004026, 1559617004028, 1559617004029, 1559617004030, 1559617004031, 1559617004032, 1559617004033, 1559617004034, 1559617004035, 1559617004036, 1559617004037, 1559617004038, 1559617004041, 1559617004042, 1559617004043, 1559617004044, 1559617004045, 1559617004046, 1559617004047, 1559617004048, 1559617004049, 1559617004050, 1559617004054, 1559617004055, 1559617004057; VTD: 06: 1559617002000, 1559617002001, 1559617002002, 1559617002003, 1559617002004, 1559617002005, 1559617002008, 1559617002010, 1559617002017, 1559617002059, 1559617002060, 1559617002062, 1559617002063, 1559617002064, 1559617002065, 1559617002066, 1559617002067, 1559617002068, 1559617002080; VTD: 07: 1559619001000, 1559619001001, 1559619001002, 1559619001003, 1559619001004,

1559619001021, 1559619001022, 1559619002014, 1559619002015,
1559619002016, 1559619002017, 1559619002018, 1559619002019,
1559619002020, 1559619002021, 1559619002022, 1559619002024,
1559619002025, 1559619002026, 1559619002027, 1559619002028,
1559619002039, 1559619002040, 1559619002044, 1559619002045,
1559619002046, 1559619002047, 1559619002048, 1559619002049,
1559619002050, 1559619002051, 1559619002053, 1559619002055; VTD: 09:
1559601012015, 1559601012016, 1559601012019, 1559601012020,
1559601012021, 1559601012022, 1559601024058, 1559613011060,
1559613011061, 1559613011062, 1559613011064, 1559613011065,
1559613011066, 1559613011106, 1559613011141, 1559613012000,
1559613012001, 1559613012002, 1559613012003, 1559613012004,
1559614002000, 1559614002001, 1559614002008, 1559614002009,
1559614002010, 1559614002011, 1559614002012, 1559614002013,
1559614002014, 1559614002015, 1559614002016, 1559614002017,
1559614002018, 1559614002019, 1559614002020, 1559614002021,
1559614002022, 1559614002023, 1559614002024, 1559614002025,
1559614002026, 1559614002027, 1559614002028, 1559614002029,
1559614002030, 1559614002031, 1559614002032, 1559614002033,
1559614002034, 1559614002035, 1559614002036, 1559614002037,
1559614002038, 1559614002039, 1559614002040, 1559614002041,
1559614002049, 1559614002050, 1559614002054, 1559614002055,
1559614002056, 1559614002057, 1559614002058, 1559614002060,
1559614002061, 1559614002062, 1559614002069, 1559614002071,
1559614002072, 1559614002073, 1559614002074, 1559614002075,
1559614002076, 1559614002083, 1559614002084, 1559614002085,
1559614002086, 1559614002100, 1559614002101, 1559614002102,
1559614002103, 1559614002104, 1559614002105, 1559614002106,
1559614002107; VTD: 10: 1559602012022, 1559602012051, 1559602012052,
1559602012053, 1559602012054, 1559602012055, 1559602012056,
1559602012057, 1559602012058, 1559602012059, 1559602012060,
1559602012061, 1559602012062, 1559602012079, 1559602012080,
1559602012081, 1559602012082, 1559602012083, 1559602012098,
1559602012099, 1559602012100, 1559602012101, 1559602012102,
1559602012103, 1559602012104, 1559602012105, 1559602012106,
1559602012107, 1559602012108, 1559602012109, 1559602012110,
1559602012111, 1559602012112, 1559602021000, 1559602021010,
1559602021011, 1559602021012, 1559602021013, 1559602021015,
1559602021019; VTD: 11: 1559607021000, 1559607021001, 1559607021002,
1559607021003, 1559607021004, 1559607021005, 1559607021006,
1559607021007, 1559607021008, 1559607021009, 1559607021010,

1559607021011, 1559607021012, 1559607022000, 1559607022001,
1559607022002, 1559607022003, 1559607022004, 1559607022005,
1559607022006, 1559607022007, 1559607022008, 1559607022009,
1559607022010, 1559607022011, 1559607022012, 1559607022013,
1559607022014, 1559607022015, 1559607022016, 1559607022017,
1559607022018, 1559607022019, 1559607022020, 1559607022021,
1559607022022, 1559607022023, 1559607022024, 1559607022025,
1559607022026, 1559607022027, 1559607022028, 1559607022029,
1559607022030, 1559607022031, 1559607022032, 1559607022033,
1559607022034, 1559607022035, 1559607022036, 1559607022037,
1559607022038, 1559607022039, 1559607022040, 1559607022041,
1559607022042, 1559607022043, 1559607022044, 1559607022045,
1559607022046, 1559607022047, 1559607022048, 1559607022049,
1559607022050, 1559607022051, 1559607022052, 1559607022053,
1559607022054, 1559607022055, 1559607022056, 1559607022057,
1559607022058, 1559607022059, 1559607022060, 1559607022062,
1559607022067, 1559613011047, 1559613011048, 1559613011049,
1559613011050, 1559613011056, 1559613011057, 1559613011058,
1559613011059, 1559613011063, 1559613011067, 1559613011105,
1559613011107; VTD: 12: 1559610001001, 1559610001002, 1559610001014,
1559610001015, 1559610001016, 1559610001017, 1559610001018,
1559610001019, 1559610001020, 1559610001021, 1559610001022,
1559610001023, 1559610001024, 1559610001025, 1559610001026,
1559610001027, 1559610001028, 1559610001029, 1559610001030,
1559610001031, 1559610001032, 1559610001033, 1559610001034,
1559610001035, 1559610001036, 1559610001037, 1559610001038,
1559610001039, 1559610001040, 1559610001041, 1559610001042,
1559610001043, 1559610001044, 1559610001045, 1559610001046,
1559610001047, 1559610001048, 1559610001049, 1559610001050,
1559610001051, 1559610001052, 1559610001053, 1559610001054,
1559610001055, 1559610001056, 1559610001057, 1559610001058,
1559610001059, 1559610001060, 1559610001061, 1559610001062,
1559610001063, 1559610001064, 1559610001065, 1559610001066,
1559610001067, 1559610001068, 1559610002000, 1559610002001,
1559610002002, 1559610002003, 1559610002004, 1559610002005,
1559610002006, 1559610002007, 1559610002008, 1559610002009,
1559610002010, 1559610002011, 1559610002012, 1559610002013,
1559610002014, 1559610002015, 1559610002016, 1559610002036,
1559610002040, 1559610002041, 1559610002042, 1559610002043,
1559610003001, 1559610003004, 1559612001000, 1559612001001,
1559612001002, 1559612001003, 1559612001004, 1559612001005,

1559612001006, 1559612001007, 1559612001009, 1559612001010, 1559612001021, 1559612001022, 1559612001025, 1559613012005, 1559613012006, 1559613012007, 1559613012008, 1559613012009, 1559613012010, 1559613012011, 1559613012012, 1559613012013, 1559613012014, 1559613012015, 1559613012016, 1559613012017, 1559613012018, 1559613012019, 1559613012020, 1559613012021, 1559613012022, 1559613012023, 1559613012024, 1559613012025, 1559613012026, 1559613012027, 1559613012028, 1559613012029, 1559613012030, 1559613012031, 1559613012032, 1559613012033, 1559613012034, 1559613012035, 1559613012036, 1559613012037, 1559613012038, 1559613012039, 1559613012040, 1559613012041, 1559613012042, 1559613012043, 1559613012044, 1559613022009, 1559613022010, 1559613022011, 1559613022012, 1559613022013, 1559613022014, 1559613022015, 1559613022016, 1559613022017, 1559613022018, 1559613022019, 1559613022020, 1559613022021, 1559613022022, 1559613022023, 1559613022024, 1559613022025, 1559613022026, 1559613022027, 1559613022028, 1559613022029, 1559613022030, 1559613023000, 1559613023001, 1559613023002, 1559613023003, 1559613023004, 1559613023005, 1559613023006, 1559613023007, 1559613023008, 1559613023009, 1559613023010, 1559613023011, 1559613023012, 1559613023013, 1559613023014, 1559613023015, 1559613023016; VTD: 13, VTD: 14, VTD: 15: Block(s) 1559608021016, 1559608021019, 1559608021020, 1559608021021, 1559608021022, 1559608021023, 1559608021024, 1559608021025, 1559608021033, 1559608021034, 1559608021035, 1559608021036, 1559608021037, 1559608021038, 1559608021039, 1559608021041, 1559608021043, 1559608021044, 1559608021058, 1559608021063, 1559610003086, 1559610003087, 1559610003088, 1559610003105, 1559611001004, 1559611001005, 1559611001006, 1559611001007, 1559611001008, 1559611001009, 1559611001010, 1559611001011, 1559611001012, 1559611001013, 1559611001020, 1559611001021, 1559611001022, 1559612002011, 1559612002013, 1559612002014, 1559612002019; VTD: 18A: 1559607022061, 1559607022063, 1559607022064, 1559607022065, 1559607022066, 1559609001000, 1559609001001, 1559609001006, 1559609002000, 1559609002001, 1559609002002, 1559609002003, 1559609002004, 1559609002005, 1559609002006, 1559609002007, 1559609002008, 1559609002009, 1559609002010, 1559609002011, 1559609002012, 1559609002013, 1559609002014, 1559609002015, 1559609002016, 1559609002017, 1559609002018, 1559609002019, 1559609002020, 1559609002021, 1559609002022, 1559609002023, 1559609002024, 1559609002025,

1559609002026, 1559609002027, 1559609002028, 1559609002029,
1559609002030, 1559609002031, 1559609002032, 1559609002033,
1559609002034, 1559609002035, 1559609002036, 1559609002037,
1559609002038, 1559609002039, 1559609002040, 1559609002041,
1559609002042, 1559609002043, 1559609002044, 1559609002045,
1559609002046, 1559609002047, 1559609002048, 1559609002049,
1559609002050, 1559609002051, 1559609002052, 1559609002053,
1559609002054, 1559609002055, 1559609002056, 1559609002057,
1559609002058, 1559609002059, 1559609002060, 1559609002061,
1559609002062, 1559609002063, 1559609002064, 1559609002065,
1559609002066, 1559610002017, 1559610002018, 1559610002019,
1559610002020, 1559610002021, 1559610002022, 1559610002023,
1559610002024, 1559610002025, 1559610002026, 1559610002027,
1559610002028, 1559610002029, 1559610002030, 1559610002031,
1559610002032, 1559610002033, 1559610002034, 1559610002037,
1559610002038, 1559610002045, 1559610003029, 1559610003030,
1559610003031; VTD: 19: 1559604012032, 1559604012033, 1559604012036,
1559604012040, 1559604012047, 1559604012048, 1559604012049,
1559604012050, 1559604012065, 1559604014028, 1559604014029,
1559604014032, 1559604014034, 1559604014035, 1559604014047,
1559604014048, 1559604014049, 1559604014056, 1559620012000,
1559620012001, 1559620012002, 1559620012003, 1559620012004,
1559620012013, 1559620012014, 1559620012015, 1559620012016,
1559620012017, 1559620012018, 1559620012050, 1559620012079,
1559620012080, 1559620012081, 1559620012082, 1559620012083,
1559620012084, 1559620012085, 1559620012086, 1559620012087,
1559620012090, 1559620012091, 1559620012092, 1559620012093,
1559620012094, 1559620012095, 1559620012096, 1559620012101,
1559620012102, 1559620012103, 1559620012104, 1559620012105,
1559620012108, 1559620013009, 1559620013010, 1559620013011,
1559620013012, 1559620013013, 1559620013014, 1559620013015,
1559620013016, 1559620013017, 1559620013018, 1559620013019,
1559620013020, 1559620013021, 1559620013022, 1559620013023,
1559620013024, 1559620013025, 1559620013026, 1559620013027,
1559620013028, 1559620013029, 1559620013030, 1559620013031,
1559620013032, 1559620013033, 1559620013034, 1559620013035,
1559620013036, 1559620013037, 1559620013038, 1559620013039,
1559620021002, 1559620021003, 1559620021004, 1559620021005,
1559620021006, 1559620021007, 1559620021010, 1559620021011,
1559620021016, 1559620021017, 1559620021018, 1559620021074,
1559620022000, 1559620022001, 1559620022002, 1559620022003,

1559620022012, 1559620022013, 1559620022014, 1559620022017, 1559620022023, 1559620022055, 1559620022057, 1559620022058; VTD: 20: 1559616021060, 1559616021061, 1559616021064, 1559616021070, 1559616021071, 1559616021072, 1559616021073, 1559616021074, 1559616021075, 1559616021076, 1559616021077, 1559616021078, 1559616021079, 1559616021080, 1559616021081, 1559616021082, 1559616021083, 1559616021084, 1559616021085, 1559616021086, 1559616021087, 1559616021088, 1559616021089, 1559616021090, 1559616021091, 1559616021092, 1559616021093, 1559616021094, 1559616021095, 1559616021096, 1559616021097, 1559616021098, 1559616021099, 1559616021100, 1559616021101, 1559616021102, 1559616021103, 1559616021104, 1559616021105, 1559616022002, 1559616022003, 1559616022006, 1559616023000, 1559616023001, 1559616023002, 1559616023007, 1559616023008, 1559616023009, 1559616023010, 1559616023012, 1559616023013, 1559616023014, 1559616023015, 1559616023016, 1559616023017, 1559616023018, 1559616023019, 1559616023020, 1559616023021, 1559616023022, 1559616023023, 1559616023024, 1559616023025, 1559616023026, 1559616023027, 1559616023028, 1559616023036; VTD: 22, VTD: 23, VTD: 24, VTD: 25, VTD: 26: Block(s) 1559603001008, 1559603001009, 1559603001010, 1559603001011, 1559603001012, 1559603001013, 1559603001014, 1559603001015, 1559603001016, 1559603001017, 1559603001019, 1559603001020, 1559603001021, 1559603001022, 1559603001023, 1559603001040, 1559603001041, 1559603001042, 1559603001043, 1559603001044, 1559603001045, 1559603001046, 1559603001047, 1559603001048, 1559603001049, 1559603001050, 1559603001051, 1559603001053, 1559603001054, 1559603001055, 1559603001056, 1559603001057, 1559603001058, 1559603001059, 1559603001075, 1559603001076, 1559603001077, 1559603001096, 1559603001097, 1559603001107, 1559603001108, 1559603001109, 1559603001110, 1559603001111, 1559603001112, 1559603001113, 1559603001114, 1559603001115, 1559603001116, 1559603001117, 1559603003009, 1559603003017, 1559603003018, 1559603003019, 1559603003020, 1559603003021, 1559603003022, 1559603003023, 1559603003031, 1559603003033, 1559604022019, 1559604022021; VTD: 27: 1559602021062, 1559603001000, 1559603001001, 1559603001002, 1559603001003, 1559603001004, 1559603001005, 1559603001006, 1559603001007, 1559603001018, 1559603001024, 1559603001025, 1559603001028, 1559603002013, 1559603002014, 1559604011000; VTD: 28, VTD: 29: Block(s) 1559618012067, 1559619003000, 1559619003001, 1559619003002, 1559619003003, 1559619003004, 1559619003005,

1559619003011, 1559619003012, 1559619003013, 1559619003014, 1559619003015, 1559619003016, 1559619003017, 1559619003062, 1559619003063, 1559619003064, 1559619003065, 1559619003066, 1559619003067, 1559619003068, 1559619003069, 1559619003070, 1559619003081, 1559619005000, 1559619005001, 1559619005002, 1559619005003, 1559619005004, 1559619005005, 1559619005006, 1559619005007, 1559619005008, 1559619005009, 1559619005010, 1559619005011, 1559619005012, 1559619005013, 1559619005014, 1559619005017, 1559619005018, 1559619005020, 1559619005021, 1559619005026, 1559619005027, 1559619005031, 1559619005039, 1559619005040, 1559619005041, 1559619005042; VTD: 30: 1559607011000, 1559607011001, 1559607011002, 1559607011003, 1559607011004, 1559607011005, 1559607011006, 1559607011007, 1559607011008, 1559607011009, 1559607011010, 1559607011011, 1559607011012, 1559607011013, 1559607011014, 1559607011016, 1559607011017, 1559607011018, 1559607011019, 1559607011020, 1559607011021, 1559607011023, 1559607011024, 1559607011025, 1559607011026, 1559607011027, 1559607011028, 1559607011029, 1559607011030, 1559607011031, 1559607011032, 1559607011033, 1559607011034, 1559607011035, 1559607011036, 1559607011037, 1559607011044, 1559607011045, 1559607011046, 1559607011047, 1559607011048, 1559607011049, 1559607011050, 1559607011051, 1559607011052, 1559607012000, 1559607012001, 1559607012002, 1559607012003, 1559607012004, 1559607012005, 1559607012006, 1559607012007, 1559607012008, 1559607012009, 1559607012010, 1559607012011, 1559607012012, 1559607012013, 1559607012014, 1559607012015, 1559607012016, 1559607012017, 1559607012018, 1559607012019, 1559607012020, 1559607012021, 1559607012022, 1559607012023, 1559607012024, 1559607012025, 1559607012026, 1559607013008, 1559607013009, 1559607013025, 1559607013026, 1559607013027, 1559607013028, 1559607013029, 1559607013033, 1559607013034, 1559607013035, 1559607013036, 1559607013037, 1559607013038, 1559607013039, 1559607013040, 1559607013041, 1559607013042, 1559607013043, 1559607013044, 1559607013045, 1559607013046, 1559607013047, 1559607013048, 1559607013049, 1559607013050, 1559607013051, 1559607013052, 1559607013095, 1559607013096, 1559607013097, 1559607013098, 1559607013099, 1559607013100, 1559607013102, 1559607013103, 1559607013111, 1559613011000, 1559613011001, 1559613011002, 1559613011003, 1559614002042, 1559614002043, 1559614002044, 1559614002045, 1559614002046, 1559614002047, 1559614002048, 1559614002051, 1559614002052,

1559614002053, 1559614002059, 1559614002068; VTD: 31: 1559601011031, 1559601011032, 1559601011033, 1559601011034, 1559601011035, 1559601011036, 1559601011037, 1559601011038, 1559601011039, 1559601011040, 1559601011041, 1559601011045, 1559601011046, 1559601011047, 1559601011048, 1559601011049, 1559601011050, 1559601011051, 1559601011052, 1559601011055, 1559601011057, 1559601011059, 1559601011060, 1559601011061, 1559601011062, 1559601011063, 1559601011064, 1559601011065, 1559601011066, 1559601011067, 1559601011070, 1559601011071, 1559601011072, 1559601012002, 1559601012003, 1559601012004, 1559601012005; VTD: 32: 1559601011056, 1559601011058, 1559601012006, 1559601012007, 1559601012008, 1559601012009, 1559601012010, 1559601012011, 1559601012012, 1559601012013, 1559601012014, 1559601012017, 1559601012018, 1559601012023, 1559601012024, 1559601024000, 1559601024001, 1559601024002, 1559601024003, 1559601024004, 1559601024005, 1559601024006, 1559601024007, 1559601024008, 1559601024009, 1559601024010, 1559601024011, 1559601024012, 1559601024013, 1559601024014, 1559601024015, 1559601024016, 1559601024017, 1559601024018, 1559601024019, 1559601024020, 1559601024021, 1559601024022, 1559601024023, 1559601024024, 1559601024025, 1559601024026, 1559601024027, 1559601024028, 1559601024029, 1559601024030, 1559601024031, 1559601024032, 1559601024033, 1559601024034, 1559601024035, 1559601024036, 1559601024037, 1559601024038, 1559601024039, 1559601024040, 1559601024041, 1559601024042, 1559601024043, 1559601024044, 1559601024045, 1559601024046, 1559601024047, 1559601024048, 1559601024049, 1559601024050, 1559601024051, 1559601024052, 1559601024053, 1559601024054, 1559601024055, 1559601024056, 1559601024057, 1559601024059, 1559601024060, 1559601024061, 1559601024062, 1559601024063, 1559602022021, 1559602022023, 1559602022072, 1559602022073, 1559614002002, 1559614002003, 1559614002004, 1559614002005, 1559614002006, 1559614002007; VTD: 33, VTD: 34, VTD: 35, VTD: 36: Block(s) 1559608021068, 1559608021069, 1559608021089, 1559616011003, 1559616011004, 1559616011005, 1559616011006, 1559616011007, 1559616011008, 1559616011009, 1559616011010, 1559616011011, 1559616011012, 1559616011013, 1559616011014, 1559616011015, 1559616011016, 1559616011021, 1559616011022, 1559616011073, 1559616012009, 1559616012010, 1559616012011, 1559616012012, 1559616012013, 1559616012014, 1559616012023, 1559616021000, 1559616021001, 1559616021002, 1559616021003, 1559616021004, 1559616021005, 1559616021006,

1559616021007, 1559616021008, 1559616021009, 1559616021010, 1559616021011, 1559616021012, 1559616021013, 1559616021014, 1559616021015, 1559616021016, 1559616021017, 1559616021018, 1559616021019, 1559616021020, 1559616021021, 1559616021022, 1559616021023, 1559616021024, 1559616021025, 1559616021026, 1559616021027, 1559616021028, 1559616021029, 1559616021030, 1559616021031, 1559616021032, 1559616021033, 1559616021034, 1559616021035, 1559616021036, 1559616021037, 1559616021038, 1559616021039, 1559616021040, 1559616021041, 1559616021042, 1559616021043, 1559616021044, 1559616021045, 1559616021046, 1559616021047, 1559616021048, 1559616021049, 1559616021050, 1559616021051, 1559616021052, 1559616021053, 1559616021054, 1559616021055, 1559616021056, 1559616021057, 1559616021058, 1559616021059, 1559616021062, 1559616021063, 1559616021065, 1559616021066, 1559616021067, 1559616021068, 1559616021069; VTD: 38, VTD: 39, VTD: 40.

District 48: Hoke County: VTD: 01, VTD: 02: Block(s) 0939704012000, 0939704012006, 0939704012007, 0939704012008, 0939704012009, 0939704012010, 0939704012014, 0939704012053, 0939704021011, 0939704021012, 0939704021013, 0939704021016, 0939704021024, 0939704021025, 0939704021026, 0939704021027, 0939704021028, 0939704021029, 0939704021030, 0939704021031, 0939704021032, 0939704021033, 0939704022005, 0939704022006, 0939704022010, 0939704022011, 0939704022012, 0939704022013, 0939704022014, 0939704022015, 0939704022016, 0939704022017, 0939704022018, 0939704022019, 0939704022020, 0939704022021, 0939704022022, 0939704022023, 0939704022024, 0939704022025, 0939704022026, 0939704022027, 0939704022028, 0939704022029, 0939704022030, 0939704022031, 0939704022032, 0939704022033, 0939704022034, 0939704022035, 0939704022036, 0939704022037, 0939704022038, 0939704022039, 0939704022040, 0939704022041, 0939704022042, 0939704022043, 0939704022044, 0939704022045, 0939704022046, 0939704022047, 0939704022048, 0939704022049, 0939704022050, 0939704022051, 0939704022052, 0939704022061, 0939704022062, 0939704022063, 0939704022064, 0939704022065, 0939704022066, 0939704022067, 0939704022068, 0939704022069, 0939704022070, 0939704022076, 0939704022078, 0939704022079, 0939704022082, 0939704022083, 0939704022084, 0939704022085, 0939704022088, 0939704022089, 0939704022090, 0939704022091, 0939704022092, 0939704022118, 0939704022119, 0939704022120, 0939704022127,

0939704022128, 0939704022129, 0939704022130, 0939704022131, 0939704022132, 0939704022143; VTD: 03, VTD: 04: Block(s) 0939702011000, 0939702011001, 0939702011002, 0939702011003, 0939702011004, 0939702011005, 0939702011006, 0939702011007, 0939702011008, 0939702011009, 0939702011010, 0939702011011, 0939702011012, 0939702011013, 0939702011014, 0939702011015, 0939702011028, 0939702011029, 0939702011030, 0939702011031, 0939702011032, 0939702011033, 0939702011034, 0939702011035, 0939702011036, 0939702011037, 0939702011038, 0939702011039, 0939702011040, 0939702011041, 0939702011042, 0939702011043; VTD: 05: 0939702012064, 0939702012094, 0939702012095, 0939702012096, 0939702012097, 0939702012098, 0939702012099, 0939702012100, 0939702012101, 0939702012102, 0939702012103, 0939702012104, 0939702012105, 0939702012106, 0939702012107, 0939702012109, 0939702012110, 0939702012111, 0939702013001, 0939702013008, 0939702013009, 0939702021009, 0939702021010, 0939702021012, 0939702021017, 0939702021018, 0939702021019, 0939702021020, 0939702021021, 0939702021022, 0939702021023, 0939702021024, 0939702021025, 0939702021026, 0939702021027, 0939702021028, 0939702021029, 0939702021030, 0939702021031, 0939702021032, 0939702021033, 0939702021034, 0939702021035, 0939702021036, 0939702021037, 0939702021038, 0939702021091, 0939702021092, 0939702021093, 0939702021094, 0939702021095, 0939702021096, 0939702021097; VTD: 13: 0939704021001, 0939704021002, 0939704021004, 0939704021007, 0939704021009, 0939704021015, 0939704021017; VTD: 61, VTD: 62, VTD: 63: Block(s) 0939701011017, 0939701011032, 0939701011033, 0939701011034, 0939701011035, 0939701011036, 0939701011037, 0939701011038, 0939701011039, 0939701011040, 0939701011047, 0939701011048, 0939701011049, 0939701011050, 0939701011051, 0939701011052, 0939701011053, 0939701011054, 0939701011055, 0939701011056, 0939701011057, 0939701011058, 0939701011059, 0939701011061, 0939701011067, 0939701011068, 0939701011069, 0939701011070, 0939701011071, 0939701011072, 0939701011073, 0939701011074, 0939701011076, 0939701011077, 0939701011078, 0939701011079, 0939701021000, 0939701021001, 0939701021002, 0939701021003, 0939701021004, 0939701021005, 0939701021006, 0939701021007, 0939701021008, 0939701021009, 0939701021010, 0939701021011, 0939701021012, 0939701021013, 0939701021014, 0939701021015, 0939701021016, 0939701021017, 0939701021018, 0939701021019, 0939701021020, 0939701021021, 0939701021022, 0939701021023, 0939701021024, 0939701021025, 0939701021026,

0939701021027, 0939701021028, 0939701021029, 0939701021030, 0939701021031, 0939701021032, 0939701021033, 0939701021034, 0939701021035, 0939701021036, 0939701021037, 0939701021038, 0939701021039, 0939701021040, 0939701021041, 0939701021042, 0939701031014, 0939701031015, 0939701031016, 0939701031017, 0939701031019, 0939701031020, 0939701031028; VTD: 64, VTD: 65; Richmond County: VTD: 01: Block(s) 1539704001021, 1539704001022, 1539704001023, 1539704001024, 1539704001025, 1539704001026, 1539704001027, 1539704001028, 1539704001031, 1539704001037, 1539704001041, 1539704004008, 1539704004023, 1539704004024, 1539704004025, 1539704004026, 1539704004028, 1539704004029, 1539705002034, 1539705002035, 1539705002037, 1539705002038, 1539705002039, 1539705002040, 1539705002041, 1539705002050, 1539705003000, 1539705003001, 1539705003002, 1539705003003, 1539705003006, 1539705003007, 1539705003008, 1539705003009, 1539705003011, 1539705003012, 1539705003013, 1539705003014, 1539705003015, 1539705003016, 1539705003017, 1539705003018, 1539705003019, 1539705003020, 1539705003021, 1539705003022, 1539706001000, 1539706001001, 1539706001002, 1539706001011, 1539706001012, 1539706001013, 1539706001014, 1539706001015, 1539706001016, 1539706001017, 1539706001018, 1539706001019, 1539706001020, 1539706001021, 1539706001022, 1539706001023, 1539706001026, 1539706001027, 1539706001029, 1539706001030, 1539706001031, 1539706001032, 1539706001033, 1539706001035, 1539706001036, 1539706001037, 1539706001038, 1539706001039, 1539706001040, 1539706001041, 1539706001042, 1539706001043, 1539706001044, 1539706001045, 1539706001046, 1539706001047, 1539706001048, 1539706001049, 1539706001050, 1539706001051, 1539706002000, 1539706002001, 1539706002002, 1539706002003, 1539706002004, 1539706002005, 1539706002006, 1539706002007, 1539706002008, 1539706002009, 1539706002010, 1539706002011, 1539706002012, 1539706003000, 1539706003001, 1539706003002, 1539706003003, 1539706003004, 1539706003005, 1539706003006, 1539706003007, 1539706003008, 1539706003009, 1539706003010, 1539706003011, 1539706003012, 1539706003013, 1539706003014, 1539707001002, 1539707001003, 1539707002000, 1539707002001, 1539707002002, 1539707002004, 1539707004000, 1539707004001; VTD: 02: 1539704001017, 1539704001019, 1539704001020, 1539704001029, 1539704001030, 1539704001032, 1539704001033, 1539704001034, 1539704001035, 1539704001036, 1539704001044; VTD: 04: 1539708002004, 1539708002009, 1539708002010, 1539708002015, 1539708002016,

1539708002017, 1539708002018, 1539708002019, 1539708003000, 1539708003001, 1539708003002, 1539708003003, 1539708003004, 1539708003005, 1539708003021, 1539708003022, 1539708003023, 1539708003024, 1539708003025, 1539708003037, 1539708003042, 1539708003043, 1539708003044, 1539709001007; VTD: 05: 1539708001042, 1539708003006, 1539708003007, 1539708003012, 1539708003013, 1539708003014, 1539708003015, 1539708003016, 1539708003017, 1539708003018, 1539708003019, 1539708003020; VTD: 07: 1539708003026, 1539708003027, 1539708003028, 1539708003029, 1539708003031, 1539708003032, 1539708003040, 1539708003041, 1539708005000, 1539708005001, 1539708005002, 1539708005003, 1539708005004, 1539708005034, 1539708005035, 1539708005036, 1539708005037, 1539708005038, 1539708005039, 1539708005040, 1539708005041, 1539708005042, 1539708005043, 1539708005044; VTD: 08: 1539706001028, 1539706001034, 1539709005000, 1539709005001, 1539709005002, 1539709005003, 1539709005016, 1539709005017, 1539710001011, 1539710001012, 1539710001013, 1539710001014, 1539710002000, 1539710002001, 1539710002002, 1539710002003, 1539710002004, 1539710002005, 1539710002006, 1539710002007, 1539710002008, 1539710002009, 1539710002010, 1539710002011, 1539710002012, 1539710002013, 1539710002014, 1539710002015, 1539710002016, 1539710002017, 1539710002018, 1539710002019, 1539710002020, 1539710002021, 1539710002022, 1539710002023, 1539710002024, 1539710002025, 1539710002026, 1539710002027, 1539710002028, 1539710002029, 1539710002030, 1539710002031, 1539710002032, 1539710002033, 1539710002034, 1539710002035, 1539710002036, 1539710002037, 1539710002038, 1539710002039, 1539710002040, 1539710002041, 1539710002042, 1539710002043, 1539710002044, 1539710002045, 1539710002046, 1539710002047, 1539710002048, 1539710002049, 1539710002050, 1539710002051, 1539710002052, 1539710002053, 1539710002054, 1539710002055, 1539710002056, 1539710002057, 1539710002058, 1539710002059, 1539710002060, 1539710002061, 1539710002062, 1539710002063, 1539710002064, 1539710002065, 1539710002066, 1539710002067, 1539710002068, 1539710002069, 1539710002070, 1539710002071, 1539710002072, 1539710002073, 1539710002074, 1539710002075, 1539710002076, 1539710002077, 1539710002078, 1539710002079, 1539710002080, 1539710002081, 1539710002082, 1539710002083, 1539710002084, 1539710002085, 1539710002086, 1539710002087, 1539710002088, 1539710002089, 1539710002090, 1539710002091, 1539710002092, 1539710002093, 1539710003000, 1539710003001, 1539710003002,

1539710003003, 1539710003004, 1539710003005, 1539710003006, 1539710003007, 1539710003008, 1539710003009, 1539710003010, 1539710003011, 1539710003012, 1539710003013, 1539710003014, 1539710003015, 1539710003016, 1539710003017, 1539710003018, 1539710003019, 1539710003020, 1539710003021, 1539710003022, 1539710003023, 1539710003024, 1539710003025, 1539710003026, 1539710003027, 1539710003028, 1539710003029, 1539710003030, 1539710003031, 1539710003032, 1539711001000, 1539711001001, 1539711001002, 1539711001003, 1539711001004, 1539711001005, 1539711001006, 1539711001007, 1539711001008, 1539711001009, 1539711001010, 1539711001011, 1539711001012, 1539711001016, 1539711001021, 1539711001022, 1539711001023, 1539711001024, 1539711001025, 1539711001026, 1539711001027, 1539711001028, 1539711001030, 1539711001031, 1539711001032, 1539711001041, 1539711001042, 1539711001043, 1539711001044, 1539711001045, 1539711001046, 1539711001047, 1539711001048, 1539711001049, 1539711001050, 1539711001055, 1539711001056, 1539711001057, 1539711001058, 1539711001059, 1539711001060, 1539711001061, 1539711001062, 1539711001063, 1539711001064, 1539711001065, 1539711001066, 1539711001067, 1539711001068, 1539711001069, 1539711001070, 1539711001071, 1539711001072, 1539711001073, 1539711001074, 1539711001075, 1539711001076, 1539711001077, 1539711001078, 1539711001079, 1539711001080, 1539711001081, 1539711001082, 1539711001083, 1539711001084, 1539711001085, 1539711001086, 1539711001087, 1539711001088, 1539711001089, 1539711001090, 1539711001091, 1539711001092, 1539711001093, 1539711001094, 1539711001095, 1539711001096, 1539711001097, 1539711001098, 1539711001099, 1539711001100, 1539711001101, 1539711001102, 1539711001103, 1539711001104, 1539711001105, 1539711001106, 1539711001107, 1539711001108, 1539711001109; VTD: 09: 1539708003033, 1539708003034, 1539708003035, 1539708003036, 1539708003038, 1539708003039, 1539709001008, 1539709001009, 1539709001010, 1539709001026, 1539709001027, 1539709001028, 1539709001034, 1539709001035, 1539709001036, 1539709001037, 1539709001038, 1539709001039, 1539709001040, 1539709001041, 1539709001042, 1539709001043, 1539709001044, 1539709001045, 1539709002000, 1539709002019, 1539709002020, 1539709002021, 1539711002000, 1539711002001, 1539711002002, 1539711002003, 1539711002004, 1539711002005, 1539711002006, 1539711002007, 1539711002008, 1539711002009, 1539711002010, 1539711002011, 1539711002012, 1539711002013, 1539711002014, 1539711002015,

1539711002016, 1539711002017, 1539711002018, 1539711002019, 1539711002020, 1539711002021, 1539711002022, 1539711002023, 1539711002024, 1539711002025, 1539711002026, 1539711002027, 1539711002028, 1539711002030, 1539711002031, 1539711002032, 1539711002033, 1539711002034, 1539711002035, 1539711002036, 1539711002039, 1539711002040, 1539711002041, 1539711002042, 1539711002043, 1539711002044, 1539711002045, 1539711002046, 1539711002047, 1539711003000, 1539711003001, 1539711003002, 1539711003003, 1539711003004, 1539711003005, 1539711003006, 1539711003007, 1539711003008, 1539711003009, 1539711003010, 1539711003011, 1539711003012, 1539711003013, 1539711003014, 1539711003015, 1539711003016, 1539711003017, 1539711003018, 1539711003019, 1539711003020, 1539711003021, 1539711003022, 1539711003023, 1539711003024, 1539711003025, 1539711003026, 1539711003027, 1539711003028, 1539711003029, 1539711003030, 1539711003031, 1539711003034, 1539711003035, 1539711003036, 1539711003037, 1539711003038, 1539711003039, 1539711003040, 1539711003041, 1539711003042, 1539711003043, 1539711003044, 1539711003045, 1539711003046, 1539711003047, 1539711003048, 1539711003049, 1539711003050, 1539711003051, 1539711003052, 1539711003053, 1539711003054, 1539711003055, 1539711003056, 1539711003057, 1539711003058, 1539711003059, 1539711003060, 1539711003061, 1539711003062, 1539711003063, 1539711003064, 1539711003065, 1539711003066, 1539711003067, 1539711003068, 1539711003069, 1539711003070, 1539711003071, 1539711003072, 1539711003073, 1539711003074, 1539711003075, 1539711003076, 1539711003077, 1539711003078, 1539711003079, 1539711003080, 1539711003081, 1539711003082, 1539711003083, 1539711003084; VTD: 10: 1539701001027, 1539701001030, 1539701001031, 1539701001032, 1539701001033, 1539701001038, 1539701001039, 1539701001040, 1539701001041, 1539701001043, 1539701001046, 1539701001047, 1539701001048, 1539701001049, 1539701001050, 1539701001053, 1539701001054, 1539701001055, 1539701002000, 1539701002001, 1539701002002, 1539701002020, 1539701002021, 1539701002022, 1539701003005, 1539701003006, 1539701003007, 1539701003008, 1539701003009, 1539701003010, 1539701003011, 1539701003012, 1539701003013, 1539701003014, 1539701003015, 1539701003016, 1539701003017, 1539701003018, 1539701003019, 1539701003020, 1539701003021, 1539701003022, 1539701003023, 1539701003024, 1539701003025, 1539701003026; VTD: 11: 1539701002003, 1539701002004, 1539701002005, 1539701002006, 1539701002007, 1539701002008,

1539701002009, 1539701002010, 1539701002011, 1539701002012, 1539701002013, 1539701002014, 1539701002015, 1539701002016, 1539701002017, 1539701002019, 1539701002028, 1539701002030; VTD: 12: 1539702002143, 1539702002144, 1539702002145, 1539702002146, 1539702002147, 1539702002148, 1539702002149, 1539702002150, 1539702002151, 1539702002164, 1539702002165, 1539702002169, 1539702002170, 1539702002171, 1539702002172, 1539702002173, 1539702003037, 1539702003038, 1539702003042, 1539702003045, 1539702003046, 1539702003047, 1539702003048, 1539702003052, 1539702003054, 1539702003055, 1539702003056, 1539702003057, 1539702003058, 1539702003059, 1539702003060, 1539702003061, 1539702003062, 1539702003063, 1539702003064, 1539702003065, 1539702003066, 1539702003067, 1539702003068, 1539702003069, 1539702003070, 1539702003071, 1539702003072, 1539702003073, 1539702003074, 1539702003075, 1539702003076, 1539702003077, 1539702003086, 1539702003092, 1539702003093, 1539702003094, 1539702003095, 1539702003096, 1539702003097; Robeson County: VTD: 01: Block(s) 1559620021044, 1559620021045, 1559620021046, 1559620021048, 1559620021049, 1559620021051, 1559620021052, 1559620021053, 1559620021054, 1559620021055, 1559620021056, 1559620021059, 1559620021060, 1559620021061, 1559620021068, 1559620021069, 1559620021076, 1559620021077, 1559620021078, 1559620021079, 1559620022123; VTD: 02: 1559608011017, 1559608011018, 1559608011019, 1559608011020, 1559608011021, 1559608011022, 1559608011033, 1559608011034, 1559608011035, 1559608011036, 1559608011037, 1559608011038, 1559608011039, 1559608011040, 1559608011041, 1559608011042, 1559608011043, 1559608011044, 1559608011045, 1559608011046, 1559608011047, 1559608011048, 1559608012031, 1559608012046, 1559608012047, 1559608012048, 1559608012049, 1559608012086, 1559608012094, 1559608012095, 1559608012096, 1559608012097, 1559608012098, 1559608012099, 1559608012100, 1559608012101, 1559608012102, 1559608012103, 1559608012104, 1559608012105, 1559608012106, 1559608012107, 1559608012116, 1559608012117, 1559608012118, 1559608012119, 1559608012120, 1559608012121, 1559608012130, 1559618023000, 1559618023014, 1559618023015, 1559618023016, 1559618023023, 1559618023024, 1559618023025, 1559618023026, 1559618023027, 1559618023028, 1559618023029, 1559618023030, 1559618023037, 1559618023039, 1559618024000, 1559618024001, 1559618024002, 1559618024003, 1559618024004, 1559618024005, 1559618024006, 1559618024007, 1559618024008, 1559618024009, 1559618024010, 1559618024011,

1559618024012, 1559618024013, 1559618024014, 1559618024015, 1559618024016, 1559618024017, 1559618024018, 1559618024019, 1559618024020, 1559618024021, 1559618024022, 1559618024023, 1559618024026, 1559618024027, 1559618024028, 1559618024029, 1559618024030, 1559618024031; VTD: 05: 1559617001000, 1559617001001, 1559617001002, 1559617001003, 1559617001004, 1559617001005, 1559617001006, 1559617001007, 1559617001008, 1559617001009, 1559617001010, 1559617001011, 1559617001012, 1559617001013, 1559617001014, 1559617001015, 1559617001016, 1559617001020, 1559617001021, 1559617001022, 1559617001023, 1559617001024, 1559617001025, 1559617001026, 1559617001027, 1559617001028, 1559617001029, 1559617001030, 1559617001031, 1559617001032, 1559617001033, 1559617001034, 1559617001035, 1559617001036, 1559617001037, 1559617001038, 1559617001039, 1559617001040, 1559617001041, 1559617001042, 1559617001043, 1559617001044, 1559617001045, 1559617001046, 1559617001047, 1559617001048, 1559617001049, 1559617001050, 1559617001051, 1559617001052, 1559617001053, 1559617001054, 1559617001055, 1559617001056, 1559617001057, 1559617001058, 1559617001059, 1559617001060, 1559617001061, 1559617001062, 1559617003000, 1559617003001, 1559617003002, 1559617003003, 1559617003004, 1559617003005, 1559617003006, 1559617003007, 1559617003008, 1559617003010, 1559617003012, 1559617003013, 1559617003014, 1559617003015, 1559617003016, 1559617003017, 1559617003018, 1559617003019, 1559617003020, 1559617003021, 1559617003022, 1559617003023, 1559617003028, 1559617003029, 1559617003030, 1559617003031, 1559617003032, 1559617003033, 1559617003034, 1559617003035, 1559617003036, 1559617003037, 1559617003044, 1559617003046, 1559617003049, 1559617003050, 1559617003053, 1559617003054, 1559617003055, 1559617003057, 1559617003058, 1559617003059, 1559617003060, 1559617003061, 1559617004000, 1559617004001, 1559617004002, 1559617004003, 1559617004004, 1559617004005, 1559617004006, 1559617004007, 1559617004008, 1559617004009, 1559617004010, 1559617004011, 1559617004012, 1559617004013, 1559617004014, 1559617004015, 1559617004016, 1559617004017, 1559617004018, 1559617004020, 1559617004027, 1559617004039, 1559617004040, 1559617004051, 1559617004052, 1559617004053, 1559617004056; VTD: 06: 1559617002006, 1559617002007, 1559617002009, 1559617002011, 1559617002012, 1559617002013, 1559617002014, 1559617002015, 1559617002016, 1559617002018, 1559617002019, 1559617002020, 1559617002021, 1559617002022, 1559617002023,

1559617002024, 1559617002025, 1559617002026, 1559617002027, 1559617002028, 1559617002029, 1559617002030, 1559617002031, 1559617002032, 1559617002033, 1559617002034, 1559617002035, 1559617002036, 1559617002037, 1559617002038, 1559617002039, 1559617002040, 1559617002041, 1559617002042, 1559617002043, 1559617002044, 1559617002045, 1559617002046, 1559617002047, 1559617002048, 1559617002049, 1559617002050, 1559617002051, 1559617002052, 1559617002053, 1559617002054, 1559617002055, 1559617002056, 1559617002057, 1559617002058, 1559617002061, 1559617002069, 1559617002070, 1559617002071, 1559617002072, 1559617002073, 1559617002074, 1559617002075, 1559617002076, 1559617002077, 1559617002078, 1559617002079, 1559617002081, 1559617002082, 1559617002083, 1559617003038, 1559617003039, 1559617003040, 1559617003041; VTD: 07: 1559619002000, 1559619002001, 1559619002002, 1559619002003, 1559619002004, 1559619002005, 1559619002006, 1559619002007, 1559619002008, 1559619002009, 1559619002010, 1559619002011, 1559619002012, 1559619002013, 1559619002023, 1559619002029, 1559619002030, 1559619002031, 1559619002032, 1559619002033, 1559619002034, 1559619002035, 1559619002036, 1559619002037, 1559619002038, 1559619002041, 1559619002042, 1559619002043; VTD: 15: 1559608021000, 1559608021001, 1559608021002, 1559608021003, 1559608021004, 1559608021005, 1559608021006, 1559608021007, 1559608021008, 1559608021009, 1559608021010, 1559608021011, 1559608021012, 1559608021013, 1559608021014, 1559608021015, 1559608021017, 1559608021018, 1559608021026, 1559608021027, 1559608021028, 1559608021029, 1559608021030, 1559608021031, 1559608021032, 1559608021046, 1559608021047, 1559608021048, 1559608021049, 1559608021050, 1559608021051, 1559608021062, 1559610002035, 1559610002039, 1559610002044, 1559610002046, 1559610002047, 1559610003002, 1559610003003, 1559610003005, 1559610003006, 1559610003007, 1559610003008, 1559610003009, 1559610003010, 1559610003011, 1559610003012, 1559610003013, 1559610003014, 1559610003015, 1559610003016, 1559610003017, 1559610003018, 1559610003019, 1559610003020, 1559610003021, 1559610003022, 1559610003023, 1559610003024, 1559610003025, 1559610003026, 1559610003027, 1559610003028, 1559610003032, 1559610003033, 1559610003034, 1559610003035, 1559610003036, 1559610003037, 1559610003038, 1559610003039, 1559610003040, 1559610003041, 1559610003042, 1559610003043, 1559610003044, 1559610003045, 1559610003046, 1559610003047, 1559610003048, 1559610003049, 1559610003050,

1559610003051, 1559610003052, 1559610003053, 1559610003054, 1559610003055, 1559610003056, 1559610003057, 1559610003058, 1559610003059, 1559610003060, 1559610003061, 1559610003062, 1559610003063, 1559610003064, 1559610003065, 1559610003066, 1559610003067, 1559610003068, 1559610003069, 1559610003070, 1559610003071, 1559610003072, 1559610003073, 1559610003074, 1559610003075, 1559610003076, 1559610003077, 1559610003078, 1559610003079, 1559610003080, 1559610003081, 1559610003082, 1559610003083, 1559610003084, 1559610003085, 1559610003089, 1559610003090, 1559610003091, 1559610003092, 1559610003093, 1559610003094, 1559610003095, 1559610003096, 1559610003097, 1559610003098, 1559610003099, 1559610003100, 1559610003101, 1559610003102, 1559610003103, 1559610003104, 1559610003106, 1559610003107, 1559610003108, 1559612002003, 1559612002004, 1559612002005, 1559612002012; VTD: 16, VTD: 17, VTD: 19: Block(s) 1559620011000, 1559620011001, 1559620011002, 1559620011003, 1559620011004, 1559620011005, 1559620011006, 1559620011007, 1559620011008, 1559620011009, 1559620011010, 1559620011011, 1559620011012, 1559620011013, 1559620011014, 1559620011015, 1559620011016, 1559620011017, 1559620011018, 1559620011019, 1559620011020, 1559620011021, 1559620011022, 1559620011023, 1559620011024, 1559620011025, 1559620011026, 1559620011027, 1559620011028, 1559620011029, 1559620011030, 1559620011031, 1559620011032, 1559620011033, 1559620011034, 1559620011035, 1559620011036, 1559620011037, 1559620011038, 1559620011039, 1559620011040, 1559620011041, 1559620011042, 1559620011043, 1559620011044, 1559620011045, 1559620011046, 1559620011047, 1559620011048, 1559620011049, 1559620011050, 1559620011051, 1559620011052, 1559620011053, 1559620011054, 1559620011055, 1559620011056, 1559620011057, 1559620011058, 1559620011059, 1559620011060, 1559620011061, 1559620011062, 1559620011063, 1559620011064, 1559620011065, 1559620011066, 1559620011067, 1559620011068, 1559620011069, 1559620011070, 1559620011071, 1559620011072, 1559620011073, 1559620011074, 1559620011075, 1559620011076, 1559620011077, 1559620011078, 1559620011079, 1559620011080, 1559620011081, 1559620011082, 1559620011083, 1559620011084, 1559620011085, 1559620011086, 1559620011087, 1559620011088, 1559620011089, 1559620011090, 1559620011091, 1559620011092, 1559620011093, 1559620011094, 1559620011095, 1559620011096, 1559620011097, 1559620011098, 1559620012005, 1559620012006, 1559620012007, 1559620012008, 1559620012009,

1559620012010, 1559620012011, 1559620012012, 1559620012019,
1559620012020, 1559620012021, 1559620012022, 1559620012023,
1559620012024, 1559620012025, 1559620012026, 1559620012027,
1559620012028, 1559620012029, 1559620012030, 1559620012031,
1559620012032, 1559620012033, 1559620012034, 1559620012035,
1559620012036, 1559620012037, 1559620012038, 1559620012039,
1559620012040, 1559620012041, 1559620012042, 1559620012043,
1559620012044, 1559620012045, 1559620012046, 1559620012047,
1559620012048, 1559620012049, 1559620012051, 1559620012052,
1559620012053, 1559620012054, 1559620012055, 1559620012056,
1559620012057, 1559620012058, 1559620012059, 1559620012060,
1559620012061, 1559620012062, 1559620012063, 1559620012064,
1559620012065, 1559620012066, 1559620012067, 1559620012068,
1559620012069, 1559620012070, 1559620012071, 1559620012072,
1559620012073, 1559620012074, 1559620012075, 1559620012076,
1559620012077, 1559620012078, 1559620012097, 1559620012098,
1559620012099, 1559620012100, 1559620012106, 1559620012107,
1559620013000, 1559620013001, 1559620013002, 1559620013003,
1559620013004, 1559620013005, 1559620013006, 1559620013007,
1559620013008, 1559620021000, 1559620021001, 1559620021008,
1559620021009, 1559620021012, 1559620021013, 1559620021014,
1559620021015, 1559620021021, 1559620021022, 1559620021023,
1559620021024, 1559620021025, 1559620021026, 1559620021027,
1559620021028, 1559620021029, 1559620021030, 1559620021031,
1559620021032, 1559620021033, 1559620021034, 1559620021035,
1559620021036, 1559620021037, 1559620021038, 1559620021039,
1559620021040, 1559620021041, 1559620021042, 1559620021043,
1559620021050, 1559620021062, 1559620021063, 1559620021064,
1559620021065, 1559620021066, 1559620021067, 1559620021070,
1559620021071, 1559620021072, 1559620021073, 1559620022004,
1559620022005, 1559620022006, 1559620022007, 1559620022008,
1559620022009, 1559620022010, 1559620022011, 1559620022018; VTD: 26:
1559603001060, 1559603001061, 1559603001062, 1559603001063,
1559603001067, 1559603001068, 1559603001069, 1559603001070,
1559603001071, 1559603001072, 1559603001073, 1559603001074,
1559603001078, 1559603001079, 1559603001083, 1559603002061,
1559603002078, 1559603002080, 1559603003000, 1559603003001,
1559603003002, 1559603003003, 1559603003004, 1559603003005,
1559603003006, 1559603003007, 1559603003008, 1559603003010,
1559603003011, 1559603003012, 1559603003013, 1559603003014,
1559603003015, 1559603003016, 1559603003025, 1559603003026,

1559603003027, 1559603003028, 1559603003029, 1559603003030, 1559603003032, 1559603003034, 1559603004000, 1559603004001, 1559603004002, 1559603004003, 1559603004004, 1559603004005, 1559603004007, 1559603004008, 1559603004009, 1559603004010, 1559603004011, 1559603004012, 1559603004013, 1559603004014, 1559603004015, 1559603004016, 1559603004017, 1559603004018, 1559603004019, 1559603004020, 1559603004021, 1559603004022, 1559603004023, 1559603004024, 1559603004025, 1559603004026, 1559603004027, 1559603004028, 1559603004029, 1559603004030, 1559603004031, 1559603004032, 1559603004033, 1559603004034, 1559603004035, 1559604022014, 1559604022015, 1559604022016, 1559604022083; VTD: 27: 1559603001026, 1559603001027, 1559603001029, 1559603001030, 1559603001031, 1559603001032, 1559603001033, 1559603001034, 1559603001035, 1559603001036, 1559603001037, 1559603001038, 1559603001039, 1559603001064, 1559603001065, 1559603001066, 1559603001080, 1559603001081, 1559603001082, 1559603001084, 1559603001085, 1559603001086, 1559603002000, 1559603002001, 1559603002002, 1559603002003, 1559603002004, 1559603002005, 1559603002006, 1559603002007, 1559603002008, 1559603002009, 1559603002010, 1559603002011, 1559603002012, 1559603002019, 1559603002020, 1559603002021, 1559603002022, 1559603002023, 1559603002024, 1559603002025, 1559603002026, 1559603002027, 1559603002028, 1559603002029, 1559603002030, 1559603002031, 1559603002032, 1559603002033, 1559603002034, 1559603002035, 1559603002036, 1559603002037, 1559603002038, 1559603002039, 1559603002040, 1559603002041, 1559603002042, 1559603002043, 1559603002044, 1559603002045, 1559603002046, 1559603002047, 1559603002048, 1559603002049, 1559603002050, 1559603002051, 1559603002052, 1559603002053, 1559603002054, 1559603002055, 1559603002056, 1559603002057, 1559603002058, 1559603002059, 1559603002060, 1559603002062, 1559603002063, 1559603002064, 1559603002065, 1559603002066, 1559603002067, 1559603002068, 1559603002069, 1559603002070, 1559603002071, 1559603002072, 1559603002073, 1559603002074, 1559603002075, 1559603002076, 1559603002077, 1559603002079, 1559603002081, 1559603002082, 1559603002083, 1559603004006; VTD: 29: 1559619003006, 1559619003007, 1559619003008, 1559619003009, 1559619003010, 1559619003018, 1559619003019, 1559619003020, 1559619003021, 1559619003022, 1559619003023, 1559619003024, 1559619003025, 1559619003026, 1559619003027, 1559619003028, 1559619003029, 1559619003030, 1559619003031, 1559619003032, 1559619003033,

1559619003034, 1559619003035, 1559619003036, 1559619003037, 1559619003038, 1559619003039, 1559619003040, 1559619003041, 1559619003042, 1559619003043, 1559619003044, 1559619003045, 1559619003046, 1559619003047, 1559619003048, 1559619003049, 1559619003050, 1559619003051, 1559619003052, 1559619003053, 1559619003054, 1559619003055, 1559619003056, 1559619003057, 1559619003058, 1559619003059, 1559619003060, 1559619003061, 1559619003071, 1559619003072, 1559619003073, 1559619003074, 1559619003075, 1559619003076, 1559619003077, 1559619003078, 1559619003079, 1559619003080, 1559619003082, 1559619003083, 1559619003084, 1559619003085, 1559619003086, 1559619003087, 1559619003088, 1559619003089, 1559619003090, 1559619003091, 1559619003092, 1559619003093, 1559619003094, 1559619003095, 1559619003096, 1559619004000, 1559619004001, 1559619004002, 1559619004003, 1559619004004, 1559619004005, 1559619004006, 1559619004007, 1559619004008, 1559619004009, 1559619004010, 1559619004011, 1559619004012, 1559619004013, 1559619004014, 1559619004015, 1559619004016, 1559619004017, 1559619004018, 1559619004019, 1559619004020, 1559619004021, 1559619004022, 1559619004023, 1559619004024, 1559619004025, 1559619004026, 1559619004027, 1559619004028, 1559619004029, 1559619004030, 1559619004031, 1559619004032, 1559619004033, 1559619004034, 1559619004035, 1559619004036, 1559619004037, 1559619004038, 1559619004039, 1559619004040, 1559619004041, 1559619004042, 1559619004043, 1559619004044, 1559619004045, 1559619004046, 1559619004047, 1559619004048, 1559619004049, 1559619004050, 1559619004051, 1559619004052, 1559619004053, 1559619004054, 1559619004055, 1559619004056, 1559619004057, 1559619004058, 1559619004059, 1559619004060, 1559619004061, 1559619005015, 1559619005016, 1559619005019, 1559619005022, 1559619005023, 1559619005024, 1559619005025, 1559619005028, 1559619005029, 1559619005032, 1559619005033, 1559619005034, 1559619005035, 1559619005036, 1559619005037, 1559619005038, 1559619005043, 1559619005044, 1559619005045, 1559619005046, 1559619005047, 1559619005048, 1559619005049, 1559619005050, 1559619005051, 1559619005052, 1559619005053, 1559619005054, 1559619005055, 1559619005056, 1559619005057, 1559619005058, 1559619005059, 1559619005060, 1559619005061, 1559619005062; VTD: 36: 1559608021070, 1559608021071, 1559608021072, 1559608021073, 1559608021074, 1559608021075, 1559608021076, 1559608021077, 1559608021078, 1559608021079, 1559608021080, 1559608021081, 1559608021082,

1559608021083, 1559608021084, 1559608021085, 1559608021086, 1559608021087; Scotland County: VTD: 1: Block(s) 1650101024000, 1650101024001, 1650101024002, 1650101024003, 1650101024008, 1650101024010, 1650101024011, 1650101024012, 1650101024013, 1650101024014, 1650101024015, 1650101024016, 1650101024017, 1650101024018, 1650101024019, 1650101024020, 1650101024021, 1650101024042, 1650101024043, 1650101024044, 1650101024045, 1650101024046, 1650101024047, 1650101024048, 1650101024049, 1650101024050, 1650101024051, 1650102001000, 1650102001001, 1650102001002, 1650102001003, 1650102001004, 1650102001005, 1650102001006, 1650102001007, 1650102001008, 1650102001009, 1650102001010, 1650102001011, 1650102001012, 1650102001013, 1650102001014, 1650102001015, 1650102001016, 1650102001017, 1650102001018, 1650102001019, 1650102001020, 1650102001021, 1650102001022, 1650102001023, 1650102001024, 1650102001025, 1650102001026, 1650102001027, 1650102001028, 1650102001029, 1650102001030, 1650102001031, 1650102002000, 1650102002001, 1650102002002, 1650102002003, 1650102002004, 1650102002005, 1650102002006, 1650102002007, 1650102002008, 1650102002009, 1650102002010, 1650102002011, 1650102002012, 1650102002013, 1650102002014, 1650102002015, 1650102002016, 1650102002017, 1650102002018, 1650102002019, 1650102002020, 1650102002021, 1650102002022, 1650102002023, 1650102002024, 1650102002025, 1650102002026, 1650102002027, 1650102002028, 1650102002029, 1650102002030, 1650102002031, 1650102002032, 1650102002033, 1650102002034, 1650102002035, 1650102002036, 1650102002037, 1650102002038, 1650102002039, 1650102002040, 1650102002041, 1650102002042, 1650102002043, 1650102002044, 1650102002045, 1650102002046, 1650102002047, 1650102002048, 1650102002049, 1650102002050, 1650102003011, 1650102003012, 1650102003013, 1650102003014, 1650102003015, 1650102003020, 1650102003021, 1650102003022, 1650102003023, 1650102003024, 1650102003025, 1650102003026, 1650102003027, 1650102003028, 1650102003029, 1650102003030, 1650102003031, 1650102003032, 1650102003033, 1650102003034, 1650102003035, 1650102003036, 1650102003037, 1650102003038, 1650102003039, 1650102003040, 1650102003041, 1650102003042, 1650102003043, 1650102003044, 1650102003045, 1650102003046, 1650102003047, 1650102003048, 1650102003049, 1650102003050, 1650102003051, 1650102003052, 1650102003053, 1650102003054, 1650102003055, 1650102003056, 1650102003057, 1650102003058, 1650102003059, 1650102003060, 1650102003061,

1650102003062, 1650102003063, 1650102003064, 1650102003085,
1650102003086, 1650102003087, 1650102003088, 1650102003089,
1650102003090, 1650102003091, 1650102003092, 1650102003093,
1650102003094, 1650102003095, 1650102003096, 1650102003097,
1650102003098, 1650102003099, 1650102003100, 1650102003101,
1650102003102, 1650102003103, 1650102003104, 1650102003105,
1650102003106, 1650102003107, 1650102003108, 1650102003109,
1650102003110, 1650102003111, 1650102003112, 1650102003113,
1650102003114, 1650102003115, 1650102004014, 1650102004015,
1650102004016, 1650102004017, 1650102004018, 1650102004019,
1650102004020, 1650102004021, 1650102004022, 1650102004023,
1650102004024, 1650102004025, 1650102004027, 1650102004028,
1650102004029, 1650102004030, 1650102004031, 1650102004032,
1650102004033, 1650102004034, 1650102004035, 1650102004036,
1650102004037, 1650102004038, 1650102004039, 1650102004040,
1650102004041, 1650102004042, 1650102004043, 1650102004044,
1650103003000, 1650103003001, 1650103003002, 1650103003003,
1650103003004, 1650103003005, 1650103003006, 1650103003019,
1650103003020, 1650103003021, 1650106001080; VTD: 10: 1650105003062,
1650105004000, 1650105004001, 1650105004002, 1650105004003,
1650105004004, 1650105004005, 1650105004006, 1650105004007,
1650105004008, 1650105004009, 1650105004010, 1650105004011,
1650105004012, 1650105004013, 1650105004014, 1650105004015,
1650105004016, 1650105004017, 1650105004018, 1650105004019,
1650105004020, 1650105004021, 1650105004022, 1650105004023,
1650105004024, 1650105004025, 1650105004026, 1650105004027,
1650105004029, 1650105004031, 1650105004033, 1650105004034,
1650105004035, 1650105004036, 1650105004037, 1650105004038,
1650105004039, 1650105004040, 1650105004041, 1650105004042,
1650105004043, 1650105004044, 1650105004045, 1650105004046,
1650105004047, 1650105004048, 1650105004049, 1650105004050,
1650105004051, 1650105004052, 1650105004053, 1650105004054,
1650105004055, 1650105004056, 1650105004057, 1650105004058,
1650105004059, 1650105004060, 1650105004061, 1650105004062,
1650105004063, 1650105004064, 1650105004065, 1650105004066,
1650105004067, 1650105004068, 1650105004069, 1650105004070,
1650105004071, 1650105004072, 1650105004073, 1650105004074,
1650105004075, 1650105004076, 1650105004077, 1650105004078,
1650105004079, 1650105004080, 1650105004081, 1650105004082,
1650105005005, 1650105005006, 1650105005007, 1650105005008,
1650105005009, 1650105005010, 1650105005016, 1650105005017,

1650105005018, 1650105005019, 1650105005020, 1650105005021, 1650105005022, 1650105005029, 1650105005030, 1650105005031, 1650105005034, 1650105005035, 1650105005048, 1650105005049, 1650105005050, 1650105005052, 1650105005053; VTD: 2, VTD: 3: Block(s) 1650101021003, 1650101021014, 1650101021015, 1650101021019, 1650101021020, 1650101021021, 1650101021022, 1650101021028, 1650101021031, 1650101021032, 1650101021033, 1650101021034, 1650101021035, 1650101021044, 1650101021045, 1650101022000, 1650101022001, 1650101022002, 1650101022003, 1650101022004, 1650101022005, 1650101022006, 1650101022007, 1650101022008, 1650101022009, 1650101022010, 1650101022011, 1650101022012, 1650101022013, 1650101022014, 1650101022015, 1650101022016, 1650101022017, 1650101022018, 1650101022019, 1650101022020, 1650101022021, 1650101022023, 1650101022024, 1650101022028, 1650101022030, 1650101022038, 1650101022039, 1650101022040, 1650101022041, 1650101022042, 1650101022043, 1650101022044, 1650101022045, 1650101022046, 1650101022047, 1650101024028, 1650101024029, 1650101024030, 1650101024031, 1650101024032, 1650101024034, 1650101024035, 1650101024057, 1650101024058, 1650101024068, 1650101024069, 1650101024070, 1650101024072, 1650101024073, 1650101024074, 1650101024075, 1650101024076, 1650101024077, 1650101024078, 1650101024079, 1650101024080, 1650101024081, 1650101024082, 1650101024083; VTD: 4: 1650101011041, 1650101011044, 1650101011045, 1650101011046, 1650101012021, 1650101012022, 1650101012023, 1650101012024, 1650101012025, 1650101012026, 1650101012027, 1650101012028, 1650101012043, 1650101012048, 1650101022022, 1650101022025, 1650101022026, 1650101022027, 1650101022029, 1650101022031, 1650101022032, 1650101022033, 1650101022034, 1650101022035, 1650101022036, 1650101022037, 1650101022048, 1650101022049, 1650101022050, 1650101022051, 1650105005032, 1650105005033, 1650105005036, 1650105005037, 1650105005038, 1650105005039, 1650105005040, 1650105005041, 1650105005042, 1650105005043, 1650105005044, 1650105005045, 1650105005046, 1650105005054, 1650105005055, 1650105005056, 1650105005057, 1650105005058; VTD: 5, VTD: 6, VTD: 7, VTD: 8: Block(s) 1650102003003, 1650102003008, 1650102003009, 1650102003010, 1650102003016, 1650102003017, 1650102003019, 1650102003065, 1650102004000, 1650102004001, 1650102004002, 1650102004003, 1650102004004, 1650102004005, 1650102004006, 1650102004007, 1650102004008, 1650102004009, 1650102004010, 1650102004011, 1650102004012, 1650102004013, 1650102004026,

1650106001000, 1650106001001, 1650106001002, 1650106001003, 1650106001004, 1650106001066, 1650106001067, 1650106001068, 1650106001069, 1650106001070, 1650106001071, 1650106001072, 1650106001073, 1650106001074, 1650106001075, 1650106001076, 1650106001077, 1650106001078, 1650106001079, 1650106001081, 1650106001082, 1650106002016, 1650106002081, 1650106002082, 1650106002083, 1650106004154, 1650106004155, 1650106004156, 1650106004157, 1650106004158, 1650106004192, 1650106004193, 1650106004194, 1650106004195, 1650106004197, 1650106004211.

District 49: Wake County: VTD: 01-03, VTD: 01-04, VTD: 01-11, VTD: 01-15, VTD: 01-17, VTD: 01-29, VTD: 01-30, VTD: 01-36, VTD: 01-42, VTD: 01-47, VTD: 02-01, VTD: 02-05, VTD: 02-06, VTD: 07-01: Block(s) 1830525052020, 1830525071017; VTD: 07-02, VTD: 07-03, VTD: 07-05, VTD: 07-06, VTD: 07-07, VTD: 07-09, VTD: 07-11, VTD: 07-12, VTD: 07-13, VTD: 08-05, VTD: 08-07, VTD: 08-09: Block(s) 1830537142016, 1830537251011, 1830537251012, 1830537251013, 1830537251014, 1830537251015, 1830537251016, 1830537251017, 1830537251018, 1830537251019, 1830537251020, 1830537251021, 1830537251022, 1830537251025, 1830537251026, 1830537251027, 1830537251028, 1830537261000, 1830537261001, 1830537261002, 1830537261003, 1830537261004, 1830537261005, 1830537261006, 1830537261007, 1830537261008, 1830537261015, 1830537261016, 1830537262000, 1830537262001, 1830537262002, 1830537262003, 1830537262004, 1830537262011, 1830537262012, 1830537262013, 1830537262014; VTD: 11-02, VTD: 13-02, VTD: 13-06: Block(s) 1830540162004, 1830540162005, 1830540162007, 1830540162008, 1830540162009, 1830540162010, 1830540162011, 1830540162012, 1830540162013, 1830540162014, 1830540162015, 1830540162016, 1830540162017, 1830540162018, 1830540162019, 1830540162027, 1830540163000, 1830540163003, 1830540163004, 1830540163018, 1830540171006, 1830540171007, 1830540171008, 1830540171009, 1830540171010, 1830540171011, 1830540171012, 1830540171013, 1830540171014; VTD: 13-11.

District 50: Durham County: VTD: 25, VTD: 26, VTD: 28, VTD: 29: Block(s) 0630017093000, 0630017093001, 0630018011002, 0630018011010, 0630018011029, 0630018014015, 0630018015000, 0630018015001, 0630018015002, 0630018015003, 0630018015004, 0630018015005, 0630018015006, 0630018015007, 0630018015008, 0630018015009, 0630018015010, 0630018015011, 0630018015012, 0630018015013, 0630018015014, 0630018015015, 0630018015016, 0630018015017,

0630018015018, 0630018015019, 0630018015020, 0630018015021, 0630018015022, 0630018015023, 0630018015024, 0630018015025, 0630018015026, 0630018015027, 0630018015028, 0630018015029, 0630018015030, 0630018015031, 0630018015034, 0630018015035, 0630018015036, 0630018015037, 0630018015038, 0630018015039, 0630018015040, 0630018015041, 0630018015042, 0630018015043, 0630018015048, 0630018015049, 0630018015050, 0630018015051, 0630018015052, 0630018015053, 0630018015054, 0630018015055, 0630018015056, 0630018015057, 0630018015059, 0630018015063, 0630018015066, 0630018015068, 0630018061000, 0630018061001, 0630018061002, 0630018061003, 0630018061004, 0630018061005, 0630018061006, 0630018061007, 0630018061008, 0630018061009, 0630018061010, 0630018061011, 0630018061012, 0630018061013, 0630018061014, 0630018061015, 0630018061016, 0630018061017, 0630018061018, 0630018061019, 0630018061020, 0630018061021, 0630018061023, 0630018061024, 0630018061025, 0630018061026, 0630018062000, 0630018062018; VTD: 30-2: 0630018061033, 0630018061034, 0630018061035, 0630018061036, 0630018061037, 0630018061042, 0630018061043, 0630018061044, 0630018061045, 0630018061047, 0630018061048, 0630018061049, 0630018061065, 0630018061066, 0630018061067, 0630018061068; VTD: 32, VTD: 44, VTD: 45: Block(s) 0630016011038, 0630016011039, 0630016011040, 0630016011041, 0630016011042, 0630016011043, 0630016011044, 0630016011045, 0630016011046, 0630016011047, 0630016011048, 0630016011049, 0630016011050, 0630016011051, 0630016011052, 0630016012000, 0630016012001, 0630016012002, 0630016012003, 0630016012004, 0630016012005, 0630016012006, 0630016012007, 0630016012008, 0630016012009, 0630016012010, 0630016012020, 0630016012021, 0630016012025, 0630016012026, 0630016012027, 0630016012035, 0630016012036, 0630016012037, 0630016012038, 0630016013010, 0630016013011, 0630016013012, 0630016013013, 0630016013014, 0630016013015, 0630016013017, 0630016013018, 0630016013019, 0630016013020, 0630016013021, 0630016013022, 0630016013023, 0630016031000, 0630016031001, 0630016031002, 0630016031003, 0630016031004, 0630016031005, 0630016031006, 0630016031007, 0630016031008, 0630016031009, 0630016031010, 0630016031011, 0630016031012, 0630016031013, 0630016031014, 0630016031015, 0630016031016, 0630016031017, 0630016031018, 0630016031019, 0630016032019, 0630016032020, 0630016032021, 0630016032022, 0630016032031, 0630016032032, 0630016032033, 0630016032034, 0630016032035, 0630016032036, 0630016032037,

0630016032038, 0630016032039, 0630016032040, 0630016032041, 0630016032042, 0630016032043, 0630016032044, 0630016032046, 0630016041000, 0630016041001, 0630016041002, 0630016041003, 0630016041004, 0630016041005, 0630016041006, 0630016041007, 0630016041008, 0630016041009, 0630016041010, 0630016041016, 0630016041017, 0630016041018, 0630016041019, 0630016041020, 0630016041021, 0630016041022, 0630016041028, 0630016041029, 0630016041030, 0630016041031, 0630016041032, 0630016041033, 0630016041034, 0630016041035, 0630016041036, 0630016041037, 0630016041038, 0630016041039, 0630016042037, 0630016042041, 0630016042042, 0630016042043, 0630016042044, 0630016042050; Orange County: VTD: BC, VTD: CA, VTD: CF, VTD: CG, VTD: CW, VTD: CX, VTD: EF, VTD: ENO, VTD: ES, VTD: OG, VTD: PA, VTD: SM, VTD: TO, VTD: WC, VTD: WD.

District 51: Harnett County: VTD: PR07: Block(s) 0850713011000, 0850713011001, 0850713011002, 0850713011003, 0850713011004, 0850713011005, 0850713011006, 0850713011007, 0850713011008, 0850713011009, 0850713011010, 0850713011011, 0850713011012, 0850713011013, 0850713011014, 0850713011015, 0850713011016, 0850713011017, 0850713011018, 0850713011019, 0850713011020, 0850713011021, 0850713011022, 0850713011023, 0850713011024, 0850713011025, 0850713011026, 0850713011027, 0850713011028, 0850713011029, 0850713011030, 0850713011031, 0850713011032, 0850713011033, 0850713011034, 0850713011035, 0850713011036, 0850713011037, 0850713012000, 0850713012001, 0850713012002, 0850713012003, 0850713012004, 0850713012005, 0850713012006, 0850713012007, 0850713012008, 0850713012009, 0850713012010, 0850713012011, 0850713012012, 0850713012013, 0850713012014, 0850713012015, 0850713012016, 0850713012017, 0850713012018, 0850713012019, 0850713012020, 0850713012021, 0850713012022, 0850713012023, 0850713012024, 0850713012025, 0850713012029, 0850713012030, 0850713012032, 0850713013000, 0850713013001, 0850713013002, 0850713013003, 0850713013004, 0850713013005, 0850713013006, 0850713013007, 0850713013008, 0850713013009, 0850713013010, 0850713013011, 0850713013012, 0850713013013, 0850713013014, 0850713013015, 0850713013016, 0850713013017, 0850713013018, 0850713013019, 0850713013020, 0850713013021, 0850713013022, 0850713013023, 0850713013024, 0850713013025, 0850713013026, 0850713021013, 0850713021015, 0850713022000, 0850713022001, 0850713022002, 0850713022003, 0850713022004,

0850713022005, 0850713022006, 0850713022007, 0850713022013, 0850713022014, 0850713022015, 0850713022016, 0850713034000, 0850713034002, 0850714011000, 0850714011001, 0850714011002, 0850714011003, 0850714011019, 0850714011020, 0850714011021, 0850714011022, 0850714011023, 0850714011024, 0850714011025, 0850714011026, 0850714011027, 0850714011028, 0850714011029, 0850714011030, 0850714011031, 0850714011032, 0850714011033, 0850714011034, 0850714011038, 0850714011039, 0850714011040, 0850714011048, 0850714011050, 0850714012000, 0850714012001, 0850714012005; VTD: PR16, VTD: PR23, VTD: PR28; Lee County: VTD: A: Block(s) 1050301013039, 1050301013047, 1050301013048, 1050301013049, 1050301013050, 1050301013051, 1050301013060, 1050301013061, 1050301013062, 1050301013063, 1050301013064, 1050301013065, 1050301013066, 1050301013067, 1050301013068, 1050301013069, 1050301013070, 1050304011000, 1050304011001, 1050304011003, 1050304011004, 1050304011005, 1050304011006, 1050304011007, 1050304011008, 1050304011009, 1050304011010, 1050304011014, 1050304011015, 1050304011033, 1050304011034, 1050304011035, 1050304011036, 1050304011037, 1050304011038, 1050304011039, 1050304011040, 1050304011041, 1050304011042, 1050304011044, 1050304011045, 1050304011046, 1050304011051, 1050304011052, 1050304011064, 1050304011068, 1050304012000, 1050304012001, 1050304012002, 1050304012003, 1050304012004, 1050304012005, 1050304012006, 1050304012009, 1050304012010, 1050304012011, 1050304012012, 1050304012013, 1050304012014, 1050304012015, 1050304012016, 1050304012017, 1050304012018, 1050304012019, 1050304012020, 1050304012021, 1050304012022, 1050304012023, 1050304012024, 1050304012025, 1050304012035, 1050304012046, 1050304021007, 1050304021008, 1050304021009, 1050304021010, 1050304021011, 1050304021012, 1050304021013, 1050304021014, 1050304021015, 1050304021016, 1050304021017, 1050304021018, 1050304021019, 1050304021020, 1050304021021, 1050304021022, 1050304021023, 1050304021024, 1050304021025, 1050304021026, 1050304021027, 1050304021028, 1050304021029, 1050304021030, 1050304021031, 1050304021032, 1050304021033, 1050304021034, 1050304021035, 1050304021036, 1050304021037, 1050304021038, 1050304021039, 1050304021041, 1050304021042, 1050304021043, 1050304021044, 1050304021045, 1050304021046, 1050304021047, 1050304021048, 1050304021049, 1050304021050, 1050304021054, 1050304021055, 1050304022052, 1050304022053, 1050304022054, 1050304022063, 1050304022064, 1050304022065, 1050304022066,

1050304022067, 1050304022068, 1050304023000, 1050304023001, 1050304023002, 1050304023003, 1050304023004, 1050304023005, 1050304023006, 1050304023007, 1050304023008, 1050304023009, 1050304023010, 1050304023011, 1050304023012, 1050304023013, 1050304023014, 1050304023015, 1050304023016, 1050304023017, 1050304023018, 1050304023019, 1050304023020, 1050304024000, 1050304024001, 1050304024002, 1050304024003, 1050304024004, 1050304024005, 1050304024006, 1050304024007, 1050304024008, 1050304024009, 1050304024010, 1050304024011, 1050304024012, 1050304024013, 1050304024014, 1050304024015, 1050304024016, 1050304024017, 1050304024018, 1050304024019, 1050304024020, 1050304024021, 1050304024022, 1050304024023, 1050304024024, 1050304024025, 1050304024026, 1050304024027, 1050304024028, 1050304024029, 1050304024030, 1050304024031, 1050304024032, 1050304024033, 1050304024034, 1050304024035, 1050304024036, 1050304024037, 1050304024038, 1050304024039, 1050304024040, 1050304024041, 1050304024042, 1050304024043, 1050304024044, 1050304024045, 1050304024046, 1050304024047, 1050304024048, 1050304024049, 1050304024050, 1050304024051, 1050304024052, 1050304024053, 1050304024054, 1050304024055, 1050305021000, 1050305021001, 1050305021002, 1050305021003, 1050305021004, 1050305021005, 1050305021006, 1050305021022, 1050305021023, 1050305021024, 1050305022000, 1050305022001, 1050305022002, 1050305022003, 1050305022004, 1050305022005, 1050305022006, 1050305022007, 1050305022008, 1050305022009, 1050305022010, 1050305022011, 1050305022012, 1050305022013, 1050305022014, 1050305022015, 1050305022016, 1050305022017, 1050307012074, 1050307012083, 1050307012084, 1050307012085, 1050307012096, 1050307012101, 1050307012102, 1050307012103, 1050307012104, 1050307012136, 1050307012137, 1050307012138, 1050307012139, 1050307012140, 1050307012141, 1050307012155, 1050307021039, 1050307021040, 1050307021041; VTD: B: 1050307011000, 1050307011005, 1050307011006, 1050307011007, 1050307011008, 1050307011009, 1050307011010, 1050307011011, 1050307011012, 1050307011013, 1050307011014, 1050307011020, 1050307011021, 1050307011022, 1050307011023, 1050307011036, 1050307011037, 1050307011038, 1050307011039, 1050307011040, 1050307011041, 1050307011054, 1050307011055, 1050307011056, 1050307011057, 1050307011058, 1050307011059, 1050307011060, 1050307011061, 1050307011062, 1050307011063, 1050307011064, 1050307012000, 1050307012001, 1050307012002, 1050307012003, 1050307012004, 1050307012005,

1050307012006, 1050307012007, 1050307012008, 1050307012009, 1050307012010, 1050307012011, 1050307012012, 1050307012013, 1050307012014, 1050307012015, 1050307012016, 1050307012017, 1050307012018, 1050307012019, 1050307012020, 1050307012021, 1050307012022, 1050307012023, 1050307012024, 1050307012025, 1050307012026, 1050307012027, 1050307012028, 1050307012029, 1050307012030, 1050307012031, 1050307012032, 1050307012033, 1050307012034, 1050307012035, 1050307012036, 1050307012037, 1050307012038, 1050307012039, 1050307012040, 1050307012041, 1050307012042, 1050307012043, 1050307012044, 1050307012045, 1050307012046, 1050307012047, 1050307012048, 1050307012049, 1050307012050, 1050307012051, 1050307012052, 1050307012053, 1050307012054, 1050307012055, 1050307012056, 1050307012057, 1050307012058, 1050307012059, 1050307012060, 1050307012061, 1050307012062, 1050307012063, 1050307012066, 1050307012073, 1050307012086, 1050307012087, 1050307012088, 1050307012089, 1050307012090, 1050307012091, 1050307012092, 1050307012093, 1050307012094, 1050307012095, 1050307012097, 1050307012098, 1050307012099, 1050307012100, 1050307012152, 1050307021000, 1050307021001; VTD: C, VTD: D, VTD: E: Block(s) 1050304011043, 1050304011047, 1050304011048, 1050304011049, 1050304011050, 1050304011054, 1050304011055, 1050304011057, 1050304011058, 1050304011059, 1050304011060, 1050304011061, 1050304011062, 1050304011063, 1050304011065, 1050304011066, 1050304011067, 1050304011069, 1050304011070, 1050304012026, 1050304012027, 1050304012028, 1050304012029, 1050304012030, 1050304012031, 1050304012032, 1050304012033, 1050304012034, 1050304012036, 1050304012037, 1050304012038, 1050304012039, 1050304012040, 1050304012041, 1050304012042, 1050304012043, 1050304012044, 1050304012045, 1050304012047, 1050304013000, 1050304013001, 1050304013002, 1050304013003, 1050304013004, 1050304013005, 1050304013006, 1050304013007, 1050304013008, 1050304013009, 1050304013010, 1050304013011, 1050304013012, 1050304013013, 1050304013014, 1050304013015, 1050304013016, 1050304013017, 1050304013018, 1050304013019, 1050304013020, 1050304013021, 1050304013022, 1050304013023, 1050304013024, 1050304013025, 1050304022036, 1050304022037, 1050304022038, 1050304022039, 1050304022040, 1050304022041, 1050304022043, 1050304022044, 1050304022045, 1050304022046, 1050304022047, 1050304022048, 1050304022049, 1050304022050, 1050304022051, 1050304022055, 1050304022056, 1050304022057, 1050304022058, 1050304022060,

1050304022061, 1050304022062, 1050304022072, 1050305011000, 1050305011001, 1050305011002, 1050305011003, 1050305011004, 1050305011005, 1050305011006, 1050305011007, 1050305011008, 1050305011009, 1050305011010, 1050305011011, 1050305011012, 1050305011013, 1050305011014, 1050305011015, 1050305011016, 1050305011017, 1050305011018, 1050305011019, 1050305011020, 1050305011021, 1050305011022, 1050305011023, 1050305011024, 1050305011025, 1050305011026, 1050305011027, 1050305012000, 1050305012001, 1050305012002, 1050305012003, 1050305012004, 1050305012005, 1050305012006, 1050305012007, 1050305012008, 1050305012009, 1050305012010, 1050305012011, 1050305012012, 1050305012013, 1050305012014, 1050305012015, 1050305012016, 1050305012017, 1050305012018, 1050305012019, 1050305012020, 1050305012021, 1050305012022, 1050305012023, 1050305012024, 1050305012025, 1050305012026, 1050305012027, 1050305012028, 1050305012029, 1050305012030, 1050307021002, 1050307021003, 1050307021004, 1050307021005, 1050307021006, 1050307021007, 1050307021008, 1050307021009, 1050307021010, 1050307021011, 1050307021012, 1050307021013, 1050307021014, 1050307021015, 1050307021016, 1050307021017, 1050307021018, 1050307021019, 1050307021020, 1050307021021, 1050307021022, 1050307021023, 1050307021024, 1050307021025, 1050307021026, 1050307021027, 1050307021028, 1050307021029, 1050307021030, 1050307021031, 1050307021032, 1050307021033, 1050307021034, 1050307021035, 1050307021036, 1050307021037, 1050307021038, 1050307021042, 1050307021043, 1050307021044, 1050307021045, 1050307021046, 1050307021047, 1050307021048, 1050307021049, 1050307021050, 1050307021051, 1050307021052, 1050307021053, 1050307021054, 1050307021055, 1050307021056, 1050307021057, 1050307021058, 1050307021059, 1050307021060, 1050307021061, 1050307021062, 1050307021063, 1050307021064, 1050307021065, 1050307021066, 1050307022000, 1050307022001, 1050307022002, 1050307022003, 1050307022004, 1050307022005, 1050307022006, 1050307022007, 1050307022008, 1050307022009, 1050307022010, 1050307022011, 1050307022012, 1050307022013, 1050307022014, 1050307022015, 1050307022016, 1050307022017, 1050307022018, 1050307022019, 1050307022020, 1050307022021, 1050307022022, 1050307022023, 1050307022024, 1050307022025, 1050307022026, 1050307022027, 1050307022028, 1050307022029, 1050307022030, 1050307022031, 1050307022032, 1050307022033, 1050307022034, 1050307022035, 1050307022036, 1050307022037, 1050307022038, 1050307022039,

1050307022040, 1050307022041, 1050307022042, 1050307022043, 1050307022044, 1050307022045, 1050307023000, 1050307023001, 1050307023002, 1050307023003, 1050307023004, 1050307023005, 1050307023006, 1050307023007, 1050307023008, 1050307023009, 1050307023010, 1050307023011, 1050307023012, 1050307023013, 1050307023014, 1050307023015, 1050307023016, 1050307023017, 1050307023018, 1050307023019, 1050307023020, 1050307023021, 1050307023022, 1050307023023, 1050307023024, 1050307023025, 1050307023026, 1050307023027, 1050307023028, 1050307023029, 1050307023030, 1050307023031, 1050307023032, 1050307023033, 1050307023034, 1050307023035, 1050307023036, 1050307023037, 1050307023038, 1050307023039, 1050307023040, 1050307023043, 1050307023044, 1050307023045.

District 52: Moore County: VTD: BEN, VTD: CAM, VTD: EAB, VTD: EUR, VTD: EWD, VTD: KWD, VTD: LTR, VTD: NSP, VTD: PBF, VTD: PDN, VTD: PHA, VTD: PHB1, VTD: PHB2, VTD: PHC, VTD: RBN: Block(s) 1259502001038, 1259502001043, 1259502001044, 1259502001045, 1259502001046, 1259502001050, 1259502001053, 1259502001056, 1259502001057, 1259502001058, 1259502001059, 1259502001060, 1259502001061, 1259502001062, 1259502001063, 1259502001064, 1259502001065, 1259502001066, 1259502001067, 1259502001068, 1259502001069, 1259502001070, 1259502001071, 1259502001072, 1259502001073, 1259502001074, 1259502001075, 1259502001076, 1259502001077, 1259502001078, 1259502001080, 1259502001081, 1259502001082, 1259502001083, 1259502003000, 1259502003001, 1259502003003, 1259502003005, 1259502003006, 1259502003007, 1259502003010, 1259502003011, 1259502003012, 1259502003013, 1259502003014, 1259502003015, 1259502003017, 1259502003018, 1259502003028, 1259502004000, 1259502004001, 1259502004002, 1259502004003, 1259502004004, 1259502004005, 1259502004006, 1259502004007, 1259502004008, 1259502004009, 1259502004010, 1259502004011, 1259502004012, 1259502004013, 1259502004014, 1259502004015, 1259502004016, 1259502004019, 1259502004020, 1259502004023, 1259502004024, 1259502004025, 1259502004026, 1259502004027, 1259502004028, 1259502004029, 1259502004030, 1259502004031, 1259502004032, 1259502005003, 1259502005004, 1259502005005, 1259502005006, 1259502005007, 1259502005008, 1259502005009, 1259502005010, 1259502005011, 1259502005012, 1259502005013, 1259502005014, 1259502005015, 1259502005016, 1259502005017, 1259502005018, 1259502005019, 1259502005020, 1259502005021,

1259502005022, 1259502005023, 1259502005024, 1259502005025, 1259502005026, 1259502005027, 1259502005028, 1259502005029, 1259502005030, 1259502005031, 1259502005032, 1259502005033, 1259502005034, 1259502005035, 1259502005036, 1259502005037, 1259502005038, 1259502005039, 1259502005040, 1259502005041, 1259502005042, 1259502005043, 1259502005044, 1259502005048, 1259502005049, 1259502005050, 1259502005051, 1259502005052, 1259502005053, 1259502005054, 1259502005055, 1259502005056, 1259502005057, 1259502005058, 1259502005062; VTD: SLS, VTD: SSP, VTD: TLT, VTD: VSS, VTD: WAB, VTD: WEM: Block(s) 1259502002000, 1259502002001, 1259502002002, 1259502002003, 1259502002004, 1259502002005, 1259502002006, 1259502002007, 1259502002008, 1259502002009, 1259502002010, 1259502002011, 1259502002012, 1259502002013, 1259502002014, 1259502002015, 1259502002016, 1259502002017, 1259502002018, 1259502002019, 1259502002020, 1259502002021, 1259502002022, 1259502002023, 1259502002024, 1259502002025, 1259502002026, 1259502002027, 1259502002028, 1259502002029, 1259502002030, 1259502002031, 1259502003002, 1259502003004, 1259502003008, 1259502003009, 1259502003016, 1259502003019, 1259502003020, 1259502003021, 1259502003022, 1259502003023, 1259502003024, 1259502003029, 1259502003030, 1259502003031, 1259502003032, 1259502003034, 1259502003035, 1259502003036, 1259502003037, 1259502003050; VTD: WND.

District 53: Harnett County: VTD: PR01, VTD: PR07: Block(s) 0850712031002, 0850713012026, 0850713012027, 0850713012028, 0850713012031, 0850713021000, 0850713021001, 0850713021002, 0850713021003, 0850713021004, 0850713021005, 0850713021006, 0850713021007, 0850713021008, 0850713021009, 0850713021010, 0850713021011, 0850713021012, 0850713021014, 0850713022008, 0850713022009, 0850713022010, 0850713022011, 0850713022012, 0850713031000, 0850713031001, 0850713031002, 0850713031003, 0850713031004, 0850713031005, 0850713031006, 0850713031007, 0850713031008, 0850713031009, 0850713031010, 0850713031011, 0850713031012, 0850713031013, 0850713031014, 0850713031015, 0850713031016, 0850713031017, 0850713031018, 0850713031019, 0850713031020, 0850713031021, 0850713032000, 0850713032001, 0850713032002, 0850713032003, 0850713032004, 0850713032005, 0850713032006, 0850713032007, 0850713032008, 0850713032009, 0850713032010, 0850713032011, 0850713032012, 0850713032013, 0850713032014, 0850713032015, 0850713032016, 0850713032017, 0850713032018,

0850713032019, 0850713032020, 0850713032021, 0850713032022, 0850713033000, 0850713033001, 0850713033002, 0850713033003, 0850713033004, 0850713033005, 0850713033006, 0850713033007, 0850713033008, 0850713033009, 0850713033010, 0850713033011, 0850713033012, 0850713033013, 0850713033014, 0850713033015, 0850713033016, 0850713033017, 0850713033018, 0850713034001, 0850713034003, 0850713034004, 0850713034005, 0850713034006, 0850713034007, 0850713034008, 0850713034009, 0850713034010, 0850713034011, 0850713034012, 0850713034013, 0850713034014, 0850713034015, 0850713034016, 0850713034017, 0850713034018, 0850713034019, 0850713034020, 0850713034021, 0850713034022, 0850713034023, 0850713034024, 0850713034025, 0850713034026, 0850714012006, 0850714012016, 0850714012017, 0850714012018, 0850714022000, 0850714022017, 0850714022020, 0850714022034, 0850714022035, 0850714022036, 0850714022048, 0850714022049; VTD: PR08, VTD: PR17, VTD: PR20, VTD: PR24, VTD: PR25, VTD: PR26, VTD: PR27, VTD: PR29.

District 54: Chatham County, Lee County: VTD: A: Block(s) 1050301012002, 1050301012003, 1050301012004, 1050301012005, 1050301012006, 1050301012012, 1050301012014, 1050301012015, 1050301012020, 1050301012021, 1050301012022, 1050301012023, 1050301012024, 1050301012025, 1050301012026, 1050301012027, 1050301012028, 1050301012029, 1050301012030, 1050301012031, 1050301012032, 1050301012033, 1050301012034, 1050301012035, 1050301012036, 1050301012037, 1050301012039, 1050301012040, 1050301013006, 1050301013007, 1050301013008, 1050301013011, 1050301013012, 1050301013013, 1050301013014, 1050301013015, 1050301013016, 1050301013017, 1050301013018, 1050301013025, 1050301013026, 1050301013027, 1050301013028, 1050301013029, 1050301013030, 1050301013031, 1050301013032, 1050301013033, 1050301013034, 1050301013035, 1050301013036, 1050301013037, 1050301013038, 1050301013040, 1050301013041, 1050301013042, 1050301013052, 1050301013053, 1050301013054, 1050301013055, 1050301013056, 1050301013057, 1050301013058, 1050301013059, 1050301013071, 1050301013072, 1050301013073, 1050301022056, 1050302002000, 1050302002001, 1050302002002, 1050302002003, 1050302002004, 1050302002005, 1050302002006, 1050302002007, 1050302002008, 1050302002009, 1050302002010, 1050302002011, 1050302002012, 1050302002013, 1050302002014, 1050302002015, 1050302002016, 1050302002017, 1050302002018, 1050302002019, 1050302002020,

1050302002021, 1050302002022, 1050302002023, 1050302002024, 1050302002025, 1050302002026, 1050302002027, 1050302002028, 1050302002029, 1050302002030, 1050302002031, 1050302002032, 1050302002033, 1050302002034, 1050302002035, 1050302002036, 1050302002037, 1050302002038, 1050302002039, 1050302002040, 1050302002041, 1050302002042, 1050302002043, 1050302002044, 1050302002045, 1050302002046, 1050302002047, 1050302002048, 1050302002049, 1050302002050, 1050302002051, 1050302002052, 1050302002053, 1050302002054, 1050302002055, 1050302002056, 1050302002057, 1050302002058, 1050302003000, 1050302003001, 1050302003002, 1050302003003, 1050302003004, 1050302003005, 1050302003006, 1050302003007, 1050302003008, 1050302003009, 1050302003010, 1050302003011, 1050302003012, 1050302003013, 1050302003014, 1050302003015, 1050302003016, 1050302003017, 1050302003018, 1050302003019, 1050302003020, 1050302003021, 1050302003022, 1050302003023, 1050302003024, 1050302003025, 1050302003026, 1050303001007, 1050303001008, 1050303001009, 1050303001012, 1050303001013, 1050303001014, 1050303001015, 1050303001016, 1050303001017, 1050303001018, 1050303001019, 1050303001020, 1050303001021, 1050303001022, 1050303001023, 1050303001024, 1050303001025, 1050303001026, 1050303001027, 1050303001028, 1050303001029, 1050303001030, 1050303001031, 1050303001032, 1050303001033, 1050303001034, 1050303001035, 1050303001036, 1050303001038, 1050303001039, 1050303001040, 1050303001041, 1050303001042, 1050303001043, 1050303001044, 1050303001045, 1050303001046, 1050303001047, 1050303001048, 1050303001049, 1050303001050, 1050303001051, 1050303001052, 1050303001053, 1050303002000, 1050303002001, 1050303002002, 1050303002003, 1050303002004, 1050303002005, 1050303002006, 1050303002007, 1050303002016, 1050303002017, 1050303002018, 1050303002019, 1050303002020, 1050303002021, 1050303002022, 1050303002023, 1050303002024, 1050303002025, 1050303002026, 1050303002027, 1050303002028, 1050303002029, 1050303002030, 1050303002031, 1050303002032, 1050303002033, 1050303002034, 1050303002035, 1050303002036, 1050303002037, 1050303002038, 1050303002039, 1050303002040, 1050303002041, 1050303002042, 1050303002043, 1050303002044, 1050303002045, 1050303002046, 1050303002047, 1050303002048, 1050303002049, 1050303002050, 1050303002051, 1050303002052, 1050303002053, 1050303002054, 1050303002055, 1050303002056, 1050303002057, 1050303002058, 1050303002059, 1050303002060, 1050303002062, 1050303002063,

1050303002064, 1050303002065, 1050303002066, 1050303002067,
1050303002068, 1050303002069, 1050303002070, 1050303002071,
1050303002072, 1050303002073, 1050304011002, 1050304011011,
1050304011012, 1050304011013, 1050304011016, 1050304011017,
1050304011018, 1050304011019, 1050304011020, 1050304011021,
1050304011022, 1050304011023, 1050304011024, 1050304011025,
1050304011026, 1050304011027, 1050304011028, 1050304011029,
1050304011030, 1050304011031, 1050304011032, 1050304011053,
1050304011056, 1050304012007, 1050304012008, 1050304021000,
1050304021001, 1050304021002, 1050304021003, 1050304021004,
1050304021005, 1050304021006, 1050304021040, 1050304022005,
1050304022006, 1050304022007, 1050304022008, 1050304022009,
1050304022010, 1050304022011, 1050304022012, 1050304022013,
1050304022014, 1050304022015, 1050304022016, 1050304022017,
1050304022018, 1050304022019, 1050304022020, 1050304022021,
1050304022022, 1050304022023, 1050304022024, 1050304022025,
1050304022026, 1050304022069, 1050304022070, 1050304022071,
1050307012142; VTD: B: 1050301011000, 1050301011001, 1050301011002,
1050301011003, 1050301011004, 1050301011005, 1050301011006,
1050301011007, 1050301011008, 1050301011009, 1050301011010,
1050301011011, 1050301011012, 1050301011013, 1050301011014,
1050301011015, 1050301011016, 1050301011017, 1050301011018,
1050301011019, 1050301011020, 1050301011021, 1050301011022,
1050301011023, 1050301011024, 1050301011025, 1050301011026,
1050301011027, 1050301011028, 1050301011029, 1050301011030,
1050301011031, 1050301011032, 1050301011033, 1050301011034,
1050301011035, 1050301012000, 1050301012001, 1050301012007,
1050301012008, 1050301012009, 1050301012010, 1050301012011,
1050301012013, 1050301012016, 1050301012017, 1050301012018,
1050301012019, 1050301012038, 1050301013000, 1050301013001,
1050301013002, 1050301013003, 1050301013004, 1050301013005,
1050301013009, 1050301013010, 1050301013019, 1050301013020,
1050301013021, 1050301013022, 1050301013023, 1050301013024,
1050302001000, 1050302001001, 1050302001002, 1050302001003,
1050302001004, 1050302001005, 1050302001006, 1050302001007,
1050302001008, 1050302001009, 1050302001010, 1050302001011,
1050302001012, 1050302001013, 1050302001014, 1050302001015,
1050302001016, 1050302001017, 1050302001018, 1050302001019,
1050302001020, 1050302001021, 1050302001022, 1050302001023,
1050302001024, 1050303001000, 1050303001001, 1050303001002,
1050303001003, 1050303001004, 1050303001005, 1050303001006,

1050303001010, 1050303001011, 1050303001037, 1050306012061,
1050306012063, 1050306012064, 1050306012065, 1050306012068,
1050307011001, 1050307011002, 1050307011003, 1050307011004,
1050307011015, 1050307011016, 1050307011017, 1050307011018,
1050307011019, 1050307011024, 1050307011025, 1050307011026,
1050307011027, 1050307011028, 1050307011033, 1050307011034,
1050307011035, 1050307011042, 1050307011043, 1050307011044,
1050307011045, 1050307011046, 1050307011047, 1050307011048,
1050307011049, 1050307012064, 1050307012065, 1050307012067,
1050307012068, 1050307012069, 1050307012070, 1050307012071,
1050307012072, 1050307012075, 1050307012076, 1050307012077,
1050307012078, 1050307012079, 1050307012080, 1050307012081,
1050307012082, 1050307012105, 1050307012106, 1050307012107,
1050307012108, 1050307012109, 1050307012110, 1050307012111,
1050307012112, 1050307012113, 1050307012114, 1050307012115,
1050307012116, 1050307012117, 1050307012118, 1050307012119,
1050307012120, 1050307012121, 1050307012122, 1050307012123,
1050307012124, 1050307012125, 1050307012126, 1050307012127,
1050307012128, 1050307012129, 1050307012130, 1050307012131,
1050307012132, 1050307012133, 1050307012134, 1050307012135,
1050307012143, 1050307012144, 1050307012145, 1050307012146,
1050307012147, 1050307012148, 1050307012149, 1050307012150,
1050307012151, 1050307012153, 1050307012154, 1050307012156; VTD: E:
1050303002008, 1050303002009, 1050303002010, 1050303002011,
1050303002012, 1050303002013, 1050303002014, 1050303002015,
1050303002061, 1050304022000, 1050304022001, 1050304022002,
1050304022003, 1050304022004, 1050304022027, 1050304022028,
1050304022029, 1050304022030, 1050304022031, 1050304022032,
1050304022033, 1050304022034, 1050304022035, 1050304022042,
1050304022059.

District 55: Anson County, Union County: VTD: 007, VTD: 009, VTD: 011, VTD: 012, VTD: 019: Block(s) 1790210051004, 1790210051023, 1790210051024, 1790210051025, 1790210051026, 1790210051029, 1790210051030, 1790210051031, 1790210051032, 1790210051033, 1790210051034, 1790210051035, 1790210051036, 1790210051037, 1790210051038, 1790210051041, 1790210051042, 1790210052021, 1790210052022, 1790210052023, 1790210052024, 1790210052028, 1790210052029, 1790210052030, 1790210052045, 1790210052047, 1790210052048, 1790210053000, 1790210053001, 1790210053002, 1790210053003, 1790210053004, 1790210053005, 1790210053006, 1790210053007,

1790210053008, 1790210053009, 1790210053016, 1790210053017, 1790210053018, 1790210053019, 1790210053020, 1790210053021, 1790210053040, 1790210053041; VTD: 021, VTD: 022, VTD: 023, VTD: 024, VTD: 025, VTD: 026, VTD: 027, VTD: 032: Block(s) 1790202031000, 1790202031001, 1790202031002, 1790202031003, 1790202031004, 1790202031005, 1790202031006, 1790202031007, 1790202031008, 1790202031009, 1790202031010, 1790202031011, 1790202031012, 1790202031013, 1790202031014, 1790202031015, 1790202032000, 1790202032006, 1790202032007, 1790202032008, 1790202032009, 1790202032010, 1790202032023, 1790202042000, 1790202042001, 1790202042022, 1790202042023, 1790202042024, 1790202042025, 1790202042026, 1790202042030, 1790202042031, 1790202042032, 1790202042033; VTD: 033, VTD: 034, VTD: 036.

District 56: Orange County: VTD: BP, VTD: CB, VTD: CC, VTD: CH, VTD: CO, VTD: CP, VTD: CS1, VTD: DA, VTD: DM, VTD: EA, VTD: EH, VTD: GB, VTD: GL, VTD: GR, VTD: H, VTD: HF, VTD: KM, VTD: LC, VTD: LI, VTD: MF, VTD: NC, VTD: NS, VTD: OW, VTD: RF, VTD: SJ, VTD: TH, VTD: WH, VTD: WW.

District 57: Guilford County: VTD: CG3B: Block(s) 0810157062016, 0810157062017, 0810157062020, 0810157062021, 0810157062022, 0810157062033, 0810157062035, 0810157062036, 0810157062037, 0810157062038; VTD: G01, VTD: G02, VTD: G03, VTD: G04, VTD: G05, VTD: G06, VTD: G07, VTD: G08, VTD: G09, VTD: G10, VTD: G11, VTD: G12: Block(s) 0810104011012, 0810104011013, 0810104011014, 0810104011015, 0810104011016, 0810104011017, 0810104011018, 0810104011019, 0810104011020, 0810104011021, 0810104011022, 0810104011023, 0810104011024, 0810104011025, 0810104011026, 0810104011027, 0810104011028, 0810104011029, 0810104011030, 0810104012016, 0810104012020, 0810104012021, 0810104012022, 0810104012023, 0810104012024, 0810105001029, 0810105001030, 0810107011004, 0810107011005, 0810108001017; VTD: G13, VTD: G14: Block(s) 0810105002019, 0810105002020, 0810105002021, 0810105002022, 0810105002023, 0810105002024, 0810105002029, 0810105002030, 0810105002031, 0810105002032, 0810105002033, 0810105002034; VTD: G15: 0810105002005, 0810105002009, 0810105002015, 0810105002016, 0810105002017, 0810105002018, 0810105002025; VTD: G17: 0810105001001, 0810105001002, 0810105001003, 0810105001004, 0810105001005, 0810105001006, 0810105001011, 0810105001012; VTD: G19, VTD: G20: Block(s) 0810102002006, 0810102002007, 0810102002008, 0810102002009, 0810102002010, 0810102002011, 0810102002021,

0810102002022, 0810102002023, 0810102002024, 0810102002025, 0810102002026, 0810102002027, 0810102002028, 0810102002029, 0810102002030, 0810104031000, 0810104031001, 0810104031002, 0810104031003, 0810104031004, 0810104031005, 0810104031006, 0810104031013, 0810104031014, 0810104031015, 0810104031016, 0810104031017, 0810104031018, 0810104031019, 0810104031020, 0810104031021, 0810104031022, 0810104031023, 0810104031024, 0810104031025, 0810104031027, 0810104032000, 0810104032001, 0810104032002, 0810104032003, 0810104032004, 0810104032005, 0810104032006, 0810104032007, 0810104032008, 0810104032009, 0810104041000, 0810104041001, 0810104041002, 0810104041003, 0810104041004, 0810104041005, 0810104041006, 0810104041007, 0810104041008, 0810104041009, 0810104041011, 0810104041012, 0810104041013, 0810104041014, 0810104041017, 0810104043001, 0810104043013; VTD: G21, VTD: G22, VTD: G23: Block(s) 0810125031000, 0810125031001, 0810125031002, 0810125031003, 0810125031013, 0810125031014, 0810125031015, 0810125031016, 0810125032005, 0810125032006, 0810125032007; VTD: G24, VTD: G26, VTD: G44: Block(s) 0810107011029, 0810107011030, 0810107011032, 0810108002034, 0810108002035, 0810108002036, 0810108002039, 0810108002040, 0810108002041, 0810108002042, 0810108002043, 0810108002044, 0810108002045, 0810108002046, 0810108002047, 0810108002065, 0810108002066, 0810108002067, 0810108002068, 0810108002069; VTD: G67: 0810110002000, 0810110002001, 0810110002002, 0810110002003, 0810110002004, 0810110002005, 0810110002006, 0810110002007, 0810110002008, 0810110002009, 0810110002010, 0810110002011, 0810110002012, 0810110002013, 0810110002014, 0810110002015, 0810110002016, 0810110002017, 0810110002018, 0810110002019, 0810110002020, 0810110002021, 0810110002022, 0810110002023, 0810110002025, 0810110002026, 0810110002027, 0810110002028, 0810110003009, 0810110003010, 0810110003011, 0810110003012, 0810110003013, 0810110003014, 0810110003015, 0810110003016, 0810110003020; VTD: G68, VTD: G71: Block(s) 0810110001038, 0810110001039, 0810110001053, 0810110001054, 0810110001058, 0810127072022; VTD: G72, VTD: JEF1: Block(s) 0810128031018, 0810128031019, 0810128031020, 0810128031021, 0810128031022, 0810128031029, 0810128031034, 0810128031035, 0810128031036, 0810128031061, 0810128031062, 0810128031063, 0810128031064, 0810128031065, 0810128031092, 0810128031093, 0810128031094, 0810128031095, 0810154021021, 0810154021022, 0810154021023, 0810154021025, 0810154021026, 0810154021027, 0810154021028,

0810154021029, 0810154021030, 0810154021031, 0810154021032, 0810154021033, 0810154021034, 0810154021036, 0810154021039; VTD: JEF2: 0810111021019, 0810111021022, 0810111021023, 0810111021024, 0810111021025, 0810128031025, 0810128031030, 0810128031031, 0810128031032, 0810128031033, 0810128031037, 0810128031038, 0810128031039, 0810128031040, 0810128031041, 0810128031049, 0810128031050, 0810128031051, 0810128031052, 0810128031053, 0810128031054, 0810128031055, 0810128031056, 0810128031057, 0810128031058, 0810128031059, 0810128031060, 0810128031070, 0810128031071, 0810128031072, 0810128031073, 0810128031074, 0810128031084, 0810128031085, 0810128031086, 0810128031087, 0810128031088, 0810128031089, 0810128031090, 0810128031096, 0810128031098, 0810128032000, 0810128032001, 0810128032002, 0810128032003, 0810128032004, 0810128032007, 0810128032008, 0810128032009, 0810128032010, 0810128032011, 0810128032012, 0810128032013, 0810128032014, 0810128032020, 0810128032021, 0810128032025, 0810128032094, 0810153003014, 0810153003016, 0810153003017, 0810153003018, 0810153003019, 0810153003021, 0810153003022, 0810153003024, 0810153003027, 0810153003037, 0810153003041, 0810153003042, 0810153003045, 0810153003046, 0810153003047, 0810153003048, 0810153003049, 0810153003050, 0810153003051, 0810153003052, 0810153003053, 0810153003054, 0810153003055, 0810153003056, 0810153003057, 0810153003058, 0810153003059, 0810153003060, 0810153003061, 0810153003062, 0810153003064, 0810153003065, 0810153003066, 0810153003067, 0810153003068, 0810153003069, 0810153003070, 0810153003071, 0810153003072, 0810153003073, 0810153003074, 0810153003075, 0810153003076, 0810153003077, 0810153003078, 0810153003079, 0810153003080, 0810153003081, 0810153003082, 0810153003083, 0810153003084, 0810153003085, 0810153003086, 0810153003087, 0810153003088, 0810153003089, 0810153003090, 0810153003091, 0810153003092; VTD: JEF4: 0810172001000, 0810172001001, 0810172001002, 0810172001003, 0810172001004, 0810172001013, 0810172001014, 0810172001015, 0810172001017, 0810172001018, 0810172001019, 0810172001020, 0810172001021, 0810172001022, 0810172001023, 0810172001024, 0810172001025, 0810172001026, 0810172001027, 0810172001028, 0810172001029, 0810172001030, 0810172001031, 0810172001032, 0810172001033, 0810172001034, 0810172001035, 0810172001036, 0810172001037, 0810172001038, 0810172001039, 0810172001040, 0810172001042, 0810172001043, 0810172001045, 0810172001046, 0810172001119, 0810172001120,

0810172001123, 0810172002002, 0810172002003, 0810172002009,
0810172002010, 0810172002029, 0810172002030; VTD: MON1:
0810154022029, 0810154022030, 0810154023000, 0810154023001,
0810154023014, 0810154023015, 0810154023016, 0810154023017,
0810154023018, 0810154023022, 0810154024000, 0810154024001,
0810154024002, 0810154024003, 0810154024004, 0810154024005,
0810154024006, 0810154024007, 0810154024008, 0810154024009,
0810154024010, 0810154024011, 0810154024012, 0810154024013,
0810154024014, 0810154024015, 0810154024016, 0810154024017,
0810154024018, 0810154024019, 0810154024020, 0810154024021,
0810154024022, 0810154024023, 0810154024024, 0810154024025,
0810154024026, 0810154024027, 0810154024028, 0810154024029,
0810154024030, 0810154024031, 0810154024032, 0810154024033,
0810154024034, 0810154024035, 0810154024036, 0810154024037,
0810154024038, 0810154024039, 0810154024040, 0810154024041,
0810154024042, 0810154024043, 0810154024044, 0810154024045,
0810154024046, 0810154024047, 0810154024048, 0810154024049,
0810154024050, 0810154024051, 0810154024052, 0810154024056,
0810154024057, 0810154024058, 0810154024059, 0810154024060,
0810154024061, 0810154024062, 0810154024063, 0810154024064,
0810154024065, 0810154024066, 0810154024067, 0810154024068; VTD:
MON2, VTD: RC1: Block(s) 0810153001050, 0810153001051, 0810153001052,
0810153001053, 0810153001054, 0810153001055, 0810153001056,
0810153001057, 0810153001058, 0810153001070, 0810153001071,
0810153001072, 0810153001073, 0810153001074, 0810153001081,
0810153001082, 0810153003004, 0810153003005, 0810153003007,
0810153003009, 0810153003010, 0810153003011, 0810153003012,
0810153003013, 0810153003015, 0810153003020, 0810153003023,
0810153003025, 0810153003063.

District 58: Guilford County: VTD: FEN1: Block(s) 0810128041019,
0810128041027, 0810128041028, 0810128041029, 0810128041030,
0810128041031, 0810128041032, 0810128041033, 0810128041034,
0810128041035, 0810128041036, 0810128041043, 0810128051041,
0810128051043, 0810128051049, 0810128051050, 0810128051051,
0810128051065, 0810128051066, 0810168001000, 0810168001001,
0810168001002, 0810168001003, 0810168001004, 0810168001005,
0810168001006, 0810168001007, 0810168001008, 0810168001009,
0810168001010, 0810168001011, 0810168001012, 0810168001013,
0810168001014, 0810168001015, 0810168001016, 0810168001017,
0810168001018, 0810168001019, 0810168001020, 0810168001021,

0810168002000, 0810168002001, 0810168002002, 0810168002003, 0810168002038, 0810168002039, 0810168002040, 0810168002041, 0810168002042, 0810168002043, 0810168002044, 0810168002045, 0810168002046, 0810168002073, 0810168002074, 0810168002075, 0810168002091, 0810171001012, 0810171001013, 0810171001014, 0810171001015, 0810171001016, 0810171001017, 0810171001018, 0810171001019, 0810171001020, 0810171001021, 0810171001022, 0810171001023, 0810171001024, 0810171001025, 0810171001026, 0810171001027, 0810171001028, 0810171001029, 0810171001030, 0810171001031, 0810171001032, 0810171001033, 0810171001034, 0810171001037, 0810171001038, 0810171001039, 0810171001040, 0810171001041, 0810171001042, 0810171001043, 0810171001044, 0810171001045, 0810171001046, 0810171001047, 0810171001048, 0810171001049, 0810171001050, 0810171001074, 0810171001078; VTD: G12: 0810107011006, 0810107011007, 0810107011008, 0810107011009, 0810107011010, 0810107011011, 0810107011012, 0810107011013, 0810107011014, 0810107011015, 0810107011016, 0810107011017, 0810107011024, 0810107011025, 0810107012000, 0810107012005, 0810107012006, 0810107012007, 0810107012008, 0810107012009, 0810107012010, 0810107012011, 0810107012023, 0810107012024, 0810107012028, 0810107012029, 0810107012030; VTD: G14: 0810105002027, 0810105002028, 0810105002035, 0810105002036, 0810105002037, 0810105002038, 0810106021000, 0810106021001, 0810106021002, 0810106021003, 0810106021009, 0810106021010, 0810106021011, 0810106021012, 0810106021013, 0810106021014, 0810106021015, 0810106021016, 0810106021017, 0810106021018, 0810106021019, 0810106021022, 0810106021023, 0810106021027, 0810106021028, 0810106023000, 0810106023001, 0810106023004, 0810106024000, 0810106024001, 0810106024002, 0810106024003, 0810106024004, 0810106024005, 0810106024006, 0810106024007, 0810106024008, 0810106024009, 0810106024010, 0810106024011, 0810106024012; VTD: G15: 0810105002010, 0810105002011, 0810105002012, 0810105002013, 0810105002014, 0810105002026, 0810106011000, 0810106011001, 0810106011002, 0810106011006, 0810106011007, 0810106011008, 0810106011009, 0810106011010, 0810106011011, 0810106011012, 0810106011014, 0810106011015, 0810106011016, 0810106011017, 0810106011018, 0810106011019, 0810106011020, 0810106011021, 0810106011022, 0810106011023, 0810106011024, 0810106011025, 0810106011026, 0810106011027, 0810106011028, 0810106011029, 0810106011030, 0810106021004, 0810106021005, 0810106021006, 0810106021007, 0810106021008,

0810106021020, 0810106021021, 0810106021024, 0810106021025, 0810106021026, 0810126011000, 0810126011001, 0810126011002; VTD: G16, VTD: G17: Block(s) 0810125084000, 0810125084001, 0810125084002, 0810125084003, 0810125084004, 0810125084005, 0810125084006, 0810125084007, 0810125084008, 0810125084009, 0810125084010, 0810125084011, 0810125084012, 0810125084013, 0810125084014, 0810125084015, 0810125084016, 0810125084017, 0810125084018, 0810125084019, 0810125084020, 0810125084021, 0810125084022, 0810125084023, 0810125084024, 0810125084025, 0810125084026, 0810125084027, 0810125084028, 0810125084029, 0810125084030, 0810125084031, 0810125084032, 0810125084033, 0810125091025, 0810125091028, 0810125091029, 0810125091030, 0810125091032, 0810125091034, 0810125091035, 0810125091036, 0810125091037, 0810125091038, 0810125091039, 0810125091040, 0810125091041, 0810125091042, 0810125091043, 0810125091044, 0810125091045, 0810125091046, 0810125091047, 0810125091048, 0810125091049, 0810125091050, 0810125091051, 0810125091052, 0810125091053, 0810125091054, 0810125091055, 0810125091056, 0810125091057, 0810125091058, 0810125091059, 0810125091060, 0810125091061, 0810125091062, 0810125091063, 0810125091064, 0810125091065, 0810125091066, 0810125091067, 0810125091068, 0810125091069, 0810125091070, 0810125091071, 0810125091072, 0810125091073, 0810125091074, 0810125091075; VTD: G18, VTD: G20: Block(s) 0810104032010, 0810104032011, 0810104032012, 0810104032013, 0810104032014, 0810104032015, 0810104041010, 0810104043000, 0810104043002, 0810104043003, 0810104043004, 0810104043012; VTD: G33, VTD: G34, VTD: G35, VTD: G36: Block(s) 0810125041001, 0810125041002, 0810125041003, 0810125041004, 0810125041007, 0810125041012, 0810125042000, 0810125042001, 0810125042002, 0810125042007, 0810125042008, 0810125042009, 0810125051002, 0810125051003, 0810125051004, 0810125051005, 0810125051006, 0810125051007, 0810125051013, 0810125051014, 0810125051021, 0810125051022, 0810125051023, 0810125051024, 0810125051025, 0810125051026, 0810125051027, 0810125051028, 0810125051029, 0810125052021; VTD: G44: 0810107012025, 0810107012026, 0810107012027, 0810107012031, 0810107012038, 0810107021000, 0810107021001, 0810107021002, 0810107021003, 0810107021004, 0810107021005, 0810107021006, 0810107021007, 0810107021008, 0810107021009, 0810107021010, 0810107021011, 0810107021012, 0810107021013, 0810107021014, 0810107022000, 0810107022001, 0810107022002, 0810107022003, 0810107022004, 0810107022005,

0810107022006, 0810107022007, 0810107022008, 0810107022009,
0810107022010, 0810107022011, 0810107022012, 0810107022013,
0810107022014, 0810107022015, 0810107022016, 0810107022017,
0810107022018, 0810107022019, 0810107022020, 0810107022021,
0810107022024, 0810108002037, 0810108002038, 0810108002048,
0810108002049, 0810108002050, 0810108002051, 0810108002052,
0810108002053, 0810108002054, 0810108002055, 0810108002056,
0810108002057, 0810108002058, 0810108002059, 0810108002060,
0810108002061, 0810108002062, 0810108002063, 0810108002064,
0810108002070, 0810108002071, 0810108002072, 0810108002073,
0810108002074, 0810108002085; VTD: G45, VTD: G46, VTD: G47, VTD: G48:
Block(s) 0810106021029, 0810106022001, 0810106022002, 0810106022003,
0810106022004, 0810106022005, 0810106022006, 0810106022007,
0810106022008, 0810106022009, 0810106022010, 0810106022011,
0810106022012, 0810106022013, 0810106022014, 0810106022015,
0810106023002, 0810106023003, 0810106023005, 0810106023006,
0810106023007, 0810106023008, 0810106023009, 0810106023010,
0810106023011, 0810106023012, 0810106023013; VTD: G50:
0810116021000, 0810116021001, 0810116021002, 0810116021003,
0810116021004, 0810116021005, 0810116021006, 0810116021007,
0810116021008, 0810116021009, 0810116021010, 0810116021011,
0810116021012, 0810116021013, 0810116021014, 0810116021015,
0810116021016, 0810116021017, 0810116021018, 0810116021019,
0810116021020, 0810116021021, 0810116021022, 0810116021023,
0810116021024, 0810116021025, 0810116021026, 0810116021027,
0810116021028, 0810116021029, 0810116022000, 0810116022001,
0810116022002, 0810116022003, 0810116022004, 0810116022005,
0810116022006, 0810116022007, 0810116022008, 0810116022009,
0810116022010, 0810116022011, 0810116022012, 0810116022013,
0810116022014, 0810116022015, 0810116022016, 0810116022017,
0810116022018, 0810116022019, 0810116022020, 0810116022021,
0810116022022, 0810116022023, 0810116022024, 0810116022025,
0810116022026, 0810116022027, 0810116022028, 0810116022029,
0810116022030, 0810116022031, 0810116022032, 0810116023000,
0810116023001, 0810116023002, 0810116023003, 0810116023004,
0810116023007, 0810126014015, 0810126014027; VTD: G51, VTD: G52,
VTD: G53, VTD: G54, VTD: G67: Block(s) 0810110002024; VTD: G69, VTD:
G70, VTD: G71: Block(s) 0810111011003, 0810111011004, 0810111011005,
0810111011006, 0810111011007, 0810111011008, 0810111011009,
0810111011010, 0810111011011, 0810111011013, 0810111011014,
0810111011015, 0810111011016, 0810111011017, 0810111011018,

0810111011019, 0810111011020, 0810111011021, 0810111011022, 0810111011023, 0810111011024, 0810111012000, 0810111012001, 0810111012002, 0810111012003, 0810111012004, 0810111012005, 0810111012006, 0810111012007, 0810111012008, 0810111012009, 0810111012010, 0810111012011, 0810111012012, 0810111012013, 0810111012014, 0810111012015, 0810111012016, 0810111012017, 0810111012018, 0810111012019, 0810111012020, 0810111012021, 0810111012022, 0810111012023, 0810111012024, 0810111012025, 0810111012026, 0810111012027, 0810111012028, 0810111012029, 0810111012030, 0810111012031, 0810111012032, 0810111012033, 0810111012034, 0810111012035, 0810111012036, 0810111012037, 0810111012038, 0810111012039, 0810111012040, 0810111012041, 0810128032015, 0810128032016, 0810128032017, 0810128032018, 0810128032019; VTD: G73, VTD: G74, VTD: G75, VTD: JEF3: Block(s) 0810128032022, 0810128032023, 0810128032024, 0810128032026, 0810128032027, 0810128032028, 0810128032029, 0810128032030, 0810128032031, 0810128032032, 0810128032033, 0810128032034, 0810128032035, 0810128032036, 0810128032037, 0810128032040, 0810128032041, 0810128032042, 0810128032043, 0810128032044, 0810128032045, 0810128032046, 0810128032047, 0810128032048, 0810128032049, 0810128032050, 0810128032051, 0810128032052, 0810128032053, 0810128032054, 0810128032055, 0810128032056, 0810128032057, 0810128032058, 0810128032059, 0810128032060, 0810128032061, 0810128032062, 0810128032063, 0810128032064, 0810128032065, 0810128032066, 0810128032067, 0810128032068, 0810128032069, 0810128032070, 0810128032071, 0810128032072, 0810128032073, 0810128032074, 0810128032075, 0810128032076, 0810128032077, 0810128032078, 0810128032079, 0810128032080, 0810128032081, 0810128032083, 0810128032084, 0810128032088, 0810128032089, 0810128032095, 0810172001061, 0810172001065, 0810172001068, 0810172001069, 0810172001070, 0810172001071, 0810172001072, 0810172001073, 0810172001074, 0810172001075, 0810172001076, 0810172001077, 0810172001078, 0810172001082, 0810172001118; VTD: JEF4: 0810172001005, 0810172001006, 0810172001007, 0810172001008, 0810172001009, 0810172001010, 0810172001011, 0810172001012, 0810172001016, 0810172001052, 0810172001053, 0810172001054, 0810172001055, 0810172001056, 0810172001057, 0810172001058, 0810172001059, 0810172001060, 0810172001062, 0810172001063, 0810172001064, 0810172001079, 0810172001080, 0810172001081, 0810172001083, 0810172001104, 0810172001105, 0810172001121, 0810172001122; VTD: SUM2:

0810167011057, 0810167011058, 0810167011060, 0810167011061,
0810167011063, 0810167011064, 0810167011065, 0810167011066,
0810167011067, 0810167011068, 0810167011069, 0810167011070,
0810167011071, 0810167011072, 0810167011073, 0810167011082,
0810167011083, 0810167011084, 0810167013000, 0810167013001,
0810167013002, 0810167013003, 0810167013004, 0810167013005,
0810167013006, 0810167013007, 0810167013008, 0810167013009,
0810167013010, 0810168002014, 0810168002022, 0810168002023,
0810168002025, 0810168002032, 0810168002033, 0810168002034,
0810168002035, 0810168002036, 0810168002047, 0810168002048,
0810168002049, 0810168002052, 0810168002054, 0810168002055,
0810168002056, 0810168002058, 0810168002059, 0810168002060,
0810168002061, 0810168002062, 0810168002064, 0810168002076,
0810168002077.

District 59: Guilford County: VTD: CG1: Block(s) 0810157041005,
0810157041010, 0810157041011, 0810157041012, 0810157041013,
0810157041014, 0810157041017, 0810157041018, 0810157041019,
0810157041020, 0810157041021, 0810157041022, 0810157041023,
0810157041024, 0810157041025, 0810157041026, 0810157041027,
0810157041028, 0810157041029, 0810157041030, 0810157041032,
0810157041036, 0810157041037, 0810157041038, 0810157041039,
0810157041040, 0810157041041, 0810157041042, 0810157041043,
0810157041044, 0810157041049, 0810157041050, 0810157041051,
0810157041052, 0810157041053, 0810157041057, 0810157042010,
0810157042011, 0810157042012, 0810157042013, 0810157042014,
0810157042015, 0810157042016, 0810157051000, 0810157052003,
0810158003053, 0810158003055, 0810158003057, 0810158003066; VTD:
CG2, VTD: CG3A, VTD: CG3B: Block(s) 0810157061009, 0810157061010,
0810157061012, 0810157061013, 0810157061016, 0810157061018,
0810157061019, 0810157061020, 0810157061021, 0810157061022,
0810157061023, 0810157061024, 0810157061025, 0810157061026,
0810157061027, 0810157061028, 0810157061029, 0810157061030,
0810157061031, 0810157061032, 0810157061033, 0810157061034,
0810157061035, 0810157061036, 0810157061037, 0810157061038,
0810157061039, 0810157061040, 0810157061041, 0810157061042,
0810157061043, 0810157061044, 0810157061045, 0810157061046,
0810157061047, 0810157061048, 0810157061049, 0810157061050,
0810157061051, 0810157061052, 0810157061053, 0810157061054,
0810157061055, 0810157061057, 0810157061058, 0810157061059,
0810157061063, 0810157061064, 0810157061065, 0810157061066,

0810157061067, 0810157061071, 0810157061072, 0810157061080, 0810157061081, 0810157061082, 0810157061084, 0810157061085, 0810157061086, 0810157061087, 0810157061092, 0810157061093, 0810157062009, 0810157062010, 0810157062011, 0810157062012, 0810157062052; VTD: FEN1: 0810168001022, 0810168001023, 0810168001024, 0810168001025, 0810168001026, 0810168001027, 0810168001029, 0810168001030, 0810168002071, 0810168002072, 0810168002088, 0810168002089, 0810171001006, 0810171001007, 0810171001008, 0810171001009, 0810171001010, 0810171001011, 0810171001035, 0810171001036, 0810171001051, 0810171001052, 0810171001053, 0810171001054, 0810171001055, 0810171001057, 0810171001058, 0810171001059, 0810171001060, 0810171001061, 0810171001062, 0810171001071, 0810171001072, 0810171001073; VTD: FEN2, VTD: G20: Block(s) 0810104031007, 0810104031008, 0810104031009, 0810104031010, 0810104031011, 0810104031012, 0810104031026; VTD: G23: 0810125031004, 0810125031005, 0810125031006, 0810125031007, 0810125031008, 0810125031009, 0810125031010, 0810125031011, 0810125031012, 0810125031017, 0810125031018, 0810125031019, 0810125031020, 0810125031021, 0810125031022, 0810125031023; VTD: G25, VTD: G27, VTD: G28, VTD: G29, VTD: G30, VTD: G31, VTD: G32, VTD: GIB, VTD: GR, VTD: JEF1: Block(s) 0810128031000, 0810128031016, 0810128031017, 0810153001002, 0810153001003, 0810153001004, 0810153001005, 0810153001006, 0810153001007, 0810153001009, 0810153001013, 0810153001014, 0810153001015, 0810153001023, 0810153001024, 0810153001030, 0810153001041, 0810153001042, 0810153001043, 0810153001059, 0810153001060, 0810153001061, 0810153001062, 0810153001063, 0810153001064, 0810153001065, 0810153001066, 0810153002000, 0810153002001, 0810153002002, 0810153002003, 0810153002004, 0810153002005, 0810153002006, 0810153002007, 0810153002008, 0810153002009, 0810153002010, 0810153002011, 0810153002012, 0810153002013, 0810153002014, 0810153002015, 0810153002016, 0810153002017, 0810153002018, 0810153002019, 0810153002020, 0810153002021, 0810153002022, 0810153002023, 0810153002024, 0810153002025, 0810153002026, 0810153002027, 0810153002028, 0810153002029, 0810153002030, 0810153002031, 0810153002032, 0810153002033, 0810153002034, 0810153002035, 0810153002036, 0810153002037, 0810153002038, 0810153002039, 0810154021000, 0810154021001, 0810154021002, 0810154021003, 0810154021004, 0810154021005, 0810154021006, 0810154021007, 0810154021008, 0810154021009, 0810154021010, 0810154021011, 0810154021012, 0810154021013, 0810154021014,

0810154021015, 0810154021017, 0810154021018, 0810154021019, 0810154021020, 0810154021024, 0810154021035, 0810154021037, 0810154021038, 0810154021040, 0810154022021, 0810154022022, 0810154022028, 0810154022031, 0810154022035, 0810154022036, 0810154022038; VTD: JEF2: 0810128031066, 0810128031067, 0810128031068, 0810128031069, 0810128031097, 0810153003026, 0810153003028, 0810153003029, 0810153003030, 0810153003031, 0810153003032, 0810153003033, 0810153003034, 0810153003035, 0810153003036, 0810153003038, 0810153003039, 0810153003040, 0810153003043, 0810153003044, 0810153003093; VTD: JEF3: 0810128032082, 0810128032090, 0810128032091, 0810128032092, 0810128032093; VTD: JEF4: 0810171001000, 0810171001001, 0810171001002, 0810171001003, 0810171001004, 0810171001076, 0810172001041, 0810172001044, 0810172001047, 0810172001048, 0810172001049, 0810172001050, 0810172001051, 0810172001066, 0810172001067, 0810172001084, 0810172001085, 0810172001086, 0810172001087, 0810172001088, 0810172001089, 0810172001090, 0810172001091, 0810172001092, 0810172001093, 0810172001094, 0810172001095, 0810172001096, 0810172001097, 0810172001098, 0810172001101, 0810172001102, 0810172001103, 0810172002008, 0810172002011, 0810172002027, 0810172002028, 0810172002031, 0810172002032, 0810172002033, 0810172002034, 0810172002035, 0810172002036, 0810172002037, 0810172002038, 0810172002039, 0810172002043; VTD: MON1: 0810154022007, 0810154022008, 0810154022009, 0810154022010, 0810154022011, 0810154022012, 0810154022013, 0810154022014, 0810154022015; VTD: MON3, VTD: NCGR1, VTD: NCGR2, VTD: NCLAY1, VTD: NCLAY2, VTD: NMAD, VTD: NWASH, VTD: PG1, VTD: RC1: Block(s) 0810152002015, 0810152002016, 0810152003000, 0810152003001, 0810152003002, 0810152003004, 0810152003005, 0810152003006, 0810152003007, 0810152003008, 0810152003009, 0810152003010, 0810152003012, 0810152003014, 0810152003016, 0810152003025, 0810152003032, 0810152003051, 0810152003053, 0810152003095, 0810152003096, 0810152004024, 0810152004025, 0810152004027, 0810152004028, 0810152004029, 0810152004030, 0810152004031, 0810152004032, 0810152004033, 0810153001012, 0810153001016, 0810153001017, 0810153001018, 0810153001019, 0810153001022, 0810153001026, 0810153001027, 0810153001028, 0810153001029, 0810153001031, 0810153001032, 0810153001033, 0810153001034, 0810153001035, 0810153001036, 0810153001037, 0810153001038, 0810153001039, 0810153001040, 0810153001044, 0810153001045, 0810153001046, 0810153001047,

0810153001048, 0810153001049, 0810153001067, 0810153001068, 0810153001069, 0810153001075, 0810153001076, 0810153001077, 0810153001078, 0810153001079, 0810153001080; VTD: RC2, VTD: SCLAY, VTD: SMAD, VTD: SWASH.

District 60: Guilford County: VTD: FR1: Block(s) 0810165031005, 0810165031010, 0810165031012, 0810165031026, 0810165031027, 0810165031030, 0810165031032, 0810165031041, 0810165031042, 0810165031043, 0810165031051, 0810165032001, 0810165032013, 0810165032014, 0810165032015, 0810165032016, 0810165032017, 0810165032018, 0810165032022, 0810165032025, 0810165032026, 0810165032030, 0810165032031, 0810165032032; VTD: G36: 0810125041008, 0810125041010, 0810125042003, 0810125042004, 0810125042005; VTD: G37: 0810125041009, 0810125042006, 0810161032001, 0810161032002, 0810161032003, 0810161032004, 0810161032006, 0810161033000, 0810161033001, 0810161033002; VTD: G43: 0810160111009, 0810160111010, 0810160111011, 0810160111012, 0810160111013, 0810160111018, 0810161021001, 0810161021003, 0810161021004, 0810161021005, 0810161021006, 0810161021007, 0810161021008, 0810161021009, 0810161021010; VTD: G48: 0810106012000, 0810106012001, 0810106012002, 0810106012003, 0810106012004, 0810106012005, 0810106012006, 0810106012007, 0810106012008, 0810106012009, 0810106012010, 0810106012011, 0810106012012, 0810106012013, 0810106012014, 0810106012015, 0810106012016, 0810106012017, 0810106012018, 0810106012019, 0810106012020, 0810106012021, 0810106012022, 0810106012023, 0810106012024, 0810106012025, 0810106012026, 0810106012027, 0810106012028, 0810106012029, 0810106012030, 0810106012031, 0810106012032, 0810106012033, 0810106012034, 0810106012035, 0810106012036, 0810106012037, 0810106012038, 0810106012039, 0810106012040, 0810106012041, 0810106012042, 0810106012043, 0810106012044, 0810106012045, 0810106012046, 0810106012047, 0810106012048, 0810106012049, 0810126011016, 0810126011017, 0810126011018, 0810126011019, 0810126011031, 0810126011032, 0810126011033, 0810126011034, 0810126014000; VTD: G49, VTD: G50: Block(s) 0810116023005, 0810116023006, 0810116023008, 0810116023009, 0810116023010, 0810116023011, 0810116023012, 0810116023013, 0810116023014, 0810116023015, 0810116023016, 0810126013000, 0810126013001, 0810126013002, 0810126013003, 0810126013004, 0810126013005, 0810126013006, 0810126013007, 0810126013008, 0810126013009, 0810126013010, 0810126013011, 0810126013012,

0810126013013, 0810126013014, 0810126013015, 0810126013016, 0810126013017, 0810126013018, 0810126014003, 0810126014004, 0810126014005, 0810126014006, 0810126014007, 0810126014008, 0810126014009, 0810126014010, 0810126014011, 0810126014012, 0810126014013, 0810126014014, 0810126014016, 0810126014017, 0810126014018, 0810126014019, 0810126014020, 0810126014021, 0810126014022, 0810126014023, 0810126014024, 0810126014025, 0810126014026, 0810126014028, 0810126014029; VTD: G55, VTD: G56, VTD: G57, VTD: G58, VTD: G59, VTD: G60, VTD: G61, VTD: G63, VTD: G64: Block(s) 0810160112000, 0810160112001, 0810160112002, 0810160112003, 0810160112004, 0810160112005, 0810160112006, 0810160112007, 0810160112008, 0810160112009, 0810160112010, 0810160112011, 0810160112012, 0810160112013, 0810160112014, 0810160112015, 0810160112018, 0810160113000, 0810160113001, 0810160113002, 0810160113003, 0810160113004, 0810160113006, 0810160113007, 0810160113008, 0810160114000, 0810160114001, 0810160114002, 0810160114003, 0810160114004, 0810160114005, 0810164051000, 0810164051001, 0810164051002, 0810164051044, 0810164051045, 0810164051046, 0810164051047, 0810164051048, 0810164051049, 0810164051050, 0810164051051, 0810165031000, 0810165031001, 0810165031002, 0810165031003, 0810165031004, 0810165031006, 0810165031008, 0810165031009; VTD: H03: 0810142002000, 0810142002001, 0810142002002, 0810142002003, 0810142002004, 0810142002005, 0810142002006, 0810142002007, 0810142002008, 0810142002009, 0810142002010, 0810142002011, 0810142002012, 0810142002013, 0810142002014, 0810142002015, 0810142003000, 0810142003001, 0810142003002, 0810142003003, 0810142003015, 0810142003016, 0810142003017, 0810142003018, 0810142003019, 0810142003020, 0810142003022, 0810142003023, 0810142003024, 0810142003025, 0810142003026, 0810142003027, 0810142003028, 0810142003029, 0810142003030, 0810142003031, 0810142003032, 0810142003033, 0810143001000, 0810143001001, 0810143001002, 0810143001003, 0810143001004, 0810143001005, 0810143001006, 0810143001007, 0810143001008, 0810143001009, 0810143001010, 0810143001011, 0810143001012, 0810143001013, 0810143001022, 0810143001023, 0810143001039, 0810143001040, 0810143001041, 0810143001047, 0810143002000, 0810143002001, 0810143002002, 0810143002003, 0810143002004, 0810143002005, 0810143002006, 0810143002007, 0810143002008, 0810143002009, 0810143002010, 0810143002011, 0810143002012, 0810143002013, 0810143002014, 0810143002015, 0810143002016, 0810143002017, 0810143002018,

0810143002019, 0810143002020, 0810143002021, 0810143002022, 0810143002023, 0810143002024, 0810143002025, 0810143002026, 0810143002027, 0810143002028, 0810143002029, 0810143002030, 0810143002031, 0810143002032, 0810143002033, 0810143002034, 0810143002035, 0810143002036, 0810143002037, 0810143002040, 0810143002041, 0810143002042, 0810143002043, 0810143002044, 0810143002045, 0810143002046, 0810143002047, 0810143002048, 0810143003000, 0810143003001, 0810143003002, 0810143003003, 0810143003004, 0810143003005, 0810143003006, 0810143003007, 0810143003008, 0810143003009, 0810143003010, 0810143003011, 0810143003012, 0810143003013, 0810143003014, 0810143003015, 0810143003016, 0810143003017, 0810143003018, 0810143003019, 0810143003020, 0810143004000, 0810143004001, 0810143004002, 0810143004003, 0810143004004, 0810143004005, 0810143004006, 0810143004007, 0810143004014, 0810143004015, 0810143004016, 0810143004017, 0810143004018, 0810143004019, 0810143004020, 0810143004021, 0810143004022, 0810143004023, 0810143004024, 0810143004025, 0810143004026, 0810143004027, 0810143004028, 0810143004029, 0810145011016, 0810145011017, 0810145011047, 0810145011048, 0810145011049, 0810145011050; VTD: H04: 0810145021000, 0810145021001, 0810145021002, 0810145021003, 0810145021005, 0810145021014, 0810145022012, 0810145022014, 0810145022015, 0810145022016, 0810145022017, 0810145022018, 0810145022020, 0810145022021, 0810145022022, 0810145022023, 0810145022024, 0810145022025, 0810145022026, 0810145022027, 0810166001077, 0810166001078, 0810166001079, 0810166001080, 0810166001081; VTD: H05, VTD: H06: Block(s) 0810164101026, 0810164101039, 0810164101045, 0810164102000, 0810164102009, 0810164102013, 0810164102014, 0810164102015, 0810164102016, 0810164102017, 0810164102018, 0810164102019, 0810164102020, 0810164102021, 0810164102022, 0810164102023, 0810164102024, 0810164102025, 0810164102026, 0810164102027, 0810164102028, 0810164102029, 0810164102030, 0810164102031, 0810164102032, 0810164102033, 0810164102034, 0810164102035, 0810164102036, 0810164102037, 0810164102038, 0810164102039, 0810164102040, 0810164102042, 0810164102043, 0810164102044, 0810164102052, 0810164102053, 0810164102054; VTD: H07, VTD: H08, VTD: H09, VTD: H10, VTD: H11, VTD: H12: Block(s) 0810136021008, 0810136021012, 0810136021013, 0810136021014, 0810136021015, 0810136021016, 0810136022000, 0810136022001, 0810136022002, 0810136022003, 0810136022006, 0810136022007, 0810136022008, 0810136022009,

0810136022010, 0810136022011, 0810136022012, 0810136022019, 0810136022020, 0810136023014, 0810136023015, 0810138005014, 0810138005015, 0810138005017, 0810138005018, 0810138005019, 0810138005020, 0810138005028, 0810138005029, 0810138005030, 0810138005031, 0810138005032, 0810138005033, 0810138005034, 0810138005035, 0810138005036, 0810138005037, 0810138005038, 0810138005039, 0810138005047, 0810138005048, 0810138005049, 0810138005050, 0810138005051, 0810138005052, 0810138005053, 0810138005054, 0810138005055, 0810138005056, 0810138005057, 0810138005058, 0810138005061, 0810138005062, 0810138005063, 0810138005064; VTD: H17: 0810136021002, 0810136021004, 0810136021005, 0810136021006, 0810136021007, 0810136021009, 0810136021010, 0810136021011, 0810136023000, 0810136023001, 0810136023002, 0810136023003, 0810136023016, 0810136023017, 0810136023018, 0810136024000, 0810136024010, 0810136024011, 0810136024012; VTD: H18: 0810144111000, 0810144111001, 0810144111002, 0810144111003, 0810144111004, 0810144111007, 0810144111008, 0810144111009, 0810144111010, 0810144111011, 0810144112000, 0810144112001, 0810144112002, 0810144112003, 0810144112004, 0810144112005, 0810144112006, 0810144112007, 0810144112008, 0810144112009, 0810144112010, 0810144112011; VTD: H19A: 0810144113000, 0810144113001, 0810144113002, 0810144113003, 0810144113004, 0810144113005, 0810144113006, 0810144113007, 0810144113008, 0810144113009, 0810144113010, 0810144113011, 0810144113013, 0810144113014, 0810144113015, 0810144113016, 0810144113017, 0810144113018, 0810144113019, 0810144113020, 0810144113021; VTD: JAM4: 0810165022036, 0810165022037, 0810165022043, 0810165022047, 0810165022048, 0810165022049, 0810165022050, 0810165022055, 0810165022056, 0810165022057, 0810165022058, 0810165022059, 0810165022060, 0810165022061, 0810165022062, 0810165022063, 0810165022064, 0810165022065, 0810165022066, 0810165022067, 0810165022068, 0810165022069, 0810165022070, 0810165022071, 0810165022072, 0810165022073, 0810165022080, 0810165022081, 0810165023066, 0810165023067, 0810165023068, 0810165023069, 0810165023070, 0810165023071, 0810165023073, 0810165023075, 0810166001000, 0810166001004, 0810167012057; VTD: SUM1: 0810165022012, 0810165022013, 0810165022014, 0810165022015, 0810165022016, 0810165022017, 0810165022018, 0810165022024, 0810165022025, 0810165022026, 0810165022027, 0810165022028, 0810165022029, 0810165022030, 0810165022031, 0810165022035, 0810165022039, 0810165022040,

0810165022041, 0810165022042, 0810165022044, 0810165022045, 0810165022046, 0810165022078, 0810165022079, 0810167011008, 0810167011009, 0810167011010, 0810167011011, 0810167011012, 0810167011013, 0810167011014, 0810167011015, 0810167011016, 0810167011017, 0810167011018, 0810167011020, 0810167011027, 0810167011028, 0810167011029, 0810167011030, 0810167011031, 0810167011032, 0810167011033, 0810167011034, 0810167011035, 0810167011036, 0810167011037, 0810167011043, 0810167011044, 0810167011092, 0810167011093, 0810167011094, 0810167012000, 0810167012001, 0810167012002, 0810167012003, 0810167012004, 0810167012005, 0810167012006, 0810167012007, 0810167012008, 0810167012009, 0810167012011.

District 61: Guilford County: VTD: H01, VTD: H02, VTD: H03: Block(s) 0810143001045, 0810143001046, 0810143001048, 0810143004008, 0810143004009, 0810143004010, 0810143004011, 0810143004012, 0810143004013, 0810143004030, 0810143004031, 0810145011015, 0810145011018, 0810145011019, 0810145011020, 0810145011021, 0810145011030, 0810145011058, 0810145011059; VTD: H04: 0810145011000, 0810145011001, 0810145011002, 0810145011003, 0810145011004, 0810145011005, 0810145011006, 0810145011007, 0810145011008, 0810145011009, 0810145011010, 0810145011011, 0810145011012, 0810145011013, 0810145011014, 0810145011040, 0810145011041, 0810145011042, 0810145011043, 0810145011044, 0810145011045, 0810145011046, 0810145011051, 0810145011052, 0810145011053, 0810145011054, 0810145011055, 0810145011056, 0810145011060, 0810145011061, 0810145011062, 0810145011063, 0810145011064, 0810145021004, 0810145021006, 0810145021007, 0810145021012, 0810145021013, 0810145021015, 0810145021016, 0810145021017, 0810145021018, 0810145021019, 0810145021020, 0810145021021, 0810145021022, 0810145021023, 0810145021024, 0810145021025, 0810145021026, 0810145021027, 0810145021028, 0810145021029, 0810145021030, 0810145021031, 0810145021032, 0810145021033, 0810145021035, 0810145021036, 0810145021038, 0810145021039, 0810145021044, 0810145021045, 0810145021046, 0810145021050, 0810145021051, 0810145021052, 0810145021054, 0810145021055, 0810145021056, 0810145021059, 0810145021062, 0810145021066, 0810145021067, 0810145021068, 0810145021069, 0810145021070, 0810145021079, 0810145022000, 0810145022001, 0810145022002, 0810145022003, 0810145022004, 0810145022005, 0810145022006, 0810145022007, 0810145022008, 0810145022009,

0810145022010, 0810145022011, 0810145022013, 0810145022019, 0810145022028, 0810145022029, 0810145022030, 0810145022031, 0810145022032, 0810145022033, 0810145022034, 0810145022035, 0810145022036, 0810145022037, 0810145022038, 0810145022039, 0810145022040, 0810166001047, 0810166001048, 0810166001082, 0810166001164, 0810166001165, 0810166001166, 0810166001167, 0810166001168, 0810166001169, 0810166001171, 0810166001173, 0810166001189; VTD: H06: 0810164101010, 0810164101011, 0810164101017, 0810164101020, 0810164101021, 0810164101022, 0810164101023, 0810164101024, 0810164101025, 0810164101027, 0810164101028, 0810164101029, 0810164101030, 0810164101032, 0810164101033, 0810164101034, 0810164101035, 0810164101036, 0810164101037, 0810164102001, 0810164102002, 0810164102003, 0810164102004, 0810164102005, 0810164102006, 0810164102007, 0810164102008, 0810164102010, 0810164102011, 0810164102012, 0810164102041; VTD: H12: 0810136022004, 0810136022005, 0810136022013, 0810136022014, 0810136022015, 0810136022016, 0810136022017, 0810136022018, 0810136023012, 0810136023013, 0810136023019, 0810136023020, 0810136023021, 0810136023022, 0810136023024, 0810136023025, 0810136023026, 0810136023027, 0810136023028, 0810136023029, 0810136023030, 0810136023031, 0810136023032, 0810136023033, 0810138005016, 0810138005021, 0810138005022, 0810138005023, 0810138005024, 0810138005025, 0810138005026, 0810138005027; VTD: H13, VTD: H14, VTD: H15, VTD: H16, VTD: H17: Block(s) 0810136021000, 0810136021001, 0810136021003, 0810136023004, 0810136023010, 0810136023011, 0810136024001, 0810136024005, 0810136024006, 0810136024013, 0810136024014; VTD: H18: 0810144111005, 0810144111006, 0810144111012, 0810144111013, 0810144111014; VTD: H19A: 0810144121003, 0810144121004; VTD: H19B, VTD: H20A, VTD: H20B, VTD: H21, VTD: H22, VTD: H23, VTD: H24, VTD: H25, VTD: H26, VTD: H27, VTD: HP: Block(s) 0810163061002, 0810163061003, 0810163061004, 0810163061006, 0810163061007, 0810163061008, 0810163061009, 0810163061010, 0810163061011, 0810163061012, 0810163061013, 0810163061014, 0810163061015, 0810163061016, 0810163061017, 0810163061018, 0810163061019, 0810163061020, 0810163061022, 0810163061023, 0810163061024, 0810163061025, 0810163061026, 0810163061027, 0810163061028, 0810163061029, 0810163061030, 0810163061031, 0810163061032, 0810163061033, 0810163061034, 0810163061035, 0810163061037, 0810163061038, 0810163061040, 0810163061042, 0810163061043, 0810163061046, 0810163061047, 0810163061048, 0810163061049,

0810163061050, 0810163061054, 0810163061055, 0810163061056, 0810163061057, 0810163061058, 0810163061059, 0810163061060, 0810163061061, 0810163061062, 0810163061063, 0810163061064, 0810163061065, 0810163061066, 0810163061067, 0810163061068, 0810163061069, 0810163061070, 0810163061071, 0810163061072, 0810163061073, 0810163061074, 0810163061075, 0810163061076, 0810163061077, 0810163061078, 0810163061079, 0810163061080, 0810163061081, 0810163061082, 0810163061083, 0810163061084, 0810163061085, 0810163061086, 0810163061087, 0810163061088, 0810163061089, 0810163061090, 0810163061091, 0810163061092, 0810163061093, 0810163061094, 0810163061095, 0810163061097, 0810163061098, 0810164071041, 0810164071046, 0810164071047, 0810164071048, 0810164071049, 0810164071050, 0810164071051, 0810164071054, 0810164071055, 0810164071056, 0810164071057, 0810164071059, 0810164071060, 0810164071061, 0810164081044, 0810164081045, 0810164081046, 0810164081047, 0810164091028, 0810164091068, 0810164091069, 0810164091070, 0810164091071, 0810164091072, 0810164091073, 0810164091074, 0810164091075, 0810164091076, 0810164091077, 0810164091078, 0810164091079, 0810164091080, 0810164091081, 0810164091082, 0810164091083, 0810164091084, 0810164091085, 0810164091086, 0810164091087, 0810164091088, 0810164091089; VTD: JAM1, VTD: JAM2: Block(s) 0810164081005, 0810164081011, 0810164081012, 0810164081013, 0810164081014, 0810164081015, 0810164081016, 0810164081017, 0810164081018, 0810164081019, 0810164081020, 0810164081021, 0810164081022, 0810164081023, 0810164081024, 0810164081025, 0810164081026, 0810164081027, 0810164081028, 0810164081029, 0810164081032, 0810164081033, 0810164081037, 0810164081039, 0810164081040, 0810164081048, 0810164081049, 0810164081050, 0810164081051, 0810164091000, 0810164091001, 0810164091002, 0810164091005, 0810165051013, 0810165051014, 0810165051015, 0810165051027, 0810165051028, 0810165051029, 0810165051030, 0810165051031, 0810165051032, 0810165063000, 0810165063005, 0810165063006, 0810165063010, 0810165063011, 0810165063012, 0810165063013, 0810165063014, 0810165063015; VTD: JAM3, VTD: JAM4: Block(s) 0810164101000, 0810165022032, 0810165022033, 0810165022034, 0810165022038, 0810165022051, 0810165022052, 0810165022053, 0810165022054, 0810165023001, 0810165023004, 0810165023005, 0810165023006, 0810165023007, 0810165023008, 0810165023009, 0810165023012, 0810165023013, 0810165023014, 0810165023015, 0810165023016, 0810165023017, 0810165023018, 0810165023019,

0810165023020, 0810165023021, 0810165023022, 0810165023023, 0810165023024, 0810165023025, 0810165023026, 0810165023027, 0810165023029, 0810165023030, 0810165023031, 0810165023032, 0810165023033, 0810165023034, 0810165023035, 0810165023036, 0810165023037, 0810165023038, 0810165023039, 0810165023040, 0810165023041, 0810165023042, 0810165023043, 0810165023046, 0810165023047, 0810165023048, 0810165023049, 0810165023050, 0810165023057, 0810165023058, 0810165023059, 0810165023060, 0810165023061, 0810165023062, 0810165023063, 0810165023064, 0810165023065, 0810165023074, 0810165023076, 0810166001001, 0810166001002, 0810166001003, 0810166001010, 0810166001012, 0810166001013, 0810166001014, 0810167012041, 0810167012042, 0810167012043, 0810167012044, 0810167012045, 0810167012046, 0810167012047, 0810167012048, 0810167012049, 0810167012050, 0810167012051, 0810167012052, 0810167012053, 0810167012055, 0810167012056, 0810167012058, 0810167012059, 0810167012060, 0810167012061, 0810167012062, 0810167012063, 0810167012064, 0810167012065, 0810167012066, 0810167012067, 0810167012068, 0810167012069, 0810167012070, 0810167012072, 0810167022004, 0810167022005, 0810167022006, 0810167022007, 0810167022008, 0810167022009, 0810167022010, 0810167022011; VTD: JAM5, VTD: PG2, VTD: SDRI, VTD: SUM1: Block(s) 0810165022011, 0810165022019, 0810165022020, 0810165022021, 0810165022022, 0810165022023, 0810167011038, 0810167011039, 0810167011040, 0810167011041, 0810167011042, 0810167011045, 0810167011046, 0810167011047, 0810167011048, 0810167011052, 0810167011053, 0810167011054, 0810167011055, 0810167011059, 0810167011077, 0810167011078, 0810167012010, 0810167012012, 0810167012013, 0810167012014, 0810167012015, 0810167012016, 0810167012017, 0810167012018, 0810167012019, 0810167012020, 0810167012021, 0810167012022, 0810167012023, 0810167012024, 0810167012025, 0810167012026, 0810167012027, 0810167012028, 0810167012029, 0810167012030, 0810167012031, 0810167012037, 0810167012038, 0810167012039, 0810167012040, 0810167012071; VTD: SUM2: 0810167011056, 0810167011062, 0810167011076, 0810167013011, 0810167013012, 0810167013013, 0810167013014, 0810167013015, 0810167013016, 0810167013017, 0810167021019, 0810167021020, 0810167021021, 0810167021022, 0810168002063, 0810168002065, 0810168002066, 0810168002067, 0810168002068, 0810168002069, 0810168002070, 0810168002079, 0810168002080, 0810168002081, 0810168002082, 0810168002083, 0810168002084, 0810168002085, 0810168002086,

0810168002092, 0810168002093, 0810168003005, 0810168003006,
0810168003007, 0810168003008, 0810168003009, 0810168003010,
0810168003023, 0810168003024, 0810168003025; VTD: SUM3, VTD: SUM4.

District 62: Guilford County: VTD: CG1: Block(s) 0810160062000,
0810160062001, 0810160062002; VTD: FR1: 0810165031011,
0810165031013, 0810165031017, 0810165031018, 0810165031019,
0810165031020, 0810165031021, 0810165031022, 0810165031023,
0810165031024, 0810165031025, 0810165031031, 0810165031033,
0810165031034, 0810165031035, 0810165031036, 0810165031037,
0810165031038, 0810165031039, 0810165031040, 0810165031044,
0810165031045, 0810165031046, 0810165031047, 0810165031048,
0810165031049, 0810165031050, 0810165032000, 0810165032002,
0810165032003, 0810165032005, 0810165032006, 0810165032007,
0810165032008, 0810165032009, 0810165032010, 0810165032011,
0810165032012, 0810165032019, 0810165032020, 0810165032021,
0810165032023, 0810165032024, 0810165032027, 0810165032028,
0810165032029, 0810165051000, 0810165051001, 0810165051002,
0810165051003, 0810165051004, 0810165051005, 0810165051006,
0810165051007, 0810165051008, 0810165051009, 0810165051010,
0810165051012, 0810165051024, 0810165052002, 0810165052003,
0810165061000, 0810165061001, 0810165061002, 0810165061003,
0810165061004, 0810165061006, 0810165061007, 0810165061008,
0810165062000, 0810165062001, 0810165062007; VTD: FR2, VTD: FR3,
VTD: FR4, VTD: FR5, VTD: G37: Block(s) 0810125041005, 0810125041006,
0810125041011, 0810161023012, 0810161023013, 0810161023014,
0810161032000; VTD: G38, VTD: G39, VTD: G40A1, VTD: G40A2, VTD:
G40B, VTD: G41, VTD: G42, VTD: G43: Block(s) 0810160111006,
0810160111007, 0810160111015, 0810160111016, 0810160111017,
0810160111063, 0810161021000, 0810161021002, 0810161022000,
0810161022001, 0810161022002, 0810161022003, 0810161022004,
0810161022005, 0810161022006, 0810161022007, 0810161022008,
0810161022009, 0810161023003, 0810161023004, 0810161023005,
0810161023006, 0810161023007, 0810161023008; VTD: G62, VTD: G64:
Block(s) 0810160111014, 0810160111019, 0810160111020, 0810160111021,
0810160111022, 0810160111023, 0810160111024, 0810160111025,
0810160111026, 0810160111027, 0810160111028, 0810160111029,
0810160111030, 0810160111031, 0810160111032, 0810160111033,
0810160111034, 0810160111035, 0810160111036, 0810160111037,
0810160111038, 0810160111039, 0810160111040, 0810160111044,
0810160111045, 0810160111046, 0810160111047, 0810160111048,

0810160111049, 0810160111050, 0810160111055, 0810160111056, 0810160111057, 0810160111058, 0810160111059, 0810160111060, 0810160111061, 0810160111062, 0810160111064, 0810160111065, 0810160111066, 0810160111067, 0810160111068, 0810160111069, 0810160111070, 0810160111071, 0810160111072, 0810160111073, 0810160111074, 0810160111075, 0810160111076, 0810160111077, 0810160111078, 0810160111079, 0810160112016, 0810160112017, 0810162041000, 0810162041001, 0810162041005, 0810162041017, 0810162041018, 0810162041019, 0810162041020, 0810162041021, 0810162041022, 0810162041024, 0810162041039, 0810164051003, 0810164051004, 0810164051005, 0810164051006, 0810164051007, 0810164051008, 0810164051009, 0810164051010, 0810164051011, 0810164051012, 0810164051013, 0810164051014, 0810164051015, 0810164051016, 0810164051017, 0810164051018, 0810164051019, 0810164051020, 0810164051021, 0810164051022, 0810164051023, 0810164051024, 0810164051026, 0810164051030, 0810164051031, 0810164051032, 0810164051038, 0810164051052, 0810164051053, 0810164051059, 0810164051060, 0810164051063, 0810164061000, 0810164061001, 0819801001037, 0819801001038, 0819801001039; VTD: G65, VTD: G66, VTD: HP: Block(s) 0810162041037, 0810162041038, 0810162041040, 0810162041041, 0810164051025, 0810164051027, 0810164051028, 0810164051029, 0810164051033, 0810164051034, 0810164051035, 0810164051036, 0810164051037, 0810164051039, 0810164051054, 0810164051064, 0810164061002, 0810164061003, 0810164061004, 0810164061005, 0810164061006, 0810164061007, 0810164061008, 0810164061009, 0810164061010, 0810164061011, 0810164061012, 0810164061013, 0810164061014, 0810164061015, 0810164061016, 0810164061017, 0810164061018, 0810164061019, 0810164061020, 0810164061021, 0810164061022, 0810164061023, 0810164061024, 0810164061025, 0810164061026, 0810164061027, 0810164061028, 0810164061029, 0810164061030, 0810164061031, 0810164061032, 0810164061033, 0810164061034, 0810164061039, 0810164061040, 0810164061041, 0810164061042, 0810164061043, 0810164061044, 0810164061045, 0810164061046, 0810164061047, 0810164061048, 0810164061049, 0810164061050, 0810164061051, 0810164061052, 0810164061053, 0810164061054, 0810164061055, 0810164061056, 0810164061057, 0810164061058, 0810164061059, 0810164061060, 0810164061061, 0810164061062, 0810164061063, 0810164061064, 0810164061065, 0810164061066, 0810164061067, 0810164061068, 0810164061069, 0810164061070, 0810164061071, 0810164061072, 0810164061073, 0810164061074, 0810164061075,

0810164061076, 0810164061077, 0810164061078, 0810164061079, 0810164061080, 0810164061081, 0810164061082, 0810164061083, 0810164061084, 0810164061085, 0810164061086, 0810164061087, 0810164061088, 0810164061089, 0810164061090, 0810164061091, 0810164061092, 0810164061093, 0810164061094, 0810164061095, 0810164061096, 0810164061097, 0810164071000, 0810164071001, 0810164071002, 0810164071003, 0810164071004, 0810164071005, 0810164071006, 0810164071007, 0810164071008, 0810164071009, 0810164071010, 0810164071011, 0810164071012, 0810164071013, 0810164071014, 0810164071015, 0810164071016, 0810164071017, 0810164071018, 0810164071019, 0810164071020, 0810164071021, 0810164071022, 0810164071023, 0810164071024, 0810164071025, 0810164071026, 0810164071027, 0810164071028, 0810164071029, 0810164071030, 0810164071031, 0810164071032, 0810164071033, 0810164071034, 0810164071035, 0810164071036, 0810164071037, 0810164071038, 0810164071039, 0810164071040, 0810164071052, 0810164071053, 0810164081010; VTD: JAM2: 0810165051020, 0810165051021, 0810165051022, 0810165051023; VTD: NDRI, VTD: OR1, VTD: OR2, VTD: SF1, VTD: SF2, VTD: SF3, VTD: SF4, VTD: STOK.

District 63: Alamance County: VTD: 03C: Block(s) 0010205011046, 0010205011052, 0010205012008, 0010205012009, 0010205012010, 0010205012011, 0010205012012, 0010205012018, 0010205012019, 0010205012020, 0010205012021, 0010205012022, 0010205012023, 0010205012024, 0010205012025, 0010205012026, 0010205012027, 0010205012028, 0010205012029, 0010205012037, 0010205012038, 0010206011000, 0010206011001, 0010206011002, 0010206011007, 0010206011008, 0010206011009, 0010206011010, 0010206011011, 0010206011013, 0010206011014, 0010206011015, 0010206011016, 0010206011021, 0010206011022, 0010206011023, 0010206011025, 0010206011026, 0010206011032, 0010206011033, 0010206011034, 0010206011035, 0010206011036, 0010206011037, 0010206012000, 0010206012001, 0010206012002, 0010206012003, 0010206012010, 0010206012011, 0010206012012, 0010206012013, 0010206012014, 0010206012015, 0010206012016, 0010206012017, 0010206012018, 0010206012020, 0010206012021, 0010206012022, 0010206012023, 0010206012024, 0010206012025, 0010206012026, 0010206012027, 0010206012028, 0010206012029, 0010206012030, 0010217021000, 0010217021001, 0010217022021, 0010217022022, 0010217022041, 0010217022042, 0010217022043, 0010217022044, 0010217022045; VTD: 063: 0010203003005, 0010203003007, 0010203003008, 0010203003009,

0010203003010, 0010203003011, 0010203003012, 0010203003013, 0010203003014, 0010203003015, 0010203003016, 0010203003017, 0010203003018, 0010203003019, 0010203003020, 0010203003021, 0010203003022, 0010203003023, 0010203003024, 0010203003025, 0010203003026, 0010203003027, 0010203003028, 0010203003029, 0010203003030, 0010203003031, 0010203003032, 0010203003033, 0010203003034, 0010203003035, 0010203003036, 0010203003037, 0010203004005, 0010203004006, 0010203004007, 0010203004008, 0010203004009, 0010203004010, 0010203004011, 0010203004012, 0010203004013, 0010203004014, 0010203004015, 0010203004016, 0010203004017, 0010203004018, 0010203004019, 0010203004020, 0010203004021, 0010203004022, 0010203004023, 0010203005001, 0010203005005, 0010203005007, 0010203005008, 0010203005012, 0010203005013, 0010203005014, 0010203005015, 0010203005020, 0010203005022, 0010203005023, 0010203005026, 0010203005029, 0010203005030, 0010203005031, 0010203005032, 0010203005033, 0010203005034, 0010203005035, 0010203005037, 0010203005071, 0010203005072; VTD: 064, VTD: 06E, VTD: 06N, VTD: 06S, VTD: 06W: Block(s) 0010208011000, 0010208011001, 0010208011002, 0010208011003, 0010208011004, 0010208011005, 0010208011006, 0010208011007, 0010208011017, 0010208025000, 0010208025001, 0010208025010, 0010208025011, 0010208025017, 0010208025018, 0010208025019, 0010208025023, 0010208025024, 0010208025025, 0010208025026, 0010208025027, 0010208026000, 0010208026001, 0010208026003, 0010208026004, 0010208026005, 0010208026006, 0010208026007, 0010208026012, 0010208026013, 0010208026014, 0010208026015, 0010208026016, 0010208026017, 0010208026018, 0010208026019, 0010208026020; VTD: 09N, VTD: 09S, VTD: 103, VTD: 10N, VTD: 10S, VTD: 11, VTD: 1210, VTD: 124, VTD: 125, VTD: 126, VTD: 129, VTD: 12W, VTD: 13.

District 64: Alamance County: VTD: 01, VTD: 02, VTD: 035, VTD: 03C: Block(s) 0010217013020, 0010217022030, 0010217022031, 0010217022032, 0010217022033, 0010217022036, 0010217022037, 0010217022038, 0010217022040, 0010217022046, 0010217022047, 0010217022048, 0010217023017; VTD: 03N, VTD: 03S, VTD: 03W, VTD: 04, VTD: 05, VTD: 063: Block(s) 0010203001000, 0010203001001, 0010203001002, 0010203001003, 0010203001004, 0010203001006, 0010203001007, 0010203001008, 0010203001015, 0010203003000, 0010203003001, 0010203003002, 0010203003003, 0010203003004, 0010203003006, 0010203004000, 0010203004001, 0010203004002, 0010203004003, 0010203004004; VTD: 06W: 0010208026002, 0010208026008,

0010208026011; VTD: 07, VTD: 08N, VTD: 08S, VTD: 127, VTD: 128, VTD: 12E, VTD: 12N, VTD: 12S.

District 65: Caswell County, Rockingham County: VTD: DR, VTD: EC, VTD: ED-1, VTD: HO: Block(s) 1570410013031, 1570410013033, 1570410021020, 1570410021021, 1570410021022, 1570410021023, 1570410021024, 1570410021025, 1570410021026, 1570410021027, 1570410021028, 1570410021029, 1570410021030, 1570410021031, 1570410021032, 1570410021033, 1570410021034, 1570410021036, 1570410021037, 1570410021038, 1570410021039, 1570410021040, 1570410021041, 1570410022020, 1570410023000, 1570410023001, 1570410023009, 1570410023010, 1570410023011, 1570410023012, 1570410023013, 1570410023014, 1570410023015, 1570410023016, 1570410023017, 1570410023019, 1570410023020, 1570410023021, 1570410023022, 1570410023024; VTD: HU, VTD: IR, VTD: LI, VTD: LK-2, VTD: MC: Block(s) 1570414002033, 1570414002034, 1570414002038, 1570415004000, 1570415004001, 1570415004002, 1570415004003, 1570415004004, 1570415004005, 1570415004006, 1570415004007, 1570415004008, 1570415004009, 1570415004010, 1570415004011, 1570415004012, 1570415004014, 1570415004019, 1570415004020, 1570415004021, 1570415004024, 1570415004025, 1570415004026, 1570415004027, 1570415004028, 1570415004029, 1570415004030, 1570415004031, 1570415004032, 1570415004033, 1570415004034, 1570415004035, 1570415004036, 1570415004039, 1570415004040, 1570415004041, 1570415004042, 1570415004043, 1570415004044, 1570415004045, 1570415004046, 1570415004047, 1570415004048, 1570415004049, 1570415004050, 1570415004051, 1570415004052, 1570415004053, 1570415004054, 1570415004055, 1570415004056, 1570415004057, 1570415004058, 1570415004059, 1570415004060, 1570415004061, 1570415004062, 1570415004063, 1570415004064, 1570415004065, 1570415004066, 1570415004067, 1570415004068, 1570415004069, 1570415004070; VTD: NB: 1570410021042, 1570410022012, 1570410022013, 1570410022016, 1570410022018, 1570410022019, 1570410022024, 1570410022025, 1570410022026, 1570410022027, 1570410022028, 1570410022029, 1570410022030, 1570410022031, 1570410022032, 1570410022033, 1570410022034, 1570410022035, 1570410022036, 1570410022037, 1570410022038, 1570410022039, 1570410022040, 1570410022041, 1570410022042, 1570410022043, 1570410022044, 1570410022045, 1570410022046, 1570410023002, 1570410023003, 1570410023004, 1570410023005, 1570410023006, 1570410023007, 1570410023008, 1570410023018, 1570410023023, 1570410023025,

1570410023026, 1570410023027, 1570410023028, 1570410023029,
1570410023030, 1570410023031, 1570410023032, 1570410023033,
1570410023034, 1570416023003, 1570416023004, 1570416023005,
1570416023006, 1570416023007, 1570416023008, 1570416023010,
1570416023011, 1570416023012, 1570416023013, 1570416023014,
1570416023015, 1570416023016, 1570416023017, 1570416023018,
1570416023019, 1570416023020; VTD: RC, VTD: RD-1, VTD: WM.

District 66: Hoke County: VTD: 02: Block(s) 0939704011120, 0939704012001,
0939704012002, 0939704012003, 0939704012004, 0939704012005,
0939704012011, 0939704012012, 0939704012013, 0939704012015,
0939704012016, 0939704012017, 0939704012018, 0939704012019,
0939704012020, 0939704012021, 0939704012022, 0939704012023,
0939704012024, 0939704012025, 0939704012026, 0939704012027,
0939704012028, 0939704012029, 0939704012030, 0939704012031,
0939704012032, 0939704012033, 0939704012034, 0939704012035,
0939704012036, 0939704012037, 0939704012039, 0939704012040,
0939704012041, 0939704012042, 0939704012043, 0939704012044,
0939704012045, 0939704012046, 0939704012047, 0939704012048,
0939704012049, 0939704012050, 0939704012051, 0939704012052,
0939704012054, 0939704022071, 0939704022072, 0939704022073,
0939704022074, 0939704022075, 0939704022077, 0939704022080,
0939704022081, 0939704022093, 0939704022094; VTD: 04: 0939702011016,
0939702011017, 0939702011018, 0939702011019, 0939702011020,
0939702011021, 0939702011022, 0939702011023, 0939702011024,
0939702011025, 0939702011026, 0939702011027, 0939702012018,
0939702012019, 0939702012020, 0939702012021, 0939702012022,
0939702012025, 0939702012026, 0939702012027, 0939702012028,
0939702012029, 0939702012030, 0939702012031, 0939702012032,
0939702012033, 0939702012034, 0939702012035, 0939702012036,
0939702012037, 0939702012038, 0939702012039, 0939702012040,
0939702012041, 0939702012042, 0939702012043, 0939702012044,
0939702012045, 0939702012112, 0939702012114, 0939702012115,
0939702012116, 0939702012117, 0939702012118, 0939702012119,
0939702012121, 0939702012122; VTD: 05: 0939702012000, 0939702012001,
0939702012002, 0939702012003, 0939702012004, 0939702012005,
0939702012006, 0939702012007, 0939702012008, 0939702012009,
0939702012010, 0939702012011, 0939702012012, 0939702012013,
0939702012014, 0939702012015, 0939702012016, 0939702012017,
0939702012023, 0939702012024, 0939702012046, 0939702012047,
0939702012048, 0939702012049, 0939702012050, 0939702012051,

0939702012052, 0939702012053, 0939702012054, 0939702012055, 0939702012056, 0939702012057, 0939702012058, 0939702012059, 0939702012060, 0939702012061, 0939702012062, 0939702012063, 0939702012065, 0939702012066, 0939702012067, 0939702012068, 0939702012069, 0939702012070, 0939702012071, 0939702012072, 0939702012073, 0939702012074, 0939702012075, 0939702012076, 0939702012077, 0939702012078, 0939702012079, 0939702012080, 0939702012081, 0939702012082, 0939702012083, 0939702012084, 0939702012085, 0939702012086, 0939702012087, 0939702012088, 0939702012089, 0939702012090, 0939702012091, 0939702012092, 0939702012093, 0939702012108, 0939702012113, 0939702012120, 0939702013000, 0939702013002, 0939702013003, 0939702013004, 0939702013005, 0939702013006, 0939702013007, 0939801001023, 0939801001025, 0939801001026, 0939801001027, 0939801001028, 0939801001029, 0939801001030, 0939801001031, 0939801001033, 0939801001034, 0939801001035, 0939801001036, 0939801001037, 0939801001038, 0939801001039, 0939801001040, 0939801001041, 0939801001044, 0939801001045, 0939801001046, 0939801001047, 0939801001048, 0939801001049, 0939801001050, 0939801001051, 0939801001052, 0939801001053, 0939801001054, 0939801001055, 0939801001056, 0939801001057, 0939801001058, 0939801001059, 0939801001060, 0939801001061, 0939801001062, 0939801001063, 0939801001064, 0939801001065, 0939801001066, 0939801001067, 0939801001068, 0939801001069, 0939801001070, 0939801001071, 0939801001072, 0939801001073, 0939801001074, 0939801001075, 0939801001076, 0939801001077, 0939801001078, 0939801001079, 0939801001080, 0939801001081, 0939801001082, 0939801001083, 0939801001084, 0939801001085, 0939801001086, 0939801001087, 0939801001088, 0939801001089, 0939801001090, 0939801001091, 0939801001092, 0939801001093, 0939801001094, 0939801001095, 0939801001096, 0939801001097, 0939801001098, 0939801001099, 0939801001100, 0939801001101, 0939801001102, 0939801001103, 0939801001104, 0939801001161, 0939801001162, 0939801001163, 0939801001164, 0939801001165, 0939801001166, 0939801001167, 0939801001168, 0939801001169, 0939801001170, 0939801001171, 0939801001172, 0939801001173, 0939801001174, 0939801001175, 0939801001176, 0939801001177, 0939801001180, 0939801001181, 0939801001183, 0939801001190, 0939801001191, 0939801001192; VTD: 06, VTD: 12, VTD: 13: Block(s) 0939704011000, 0939704011001, 0939704011002, 0939704011003, 0939704011004, 0939704011005, 0939704011006, 0939704011007, 0939704011008, 0939704011009, 0939704011010,

0939704011011, 0939704011012, 0939704011013, 0939704011014,
0939704011015, 0939704011016, 0939704011017, 0939704011018,
0939704011019, 0939704011020, 0939704011021, 0939704011022,
0939704011026, 0939704011027, 0939704011032, 0939704011033,
0939704011034, 0939704011035, 0939704011036, 0939704011037,
0939704011038, 0939704011039, 0939704011040, 0939704011041,
0939704011042, 0939704011043, 0939704011044, 0939704011045,
0939704011046, 0939704011047, 0939704011048, 0939704011049,
0939704011050, 0939704011051, 0939704011052, 0939704011053,
0939704011054, 0939704011055, 0939704011056, 0939704011057,
0939704011058, 0939704011059, 0939704011060, 0939704011061,
0939704011062, 0939704011063, 0939704011064, 0939704011065,
0939704011066, 0939704011067, 0939704011068, 0939704011069,
0939704011070, 0939704011071, 0939704011072, 0939704011073,
0939704011074, 0939704011075, 0939704011076, 0939704011077,
0939704011078, 0939704011079, 0939704011080, 0939704011081,
0939704011082, 0939704011083, 0939704011084, 0939704011085,
0939704011086, 0939704011087, 0939704011088, 0939704011089,
0939704011090, 0939704011091, 0939704011092, 0939704011093,
0939704011094, 0939704011095, 0939704011096, 0939704011097,
0939704011098, 0939704011099, 0939704011100, 0939704011101,
0939704011102, 0939704011103, 0939704011104, 0939704011105,
0939704011106, 0939704011107, 0939704011108, 0939704011109,
0939704011110, 0939704011111, 0939704011112, 0939704011113,
0939704011114, 0939704011115, 0939704011116, 0939704011117,
0939704011118, 0939704011119, 0939704011121, 0939704011122,
0939704011123, 0939704011124, 0939704011125, 0939704012038,
0939704021008, 0939704021014, 0939704021018, 0939704021019,
0939704021020, 0939704021021, 0939704021022, 0939704021023; VTD: 63:
0939701011041, 0939701011042, 0939701011043, 0939701011044,
0939701011045, 0939701011046, 0939701011060, 0939701011062,
0939701011063, 0939701011064, 0939701011065, 0939701011066;
Montgomery County: VTD: CHE, VTD: MTG: Block(s) 1239604011004,
1239604011005, 1239604011006, 1239604011008, 1239604011009,
1239604011010, 1239604011011, 1239604011012, 1239604011013,
1239604011014, 1239604011015, 1239604011016, 1239604011017,
1239604011028, 1239604011030, 1239604011031, 1239604011032,
1239604011033, 1239604011034, 1239604011035, 1239604011036,
1239604011037, 1239604011038, 1239604011039, 1239604011041,
1239604011042, 1239604011043, 1239604011044, 1239604011045,
1239604011046, 1239604011047, 1239604011048, 1239604011049,

1239604011050, 1239604011051, 1239604011052, 1239604011053, 1239604011054, 1239604011055, 1239604011056, 1239604011057, 1239604011058, 1239604011059, 1239604011060, 1239604011061, 1239604011062, 1239604011063, 1239604011064, 1239604011065, 1239604011066, 1239604011067, 1239604011068, 1239604011069, 1239604011070, 1239604011071, 1239604011072, 1239604011073, 1239604011074, 1239604011075, 1239604011076, 1239604011077, 1239604011078, 1239604011079, 1239604011080, 1239604011081, 1239604012000, 1239604012001, 1239604012002, 1239604012003, 1239604012004, 1239604012005, 1239604012006, 1239604012007, 1239604012008, 1239604012009, 1239604012010, 1239604012011, 1239604012012, 1239604012013, 1239604012014, 1239604012015, 1239604012016, 1239604012017, 1239604012018, 1239604012019, 1239604012020, 1239604012021, 1239604012022, 1239604012023, 1239604012024, 1239604012025, 1239604012026, 1239604012027, 1239604012028, 1239604012029, 1239604012030, 1239604012031, 1239604012032, 1239604012033, 1239604012034, 1239604012035, 1239604012036, 1239604012037, 1239604012038, 1239604012039, 1239604012040, 1239604012041, 1239604012042, 1239604012043, 1239604012044, 1239604012045, 1239604012046, 1239604012047, 1239604012048, 1239604012049, 1239604012050, 1239604012051, 1239604012052, 1239604012053, 1239604012054, 1239604012055, 1239604012056, 1239604012057, 1239604022044, 1239604022045, 1239604022046, 1239604022047, 1239604022048, 1239604022049, 1239604022050, 1239604022051, 1239604022052, 1239604022053, 1239604022054, 1239604022055, 1239604022056, 1239604022057, 1239604022058, 1239604022059, 1239604022060, 1239604022061, 1239604022062, 1239604022063, 1239604022085, 1239604022086; VTD: ROC; Richmond County: VTD: 01: Block(s) 1539703003022, 1539703003037, 1539703003038, 1539703003039, 1539703003040, 1539703005000, 1539703005001, 1539703005002, 1539703005003, 1539703005004, 1539703005005, 1539703005006, 1539703005007, 1539703005008, 1539703005009, 1539703005010, 1539703005011, 1539703005012, 1539703005013, 1539703005014, 1539703005015, 1539703005016, 1539703005017, 1539703005018, 1539703005019, 1539703005020, 1539703005021, 1539703005022, 1539703005023, 1539703005024, 1539703005025, 1539703005026, 1539703005027, 1539703005028, 1539703005029, 1539703005030, 1539703005031, 1539703005032, 1539703005033, 1539703005034, 1539703005035, 1539703005036, 1539703005037, 1539703005038, 1539703005039, 1539703005040, 1539703005041, 1539703005042, 1539703005043, 1539703005044,

1539704001038, 1539704001039, 1539704001040, 1539704004000,
1539704004001, 1539704004002, 1539704004003, 1539704004004,
1539704004005, 1539704004006, 1539704004007, 1539704004009,
1539704004010, 1539704004011, 1539704004015, 1539704004016,
1539704004027, 1539704004031, 1539704004032, 1539705002036,
1539705002042, 1539705002043, 1539705002044, 1539705002045,
1539705002046, 1539705002047, 1539705002048, 1539705002049,
1539705003004, 1539705003005, 1539705003010, 1539706001003,
1539706001004, 1539706001005, 1539706001006, 1539706001007,
1539706001008, 1539706001009, 1539706001010, 1539706001024,
1539706001025, 1539706001052, 1539707004002, 1539707004003,
1539707004004, 1539707004005, 1539707004006, 1539707004007,
1539707004008, 1539707004009, 1539707004010, 1539707004011,
1539707004012, 1539707004013, 1539707004014, 1539707004015,
1539707004016, 1539707004017, 1539707004018, 1539707004019,
1539707004020, 1539707004021, 1539707004022, 1539707004023,
1539707004024, 1539707004025, 1539707004026, 1539707004027,
1539707004028, 1539707004029, 1539707004030, 1539707004031,
1539707004032, 1539707004056, 1539707004057, 1539708001000,
1539708001001, 1539708001002, 1539708001003, 1539708001004,
1539708001007, 1539708001008, 1539708001009, 1539708001010,
1539708001011, 1539708001013; VTD: 02: 1539703001018, 1539703001019,
1539703001020, 1539703001021, 1539703001022, 1539703001023,
1539703001039, 1539703001041, 1539703002000, 1539703002001,
1539703002002, 1539703002003, 1539703002004, 1539703002005,
1539703002006, 1539703002007, 1539703002008, 1539703002009,
1539703002010, 1539703002011, 1539703002012, 1539703002013,
1539703002014, 1539703002015, 1539703002016, 1539703002017,
1539703003000, 1539703003001, 1539703003002, 1539703003003,
1539703003004, 1539703003005, 1539703003006, 1539703003007,
1539703003008, 1539703003009, 1539703003010, 1539703003011,
1539703003012, 1539703003013, 1539703003014, 1539703003015,
1539703003016, 1539703003017, 1539703003018, 1539703003019,
1539703003020, 1539703003021, 1539703003023, 1539703003024,
1539703003025, 1539703003026, 1539703003027, 1539703003028,
1539703003029, 1539703003030, 1539703003031, 1539703003032,
1539703003033, 1539703003034, 1539703003035, 1539703003036,
1539703003041, 1539703003042, 1539703003043, 1539703004000,
1539703004001, 1539703004002, 1539703004003, 1539703004004,
1539703004005, 1539703004006, 1539703004007, 1539703004008,
1539703004009, 1539703004010, 1539703004011, 1539703004012,

1539703004013, 1539703004014, 1539703004015, 1539703004016, 1539703004017, 1539703004018, 1539703004019, 1539703004020, 1539703004021, 1539703004022, 1539703004023, 1539703004024, 1539703004025, 1539703004026, 1539703004027, 1539703004028, 1539703004029, 1539703004030, 1539703004031, 1539703004032, 1539703004033, 1539704001007, 1539704001009, 1539704001016, 1539704001018, 1539704001042, 1539704002000, 1539704002001, 1539704002002, 1539704002003, 1539704002004, 1539704002005, 1539704002006, 1539704002007, 1539704002008, 1539704003000, 1539704003001, 1539704003002, 1539704003003, 1539704003004, 1539704003005, 1539704003006, 1539704003007, 1539704003008, 1539704003009, 1539704003010, 1539704003011, 1539704003012, 1539704003013, 1539704003014, 1539704003015, 1539704003016, 1539704003017, 1539704003018, 1539704003019, 1539704003020, 1539704003021, 1539704003022, 1539704003023, 1539704003024, 1539704003025, 1539704003026, 1539704003027, 1539704003028, 1539704004012, 1539704004013, 1539704004014, 1539704004017, 1539704004018, 1539704004019, 1539704004020, 1539704004021, 1539704004022, 1539704004030, 1539705001000, 1539705001001, 1539705001002, 1539705001003, 1539705001004, 1539705001005, 1539705001006, 1539705001007, 1539705001008, 1539705001009, 1539705001010, 1539705001011, 1539705001012, 1539705001013, 1539705001014, 1539705001015, 1539705001016, 1539705001017, 1539705002000, 1539705002001, 1539705002002, 1539705002003, 1539705002004, 1539705002005, 1539705002006, 1539705002007, 1539705002008, 1539705002009, 1539705002010, 1539705002011, 1539705002012, 1539705002013, 1539705002014, 1539705002015, 1539705002016, 1539705002017, 1539705002018, 1539705002019, 1539705002020, 1539705002021, 1539705002022, 1539705002023, 1539705002024, 1539705002025, 1539705002026, 1539705002027, 1539705002028, 1539705002029, 1539705002030, 1539705002031, 1539705002032, 1539705002033; VTD: 03, VTD: 04: Block(s) 1539707001000, 1539707001001, 1539707001004, 1539707001005, 1539707001006, 1539707001007, 1539707001008, 1539707001009, 1539707001010, 1539707001011, 1539707001012, 1539707001013, 1539707001014, 1539707001015, 1539707001016, 1539707001017, 1539707001018, 1539707001019, 1539707001020, 1539707001021, 1539707001022, 1539707001023, 1539707001024, 1539707001025, 1539707001026, 1539707001027, 1539707001028, 1539707001029, 1539707002003, 1539707002005, 1539707002006, 1539707002007, 1539707002008, 1539707002009, 1539707002010, 1539707002011, 1539707002012,

1539707002013, 1539707002014, 1539707002015, 1539707002016, 1539707002017, 1539707002018, 1539707002019, 1539707002020, 1539707002021, 1539707002022, 1539707002023, 1539707002024, 1539707002025, 1539707002026, 1539707002027, 1539707002028, 1539707002029, 1539707002030, 1539707002031, 1539707002032, 1539707002033, 1539707002034, 1539707002035, 1539707002036, 1539707003003, 1539707003004, 1539707003005, 1539707003006, 1539707003007, 1539707003008, 1539707003009, 1539707003010, 1539707003011, 1539707003012, 1539707003013, 1539707003014, 1539707003015, 1539707003016, 1539707003017, 1539707003018, 1539707003019, 1539707003020, 1539707003021, 1539707003022, 1539707003023, 1539707003024, 1539707003025, 1539707003026, 1539708002000, 1539708002001, 1539708002002, 1539708002003, 1539708002005, 1539708002006, 1539708002007, 1539708002008, 1539708002011, 1539708002012, 1539708002013, 1539708002014, 1539708002020, 1539708002021, 1539708002022, 1539709001005, 1539709001006, 1539709001033; VTD: 05: 1539707003000, 1539707003001, 1539707003002, 1539707004033, 1539707004034, 1539707004035, 1539707004036, 1539707004037, 1539707004038, 1539707004039, 1539707004040, 1539707004041, 1539707004042, 1539707004043, 1539707004044, 1539707004045, 1539707004046, 1539707004047, 1539707004048, 1539707004049, 1539707004050, 1539707004051, 1539707004052, 1539707004053, 1539707004054, 1539707004055, 1539708001016, 1539708001017, 1539708001021, 1539708001022, 1539708001023, 1539708001029, 1539708001030, 1539708001031, 1539708001032, 1539708001033, 1539708001034, 1539708001035, 1539708001036, 1539708001037, 1539708001038, 1539708001039, 1539708001040, 1539708001043, 1539708001044, 1539708003008, 1539708003009, 1539708003010, 1539708003011; VTD: 06, VTD: 07: Block(s) 1539708003030, 1539708004047, 1539708004048, 1539708005005, 1539708005006, 1539708005007, 1539708005008, 1539708005009, 1539708005010, 1539708005011, 1539708005012, 1539708005013, 1539708005014, 1539708005015, 1539708005016, 1539708005017, 1539708005018, 1539708005019, 1539708005020, 1539708005021, 1539708005022, 1539708005023, 1539708005024, 1539708005025, 1539708005026, 1539708005027, 1539708005028, 1539708005029, 1539708005030, 1539708005031, 1539708005032, 1539708005033, 1539708005045, 1539708005046, 1539708005047, 1539708005048, 1539708005049, 1539708005050, 1539708005051, 1539708005052, 1539708005053, 1539708005054, 1539708005055, 1539708005056; VTD: 08: 1539710001000, 1539710001001, 1539710001002, 1539710001003,

1539710001004, 1539710001005, 1539710001006, 1539710001007, 1539710001008, 1539710001009, 1539710001010, 1539710001015, 1539710001016, 1539710001017, 1539710001018, 1539710001019, 1539710001020, 1539711001013, 1539711001014, 1539711001015, 1539711001017, 1539711001018, 1539711001019, 1539711001020, 1539711001029, 1539711001033, 1539711001034, 1539711001035, 1539711001036, 1539711001037, 1539711001038, 1539711001039, 1539711001040, 1539711001051, 1539711001052, 1539711001053, 1539711001054; VTD: 09: 1539709001000, 1539709001001, 1539709001002, 1539709001003, 1539709001004, 1539709001011, 1539709001012, 1539709001013, 1539709001014, 1539709001015, 1539709001016, 1539709001017, 1539709001018, 1539709001019, 1539709001020, 1539709001021, 1539709001022, 1539709001023, 1539709001024, 1539709001025, 1539709001029, 1539709001030, 1539709001031, 1539709001032, 1539709002001, 1539709002002, 1539709002003, 1539709002004, 1539709002005, 1539709002006, 1539709002007, 1539709002008, 1539709002009, 1539709002010, 1539709002011, 1539709002012, 1539709002013, 1539709002014, 1539709002015, 1539709002016, 1539709002017, 1539709002018, 1539709002022, 1539709002023, 1539709002024, 1539709002025, 1539709002026, 1539709002027, 1539709002028, 1539709002029, 1539709002030, 1539709002031, 1539709002032, 1539709002033, 1539709002034, 1539709002035, 1539709002036, 1539709002037, 1539709002038, 1539709002039, 1539709002040, 1539709002041, 1539709002042, 1539709002043, 1539709002044, 1539709002045, 1539709002046, 1539709002047, 1539709002048, 1539709002049, 1539709002050, 1539709002051, 1539709002052, 1539709002053, 1539709002054, 1539709002055, 1539709002056, 1539709002057, 1539709003000, 1539709003001, 1539709003002, 1539709003003, 1539709003004, 1539709003005, 1539709003006, 1539709003007, 1539709003008, 1539709003009, 1539709003010, 1539709003011, 1539709003012, 1539709003013, 1539709003014, 1539709003015, 1539709003016, 1539709003017, 1539709003018, 1539709003019, 1539709003020, 1539709003021, 1539709003022, 1539709003023, 1539709003024, 1539709003025, 1539709003026, 1539709003027, 1539709003028, 1539709003029, 1539709003030, 1539709003031, 1539709003032, 1539709003033, 1539709003034, 1539709003035, 1539709003036, 1539709003037, 1539709003038, 1539709003039, 1539709003040, 1539709003041, 1539709003042, 1539709003043, 1539709003044, 1539709003045, 1539709003046, 1539709003047, 1539709004000, 1539709004001, 1539709004002, 1539709004003, 1539709004004,

1539709004005, 1539709004006, 1539709004007, 1539709004008, 1539709004009, 1539709004010, 1539709004011, 1539709004012, 1539709004013, 1539709004014, 1539709004015, 1539709004016, 1539709004017, 1539709004018, 1539709004019, 1539709004020, 1539709004021, 1539709004022, 1539709004023, 1539709004024, 1539709004025, 1539709004026, 1539709004027, 1539709004028, 1539709004029, 1539709004030, 1539709004031, 1539709004032, 1539709004033, 1539709004034, 1539709004035, 1539709004036, 1539709004037, 1539709004038, 1539709004039, 1539709004040, 1539709004041, 1539709004042, 1539709004043, 1539709004044, 1539709004045, 1539709004046, 1539709004047, 1539709004048, 1539709004049, 1539709004050, 1539709004051, 1539709004052, 1539709004053, 1539709004054, 1539709004055, 1539709004056, 1539709004057, 1539709004058, 1539709004059, 1539709004060, 1539709004061, 1539709005004, 1539709005005, 1539709005006, 1539709005007, 1539709005008, 1539709005009, 1539709005010, 1539709005011, 1539709005012, 1539709005013, 1539709005014, 1539709005015, 1539709005018, 1539709005019, 1539709005020, 1539709005021, 1539709005022, 1539709005023, 1539709005024, 1539710003033, 1539711002029, 1539711002037, 1539711002038, 1539711003032, 1539711003033; VTD: 10: 1539701001000, 1539701001001, 1539701001002, 1539701001003, 1539701001004, 1539701001005, 1539701001006, 1539701001007, 1539701001008, 1539701001009, 1539701001010, 1539701001011, 1539701001012, 1539701001013, 1539701001014, 1539701001015, 1539701001016, 1539701001017, 1539701001018, 1539701001019, 1539701001020, 1539701001021, 1539701001022, 1539701001023, 1539701001024, 1539701001025, 1539701001026, 1539701001028, 1539701001029, 1539701001034, 1539701001035, 1539701001036, 1539701001037, 1539701001042, 1539701001044, 1539701001045, 1539701001051, 1539701001052, 1539701003000, 1539701003001, 1539701003002, 1539701003003, 1539701003004; VTD: 11: 1539701002018, 1539701002023, 1539701002024, 1539701002025, 1539701002026, 1539701002027, 1539701002029, 1539701002031, 1539701002032, 1539701002033, 1539701002034, 1539701002035, 1539701002036, 1539701002037, 1539701002038, 1539701002039, 1539701002040, 1539701002041, 1539701002042, 1539701002043, 1539701002044, 1539701002045, 1539701002046, 1539701002047, 1539701002048, 1539701002049, 1539701002050, 1539701002051; VTD: 12: 1539702001046, 1539702001059, 1539702001060, 1539702001061, 1539702001062, 1539702001063, 1539702001064, 1539702001065, 1539702001066, 1539702001067, 1539702001068,

1539702001069, 1539702001070, 1539702001071, 1539702001072, 1539702001073, 1539702001074, 1539702001075, 1539702001076, 1539702001077, 1539702001078, 1539702001079, 1539702001080, 1539702001081, 1539702001082, 1539702001083, 1539702001084, 1539702001089, 1539702002124, 1539702002127, 1539702002139, 1539702002140, 1539702002141, 1539702002142, 1539702002152, 1539702002153, 1539702002159, 1539702002160, 1539702002166, 1539702002167, 1539702002168, 1539702003000, 1539702003001, 1539702003002, 1539702003003, 1539702003004, 1539702003005, 1539702003006, 1539702003007, 1539702003008, 1539702003009, 1539702003010, 1539702003011, 1539702003012, 1539702003013, 1539702003014, 1539702003015, 1539702003016, 1539702003017, 1539702003018, 1539702003019, 1539702003020, 1539702003021, 1539702003022, 1539702003023, 1539702003024, 1539702003025, 1539702003026, 1539702003027, 1539702003028, 1539702003029, 1539702003030, 1539702003031, 1539702003032, 1539702003033, 1539702003034, 1539702003035, 1539702003036, 1539702003039, 1539702003040, 1539702003041, 1539702003043, 1539702003044, 1539702003049, 1539702003050, 1539702003051, 1539702003053, 1539702003087, 1539702003088, 1539702003089, 1539702003090, 1539702003091; VTD: 13, VTD: 14, VTD: 15, VTD: 16; Robeson County: VTD: 10: Block(s) 1559602011061, 1559602012000, 1559602012003, 1559602012004, 1559602012006, 1559602012007, 1559602012008, 1559602012009, 1559602012010, 1559602012011, 1559602012012, 1559602012013, 1559602012014, 1559602012015, 1559602012016, 1559602012017, 1559602012018, 1559602012019, 1559602012020, 1559602012021, 1559602012023, 1559602012024, 1559602012025, 1559602012026, 1559602012027, 1559602012028, 1559602012029, 1559602012030, 1559602012031, 1559602012032, 1559602012033, 1559602012034, 1559602012035, 1559602012036, 1559602012037, 1559602012038, 1559602012039, 1559602012040, 1559602012041, 1559602012042, 1559602012043, 1559602012044, 1559602012045, 1559602012046, 1559602012047, 1559602012048, 1559602012049, 1559602012050, 1559602012063, 1559602012064, 1559602012065, 1559602012066, 1559602012067, 1559602012068, 1559602012069, 1559602012070, 1559602012071, 1559602012072, 1559602012073, 1559602012074, 1559602012075, 1559602012076, 1559602012077, 1559602012078, 1559602012084, 1559602012085, 1559602012086, 1559602012087, 1559602012088, 1559602012089, 1559602012090, 1559602012091, 1559602012096, 1559602012097, 1559602012114, 1559602012115, 1559602013092, 1559602013093, 1559602013094; VTD: 21,

VTD: 31: Block(s) 1559601011019, 1559601011020, 1559601011023, 1559601011024, 1559601011042, 1559601011043, 1559601011044, 1559601011068, 1559601012000, 1559601012001, 1559601021000, 1559601021001, 1559601021002, 1559601021003, 1559601021004, 1559601021005, 1559601021006, 1559601021007, 1559601021008, 1559601021009, 1559601021010, 1559601021011, 1559601021012, 1559601021013, 1559601021014, 1559601021015, 1559601021017, 1559601021018, 1559601021020, 1559601021022, 1559601021023, 1559601021024, 1559601021025, 1559601021026, 1559601021027, 1559601021028, 1559601021029, 1559601021030, 1559601021031, 1559601021034, 1559601021040, 1559601021041, 1559601021043, 1559601021045, 1559601021048, 1559601021056, 1559601021057, 1559601021058, 1559601021059, 1559601021060, 1559601021061, 1559601021062, 1559601021063, 1559601021064, 1559601021065, 1559601021066, 1559601021067, 1559601021068, 1559601021069, 1559601021070, 1559601021071, 1559601021072, 1559601021073, 1559601021074, 1559601021075, 1559601021076, 1559601021077, 1559601021078, 1559601021079, 1559601021080, 1559601021081, 1559601021082, 1559601021083, 1559601021084, 1559601021085, 1559601021086, 1559601021087, 1559601021088, 1559601021089, 1559601021090, 1559601021091, 1559601021092, 1559601021093, 1559601021094, 1559601021095, 1559601021096, 1559601021097, 1559601021098, 1559601021099, 1559601021100, 1559601021106, 1559601021113, 1559601021119, 1559601022000, 1559601022001, 1559601022002, 1559601022003, 1559601022004, 1559601022005, 1559601022006, 1559601022007, 1559601022008, 1559601022009, 1559601022010, 1559601022011, 1559601022012, 1559601022013, 1559601022014, 1559601022015, 1559601022016, 1559601022017, 1559601022018, 1559601022019, 1559601022020, 1559601022021, 1559601022022, 1559601022023, 1559601022024, 1559601022025, 1559601022026, 1559601022027, 1559601022028, 1559601022029, 1559601022030, 1559601022031, 1559601022032, 1559601022033, 1559601022034, 1559601022035, 1559601022036, 1559601022037, 1559601022038, 1559601022039, 1559601022040, 1559601022041, 1559601022042, 1559601022043, 1559601023006, 1559601023007, 1559601023008, 1559601023009, 1559601023010, 1559601023011, 1559601023012, 1559602013032, 1559602013063, 1559602013064, 1559602013095, 1559602013096, 1559602013097, 1559602013100, 1559602013101, 1559602013102, 1559602013103, 1559602013104, 1559602013105; VTD: 32: 1559601021016, 1559601021019, 1559601021021, 1559601021032, 1559601021033, 1559601021035, 1559601021036,

1559601021037, 1559601021038, 1559601021039, 1559601021042, 1559601021044, 1559601021046, 1559601021047, 1559601021049, 1559601021050, 1559601021051, 1559601021052, 1559601021053, 1559601021054, 1559601021055, 1559601021101, 1559601021102, 1559601021103, 1559601021104, 1559601021105, 1559601021107, 1559601021108, 1559601021109, 1559601021110, 1559601021111, 1559601021112, 1559601021114, 1559601021115, 1559601021116, 1559601021117, 1559601021118, 1559601021120, 1559601021121, 1559601021122, 1559601021123, 1559601021124, 1559601023000, 1559601023001, 1559601023002, 1559601023003, 1559601023004, 1559601023005, 1559601023013, 1559601023014, 1559601023015, 1559601023016, 1559601023017, 1559601023018, 1559601023019, 1559601023020, 1559601023021, 1559601023022, 1559601023023, 1559601023024, 1559601023025, 1559601023026, 1559601023027, 1559601023028, 1559601023029, 1559601023030, 1559601023031, 1559601023032, 1559601023033, 1559601023034, 1559601023035, 1559601023036, 1559601023037, 1559601023038, 1559601023039, 1559601023040, 1559601023041, 1559601023042, 1559601023043, 1559601023044, 1559601023045, 1559601023046, 1559601023047, 1559601023048, 1559601023049, 1559601023050, 1559601023051, 1559601023052, 1559601023053, 1559601023054, 1559601023055, 1559601023056, 1559601023057, 1559601023058, 1559601023059, 1559601023060, 1559601023061, 1559601023062, 1559601023063, 1559601023064, 1559601023065, 1559601023066, 1559602012092, 1559602012093, 1559602012094, 1559602012095, 1559602012113, 1559602022022; Scotland County: VTD: 1: Block(s) 1650101024004, 1650101024005, 1650101024006, 1650101024007, 1650101024027, 1650102003066, 1650102003067, 1650102003068, 1650102003069, 1650102003072, 1650102003074, 1650102003075, 1650102003076, 1650102003077, 1650102003078, 1650102003079, 1650102003080, 1650102003083, 1650102003084, 1650102003116; VTD: 10: 1650105002022, 1650105002023, 1650105002024, 1650105002025, 1650105002026, 1650105002027, 1650105002028, 1650105002029, 1650105003055, 1650105003056, 1650105003063, 1650105003064, 1650105003065, 1650105003076, 1650105003077, 1650105003078, 1650105003086, 1650105003087, 1650105003103, 1650105003104, 1650105003105, 1650105003106, 1650105003107, 1650105003108, 1650105003109, 1650105003110, 1650105003111, 1650105003112, 1650105003113, 1650105003114, 1650105003115, 1650105003116, 1650105003117, 1650105003118, 1650105003119, 1650105003120, 1650105003121, 1650105003122, 1650105003123, 1650105003124, 1650105004028,

1650105004030, 1650105004032, 1650105005000, 1650105005001,
1650105005002, 1650105005003, 1650105005004, 1650105005011,
1650105005012, 1650105005013, 1650105005014, 1650105005015,
1650105005023, 1650105005024, 1650105005025, 1650105005026,
1650105005027, 1650105005028, 1650105005047, 1650105005051; VTD: 3:
1650101021000, 1650101021001, 1650101021002, 1650101021004,
1650101021005, 1650101021006, 1650101021007, 1650101021008,
1650101021009, 1650101021010, 1650101021011, 1650101021012,
1650101021013, 1650101021016, 1650101021017, 1650101021018,
1650101021023, 1650101021024, 1650101021025, 1650101021026,
1650101021027, 1650101021029, 1650101021030, 1650101021036,
1650101021037, 1650101021038, 1650101021039, 1650101021040,
1650101021041, 1650101021042, 1650101021043, 1650101021046,
1650101021047, 1650101021048, 1650101021049, 1650101021050,
1650101021051, 1650101021052, 1650101021053, 1650101021054,
1650101021055, 1650101021056, 1650101021057, 1650101021058,
1650101021059, 1650101021060, 1650101021061, 1650101021062,
1650101021063, 1650101021064, 1650101021065, 1650101021066,
1650101021067, 1650101021068, 1650101021069, 1650101021070,
1650101021071, 1650101021072, 1650101021073, 1650101021074,
1650101021075, 1650101021076, 1650101021077, 1650101021078,
1650101023000, 1650101023001, 1650101023002, 1650101023003,
1650101023004, 1650101023005, 1650101023006, 1650101023007,
1650101023008, 1650101023009, 1650101023010, 1650101023011,
1650101023012, 1650101023013, 1650101023014, 1650101023015,
1650101023016, 1650101023017, 1650101023018, 1650101023019,
1650101023020, 1650101023021, 1650101023022, 1650101023023,
1650101023024, 1650101023025, 1650101023026, 1650101023027,
1650101023028, 1650101023029, 1650101023030, 1650101023031,
1650101023032, 1650101023033, 1650101023034, 1650101024009,
1650101024022, 1650101024023, 1650101024024, 1650101024025,
1650101024026, 1650101024033, 1650101024036, 1650101024037,
1650101024038, 1650101024039, 1650101024040, 1650101024041,
1650101024052, 1650101024053, 1650101024054, 1650101024055,
1650101024056, 1650101024059, 1650101024060, 1650101024061,
1650101024062, 1650101024063, 1650101024064, 1650101024065,
1650101024066, 1650101024067, 1650101024071; VTD: 4: 1650101011000,
1650101011001, 1650101011002, 1650101011003, 1650101011004,
1650101011005, 1650101011006, 1650101011007, 1650101011008,
1650101011009, 1650101011010, 1650101011011, 1650101011012,
1650101011013, 1650101011014, 1650101011015, 1650101011016,

1650101011017, 1650101011018, 1650101011019, 1650101011020, 1650101011021, 1650101011022, 1650101011023, 1650101011024, 1650101011025, 1650101011026, 1650101011027, 1650101011028, 1650101011029, 1650101011030, 1650101011031, 1650101011032, 1650101011033, 1650101011034, 1650101011035, 1650101011036, 1650101011037, 1650101011038, 1650101011039, 1650101011040, 1650101011042, 1650101011043, 1650101012000, 1650101012001, 1650101012002, 1650101012003, 1650101012004, 1650101012005, 1650101012006, 1650101012007, 1650101012008, 1650101012009, 1650101012010, 1650101012011, 1650101012012, 1650101012013, 1650101012014, 1650101012015, 1650101012016, 1650101012017, 1650101012018, 1650101012019, 1650101012020, 1650101012029, 1650101012030, 1650101012031, 1650101012032, 1650101012033, 1650101012034, 1650101012035, 1650101012036, 1650101012037, 1650101012038, 1650101012039, 1650101012040, 1650101012041, 1650101012042, 1650101012044, 1650101012045, 1650101012046, 1650101012047, 1650103001050, 1650103001051, 1650103001052, 1650103001053, 1650103001054, 1650103001055, 1650103001056, 1650103001059, 1650103001060, 1650103001061, 1650103001062, 1650103001063, 1650103001065, 1650103001066, 1650103001067, 1650103001068, 1650103001069, 1650103001070, 1650103001071, 1650103001072, 1650103001073, 1650103001074, 1650103001075, 1650103001076, 1650103001077, 1650103001078, 1650103001079, 1650103001080, 1650103001081, 1650103001082, 1650103001088, 1650103001089, 1650103001091, 1650103001092, 1650103001093, 1650103001094; VTD: 8: 1650102003000, 1650102003001, 1650102003002, 1650102003004, 1650102003005, 1650102003006, 1650102003007, 1650102003018, 1650102003070, 1650102003071, 1650102003073, 1650102003081, 1650102003082, 1650106001005, 1650106001006, 1650106001007, 1650106001008, 1650106001009, 1650106001010, 1650106001011, 1650106001012, 1650106001013, 1650106001014, 1650106001015, 1650106001016, 1650106001017, 1650106001018, 1650106001019, 1650106001020, 1650106001021, 1650106001022, 1650106001023, 1650106001024, 1650106001025, 1650106001026, 1650106001027, 1650106001028, 1650106001029, 1650106001030, 1650106001031, 1650106001032, 1650106001033, 1650106001034, 1650106001035, 1650106001036, 1650106001037, 1650106001038, 1650106001039, 1650106001040, 1650106001041, 1650106001042, 1650106001043, 1650106001044, 1650106001045, 1650106001046, 1650106001047, 1650106001048, 1650106001049, 1650106001050, 1650106001051, 1650106001052, 1650106001053, 1650106001054,

1650106001055, 1650106001056, 1650106001057, 1650106001058,
1650106001059, 1650106001060, 1650106001061, 1650106001062,
1650106001063, 1650106001064, 1650106001065, 1650106001083,
1650106001084, 1650106001085, 1650106001086, 1650106001087,
1650106001088, 1650106001089, 1650106002000, 1650106002001,
1650106002002, 1650106002003, 1650106002004, 1650106002005,
1650106002006, 1650106002007, 1650106002008, 1650106002009,
1650106002010, 1650106002011, 1650106002012, 1650106002013,
1650106002014, 1650106002015, 1650106002017, 1650106002018,
1650106002019, 1650106002020, 1650106002021, 1650106002032,
1650106002033, 1650106002034, 1650106002035, 1650106002036,
1650106002037, 1650106002038, 1650106002039, 1650106002040,
1650106002041, 1650106002042, 1650106002043, 1650106002044,
1650106002045, 1650106002046, 1650106002047, 1650106002048,
1650106002049, 1650106002050, 1650106002051, 1650106002052,
1650106002053, 1650106002054, 1650106002055, 1650106002056,
1650106002057, 1650106002058, 1650106002059, 1650106002060,
1650106002061, 1650106002062, 1650106002063, 1650106002064,
1650106002065, 1650106002066, 1650106002067, 1650106002068,
1650106002069, 1650106002070, 1650106002071, 1650106002072,
1650106002073, 1650106002074, 1650106002075, 1650106002076,
1650106002077, 1650106002078, 1650106002079, 1650106002080,
1650106002084, 1650106002085, 1650106002086, 1650106002087,
1650106002090, 1650106002091, 1650106002092, 1650106002093,
1650106002098, 1650106004000, 1650106004001, 1650106004002,
1650106004003, 1650106004004, 1650106004005, 1650106004006,
1650106004007, 1650106004008, 1650106004009, 1650106004010,
1650106004011, 1650106004012, 1650106004013, 1650106004014,
1650106004015, 1650106004016, 1650106004017, 1650106004018,
1650106004019, 1650106004020, 1650106004021, 1650106004022,
1650106004023, 1650106004024, 1650106004025, 1650106004026,
1650106004027, 1650106004028, 1650106004029, 1650106004030,
1650106004031, 1650106004032, 1650106004033, 1650106004034,
1650106004035, 1650106004036, 1650106004037, 1650106004038,
1650106004039, 1650106004040, 1650106004041, 1650106004042,
1650106004045, 1650106004046, 1650106004047, 1650106004048,
1650106004049, 1650106004050, 1650106004051, 1650106004052,
1650106004053, 1650106004054, 1650106004055, 1650106004056,
1650106004057, 1650106004058, 1650106004059, 1650106004060,
1650106004061, 1650106004062, 1650106004063, 1650106004064,
1650106004065, 1650106004066, 1650106004067, 1650106004068,

1650106004069, 1650106004070, 1650106004071, 1650106004072, 1650106004073, 1650106004074, 1650106004075, 1650106004076, 1650106004077, 1650106004078, 1650106004079, 1650106004080, 1650106004114, 1650106004115, 1650106004116, 1650106004117, 1650106004118, 1650106004119, 1650106004120, 1650106004121, 1650106004122, 1650106004159, 1650106004160, 1650106004196, 1650106004198, 1650106004199, 1650106004200, 1650106004201, 1650106004202, 1650106004203, 1650106004204, 1650106004205, 1650106004206, 1650106004207, 1650106004209; VTD: 9.

District 67: Montgomery County: VTD: BIS, VTD: CAN, VTD: ELD, VTD: LIT, VTD: MTG: Block(s) 1239604011000, 1239604011001, 1239604011002, 1239604011003, 1239604011007, 1239604021056, 1239604021057; VTD: OPH, VTD: PEE, VTD: STA, VTD: T1, VTD: T2, VTD: UWH, VTD: WAD; Stanly County.

District 68: Union County: VTD: 001, VTD: 002, VTD: 003, VTD: 010, VTD: 017A: Block(s) 1790203081006, 1790203081007, 1790203081008, 1790203081009, 1790203081010, 1790203081011, 1790203081012, 1790203081013, 1790203081014, 1790203081015, 1790203081016, 1790203081017, 1790203081018, 1790203081019, 1790203081032, 1790203081035, 1790203173031, 1790203173032, 1790203173033, 1790210111052, 1790210111053, 1790210111054, 1790210113000, 1790210113001, 1790210113094, 1790210113095, 1790210113096, 1790210113097; VTD: 017B, VTD: 018, VTD: 019: Block(s) 1790210041000, 1790210041001, 1790210041002, 1790210041003, 1790210041004, 1790210041005, 1790210041006, 1790210041007, 1790210041008, 1790210041009, 1790210041010, 1790210041011, 1790210041012, 1790210041013, 1790210041014, 1790210041015, 1790210041016, 1790210041017, 1790210041018, 1790210041019, 1790210041020, 1790210041021, 1790210041022, 1790210041023, 1790210041024, 1790210041025, 1790210041026, 1790210041027, 1790210041028, 1790210041029, 1790210041030, 1790210041031, 1790210041032, 1790210041033, 1790210041034, 1790210041035, 1790210041036, 1790210041038, 1790210041039, 1790210041040, 1790210041041, 1790210041042, 1790210041043, 1790210041046, 1790210041047, 1790210041048, 1790210042000, 1790210042002, 1790210042007, 1790210042009, 1790210042010, 1790210042013, 1790210042016, 1790210042017, 1790210042018, 1790210042019, 1790210042020, 1790210042021, 1790210042026, 1790210042027, 1790210042028, 1790210042029, 1790210042030, 1790210042037, 1790210051005,

1790210051006, 1790210051007, 1790210051008, 1790210051009, 1790210051010, 1790210051011, 1790210051012, 1790210051013, 1790210051014, 1790210051015, 1790210051016, 1790210051017, 1790210051018, 1790210051019, 1790210051020, 1790210051021, 1790210051022, 1790210051040; VTD: 020A, VTD: 020B, VTD: 028, VTD: 029A: Block(s) 1790203161028, 1790203171004, 1790203171005, 1790203171006, 1790203171007, 1790203171008, 1790203171009, 1790203171010, 1790203171011, 1790203171012, 1790203171013, 1790203171014, 1790203172000, 1790203172001, 1790203172002, 1790203172003, 1790203172004, 1790203172005, 1790203172006, 1790203172007, 1790203172008, 1790203172009, 1790203172010, 1790203172011, 1790203172012, 1790203172013, 1790203172014, 1790203172015, 1790203172016, 1790203172017, 1790203172018, 1790203172019, 1790203172020, 1790203172021, 1790203172022, 1790203172023, 1790203172024, 1790203172025, 1790203172026, 1790203172027, 1790203172028, 1790203172029, 1790203172030, 1790203172031, 1790203173000, 1790203173001, 1790203173002, 1790203173003, 1790203173004, 1790203173005, 1790203173006, 1790203173007, 1790203173008, 1790203173009, 1790203173010, 1790203173011, 1790203173012, 1790203173013, 1790203173014, 1790203173015, 1790203173016, 1790203173017, 1790203173018, 1790203173019, 1790203173020, 1790203173021, 1790203173022; VTD: 029B, VTD: 029C: Block(s) 1790203161004, 1790203161005, 1790203161006, 1790203161008, 1790203161009, 1790203161010, 1790203161011, 1790203161012, 1790203161013, 1790203161014, 1790203161015, 1790203161016, 1790203161017, 1790203161018, 1790203161019, 1790203161020, 1790203161021, 1790203161022, 1790203161023, 1790203161024, 1790203161025, 1790203161026, 1790203161027, 1790203161029, 1790203161030, 1790203161031, 1790203161032, 1790203161033, 1790203161034, 1790203161035, 1790203161036, 1790203161037, 1790203161038, 1790203161041, 1790203162017, 1790203162018, 1790203173023, 1790203173024, 1790203173025, 1790203173026, 1790203173028, 1790203173029, 1790203173030; VTD: 031, VTD: 040: Block(s) 1790203152020, 1790203152021, 1790203152022, 1790203152023, 1790203152024, 1790203152025, 1790203152026, 1790203152027, 1790203152028, 1790203152029, 1790203152030, 1790203152031, 1790203152032, 1790203152033, 1790203152034, 1790203152035, 1790203152036, 1790203152040, 1790210101021, 1790210101022, 1790210101023, 1790210101024, 1790210101049, 1790210101050, 1790210101058, 1790210101059, 1790210101060,

1790210101061, 1790210101062, 1790210101063, 1790210101064, 1790210101065, 1790210101066, 1790210101067; VTD: 041, VTD: 042.

District 69: Union County: VTD: 004, VTD: 005, VTD: 006, VTD: 008, VTD: 013, VTD: 014, VTD: 015, VTD: 016, VTD: 017A: Block(s) 1790203072000, 1790203072001, 1790203072002, 1790203072003, 1790203072004, 1790203072005, 1790203072006, 1790203072007, 1790203072009, 1790203072010, 1790203072017, 1790203072018, 1790203072019, 1790203072020, 1790203072021, 1790203072022, 1790203072023, 1790203072024, 1790203072025, 1790203072026, 1790203072028, 1790203073010, 1790203073011, 1790203073017, 1790203073018, 1790203073019, 1790203073023, 1790203073024, 1790203073025; VTD: 029A: 1790203071042, 1790203071044, 1790203071045, 1790203071071; VTD: 029C: 1790203142023, 1790203142025, 1790203142026, 1790203142027, 1790203142028, 1790203152000, 1790203152001, 1790203152002, 1790203152003, 1790203152004, 1790203152005, 1790203152039; VTD: 030, VTD: 032: Block(s) 1790202032001, 1790202032002, 1790202032003, 1790202032004, 1790202032005, 1790202032011, 1790202032012, 1790202032013, 1790202032014, 1790202032015, 1790202032016, 1790202032017, 1790202032018, 1790202032019, 1790202032020, 1790202032021, 1790202032022, 1790202032024, 1790202032025, 1790202032026, 1790202032027, 1790202032028, 1790202032029, 1790202032030, 1790202032031, 1790202032032, 1790202032033, 1790202032034, 1790202032035, 1790202032036, 1790202032037, 1790202032038; VTD: 035, VTD: 037A, VTD: 037B, VTD: 038A, VTD: 038B, VTD: 039, VTD: 040: Block(s) 1790203141031, 1790203141032, 1790203141033, 1790203141034, 1790203141035, 1790203141036, 1790203141037, 1790203141038, 1790203141039, 1790203141043, 1790203141046, 1790203141049, 1790203141050, 1790203141051, 1790203141052, 1790203142040, 1790203142042, 1790203142043, 1790203142045, 1790203142049, 1790203151000, 1790203151001, 1790203151002, 1790203151003, 1790203151004, 1790203151005, 1790203151006, 1790203151007, 1790203151008, 1790203151009, 1790203151010, 1790203151011, 1790203151012, 1790203151013, 1790203151014, 1790203151015, 1790203151016, 1790203151017, 1790203151018, 1790203151019, 1790203151020, 1790203151021, 1790203151022, 1790203151023, 1790203151024, 1790203151025, 1790203151026, 1790203151027, 1790203151028, 1790203151029, 1790203151030, 1790203151031, 1790203151032, 1790203151033, 1790203151034, 1790203151035, 1790203151036, 1790203151037, 1790203151038, 1790203151039,

1790203152006, 1790203152007, 1790203152008, 1790203152009, 1790203152010, 1790203152011, 1790203152012, 1790203152013, 1790203152014, 1790203152015, 1790203152016, 1790203152017, 1790203152018, 1790203152019, 1790203152037, 1790203152038, 1790203152041, 1790203152042; VTD: 043.

District 70: Randolph County: VTD: 01, VTD: 02, VTD: 03, VTD: 05, VTD: 06, VTD: 07, VTD: 08, VTD: 09, VTD: 10, VTD: 12, VTD: 13, VTD: 22, VTD: 25, VTD: 26, VTD: 28, VTD: 32, VTD: 33, VTD: 37, VTD: 38, VTD: 39.

District 71: Forsyth County: VTD: 042: Block(s) 0670035004001, 0670035004002, 0670035004003, 0670035004004, 0670035004006, 0670035004007, 0670035004008, 0670035004009, 0670035004010, 0670035004011, 0670035004012, 0670035004028, 0670036003012, 0670036003013, 0670036003026, 0670036003028, 0670036003029, 0670036003030, 0670036003031, 0670036003032, 0670036003037; VTD: 043: 0670034031003, 0670034031004, 0670034031005, 0670034031006, 0670034031007, 0670034031008, 0670034031009, 0670034031010, 0670034031011, 0670034031012, 0670034031013, 0670034031014, 0670034031015, 0670034031016, 0670034031017, 0670034031018, 0670034031024, 0670034031025, 0670034031026, 0670034031027, 0670034031028, 0670034031029, 0670034031030, 0670034031031, 0670034031032, 0670034032001, 0670034032002, 0670034032003, 0670034032004, 0670034032005, 0670034032006, 0670034032007, 0670034032008, 0670034032009, 0670034032010, 0670034032011, 0670034032020, 0670034042005, 0670034042007, 0670034042008, 0670034042009, 0670034042010, 0670034042011, 0670034042012, 0670034042013, 0670034042014, 0670034042015, 0670034042016, 0670034042017, 0670034042029, 0670034042030, 0670034042031, 0670034042032, 0670034042033, 0670034042034; VTD: 122: 0670037023000, 0670037023001, 0670037023002, 0670037023003, 0670037023004, 0670037023005, 0670037023006, 0670037023007, 0670037023008, 0670037023009, 0670037023010, 0670037023011, 0670037031000, 0670037031001, 0670037031002, 0670037031003, 0670037031004, 0670037031005, 0670037031011, 0670037031013, 0670037031014, 0670037031015, 0670037031016, 0670037031017, 0670037031018, 0670037031019, 0670037031020, 0670037031021, 0670037031022, 0670037031023, 0670037031024, 0670037031025, 0670037031026, 0670037031027, 0670037031028, 0670037031029, 0670037031030, 0670037031031, 0670037032000, 0670037032001, 0670037032002, 0670037032003, 0670037032004, 0670037032005,

0670037032006, 0670037032007, 0670037032008, 0670037032009, 0670037032010, 0670037032011, 0670037032026, 0670037032027, 0670037032028, 0670037032029, 0670037032030, 0670037032031, 0670037032032, 0670037032033, 0670037032034, 0670037033005, 0670037034000, 0670037034001, 0670037034002, 0670037034003, 0670037034004, 0670037034005, 0670037034006, 0670037034007, 0670037034008, 0670037034009, 0670037034010, 0670037034011, 0670037034012, 0670037034013, 0670037034014, 0670037034015, 0670037034016, 0670037034017, 0670037034018, 0670037034019, 0670037034020, 0670037034021, 0670037034022, 0670037034023, 0670037034024, 0670037034025, 0670037034026, 0670037034027, 0670037034028, 0670037034029, 0670037034030, 0670037034031, 0670037034032, 0670037034033, 0670037034034, 0670037034035, 0670037034036, 0670037034037, 0670037034038, 0670037034039, 0670037034042, 0670037034043, 0670037034045, 0670037034046, 0670037034047, 0670037034049, 0670037034050, 0670037034051, 0670037034052, 0670037034054, 0670037034055; VTD: 123: 0670038052003, 0670038053000, 0670039033008, 0670039033009, 0670039033010, 0670039033011, 0670039033012, 0670039033013, 0670039033014, 0670039033015, 0670039033016, 0670039033017, 0670039033018; VTD: 401, VTD: 403: Block(s) 0670001001006, 0670001001007, 0670001001008, 0670001001009, 0670001001010, 0670001001011, 0670001001025, 0670001001026, 0670001001027, 0670001001028, 0670001001029, 0670001001030, 0670001001031, 0670001001036, 0670001001037, 0670001001038, 0670001001039, 0670001001042, 0670001001043, 0670002001000, 0670002001001, 0670002001002, 0670002001003, 0670002001004, 0670002001005, 0670002001006, 0670002001007, 0670002001008, 0670002001009, 0670002001010, 0670002001011, 0670002001012, 0670002001013, 0670002001014, 0670002001015, 0670002001016, 0670002001017, 0670002001018, 0670002001019, 0670002001020, 0670002001021, 0670002001022, 0670002001023, 0670002001024, 0670002001025, 0670002001026, 0670002001027, 0670002001028, 0670002001029, 0670002001030, 0670002001031, 0670002001032, 0670002001033, 0670002001034, 0670002001035, 0670002001036, 0670002001037, 0670002001040, 0670002001041, 0670002001042, 0670002001043, 0670005002018, 0670006001003, 0670006001004, 0670006001005, 0670006001006, 0670006001007, 0670006001009, 0670006001014, 0670006001015, 0670006001016, 0670006001017, 0670006001021, 0670006001022, 0670006001023, 0670006001024, 0670006002000, 0670006002001, 0670006002002, 0670006002003, 0670006002004,

0670006002005, 0670006002006, 0670006002007, 0670006002008, 0670006002009, 0670006002010, 0670006002011, 0670006002012, 0670006002013, 0670006002014, 0670006002015, 0670006002016, 0670006002017, 0670006002018, 0670006002019, 0670006002020, 0670007002001, 0670007002002, 0670007002003, 0670007002004, 0670007002005, 0670007002006, 0670007002059; VTD: 404, VTD: 405, VTD: 501, VTD: 502, VTD: 503, VTD: 504, VTD: 505, VTD: 506, VTD: 507: Block(s) 0670033092002, 0670033092006, 0670033093028, 0670033093029, 0670033093030, 0670033093031, 0670033093032, 0670033093033, 0670033093035, 0670033093036, 0670033093038, 0670033093039, 0670033093040, 0670033093041, 0670033093042, 0670033093043, 0670033101007, 0670033101008, 0670033101009, 0670033101010, 0670033101011, 0670033101012, 0670033101013, 0670033101014, 0670033101015, 0670033101016, 0670033101017, 0670033101018, 0670033101019, 0670033101020, 0670033101021, 0670033101022, 0670033102031, 0670034042000, 0670034042001, 0670034042002, 0670034042003, 0670034042004, 0670034042006, 0670034042018, 0670034042019, 0670034042020, 0670034042021, 0670034042022, 0670034042023, 0670034042024, 0670034042027, 0670034042028, 0670034042035, 0670034042036, 0670034042037, 0670034042038; VTD: 601: 0670009001000, 0670009001001, 0670009001002, 0670009001003, 0670009002000, 0670009002001, 0670009002002, 0670009002003, 0670009002004, 0670009002005, 0670009002006, 0670009002007, 0670009002008, 0670009002009, 0670009002010, 0670009002011, 0670009002012, 0670009002013, 0670009002015, 0670009003000, 0670009003001, 0670009003002, 0670009003003, 0670009003004, 0670009003009, 0670009003010, 0670009003016, 0670009003017, 0670009003018, 0670009004000, 0670009004001, 0670009004002, 0670009004003, 0670009004004, 0670009004005, 0670009004006, 0670009004007, 0670009004008, 0670009004009, 0670009004010, 0670009004011, 0670009004012, 0670009004013, 0670009004014, 0670009004015, 0670009004016, 0670009004017, 0670009004018, 0670009004019, 0670009004020, 0670009004021, 0670009004022, 0670009004023, 0670009004024, 0670009004025, 0670009004026, 0670009004027, 0670009004028, 0670009004029, 0670009004030, 0670009004031, 0670009004032, 0670009004033, 0670009004034, 0670009004035, 0670009004036, 0670009004037, 0670009004038, 0670009004039, 0670009004040, 0670009004041, 0670009004042, 0670009004043, 0670009004044, 0670009004045, 0670009004046, 0670009004047, 0670009004048, 0670009004049, 0670009004050, 0670009004051, 0670010001000, 0670010001001, 0670010001005,

0670010001006, 0670010001007; VTD: 602: 0670037021000, 0670037021001, 0670037021002, 0670037021003, 0670037021004, 0670037021005, 0670037021006, 0670037021007, 0670037021008, 0670037021009, 0670037021010, 0670037021011, 0670037021012, 0670037021013, 0670037021014, 0670037021015, 0670037021016, 0670037021017, 0670037021018, 0670037021019, 0670037021020, 0670037021021, 0670037021022, 0670037021023, 0670037021024, 0670037021025, 0670037021026, 0670037021027, 0670037022000, 0670037022001, 0670037022002, 0670037022003, 0670037022004, 0670037022005, 0670037022006, 0670037022007, 0670037022008, 0670037022009, 0670037022010, 0670037022011, 0670037022012, 0670037022013, 0670037022014, 0670037022015, 0670037023012, 0670037023013, 0670037023014, 0670037023015, 0670037023016, 0670037023017, 0670037023018; VTD: 603, VTD: 604: Block(s) 0670010002000, 0670010002001, 0670010002014, 0670010002015, 0670010002016, 0670010002017, 0670010003011, 0670010003012, 0670010003013, 0670010003014, 0670010003015, 0670010003016, 0670010003017, 0670037011000, 0670037011001, 0670037011002, 0670037011003, 0670037011004, 0670037011005, 0670037011006, 0670037011007, 0670037011008, 0670037011009, 0670037012000, 0670037012001, 0670037012002, 0670037012003, 0670037012004, 0670037012005, 0670037012006, 0670037012007, 0670037012008, 0670037012009, 0670037012015, 0670037012016, 0670037012017, 0670037012018; VTD: 605, VTD: 606, VTD: 607: Block(s) 0670038031000, 0670038031001, 0670038031002, 0670038031003, 0670038031004, 0670038031005, 0670038031006, 0670038031017, 0670038031018; VTD: 701: 0670011003007, 0670011003008, 0670011003009, 0670011003012, 0670011003013, 0670011003014, 0670011003015, 0670011003016, 0670011003017, 0670011003018, 0670011003019, 0670011003020, 0670011003021, 0670011003022, 0670022001000, 0670022001001, 0670022001002, 0670022002000, 0670022002001, 0670022002004, 0670022002005, 0670022002006, 0670022002007, 0670022002008, 0670022002036, 0670025013034, 0670025013035, 0670025013036, 0670025013037, 0670025013041; VTD: 703: 0670022002016, 0670022002019, 0670022002020, 0670022002021, 0670022002022, 0670022002023, 0670022002024, 0670022002029; VTD: 705: 0670038051011, 0670038051012, 0670038051013, 0670038051014, 0670038051015, 0670038051016, 0670038051017, 0670038051018, 0670038051019, 0670038051020, 0670038051021, 0670038051022, 0670038051023, 0670038051024, 0670038052000, 0670038052001, 0670038052002, 0670038052004, 0670038052005, 0670038052006,

0670038052007, 0670038052008, 0670038052009, 0670038052010, 0670038052011, 0670038052012, 0670038052013, 0670038052014, 0670038052015, 0670038052016, 0670038052017, 0670038052018, 0670038052019, 0670038052020, 0670038052021, 0670038052022, 0670038052024, 0670038052025, 0670038052028, 0670038052029, 0670038052041, 0670038052042, 0670038052044, 0670038052045, 0670038052048, 0670038052049, 0670038052050, 0670038053004, 0670039032009, 0670039033007; VTD: 707: 0670022001003, 0670022001004, 0670022001005, 0670022001006, 0670022001007, 0670022001008, 0670022001009, 0670022001010, 0670022001011, 0670022001012, 0670022001013, 0670022001014, 0670022001015, 0670022001016, 0670022001017, 0670022001018, 0670022001019, 0670022001021, 0670022001040, 0670022001041, 0670022001042, 0670022001043, 0670022001044, 0670022001051, 0670022001052, 0670022001053, 0670025021032, 0670025021034, 0670038051001, 0670038051002, 0670038051003, 0670038051004, 0670038051005, 0670038051006, 0670038051007, 0670038051008, 0670038051009, 0670038051010; VTD: 708: 0670038052043, 0670038053001, 0670038053002, 0670038053003, 0670038053005, 0670038053006, 0670038053007, 0670038053008, 0670038053011, 0670038053012, 0670038053014; VTD: 808: 0670039032000, 0670039032001, 0670039032002, 0670039032003, 0670039032004, 0670039032005, 0670039032006, 0670039032007, 0670039032008, 0670039033000, 0670039033001, 0670039033002, 0670039033003, 0670039033004, 0670039033005, 0670039033006, 0670039033019, 0670039033020; VTD: 902.

District 72: Forsyth County: VTD: 031: Block(s) 0670028071001, 0670028071005, 0670028071019, 0670028071020, 0670028071021, 0670028071022, 0670028071023, 0670028071024, 0670028071025, 0670028071027, 0670028071028; VTD: 033: 0670027021000, 0670028061000, 0670028061001, 0670028061002, 0670028061003, 0670028061004, 0670028061005, 0670028061006, 0670028061016, 0670028061017, 0670028061018, 0670028061019, 0670028061020, 0670028061021, 0670028061022, 0670028061023, 0670028062000, 0670028062001, 0670028062002, 0670028062003, 0670028062004, 0670028062005, 0670028062006, 0670028062007, 0670028062008, 0670028062009, 0670028062010, 0670028062011, 0670028062012, 0670028062013, 0670028062014, 0670028062015, 0670028062016, 0670028062017, 0670028062018, 0670028062019, 0670028062020, 0670028062021, 0670028062022, 0670028062023, 0670028062024,

0670028062025, 0670028062026, 0670028062027, 0670028062028, 0670028062029, 0670028062030, 0670028062031, 0670028062032, 0670028062033, 0670028062034, 0670028071002, 0670028071003, 0670028071004, 0670028071006, 0670028071007, 0670028071008, 0670028071009, 0670028071010, 0670028071011, 0670028071012, 0670028071013, 0670028071014, 0670028071015, 0670028071016, 0670028071017, 0670028071018, 0670028071026, 0670028071029, 0670028081047, 0670028081048; VTD: 081: 0670015002000, 0670015002001, 0670015002002, 0670015002003, 0670015002005, 0670015002006, 0670015002007, 0670015002010, 0670029013000, 0670029013001, 0670029013002, 0670029013003, 0670029013004, 0670029013005, 0670029013006, 0670029013007, 0670029013008, 0670029013009, 0670029013010, 0670029013011, 0670029013012, 0670029031002, 0670029031003, 0670029031004, 0670029031005, 0670029031008, 0670029031009; VTD: 082: 0670017001000, 0670017005000, 0670017005001, 0670017005002, 0670017005003, 0670017005004, 0670017005005, 0670017005006, 0670017005007, 0670017005008, 0670017005009, 0670017005010, 0670017005011, 0670017005012, 0670017005013, 0670017005014, 0670017005015, 0670017005016, 0670030022022, 0670030022025, 0670030022028, 0670030022030, 0670030022033, 0670030022034, 0670030022035, 0670030022036, 0670030022037, 0670030022038, 0670030022039, 0670030022040, 0670030022043, 0670030022044, 0670030022045, 0670030022046, 0670030022053, 0670030022054, 0670030022055, 0670030022058, 0670030022059, 0670030022060, 0670030022061, 0670030022062, 0670030022066, 0670030022067, 0670030031057; VTD: 083: 0670016011000, 0670016011001, 0670016011002, 0670030021000, 0670030021001, 0670030021002, 0670030021003, 0670030021004, 0670030021005, 0670030021006, 0670030022009, 0670030022011, 0670030022012, 0670030022013, 0670030022014, 0670030022015, 0670030022029, 0670030022031; VTD: 101: 0670028042006, 0670028042007, 0670028042008, 0670028043000, 0670028043001, 0670028043004, 0670028043005, 0670028043006, 0670028043007, 0670028043008, 0670028043010, 0670028043012, 0670028043014, 0670028043016, 0670028043028; VTD: 201, VTD: 203, VTD: 204, VTD: 205, VTD: 206, VTD: 207, VTD: 301, VTD: 302, VTD: 303, VTD: 304, VTD: 305, VTD: 306: Block(s) 0670015001000, 0670015001001, 0670015001002, 0670015001003, 0670015001004, 0670015001005, 0670015001006, 0670015001007, 0670015001008, 0670015001009, 0670015001010, 0670015001011, 0670015001012, 0670015001013, 0670015001014, 0670015001015, 0670015001016, 0670015001017, 0670015001018,

0670015001019, 0670015001020, 0670015002004, 0670015002008,
0670015002009, 0670015002011, 0670015002012, 0670015002013,
0670015002014, 0670015003000, 0670015003001, 0670015003002,
0670015003003, 0670015003004, 0670015003005, 0670015003006,
0670015003007, 0670015003010, 0670015003011, 0670015003012,
0670015003013, 0670015003014, 0670015003015, 0670015003016,
0670015003017, 0670015003018, 0670029011028, 0670029011029,
0670029011030, 0670029011031; VTD: 402, VTD: 403: Block(s)
0670004003013, 0670004003014, 0670004003015, 0670004003016,
0670004003017, 0670004003018, 0670005002006, 0670005002007,
0670005002008, 0670005002009, 0670005002010, 0670005002011,
0670005002012, 0670005002013, 0670005002014, 0670005002015,
0670005002016, 0670005002017, 0670005003023, 0670005003024,
0670005003025, 0670005003026, 0670005003027; VTD: 801, VTD: 802, VTD:
803, VTD: 901, VTD: 903, VTD: 904, VTD: 905, VTD: 907, VTD: 908, VTD: 909.

District 73: Alexander County, Wilkes County: VTD: 103, VTD: 122, VTD: 128:
Block(s) 1939612005058, 1939612005074, 1939612005075, 1939612005082,
1939612005083, 1939612005085; Yadkin County.

District 74: Forsyth County: VTD: 021, VTD: 031: Block(s) 0670028071000,
0670028072003, 0670028072004, 0670028072005, 0670028072006,
0670028072007, 0670028072013, 0670028072014, 0670028072015,
0670028072016, 0670028072017, 0670028072018, 0670028072019,
0670028072020, 0670028072021, 0670028072022, 0670028072023,
0670028072024, 0670028072025, 0670028072026, 0670028072027,
0670028072028, 0670028072029, 0670028072030, 0670028072031,
0670028072032, 0670028072033, 0670028072034, 0670028072035,
0670028072036, 0670028072037, 0670028072038, 0670028072039,
0670028072040, 0670028072041, 0670028072042, 0670028072043,
0670028072044, 0670028072045, 0670028072046, 0670028072047,
0670028072048, 0670028072049, 0670028072050, 0670028072051,
0670028072052, 0670028072053, 0670028072054, 0670028072055,
0670028072056, 0670028072057, 0670028072058, 0670028072059,
0670028072061, 0670028072062, 0670028073000, 0670028073001,
0670028073002, 0670028073003, 0670028073004, 0670028073005,
0670028073006, 0670028073007, 0670028073008, 0670028073009,
0670028073010, 0670028073017, 0670028073022, 0670028073023,
0670028073024, 0670028073028, 0670028073029, 0670028073030; VTD:
032, VTD: 033: Block(s) 0670029012009, 0670029012013, 0670029012014,
0670029012015, 0670029012016, 0670029012017, 0670029012018,

0670029012019, 0670029012020, 0670029012021, 0670029012022, 0670029012023, 0670029012024, 0670029012025, 0670029012026, 0670029012027, 0670029012028, 0670029012034, 0670029012038, 0670029012039, 0670029012040; VTD: 034, VTD: 061, VTD: 062, VTD: 064, VTD: 066, VTD: 067, VTD: 068, VTD: 081: Block(s) 0670029011000, 0670029011001, 0670029011002, 0670029011003, 0670029011004, 0670029011005, 0670029011006, 0670029011007, 0670029011008, 0670029011009, 0670029011010, 0670029011011, 0670029011012, 0670029011013, 0670029011014, 0670029011015, 0670029011016, 0670029011017, 0670029011018, 0670029011019, 0670029011020, 0670029011026, 0670029011027, 0670029031000, 0670029031001, 0670029031006, 0670029031007, 0670029033000, 0670029033001, 0670029033002, 0670029033003, 0670029033004, 0670029033005, 0670029033006, 0670029033007, 0670029033008, 0670029033009, 0670029033010, 0670029033011, 0670029033012, 0670029033013, 0670029033014, 0670029033015, 0670029034000, 0670029034001, 0670029034002, 0670029034003, 0670029034004, 0670029034005, 0670029034009, 0670029034011, 0670029034012, 0670029034013, 0670029034014, 0670029034015, 0670029034016, 0670029034017, 0670029034018, 0670029034019, 0670029034033; VTD: 082: 0670030022001, 0670030022002, 0670030022003, 0670030022004, 0670030022005, 0670030022006, 0670030022018, 0670030022019, 0670030022020, 0670030022021, 0670030022023, 0670030022024, 0670030022026, 0670030022027, 0670030022041, 0670030022042, 0670030022047, 0670030022048, 0670030022049, 0670030022050, 0670030022051, 0670030022052, 0670030022056, 0670030022057, 0670030022063, 0670030022064, 0670030022065, 0670030022068, 0670030023000, 0670030023001, 0670030023002, 0670030023003, 0670030023004, 0670030023005, 0670030023016, 0670030023018, 0670030023019, 0670030023020, 0670030023021, 0670030023022, 0670030023023, 0670030023024, 0670030023025, 0670030023026, 0670030023027, 0670030023028, 0670030023029, 0670030023030, 0670030023031, 0670030023032, 0670030023033, 0670030023034, 0670030023035, 0670030023036, 0670030023037, 0670030023038, 0670030023039, 0670030023040, 0670030023041, 0670030023042, 0670030023043, 0670030023044, 0670030023045, 0670030023046, 0670030023047, 0670030023048, 0670030023049, 0670030023050, 0670030023051, 0670030023052, 0670030023053, 0670030023054, 0670030023055, 0670030023056, 0670030023057, 0670030023058, 0670030023059, 0670030023060, 0670030023061, 0670030023062, 0670030023063, 0670030023064, 0670030023067, 0670030023068,

0670030031001, 0670030031004, 0670030031005, 0670030031006, 0670030031008, 0670030031009, 0670030031010, 0670030031011, 0670030031012, 0670030031013, 0670030031014, 0670030031015, 0670030031016, 0670030031017, 0670030031018, 0670030031019, 0670030031020, 0670030031021, 0670030031022, 0670030031023, 0670030031024, 0670030031025, 0670030031026, 0670030031027, 0670030031028, 0670030031029, 0670030031030, 0670030031031, 0670030031032, 0670030031033, 0670030031034, 0670030031035, 0670030031036, 0670030031037, 0670030031038, 0670030031039, 0670030031040, 0670030031041, 0670030031042, 0670030031043, 0670030031044, 0670030031045, 0670030031046, 0670030031047, 0670030031048, 0670030031049, 0670030031050, 0670030031051, 0670030031052, 0670030031053, 0670030031054, 0670030031055, 0670030031058, 0670030031059, 0670030031064, 0670030031069, 0670030031070, 0670030032044, 0670030032045, 0670030032046, 0670030032047, 0670030032048, 0670030032049, 0670030032073, 0670030032074, 0670030032079, 0670030032080, 0670030032081, 0670030032082, 0670030032083, 0670030032084, 0670030032085, 0670030032086, 0670030032093, 0670030032094, 0670030032095, 0670030032096, 0670030032097, 0670030041024, 0670030041025, 0670030041026, 0670030041027, 0670030041028, 0670030041050, 0670030041051, 0670030041052, 0670030041053, 0670030041054, 0670030041055, 0670030041056, 0670030041057, 0670030041058, 0670030041059, 0670030041063, 0670030041066, 0670030041067, 0670030041068, 0670030041069, 0670030041071, 0670030041072, 0670030041080; VTD: 083: 0670029032000, 0670029032001, 0670029032002, 0670029032003, 0670029032004, 0670029032005, 0670029032006, 0670029032007, 0670029032008, 0670029032009, 0670029032010, 0670029032011, 0670029032012, 0670029032013, 0670029032014, 0670029032015, 0670029032016, 0670029032017, 0670029032018, 0670029032019, 0670029032020, 0670029032021, 0670029032022, 0670029032023, 0670029032024, 0670029032025, 0670029032026, 0670029032027, 0670029032028, 0670029032029, 0670029032030, 0670029032031, 0670029032032, 0670029032033, 0670029032034, 0670029032035, 0670029032036, 0670029032037, 0670029032038, 0670029032039, 0670029032040, 0670029032041, 0670029032042, 0670029032043, 0670029032044, 0670029032045, 0670029032046, 0670029032047, 0670029032048, 0670029032049, 0670029032050, 0670029032051, 0670029032052, 0670029032053, 0670029032054, 0670029034006, 0670029034007, 0670029034008, 0670029034010, 0670029034020, 0670029034021, 0670029034022,

0670029034023, 0670029034024, 0670029034025, 0670029034026, 0670029034027, 0670029034028, 0670029034029, 0670029034030, 0670029034031, 0670029034032, 0670029034034, 0670030022000, 0670030022007, 0670030022008, 0670030022010, 0670030022016, 0670030022017, 0670030022032, 0670030023006, 0670030023007, 0670030023008, 0670030023009, 0670030023010, 0670030023011, 0670030023012, 0670030023013, 0670030023014, 0670030023015, 0670030023017, 0670030023065, 0670030023066; VTD: 091, VTD: 092, VTD: 101: Block(s) 0670028013048, 0670028013049, 0670028013050, 0670028013051, 0670028013056, 0670028013057, 0670028013058, 0670028013059, 0670028013060, 0670028013061, 0670028013062, 0670028013063, 0670028013064, 0670028013065, 0670028013082, 0670028013083, 0670028041008, 0670028041009, 0670028041010, 0670028041011, 0670028041012, 0670028041013, 0670028041014, 0670028041020, 0670028042000, 0670028042001, 0670028042002, 0670028042003, 0670028042004, 0670028042005, 0670028043003, 0670028043011, 0670028043015, 0670028043017, 0670028043018, 0670028043019, 0670028043020, 0670028043021, 0670028043022, 0670028043023, 0670028043024, 0670028043025, 0670028043026, 0670028043027, 0670028043029, 0670028043030, 0670028043031, 0670028091030, 0670028091032, 0670028091037; VTD: 111, VTD: 112, VTD: 131, VTD: 132, VTD: 133: Block(s) 0670040101000, 0670040101001, 0670040101002, 0670040101003, 0670040101004, 0670040101005, 0670040101006, 0670040101007, 0670040101008, 0670040101009, 0670040101010, 0670040101012, 0670040101013, 0670040101014, 0670040101015, 0670040101016, 0670040101017, 0670040101018, 0670040101019, 0670040101020, 0670040101021, 0670040101022, 0670040101023, 0670040101024, 0670040103000, 0670040103001, 0670040103002, 0670040103003, 0670040103004, 0670040103005, 0670040103006, 0670040103007, 0670040103008, 0670040103009, 0670040103010, 0670040103011, 0670040103012, 0670040103013, 0670040103014, 0670040103015, 0670040103016, 0670040103017, 0670040103018, 0670040103019, 0670040103031, 0670041021015, 0670041021016, 0670041021017, 0670041021018, 0670041021019, 0670041021020, 0670041021021, 0670041021026, 0670041021032, 0670041021033, 0670041021034, 0670041021035, 0670041021040, 0670041022016, 0670041022017, 0670041022020, 0670041022021, 0670041022022, 0670041022032, 0670041022033, 0670041022034, 0670041022036, 0670041022037, 0670041022039, 0670041022040, 0670041022041, 0670041022042, 0670041022043; VTD: 306: 0670029011021, 0670029011022, 0670029011023, 0670029011024,

0670029011025; VTD: 701: 0670025013022, 0670025013023, 0670025013024, 0670025013025, 0670025013026, 0670025013027, 0670025013028, 0670025013029, 0670025013030, 0670025013031, 0670025013038, 0670025013039, 0670025013040, 0670025021000, 0670025021001, 0670025021002, 0670025021003, 0670025021004, 0670025021005, 0670025021006, 0670025021007, 0670025021008, 0670025021009, 0670025021010, 0670025021022, 0670025021023, 0670025021024, 0670025021025, 0670025021026, 0670025021036, 0670025021037; VTD: 707: 0670025021011, 0670025021012, 0670025021013, 0670025021014, 0670025021015, 0670025021016, 0670025021017, 0670025021018, 0670025021019, 0670025021020, 0670025021021, 0670025021027, 0670025021028, 0670025021029, 0670025021030, 0670025021031, 0670025021033, 0670025021035; VTD: 804, VTD: 805, VTD: 806: Block(s) 0670025022011, 0670025022012, 0670025022013, 0670025022019, 0670025022020, 0670025022021, 0670025022022, 0670025022023, 0670025022024, 0670025022025, 0670025022029, 0670025022030, 0670025022031, 0670039052000, 0670039052001, 0670039052002, 0670039052003, 0670039052004, 0670039052005, 0670039052006, 0670039052007, 0670039052008, 0670039052009; VTD: 809, VTD: 906.

District 75: Forsyth County: VTD: 011, VTD: 012, VTD: 013, VTD: 014, VTD: 015, VTD: 042: Block(s) 0670035004000, 0670035004005, 0670035004013, 0670035004014, 0670035004015, 0670035004016, 0670035004017, 0670035004018, 0670035004019, 0670035004020, 0670035004021, 0670035004022, 0670035004023, 0670035004024, 0670035004025, 0670035004026, 0670035004027, 0670035004029, 0670035004030, 0670035005000, 0670035005001, 0670035005002, 0670035005003, 0670035005004, 0670035005005, 0670035005006, 0670035005007, 0670035005008, 0670035005009, 0670035005010, 0670035005011, 0670035005012, 0670035005013, 0670035005014, 0670035005015, 0670035005016, 0670035005017, 0670035005018, 0670035005019, 0670035005020, 0670035005021, 0670035005022, 0670035005023, 0670035005024, 0670035005025, 0670035005026, 0670036003000, 0670036003001, 0670036003002, 0670036003003, 0670036003004, 0670036003005, 0670036003008, 0670036003009, 0670036003010, 0670036003011, 0670036003024, 0670036003025, 0670036003033, 0670036003034, 0670036003035, 0670036003036, 0670036003038, 0670036003039, 0670036003040, 0670036003041, 0670036003042, 0670036003043, 0670036003044, 0670036003045, 0670036003046, 0670036003047, 0670036003048, 0670036003049, 0670036003050,

0670036003051, 0670036003052, 0670036003053, 0670036003054, 0670036003055, 0670036003056, 0670036003057, 0670036003058, 0670036003059, 0670036003060, 0670036003061, 0670036003062, 0670036003063, 0670036003064, 0670036003065, 0670036003066, 0670036003067, 0670036003068, 0670036003069, 0670036003070, 0670036003071, 0670036003072, 0670036003073, 0670036003074, 0670036003075, 0670036003076, 0670036003077, 0670036003078, 0670036003079, 0670036003080, 0670036003081, 0670036003082, 0670036003083, 0670036003084, 0670036003085, 0670036003086, 0670036003087, 0670036003088, 0670036003089, 0670036003090, 0670036003091, 0670036003092, 0670036003093, 0670036003094, 0670036003095; VTD: 043: 0670033102019, 0670033102022, 0670033102024, 0670033102025, 0670034021000, 0670034021001, 0670034021002, 0670034021003, 0670034021004, 0670034021005, 0670034021006, 0670034021007, 0670034021008, 0670034021009, 0670034021010, 0670034021011, 0670034021012, 0670034021013, 0670034021014, 0670034021015, 0670034021016, 0670034021017, 0670034021018, 0670034021019, 0670034021020, 0670034021021, 0670034021022, 0670034021023, 0670034021024, 0670034021025, 0670034021026, 0670034021027, 0670034021028, 0670034021029, 0670034021030, 0670034021031, 0670034021032, 0670034021033, 0670034021034, 0670034021035, 0670034021036, 0670034021037, 0670034021038, 0670034021039, 0670034021040, 0670034021041, 0670034021042, 0670034021043, 0670034021044, 0670034021045, 0670034021046, 0670034021047, 0670034021048, 0670034021049, 0670034021050, 0670034022011, 0670034022021, 0670034022022, 0670034022023, 0670034022024, 0670034022025, 0670034022026, 0670034022027, 0670034022028, 0670034022029, 0670034022030, 0670034022031, 0670034022032, 0670034022033, 0670034022034, 0670034022035, 0670034022036, 0670034022037, 0670034022038, 0670034022039, 0670034022040, 0670034022041, 0670034022042, 0670034022043, 0670034022044, 0670034022045, 0670034022049, 0670034022050, 0670034022051, 0670034022052, 0670034022053, 0670034022054, 0670034022055, 0670034022056, 0670034022057, 0670034022058, 0670034022059, 0670034022060, 0670034022061, 0670034031000, 0670034031001, 0670034031002, 0670034031019, 0670034031020, 0670034031021, 0670034031022, 0670034031023, 0670034031033, 0670034031034, 0670034031035, 0670034031036, 0670034032000, 0670034032012, 0670034032013, 0670034032014, 0670034032015, 0670034032016, 0670034032017, 0670034032018, 0670034032019; VTD: 051, VTD: 052, VTD: 053, VTD: 054, VTD: 055, VTD:

063, VTD: 065, VTD: 122: Block(s) 0670037031006, 0670037031007, 0670037031008, 0670037031009, 0670037031010, 0670037031012, 0670037031032, 0670037032012, 0670037032013, 0670037032014, 0670037032015, 0670037032016, 0670037032017, 0670037032018, 0670037032019, 0670037032020, 0670037032021, 0670037032022, 0670037032023, 0670037032024, 0670037032025, 0670037032035, 0670037032036, 0670037033000, 0670037033001, 0670037033002, 0670037033003, 0670037033004, 0670037033006, 0670037033007, 0670037033008, 0670037033009, 0670037033010, 0670037033011, 0670037034040, 0670037034041, 0670037034044, 0670037034048, 0670037034053, 0670038032014, 0670038032015, 0670038032016, 0670038032017, 0670038032018, 0670038032019, 0670038032020, 0670038032021, 0670038032022, 0670038032023, 0670038032024, 0670038032025, 0670038032026, 0670038032027, 0670038032028, 0670038032029, 0670038032030, 0670038032032; VTD: 507: 0670033093004, 0670033093005, 0670033093006, 0670033093007, 0670033093008, 0670033093009, 0670033093010, 0670033093011, 0670033093012, 0670033093013, 0670033093014, 0670033093015, 0670033093016, 0670033093017, 0670033093018, 0670033093019, 0670033093020, 0670033093021, 0670033093022, 0670033093034, 0670033101000, 0670033101001, 0670033101002, 0670033101003, 0670033101004, 0670033101005, 0670033101006, 0670033101023, 0670033101024, 0670033101025, 0670033102000, 0670033102001, 0670033102002, 0670033102003, 0670033102004, 0670033102005, 0670033102006, 0670033102007, 0670033102008, 0670033102009, 0670033102010, 0670033102011, 0670033102012, 0670033102013, 0670033102014, 0670033102015, 0670033102016, 0670033102017, 0670033102018, 0670033102020, 0670033102021, 0670033102023, 0670033102026, 0670033102027, 0670033102028, 0670033102029, 0670033102030, 0670034042025, 0670034042026; VTD: 601: 0670010001002, 0670010001003, 0670010001004, 0670010001008, 0670010001009, 0670010001010, 0670010001011, 0670010001012, 0670010001014, 0670010001015, 0670010002002, 0670010002003, 0670010002004, 0670010002005, 0670010004000; VTD: 602: 0670038032000, 0670038032001, 0670038032002, 0670038032003, 0670038032004, 0670038032005, 0670038032006, 0670038032007, 0670038032008, 0670038032009, 0670038032010, 0670038032011, 0670038032012, 0670038032013, 0670038032031; VTD: 604: 0670010002006, 0670010002007, 0670010002008, 0670010002009, 0670010002010, 0670010002011, 0670010002012, 0670010002013, 0670010002018, 0670010002019, 0670010004003, 0670010004004,

0670010004011; VTD: 607: 0670038031007, 0670038031008, 0670038031009, 0670038031010, 0670038031011, 0670038031012, 0670038031013, 0670038031014, 0670038031015, 0670038031016, 0670038031019, 0670038031020, 0670038031021, 0670038031022, 0670038031023, 0670038031024, 0670038031025, 0670038031026, 0670038031027, 0670038031028, 0670038031029, 0670038041007, 0670038041008, 0670038041009, 0670038041010, 0670038041011, 0670038041021, 0670038041022, 0670038041023, 0670038041024, 0670038041034, 0670038041035, 0670038041037, 0670038041038, 0670038041039; VTD: 702, VTD: 703: Block(s) 0670010001013, 0670010003003, 0670010003004, 0670010004001, 0670010004002, 0670010004005, 0670010004006, 0670010004007, 0670010004008, 0670010004009, 0670010004010, 0670010004012, 0670010004013, 0670021002000, 0670022002015, 0670022002027, 0670022002028, 0670022002030, 0670022002031, 0670022002032, 0670022002033, 0670022002034, 0670022002035, 0670022003000, 0670022003007, 0670022003008, 0670022003009, 0670022003015, 0670022003016, 0670022003017; VTD: 704, VTD: 705: Block(s) 0670021001000, 0670021001001, 0670021001002, 0670021001003, 0670021001004, 0670021001005, 0670021001006, 0670021001007, 0670021001008, 0670021001009, 0670021001010, 0670021001011, 0670021001012, 0670021001013, 0670021001014, 0670021001015, 0670021001016, 0670021001017, 0670021001018, 0670021002022, 0670021002023, 0670022001020, 0670022001033, 0670022001034, 0670022001035, 0670022001036, 0670022001037, 0670022001038, 0670022001045, 0670022001046, 0670022001047, 0670022001048, 0670022001049, 0670022001050, 0670038041000, 0670038041001, 0670038041002, 0670038041003, 0670038041004, 0670038041005, 0670038041006, 0670038041012, 0670038041013, 0670038041014, 0670038041015, 0670038041016, 0670038041043, 0670038041044, 0670038052023, 0670038052026, 0670038052027, 0670038052030, 0670038052031, 0670038052032, 0670038052033, 0670038052034, 0670038052035, 0670038052036, 0670038052037, 0670038052038, 0670038052039, 0670038052040, 0670038052046, 0670038052047, 0670038054000, 0670038054004; VTD: 708: 0670038053009, 0670038053010, 0670038053013, 0670038053015, 0670038054001, 0670038054002, 0670038054003, 0670038054005, 0670038054006, 0670038054007, 0670038054008, 0670038054009, 0670038054010, 0670038054011, 0670038054012, 0670038054013, 0670038054014, 0670038054015, 0670038061000, 0670038061001, 0670038061002, 0670038061003, 0670038061004, 0670038061005, 0670038061006, 0670038061007,

0670038061008, 0670038061009, 0670038061010, 0670038061011, 0670038061012, 0670038061013, 0670038061014, 0670038061015, 0670038061016, 0670038061017, 0670038061018, 0670038061019, 0670038061020, 0670038061021, 0670038061022, 0670038061023, 0670038061024, 0670038061025, 0670038061026, 0670038061027, 0670038061028, 0670038062000, 0670038062001, 0670038062002, 0670038062003, 0670038062004, 0670038062005, 0670038062006, 0670038062007, 0670038062008, 0670038062009, 0670038062010, 0670038062011, 0670038062012, 0670038062013, 0670038062014, 0670038062015, 0670038062016, 0670038062017, 0670038062018, 0670038062019, 0670038062020, 0670038062021, 0670038062022, 0670038062023, 0670038062024, 0670038062025, 0670038062026, 0670038062027; VTD: 709.

District 76: Cabarrus County: VTD: 04-03, VTD: 05-00, VTD: 06-00, VTD: 07-00, VTD: 08-00, VTD: 09-00; Rowan County: VTD: 01, VTD: 02, VTD: 05, VTD: 06, VTD: 13, VTD: 15, VTD: 16, VTD: 17, VTD: 18, VTD: 19, VTD: 20, VTD: 22, VTD: 23, VTD: 25, VTD: 26, VTD: 31, VTD: 33, VTD: 35, VTD: 36, VTD: 38.

District 77: Rowan County: VTD: 03, VTD: 04, VTD: 07, VTD: 08, VTD: 09, VTD: 10, VTD: 11, VTD: 12, VTD: 14, VTD: 21, VTD: 24, VTD: 27, VTD: 28, VTD: 29, VTD: 30, VTD: 32, VTD: 34, VTD: 39, VTD: 40, VTD: 41, VTD: 42, VTD: 44, VTD: 45, VTD: 46.

District 78: Moore County: VTD: CAR, VTD: DHR, VTD: RBN: Block(s) 1259501001042, 1259501001045, 1259501001046, 1259501001047, 1259501001048, 1259501001057, 1259501001058, 1259501001059, 1259501001060, 1259502001022, 1259502001023, 1259502001024, 1259502001027, 1259502001028, 1259502001029, 1259502001032, 1259502001033, 1259502001034, 1259502001035, 1259502001036, 1259502001037, 1259502001039, 1259502001040; VTD: WEM: 1259501001043, 1259501001044, 1259502001000, 1259502001001, 1259502001002, 1259502001003, 1259502001004, 1259502001005, 1259502001006, 1259502001007, 1259502001008, 1259502001009, 1259502001010, 1259502001011, 1259502001012, 1259502001013, 1259502001014, 1259502001015, 1259502001016, 1259502001017, 1259502001018, 1259502001019, 1259502001020, 1259502001021, 1259502001025, 1259502001026; Randolph County: VTD: 04, VTD: 11, VTD: 14, VTD: 15, VTD: 16, VTD: 17, VTD: 18, VTD: 19, VTD: 20, VTD: 21, VTD: 23, VTD: 24, VTD: 27, VTD: 29, VTD: 30, VTD: 31, VTD: 34, VTD: 35, VTD: 36, VTD: 40.

District 79: Davie County, Forsyth County: VTD: 071, VTD: 072, VTD: 073, VTD: 074, VTD: 075, VTD: 123: Block(s) 0670039042003, 0670039042004, 0670039042005, 0670039042006, 0670039042007, 0670039042008, 0670039042009, 0670039042010, 0670039042011, 0670039042012, 0670039042013, 0670039042014, 0670039042015, 0670039042018, 0670039042019, 0670039042021, 0670039043000, 0670039043001, 0670039043002, 0670039043003, 0670039043004, 0670039043005, 0670039043006, 0670039043007, 0670039043008, 0670039043009, 0670039043010, 0670039043011, 0670039043012, 0670039043013, 0670039043014, 0670039043015, 0670039043016, 0670039043017, 0670039043018, 0670039043019, 0670039044000, 0670039044002, 0670039044003, 0670039044004, 0670039044005, 0670039044006, 0670039044007, 0670039044008, 0670039044009, 0670039044010, 0670039044011, 0670039044012, 0670039044013, 0670039044014, 0670039044015, 0670039044016, 0670039044017; VTD: 133: 0670040091000, 0670040091001, 0670040091002, 0670040091003, 0670040091004, 0670040091005, 0670040091006, 0670040091030, 0670040091031, 0670040091032, 0670040091033, 0670040091034, 0670040091035, 0670040091040, 0670040091051, 0670040092000, 0670040092001, 0670040092002, 0670040092003, 0670040092004, 0670040092005, 0670040092006, 0670040092007, 0670040092008, 0670040092009, 0670040092010, 0670040092011, 0670040092012, 0670040092013, 0670040092014, 0670040092015, 0670040092016, 0670040092017, 0670040092018, 0670040092019, 0670040092020, 0670040092021, 0670040092022, 0670040092023, 0670040092024, 0670040092025, 0670040092026, 0670040092027, 0670040092028, 0670040092029, 0670040092030, 0670040092031, 0670040092032, 0670040092033, 0670040092034, 0670040092035, 0670040102000, 0670040102001, 0670040102002, 0670040102003, 0670040102004, 0670040102005, 0670040102006, 0670040102007, 0670040102008, 0670040102009, 0670040102010, 0670040102011, 0670040102012, 0670040102013, 0670040102014, 0670040102015, 0670040102016, 0670040102017, 0670040102018, 0670040102022, 0670040102023, 0670040102024, 0670040102025, 0670040103028, 0670041022023, 0670041022024, 0670041022025, 0670041022026, 0670041022027, 0670041022028, 0670041022029, 0670041022030, 0670041022031, 0670041022044; VTD: 706, VTD: 806: Block(s) 0670039051000, 0670039051012, 0670039051013, 0670039052010, 0670039052011, 0670039052012, 0670039052013, 0670039052014, 0670039052015, 0670039052016; VTD: 807, VTD: 808: Block(s) 0670039042000,

0670039042001, 0670039042002, 0670039042016, 0670039042017, 0670039042020, 0670039042022, 0670039051001, 0670039051002, 0670039051003, 0670039051004, 0670039051005, 0670039051006, 0670039051007, 0670039051008, 0670039051009, 0670039051010, 0670039051011, 0670039051014, 0670039051015, 0670039063005, 0670039063006, 0670039063007, 0670039063008, 0670039063010, 0670039063015, 0670039063016, 0670039063017, 0670039063018, 0670039063019.

District 80: Davidson County: VTD: 02, VTD: 12, VTD: 14, VTD: 16, VTD: 18, VTD: 20, VTD: 42, VTD: 44, VTD: 46, VTD: 54, VTD: 56, VTD: 60, VTD: 62, VTD: 64, VTD: 66, VTD: 68, VTD: 72, VTD: 74, VTD: 76, VTD: 80.

District 81: Davidson County: VTD: 04, VTD: 06, VTD: 08, VTD: 10, VTD: 22, VTD: 24, VTD: 26, VTD: 28, VTD: 30, VTD: 32, VTD: 34, VTD: 36, VTD: 38, VTD: 40, VTD: 48, VTD: 50, VTD: 52, VTD: 58, VTD: 70, VTD: 78, VTD: 82, VTD: 84.

District 82: Cabarrus County: VTD: 01-04, VTD: 01-06, VTD: 01-07, VTD: 01-08, VTD: 01-09, VTD: 01-10, VTD: 02-02, VTD: 02-03, VTD: 02-07, VTD: 02-08, VTD: 02-09, VTD: 03-00, VTD: 12-01, VTD: 12-02, VTD: 12-06, VTD: 12-07, VTD: 12-08, VTD: 12-09, VTD: 12-10, VTD: 12-12.

District 83: Cabarrus County: VTD: 01-02, VTD: 02-01, VTD: 02-05, VTD: 02-06, VTD: 04-01, VTD: 04-02, VTD: 04-04, VTD: 04-05, VTD: 04-06, VTD: 04-07, VTD: 04-08, VTD: 04-09, VTD: 04-10, VTD: 10-00, VTD: 11-01, VTD: 11-02, VTD: 12-03, VTD: 12-04, VTD: 12-05, VTD: 12-11.

District 84: Iredell County: VTD: BE, VTD: CD, VTD: CH-A, VTD: CS, VTD: EM, VTD: FT, VTD: NH, VTD: OL, VTD: SB, VTD: SH-A, VTD: SH-B, VTD: ST1, VTD: ST2, VTD: ST3, VTD: ST4, VTD: ST5, VTD: TB, VTD: UG.

District 85: Avery County, McDowell County, Mitchell County.

District 86: Burke County: VTD: 0001, VTD: 0003, VTD: 0011, VTD: 0012, VTD: 0013, VTD: 0014, VTD: 0015, VTD: 0018, VTD: 0019, VTD: 0020, VTD: 0021, VTD: 0022, VTD: 0024, VTD: 0031, VTD: 0034, VTD: 0035, VTD: 0036, VTD: 0038, VTD: 0039, VTD: 0040, VTD: 0047, VTD: 0048, VTD: 0051, VTD: 0052, VTD: 0062, VTD: 0066, VTD: 0070.

District 87: Caldwell County.

District 88: Mecklenburg County: VTD: 001: Block(s) 1190024003015, 1190024003016, 1190027012011, 1190027012012, 1190027012013, 1190027012014, 1190027012015, 1190027012016, 1190027012017, 1190028001000, 1190028001001, 1190028001005, 1190028003000, 1190028003003, 1190028003004; VTD: 008, VTD: 009: Block(s) 1190004002007, 1190004002008, 1190027013000, 1190027013002, 1190027013003, 1190035001000, 1190035001001, 1190035001002, 1190035001003, 1190035001004, 1190035001005, 1190035001006, 1190035001007, 1190035001008, 1190035001009, 1190035001010, 1190035001011, 1190035001012, 1190035001013, 1190035001014, 1190035001015, 1190035001016, 1190035001017, 1190035001018, 1190035001019, 1190035002000, 1190035002001, 1190035002002, 1190035002003, 1190035002004, 1190035002005, 1190035002006, 1190035002007, 1190035002008, 1190035002009, 1190035002010, 1190035002011, 1190035002012, 1190035002013, 1190035002014, 1190035002015, 1190035002016, 1190035002017, 1190035002018, 1190035002019, 1190035002020, 1190035002021, 1190035002024, 1190035002025, 1190035002026, 1190035002027, 1190035002028, 1190035002029, 1190035002030, 1190035002031, 1190035002032, 1190035002033; VTD: 010, VTD: 018, VTD: 019, VTD: 020, VTD: 021, VTD: 032, VTD: 037, VTD: 038, VTD: 047: Block(s) 1190022004000, 1190022004001, 1190022004002, 1190022004003, 1190022004004, 1190022004005, 1190022004006, 1190022004007, 1190022004008, 1190022004009, 1190022004010, 1190022004011, 1190022004012, 1190022004013, 1190022004014, 1190022004017; VTD: 049, VTD: 050, VTD: 051, VTD: 057, VTD: 058, VTD: 059, VTD: 075, VTD: 076, VTD: 086: Block(s) 1190030073005, 1190030073006, 1190030073007, 1190030073008, 1190030073009, 1190030073010, 1190030073011, 1190030073012, 1190030073013, 1190030073014, 1190030073015, 1190030075000, 1190030075001, 1190030075002, 1190030075003, 1190030075010; VTD: 087: 1190058262007, 1190058262008, 1190058262012, 1190058262013, 1190058262016, 1190058292006, 1190058292007, 1190058292008, 1190058301000, 1190058301001, 1190058301002, 1190058301003, 1190058301004, 1190058301005, 1190058301006, 1190058301007, 1190058301008, 1190058301009; VTD: 088: 1190058302000, 1190058302001, 1190058302002, 1190058302003, 1190058302004, 1190058302005, 1190058302006, 1190058302007, 1190058302008, 1190058302009, 1190058302010, 1190058312000, 1190058312001, 1190058312002, 1190058312003, 1190058312004, 1190058312005, 1190058312006, 1190058312007, 1190058312008, 1190058312009,

1190058312010, 1190058312011, 1190058312012, 1190058312013, 1190058312014, 1190058312015, 1190058313000, 1190058313001; VTD: 092, VTD: 093, VTD: 101, VTD: 120: Block(s) 1190031082012; VTD: 226: 1190058311004, 1190058311005, 1190058311006, 1190058311007, 1190058311008, 1190058311009, 1190058311010, 1190058311011, 1190058311012, 1190058311013, 1190058311014, 1190058391000, 1190058391001, 1190058391002, 1190058391003, 1190058391004, 1190058391005, 1190058391006, 1190058391007, 1190058391008, 1190058391009, 1190058391010, 1190058391011, 1190058391012, 1190058391013, 1190058391014, 1190058391015, 1190058391016, 1190058391017, 1190058391018, 1190058391019, 1190058391020, 1190058391021, 1190058391022, 1190058391023, 1190058391024, 1190058391025, 1190058391026, 1190058391027, 1190058391028, 1190058391029.

District 89: Catawba County: VTD: 01, VTD: 02, VTD: 03, VTD: 04, VTD: 05, VTD: 06, VTD: 09, VTD: 10, VTD: 12, VTD: 20, VTD: 21, VTD: 22, VTD: 25, VTD: 27, VTD: 31, VTD: 32, VTD: 34, VTD: 35, VTD: 40, VTD: 41.

District 90: Surry County, Wilkes County: VTD: 107: Block(s) 1939601001000, 1939601001001, 1939601001002, 1939601001003, 1939601001004, 1939601001005, 1939601001006, 1939601001007, 1939601001008, 1939601001009, 1939601001010, 1939601001011, 1939601001012, 1939601001013, 1939601001015, 1939601001019, 1939601001021, 1939601001022, 1939601001023, 1939601001046, 1939602003021, 1939602003022, 1939602003063, 1939602003064, 1939602003065; VTD: 124.

District 91: Rockingham County: VTD: AV, VTD: CO, VTD: HO: Block(s) 1570410021000, 1570410021002, 1570410021003, 1570410021004, 1570410021005, 1570410021006, 1570410021007, 1570410021008, 1570410021010, 1570410021012, 1570410021013, 1570410021014, 1570410021015, 1570410021016, 1570410021017, 1570410021018, 1570410021019, 1570410021035, 1570410022002, 1570410022003, 1570411004035, 1570411004036; VTD: MA, VTD: MC: Block(s) 1570414001023, 1570414001026, 1570414001027, 1570414001029, 1570414001030, 1570414001031, 1570414002002, 1570414002003, 1570414002004, 1570414002005, 1570414002006, 1570414002007, 1570414002008, 1570414002009, 1570414002010, 1570414002016, 1570414002017, 1570414002018, 1570414002019, 1570414002020, 1570414002021, 1570414002022, 1570414002023, 1570414002024,

1570414002025, 1570414002026, 1570414002027, 1570414002040, 1570414002041, 1570414002042, 1570414002043, 1570415001000, 1570415001001, 1570415001002, 1570415001003, 1570415001004, 1570415001005, 1570415001006, 1570415001007, 1570415001008, 1570415001014, 1570415001015, 1570415001016, 1570415001017, 1570415001018, 1570415001019, 1570415001020, 1570415001021, 1570415001022, 1570415001023, 1570415002021, 1570415002022, 1570415002023, 1570415002024, 1570415002025, 1570415002026, 1570415002027, 1570415002029, 1570415002030, 1570415002031, 1570415002032, 1570415002033, 1570415002034, 1570415002035, 1570415002039, 1570415002040, 1570415003000, 1570415003001, 1570415003002, 1570415003003, 1570415003004, 1570415003005, 1570415003006, 1570415003007, 1570415003008, 1570415003009, 1570415003010, 1570415003011, 1570415003012, 1570415003013, 1570415003014, 1570415003015, 1570415003016, 1570415003017, 1570415003018, 1570415003019, 1570415003020, 1570415003021, 1570415003022, 1570415003023, 1570415003024, 1570415003025, 1570415003026, 1570415003027, 1570415003028, 1570415003029, 1570415003030, 1570415003031, 1570415003032, 1570415003033, 1570415004037, 1570415004038; VTD: MD, VTD: NB: Block(s) 1570410021009, 1570410021011, 1570410022000, 1570410022001, 1570410022004, 1570410022005, 1570410022006, 1570410022007, 1570410022008, 1570410022009, 1570410022010, 1570410022011, 1570410022014, 1570410022015, 1570410022017, 1570410022021, 1570410022022, 1570410022023, 1570416011036, 1570416011068, 1570416023001, 1570416023002; VTD: VA; Stokes County.

District 92: Mecklenburg County: VTD: 039: Block(s) 1199801001008, 1199801001009, 1199801001010, 1199801001011, 1199801001012, 1199801001013, 1199801001014, 1199801001015, 1199801001016, 1199801001017, 1199801001018, 1199801001019, 1199801001020, 1199801001021, 1199801001035, 1199801001036, 1199801001042, 1199801001043, 1199801001044, 1199801001045, 1199801001046; VTD: 114, VTD: 122: Block(s) 1190059142000, 1190059142001, 1190059142002, 1190059142003, 1190059142004, 1190059143006, 1190059143007, 1190059143008, 1190059143009, 1190059143010, 1190059143011, 1190059143012, 1190059143015, 1190059171000, 1190059171001, 1190059171002, 1190059171003, 1190059171004, 1190059171005, 1190059171006, 1190059171007, 1190059171008, 1190059171009, 1190059171010, 1190059171011, 1190059171012, 1190059171013, 1190059171014, 1190059171026, 1190059171027, 1190059171028,

1190059172000, 1190059172001, 1190059172002, 1190059172003, 1190059172004, 1190059172005, 1190059172006, 1190059172007, 1190059172008, 1190059172009, 1190059172010, 1190059172011, 1190059172012, 1190059172013, 1190059172014, 1190059172015, 1190059172016, 1190059172017, 1190059172018, 1190059172019, 1190059172020, 1190059172021, 1190059172022, 1190059172023, 1190059172024, 1190059172025, 1190059172027, 1190059172028, 1190059172029, 1190059172030, 1199802001021, 1199802001022, 1199802001023, 1199802001024, 1199802001025, 1199802001026, 1199802001030, 1199802001031, 1199802001032, 1199802001033, 1199802001034, 1199802001035, 1199802001036, 1199802001039, 1199802001040, 1199802001041, 1199802001042, 1199802001048, 1199802001051, 1199802001052; VTD: 129: 1190058291013, 1190058291014, 1190058291015, 1190058291016; VTD: 134, VTD: 138: Block(s) 1190059121032, 1190059121042, 1190059121043, 1190059121044, 1190059121045, 1190059121046, 1190059121047, 1190059121053, 1190059122032, 1190059122033, 1190059122034, 1190059122035, 1190059122037, 1190059122038, 1190059122039, 1190059122040; VTD: 142: 1190062101000, 1190062101017, 1190062101018, 1190062101019, 1190062101020, 1190062101022, 1190062101023, 1190062101026, 1190062101034, 1190062102001, 1190062102002, 1190062102003, 1190062102004, 1190062102005, 1190062102006, 1190062102007, 1190062102008, 1190062102009, 1190062102010, 1190062102011, 1190062102012, 1190062102013, 1190062102014, 1190062102015, 1190062102017, 1190062102018, 1190062102019, 1190062102020, 1190062102021, 1190062111011, 1190062132000, 1190062132001, 1190062132002; VTD: 143, VTD: 200, VTD: 209: Block(s) 1190061032001, 1190061032002, 1190061032003, 1190061032004, 1190061032005, 1190061032006, 1190061032007, 1190061032008, 1190061032009, 1190061032010, 1190061032011, 1190061032012, 1190061032017, 1190061032018, 1190061051000, 1190061051001, 1190062131026, 1190062131041, 1190062131042, 1190062131043, 1190062131044, 1190062131045, 1190062131047, 1190062131048, 1190062131049, 1190062131050, 1190062131051, 1190062131052, 1190062131053, 1190062131054, 1190062131055, 1190062131056, 1190062131057, 1190062131058, 1190062131059, 1190062131060, 1190062131061, 1190062131062, 1190062131063, 1190062131064, 1190062131065, 1190062131066, 1190062131067, 1190062131068, 1190062131069, 1190062131070, 1190062131071, 1190062131072, 1190062131073, 1190062131074, 1190062131075, 1190062131076, 1190062131077, 1190062131078, 1190062131079, 1190062131080, 1190062131081,

1190062131083, 1190062131084, 1190062131085, 1190062131086, 1190062131087, 1190062131088, 1190062131089, 1190062131090, 1190062131091, 1190062131092, 1190062131093, 1190062131095, 1190062131096, 1190062131097, 1190062131098, 1190062131099, 1190062131100, 1190062131101, 1190062131102, 1190062131103, 1190062131104, 1190062131105, 1190062131106, 1190062131107, 1190062131108, 1190062131109, 1190062131110, 1190062131111, 1190062151076, 1190062151077, 1190062151079, 1190062151096, 1190062151097, 1190062152000, 1190062152001, 1190062152002, 1190062152003, 1190062152004, 1190062152005, 1190062152006, 1190062152007, 1190062152008, 1190062152009, 1190062152010, 1190062152011, 1190062152012, 1190062152013, 1190062152014, 1190062152015, 1190062152016, 1190062152017, 1190062152018, 1190062152019, 1190062152020, 1190062152021, 1190062152022, 1190062152023, 1190062152024, 1190062152025, 1190062152026, 1190062152027, 1190062152028, 1190062152029, 1190062152030, 1190062152031, 1190062152032, 1190062152033, 1190062152034, 1190062152035, 1190062152036, 1190062152037, 1190062152038, 1190062152039, 1190062152040, 1190062152041, 1190062152042, 1190062152043, 1190062152044, 1190062152045, 1190062152046, 1190062152047, 1190062152048, 1190062152049, 1190062152050, 1190062152051, 1190062152052, 1190062152053, 1190062152054, 1190062152055, 1190062152056, 1190062152057, 1190062152058, 1190062152059, 1190062152060, 1190062152061, 1190062152062, 1190062152063; VTD: 223.1: 1190060071000, 1190060071001, 1190060071002, 1190060071003, 1190060071004, 1190060071005, 1190060071006, 1190060071007, 1190060071008, 1190060071009, 1190060071010, 1190060071011, 1190060071012, 1190060071013, 1190060071014, 1190060071033, 1190060071034, 1190060071036, 1190060071037, 1190060071039, 1190060071041, 1190060071042, 1190060071043, 1190060071044, 1190060071056, 1190060071057, 1190060072001, 1190060072002, 1190060072003, 1190060072004, 1190060072005, 1190060072006, 1190060072007, 1190060072008, 1190060072009, 1190060072010, 1190060072011, 1190060072012, 1190060072013, 1190060072014, 1190060072015, 1190060072016, 1190060072017, 1190060072036, 1190060072037, 1190060072038, 1190060073000, 1190060073001, 1190060073002, 1190060073003, 1190060073004, 1190060073005, 1190060073006, 1190060073007, 1190060073008, 1190060073009, 1190060073010, 1190060073011, 1190060073012, 1190060073013, 1190060073014, 1190060073015, 1190060073016, 1190060073017, 1190060073018, 1190060073019,

1190060073020, 1190060073021, 1190060073022, 1190060073023, 1190060073024, 1190060073025, 1190060073026, 1190060073027, 1190060073028, 1190060073029, 1190060073030, 1190060073031, 1190060073032, 1190061031000, 1190061031001, 1190061031002, 1190061031003, 1190061031004, 1190061031005, 1190061031006, 1190061031007, 1190061031008, 1190061031009, 1190061031010, 1190061031011, 1190061031012, 1190061031013, 1190061031014, 1190061031015, 1190061031016, 1190061031017, 1190061031018, 1190061031019, 1190061031020, 1190061031021, 1190061031022, 1190061031023, 1190061031024, 1190061031025, 1190061031026, 1190061031027, 1190061031028, 1190061031029, 1190061031030, 1190061031031, 1190061031032, 1190061031033, 1190061031034, 1190061031035, 1190061031036, 1190061031037, 1190061031038, 1190061031039, 1190061031041, 1190061031042, 1190061031043, 1190061031049, 1190061031062, 1190061031063; VTD: 224: 1190059061000, 1190059061001, 1190059061002, 1190059061003, 1190059061004, 1190059061005, 1190059061006, 1190059061007, 1190059061008, 1190059061009, 1190059061010, 1190059061011, 1190059061012, 1190059061013, 1190059061014, 1190059061015, 1190059061016, 1190059061017, 1190059061018, 1190059061019, 1190059061020, 1190059061021, 1190059061022, 1190059061023, 1190059061024, 1190059061025, 1190059061026, 1190059061027, 1190059061028, 1190059061029, 1190059061030, 1190059061031, 1190059062011, 1190059062012, 1190059062013, 1190059062031, 1190059062032, 1190059062033, 1190059062034, 1190059062035, 1190059062036, 1190059062040, 1190059062041, 1190060051000, 1190060051001, 1190060051002, 1190060051003, 1190060051004, 1190060051005, 1190060051006, 1190060051007, 1190060051008, 1190060051009, 1190060051010, 1190060051011, 1190060051012, 1190060051013, 1190060051014, 1190060051015, 1190060051016, 1190060051034, 1190060051035, 1190060051036, 1190060051037, 1190060051038, 1190060051039, 1190060051044, 1190060051045, 1190060051046, 1190060051047, 1190060051048, 1190060051049, 1190060051050, 1190060051056, 1190060051057, 1190060051058, 1190060051059, 1190060051060, 1190060051061, 1190060051062, 1190060051063, 1190060051064, 1190060051065, 1190060081009, 1190060081010, 1190060081011, 1190060081012, 1190060081013, 1190060081014, 1190060081015, 1190060081016, 1190060092021, 1190060092025; VTD: 225: 1190058241023, 1190058241027, 1190058241028, 1190058241029, 1190058241030, 1190058241031, 1190058241032, 1190058241033, 1190058241034, 1190058241035,

1190058241036, 1190058241037, 1190058241038, 1190058241039, 1190058241040, 1190058241041, 1190058241042, 1190058241043, 1190058241044, 1190058241045, 1190058241053, 1190058241054, 1190058241055, 1190058241056, 1190058241057, 1190058241058, 1190058241059, 1190058241060, 1190058241061, 1190058241062, 1190058241063, 1190058241064, 1190058241065, 1190058241066, 1190058241067, 1190058241068, 1190058241069, 1190058241070, 1190058241071, 1190058241072, 1190058241073, 1190058241074, 1190058241075, 1190058241076, 1190058241077, 1190058241078, 1190058241079, 1190058241080, 1190058241081, 1190058241082, 1190058241083, 1190058252000, 1190058291009, 1190058291010, 1190058291011, 1190058291012; VTD: 228: 1190059122036, 1190059132000, 1190059132001, 1190059132002, 1190059132003, 1190059132004, 1190059132005, 1190059132006, 1190059132007, 1190059132008, 1190059132009, 1190059132010, 1190059132011, 1190059132012, 1190059132013, 1190059132014, 1190059132015, 1190059132016, 1190059132017, 1190059133000, 1190059133001, 1190059133002, 1190059133003, 1190059133004, 1190059133005, 1190059133006, 1190059133007, 1190059133008, 1190059133009, 1190059133010; VTD: 229, VTD: 230: Block(s) 1190059063033, 1190059063034, 1190059063035, 1190059063036, 1190059064037, 1190059064038, 1190059071000, 1190059071001, 1190059071002, 1190059071003, 1190059071004, 1190059071005, 1190059071006, 1190059071007, 1190059071008, 1190059071009, 1190059071010, 1190059071011, 1190059071012, 1190059071013, 1190059071014, 1190059071015, 1190059071016, 1190059071017, 1190059071018, 1190059071019, 1190059071020, 1190059071021, 1190059071022, 1190059071023, 1190059071024, 1190059071025, 1190059071026, 1190059071027, 1190059071028, 1190059071029, 1190059071030, 1190059071031, 1190059071032, 1190059071033, 1190059071034, 1190059071035, 1190059071036, 1190059071037, 1190059071038, 1190059071039, 1190059071040, 1190059072000, 1190059072001, 1190059072002, 1190059072003, 1190059072004, 1190059072005, 1190059072006, 1190059072007, 1190059072008, 1190059072009, 1190059072010, 1190059072011, 1190059072012, 1190059072013, 1190059072014, 1190059072015, 1190059072016, 1190059072017, 1190059072018, 1190059072019, 1190059072020, 1190059092000, 1190059092001, 1190059092002, 1190059092003, 1190059092004, 1190059092005, 1190059092015, 1190059121000, 1190059121001, 1190059121002, 1190059121003, 1190059121004, 1190059121005, 1190059121006, 1190059121007, 1190059121008, 1190059121009,

1190059121010, 1190059121011, 1190059121012, 1190059121013, 1190059121014, 1190059121015, 1190059121016, 1190059121017, 1190059121018, 1190059121019, 1190059121020, 1190059121021, 1190059121022, 1190059121023, 1190059121024, 1190059121025, 1190059121026, 1190059121027, 1190059121028, 1190059121029, 1190059121030, 1190059121031, 1190059121033, 1190059121034, 1190059121035, 1190059121036, 1190059121037, 1190059121038, 1190059121039, 1190059121040, 1190059121041, 1190059121048, 1190059121049, 1190059121050, 1190059121051, 1190059121052, 1190059121054, 1190059121055, 1190059121056, 1190059121057, 1190059131000, 1190059131001, 1190059131002, 1190059131003, 1190059131004, 1190059131005, 1190059131008, 1190059131010; VTD: 243.

District 93: Ashe County, Watauga County.

District 94: Alleghany County, Wilkes County: VTD: 101, VTD: 102, VTD: 104, VTD: 105, VTD: 106, VTD: 107: Block(s) 1939601001017, 1939601001018, 1939601001020, 1939601001024, 1939601001025, 1939601001026, 1939601001027, 1939601001028, 1939601001029, 1939601001030, 1939601001031, 1939601001032, 1939601001033, 1939601001034, 1939601001035, 1939601001036, 1939601001037, 1939601001038, 1939601001039, 1939601001040, 1939601001041, 1939601001042, 1939601001043, 1939601001044, 1939601001045, 1939601001047, 1939601002000, 1939601002001, 1939601002002, 1939601002003, 1939601002004, 1939601002005, 1939601002006, 1939601002007, 1939601002008, 1939601002009, 1939601002010, 1939601002011, 1939601002012, 1939601002013, 1939601002014, 1939601002015, 1939601002016, 1939601002017, 1939601002018, 1939601002019, 1939601002020, 1939601002021, 1939601002022, 1939601002023, 1939601002024, 1939601002025, 1939601002026, 1939601002027, 1939601002028, 1939601002029, 1939601002030, 1939601002031, 1939601002032, 1939601002033, 1939601002034, 1939601002035, 1939601002036, 1939601002037, 1939601003000, 1939601003001, 1939601003002, 1939601003003, 1939601003004, 1939601003005, 1939601003006, 1939601003007, 1939601003008, 1939601003009, 1939601003010, 1939601003011, 1939601003012, 1939601003013, 1939601003014, 1939601003015, 1939601003016, 1939601003017, 1939601003018, 1939601003019, 1939601003020, 1939601003021, 1939601003022, 1939601003023, 1939601003024, 1939601003025, 1939601003026, 1939601003027, 1939601003028, 1939601003029,

1939601003030, 1939601003031, 1939601003032, 1939601003033, 1939601003034, 1939601003035, 1939601003036, 1939601003037, 1939601003038, 1939601003039, 1939601003040, 1939601004000, 1939601004001, 1939601005000, 1939601005006, 1939601005007, 1939601005008, 1939601005009, 1939601005010, 1939601005017, 1939601005018, 1939601005019, 1939601005045, 1939601005046, 1939601005047, 1939601005048, 1939601005049, 1939601005054, 1939601005055; VTD: 108, VTD: 109, VTD: 110, VTD: 111, VTD: 112, VTD: 113, VTD: 114, VTD: 115A, VTD: 117, VTD: 118, VTD: 119, VTD: 120, VTD: 121, VTD: 123, VTD: 125, VTD: 126, VTD: 127, VTD: 128: Block(s) 1939603003040, 1939611001002, 1939611001003, 1939611001004, 1939611001005, 1939611001006, 1939611001007, 1939611001008, 1939611001009, 1939611001010, 1939611001030, 1939611001031, 1939611001032, 1939611001040, 1939611001041, 1939611001043, 1939611001044, 1939611001045, 1939611001046, 1939611001047, 1939611001048, 1939611001049, 1939611001050, 1939611001051, 1939611001052, 1939611001053, 1939611001054, 1939611001055, 1939611001056, 1939611001057, 1939611001058, 1939611001059, 1939611001060, 1939611001061, 1939611001062, 1939611001063, 1939611001064, 1939611001065, 1939611001066, 1939611001067, 1939611001068, 1939611001072, 1939611001073, 1939611001074, 1939611001076, 1939611001077, 1939611001078, 1939611002015, 1939611002019, 1939611002020, 1939611002021, 1939611002022, 1939611002023, 1939611002024, 1939611002035, 1939611002036, 1939611002037, 1939611002038, 1939611002039, 1939611002040, 1939611002041, 1939611002043, 1939611002044, 1939611002045, 1939611002046, 1939612002055, 1939612002056, 1939612002057, 1939612002058, 1939612002059, 1939612002060, 1939612002061, 1939612002063, 1939612002064, 1939612002065, 1939612002066, 1939612002067, 1939612002068, 1939612002072, 1939612002073, 1939612002074, 1939612002075, 1939612002076, 1939612002077, 1939612002078, 1939612002079, 1939612002080, 1939612002081, 1939612002082, 1939612002083, 1939612002084, 1939612002085, 1939612002086, 1939612002087, 1939612002088, 1939612002089, 1939612002090, 1939612002094, 1939612002100, 1939612002101, 1939612002102, 1939612004002, 1939612004011, 1939612004012, 1939612004013, 1939612004015, 1939612004016, 1939612004017, 1939612004018, 1939612004019, 1939612004022, 1939612004023, 1939612004024, 1939612004025, 1939612004026, 1939612004027, 1939612004028, 1939612004029, 1939612004030, 1939612004031, 1939612004032, 1939612004033, 1939612004034, 1939612004035,

1939612004036, 1939612004037, 1939612004038, 1939612004039,
1939612004040, 1939612004041, 1939612004042, 1939612004043,
1939612004044, 1939612004045, 1939612004046, 1939612004047,
1939612004048, 1939612004049, 1939612004050, 1939612004052,
1939612004053, 1939612004054, 1939612004055, 1939612004056,
1939612004057, 1939612004058, 1939612004059, 1939612004060,
1939612004061, 1939612004062, 1939612004063, 1939612004064,
1939612004065, 1939612004066, 1939612004069, 1939612004075,
1939612004077, 1939612004078, 1939612004079, 1939612004080,
1939612004085, 1939612004086, 1939612004087, 1939612004095,
1939612004097, 1939612004098, 1939612004099, 1939612004100,
1939612005001, 1939612005002, 1939612005003, 1939612005004,
1939612005005, 1939612005006, 1939612005007, 1939612005008,
1939612005009, 1939612005010, 1939612005011, 1939612005012,
1939612005013, 1939612005014, 1939612005026, 1939612005027,
1939612005028, 1939612005029, 1939612005030, 1939612005031,
1939612005054, 1939612005057, 1939612005059, 1939612005060,
1939612005061, 1939612005062, 1939612005063, 1939612005064,
1939612005065, 1939612005066, 1939612005067, 1939612005073,
1939612005076, 1939612005084, 1939612005094, 1939612005095,
1939612005096, 1939612005107, 1939612005108, 1939612005109; VTD: 129.

District 95: Iredell County: VTD: BA, VTD: CC1, VTD: CC2, VTD: CC3, VTD: CC4, VTD: CH-B, VTD: DV1-A, VTD: DV1-B, VTD: DV2-A, VTD: DV2-B, VTD: ST6.

District 96: Catawba County: VTD: 07, VTD: 08, VTD: 11, VTD: 13, VTD: 14, VTD: 15, VTD: 16, VTD: 17, VTD: 19, VTD: 23, VTD: 24, VTD: 26, VTD: 28, VTD: 29, VTD: 30, VTD: 33, VTD: 36, VTD: 37, VTD: 38, VTD: 39.

District 97: Lincoln County.

District 98: Mecklenburg County: VTD: 127, VTD: 133, VTD: 142: Block(s) 1190062041024, 1190062042010, 1190062042011, 1190062042012, 1190062042013, 1190062042014, 1190062042015, 1190062042016, 1190062042018, 1190062042019, 1190062042020, 1190062042021, 1190062042022, 1190062042023, 1190062042024, 1190062042025, 1190062042026, 1190062042027, 1190062042028, 1190062042029, 1190062042030, 1190062042031, 1190062092014, 1190062092015, 1190062092016, 1190062092017, 1190062092018, 1190062092020,

1190062092021, 1190062092022, 1190062092024, 1190062092025, 1190062092026, 1190062092027, 1190062092028, 1190062092029, 1190062092030, 1190062093012, 1190062093013, 1190062093014, 1190062093015, 1190062093016, 1190062093017, 1190062093018, 1190062093019, 1190062093020, 1190062093031, 1190062093032, 1190062093033, 1190062093034, 1190062093035, 1190062093036, 1190062093037, 1190062093038, 1190062093039, 1190062093040, 1190062093041, 1190062093042, 1190062093043, 1190062093044, 1190062093045, 1190062093046, 1190062093047, 1190062093048, 1190062093054, 1190062093062, 1190062093063, 1190062093064, 1190062093065, 1190062093066, 1190062093067, 1190062093068, 1190062093069, 1190062101001, 1190062101002, 1190062101003, 1190062101004, 1190062101005, 1190062101006, 1190062101007, 1190062101008, 1190062101009, 1190062101010, 1190062101011, 1190062101012, 1190062101013, 1190062101014, 1190062101015, 1190062101016, 1190062101021, 1190062101024, 1190062101025, 1190062101027, 1190062101028, 1190062101029, 1190062101030, 1190062101031, 1190062101032, 1190062101033, 1190062102000, 1190062102022, 1190062131000, 1190062131001, 1190062131002, 1190062131003, 1190062131004, 1190062131005, 1190062131006, 1190062131007, 1190062131008, 1190062131009, 1190062131010, 1190062131011, 1190062131012, 1190062131013, 1190062131014, 1190062131015, 1190062131016, 1190062131017, 1190062131018, 1190062131019, 1190062131020, 1190062131021, 1190062131022, 1190062131023, 1190062131024, 1190062131025, 1190062131027, 1190062131028, 1190062131029, 1190062131030, 1190062131031, 1190062131032, 1190062131033, 1190062131034, 1190062131035, 1190062131036, 1190062131037, 1190062131038, 1190062131039, 1190062131040, 1190062131046; VTD: 145, VTD: 202, VTD: 206, VTD: 207, VTD: 208, VTD: 239: Block(s) 1190055171020, 1190055181000, 1190055181001, 1190055181002, 1190055181003, 1190055181004, 1190055181005, 1190055181006, 1190055182000, 1190055182001, 1190055182002, 1190055182003, 1190055182004, 1190055182005, 1190055182006, 1190055182007, 1190055182008, 1190055182009, 1190055182010, 1190055182011, 1190055182012, 1190055182013, 1190055182014, 1190055182015; VTD: 240, VTD: 241, VTD: 242.

District 99: Mecklenburg County: VTD: 003, VTD: 004, VTD: 006: Block(s) 1190017024007, 1190017024009, 1190017024010, 1190019183000, 1190019183001, 1190019183002, 1190019183003; VTD: 043, VTD: 060, VTD: 061: Block(s) 1190016032013, 1190016082000, 1190016082001,

1190016082002, 1190016082003, 1190016082004, 1190016082005, 1190016082006, 1190016082007, 1190016082008, 1190016082009, 1190016082010, 1190016082011, 1190016082012, 1190016082013; VTD: 083: 1190019161002, 1190019161007, 1190019161008, 1190019161009, 1190019161010, 1190019161011, 1190019161016, 1190019162000, 1190019162001, 1190019162002, 1190019162003, 1190019162004; VTD: 084, VTD: 095, VTD: 104, VTD: 108, VTD: 116: Block(s) 1190019221000, 1190019221002, 1190019222002, 1190019222003, 1190019222004, 1190019222005, 1190019222006, 1190019222007, 1190019222008, 1190019222009, 1190019222010, 1190019222011, 1190019222012, 1190019222013, 1190019222014, 1190019222015, 1190019222016, 1190056201018; VTD: 123, VTD: 124, VTD: 149, VTD: 201: Block(s) 1190056202000, 1190056202001, 1190056202002, 1190056202003, 1190056202004, 1190056202005, 1190056202006, 1190056202007, 1190056202008, 1190056202009, 1190056202010, 1190056202011, 1190056202012, 1190056202013, 1190056202014, 1190056202015, 1190056202016, 1190056202019, 1190056202032, 1190056202033, 1190056202042, 1190056202043, 1190056202052, 1190056202053, 1190056202054, 1190056203000, 1190056203001, 1190056203002, 1190056203003, 1190056203004, 1190056203005, 1190056203006, 1190056203007, 1190056203008, 1190056203013, 1190056212000, 1190056212001, 1190056212002, 1190056212003, 1190056212004, 1190056212005, 1190056212006, 1190056212007; VTD: 203: 1190056172000, 1190056172001, 1190056172002, 1190056172003, 1190056172004, 1190056172005, 1190056172006, 1190056182000, 1190056182001, 1190056182002, 1190056182003, 1190056182004, 1190056182005, 1190056182007, 1190056182008, 1190056182009, 1190056182010, 1190056182011, 1190056191012, 1190056191013, 1190056191014, 1190056191015, 1190056191016, 1190056191017, 1190056191018, 1190056191020, 1190056191021, 1190056191022, 1190056191023, 1190056191024, 1190056191025, 1190056191026, 1190056191027, 1190056192010, 1190056192011, 1190056192013, 1190056192014, 1190056201000, 1190056201001, 1190056201002, 1190056201003, 1190056201004, 1190056201005, 1190056201006, 1190056201007, 1190056201008, 1190056201009, 1190056201010, 1190056201011, 1190056201012, 1190056201013, 1190056201014, 1190056201015, 1190056201016, 1190056201017, 1190056201020, 1190056201021, 1190056201022, 1190056201023, 1190056201024, 1190056201025, 1190056201026, 1190056201027, 1190056201028; VTD: 204.1, VTD: 205: Block(s) 1190015101017, 1190056151000, 1190056151001, 1190056151002, 1190056151003, 1190056151004, 1190056151005,

1190056151006, 1190056151007, 1190056151008, 1190056151009, 1190056151010, 1190056151011, 1190056151012, 1190056151013, 1190056151014, 1190056151015, 1190056151016, 1190056151018, 1190056151019, 1190056151020, 1190056151021, 1190056151022, 1190056151023, 1190056151024, 1190056161001, 1190056161002, 1190056161003, 1190056161004, 1190056161005, 1190056161006, 1190056161008, 1190056161009, 1190056161010, 1190056161011, 1190056161016, 1190056161017, 1190056161018, 1190056161019, 1190056161020, 1190056161021, 1190056161022, 1190056161023, 1190056161024, 1190056161025, 1190056161026, 1190056161027.

District 100: Mecklenburg County: VTD: 002: Block(s) 1190024001000, 1190024001001, 1190024001002, 1190024001003, 1190024001005, 1190024001007, 1190025001013, 1190025001014, 1190025001015, 1190025001016, 1190025001017, 1190025001018, 1190025001019, 1190025001020, 1190025002030, 1190025002031, 1190025002032, 1190025002041, 1190025002042, 1190025002043; VTD: 005, VTD: 006: Block(s) 1190019181000, 1190019181001, 1190019181002, 1190019181003, 1190019181004, 1190019181005, 1190019181006, 1190019181007, 1190019181008, 1190019181009, 1190019181010, 1190019181011, 1190019181012, 1190019181013, 1190019181014, 1190019182000, 1190019182001, 1190019182002, 1190019182003, 1190019182004, 1190019182005, 1190019182006, 1190019182007, 1190019192000, 1190019193000, 1190019193001, 1190019193002, 1190019193003, 1190019193004; VTD: 015, VTD: 017: Block(s) 1190018011002, 1190018011003, 1190018011004, 1190018011005, 1190018011006, 1190018011007, 1190018011008, 1190018011009, 1190018011010, 1190018011011, 1190018011012, 1190018011013, 1190018011014, 1190018011015, 1190018011016, 1190018012000, 1190018012001, 1190018012002, 1190018012003, 1190018012004, 1190018012005, 1190018012006, 1190018012007, 1190018012008, 1190018012009, 1190018021001; VTD: 029, VTD: 030: Block(s) 1190007001000, 1190007001003, 1190014001002, 1190014001003, 1190014001005, 1190014001006, 1190014001007, 1190014001008, 1190014001009, 1190014001010, 1190014001011, 1190014001015, 1190014001016, 1190014001017, 1190014001018, 1190014001019, 1190014001020, 1190014001021, 1190014001022, 1190014001023, 1190014001024, 1190014001025, 1190014001026, 1190014001027, 1190014001028, 1190014001029, 1190014002000, 1190014002001, 1190014002002, 1190014002003, 1190014002004, 1190014002005, 1190014002006, 1190014002007, 1190014002009, 1190014002010, 1190014002011,

1190014002012, 1190014002013, 1190014002014, 1190014002015, 1190014002016, 1190014002017, 1190014002018, 1190014002019, 1190014002020, 1190014002021, 1190014002022, 1190014002023, 1190014002024, 1190014002025, 1190014002026, 1190014002027, 1190014002028, 1190014002029, 1190014002030, 1190014002031, 1190014002038, 1190014002039, 1190014002040, 1190014002041, 1190014002042, 1190014002043, 1190014002044, 1190053011004, 1190053011019, 1190053011025, 1190053011026, 1190053011027, 1190053011028, 1190053011029, 1190053011030, 1190053011031, 1190053011032, 1190053011033, 1190053011034, 1190053011038, 1190053011039; VTD: 033, VTD: 034, VTD: 044, VTD: 045, VTD: 046, VTD: 061: Block(s) 1190016031000, 1190016031001, 1190016031002, 1190016031003, 1190016031004, 1190016031005, 1190016031009, 1190016031010, 1190016031011, 1190016031012, 1190016031013, 1190016031014, 1190016031015, 1190016031016, 1190016031017, 1190016031022, 1190016032000, 1190016032001, 1190016032002, 1190016032003, 1190016032004, 1190016032005, 1190016032006, 1190016032007, 1190016032008, 1190016032009, 1190016032010, 1190016032011, 1190016032012, 1190016032014, 1190016032015, 1190016032016, 1190016032017, 1190016032018, 1190016032019, 1190016032020, 1190016032021, 1190016032022; VTD: 062, VTD: 063, VTD: 064: Block(s) 1190019141009, 1190019141010; VTD: 085: 1190020035000, 1190020035001; VTD: 094: 1190019111000, 1190019111001, 1190019111002, 1190019111003, 1190019111004, 1190019111005, 1190019111006, 1190019111007, 1190019111008, 1190019111009, 1190019112000, 1190019112002, 1190019112003, 1190019112005, 1190019112006, 1190019112007, 1190019112008, 1190019112009, 1190019112010, 1190019112011; VTD: 099, VTD: 102: Block(s) 1190057161002, 1190057161005, 1190057161006, 1190057161007, 1190057161008, 1190057162000, 1190057162002, 1190057162003, 1190057162004, 1190057162005, 1190057162006, 1190057162007, 1190057162008, 1190057162013, 1190057162015, 1190057162016, 1190057171000, 1190057171001, 1190057171002, 1190057171003, 1190057171004, 1190057171005, 1190057171006, 1190057171007, 1190057171008, 1190057171009, 1190057171010, 1190057172007, 1190057172011, 1190057172012, 1190057172013; VTD: 109, VTD: 115: Block(s) 1190019112001, 1190019112004, 1190019113000, 1190019113001, 1190019113004, 1190019113006, 1190019113007, 1190019113008, 1190019113009, 1190019113010; VTD: 117, VTD: 125, VTD: 130, VTD: 217: Block(s) 1190058121005, 1190058121006, 1190058121007, 1190058121008, 1190058121009, 1190058121010, 1190058121011, 1190058121012,

1190058121017, 1190058121018, 1190058121019, 1190058122008, 1190058122011, 1190058122014, 1190058122028; VTD: 235: 1190057101014, 1190057101015, 1190057101016, 1190057101018, 1190057102000, 1190057102001, 1190057102002, 1190057102003, 1190057102005, 1190057102008.

District 101: Mecklenburg County: VTD: 011: Block(s) 1190001001000, 1190001001001, 1190001001002, 1190001001003, 1190001001004, 1190001001005, 1190001001006, 1190001001007, 1190001001008, 1190001001009, 1190001001010, 1190001001011, 1190001001012, 1190001001013, 1190001001014, 1190001001015, 1190001001016, 1190001001017, 1190001001018, 1190001001019, 1190001001020, 1190001001021, 1190001001022, 1190001001023, 1190001001024, 1190001001025, 1190001001026, 1190001001027, 1190001001028, 1190001001029, 1190001001030, 1190001001031, 1190001002001, 1190001002005, 1190001002006, 1190001002007, 1190001002008, 1190001002009, 1190001002010, 1190001003006, 1190001003007, 1190001003008, 1190001003009, 1190004001000, 1190004001001, 1190004001002, 1190004001003, 1190004001004, 1190004001005, 1190004001006, 1190004001007, 1190004001008, 1190004001012, 1190004001013, 1190004001014, 1190004001015, 1190004001018, 1190005002008, 1190005002009, 1190005002012, 1190005002013, 1190005002014, 1190005002015, 1190005002016, 1190005003000, 1190005003001, 1190005003002, 1190005003003, 1190005003004, 1190005003005, 1190005003006, 1190005003007, 1190005003008, 1190005003009, 1190005003010, 1190005003011, 1190005003012, 1190005003013, 1190005003014, 1190005003015, 1190005003016, 1190005003017, 1190005003018, 1190005003019, 1190005003020, 1190005003021, 1190005003022, 1190005003023, 1190005003024, 1190005003025, 1190005003026, 1190005003027, 1190005003028, 1190005003029, 1190005003030, 1190005003031, 1190005003032, 1190041002000, 1190041002001, 1190041002002, 1190041002003, 1190041002004, 1190041002020, 1190041002021, 1190041002023, 1190041002024, 1190041002025, 1190041002026, 1190041002027, 1190041002028, 1190041002029, 1190041002030, 1190041002031, 1190041002032, 1190041002033, 1190041002034, 1190041002035, 1190041003000, 1190041003001, 1190041003002, 1190041003003, 1190041003004, 1190041003012, 1190041003013, 1190041003014, 1190041003015, 1190041003016, 1190041003017, 1190041003018, 1190041003019, 1190041003020, 1190047001021, 1190047001022, 1190047001023, 1190047001024, 1190047001025, 1190047001026,

1190047001027, 1190047001028, 1190047001029, 1190047001030, 1190047001031, 1190047001032, 1190047001033, 1190047001034, 1190047001036, 1190047001037, 1190047001038, 1190047001039; VTD: 012, VTD: 024, VTD: 040, VTD: 041, VTD: 053: Block(s) 1190040003004, 1190040003005, 1190040004000, 1190040004001, 1190040004002, 1190040004003, 1190040004004, 1190040004005, 1190040004006, 1190040004007, 1190040004008, 1190040004009, 1190040004010, 1190040004011, 1190040004012, 1190040004013, 1190040004014, 1190040004015, 1190040004016, 1190040004017, 1190040004018, 1190040004019, 1190040004020, 1190040004021, 1190040004022, 1190040004023, 1190040004024, 1190040004025, 1190040004026, 1190040004027, 1190040004028, 1190040004029, 1190040004030, 1190040004031, 1190040004032, 1190040004033, 1190040004034, 1190040004035, 1190040004036, 1190040004037, 1190040004038, 1190040004039, 1190040004040, 1190040004041, 1190040004042, 1190040004043, 1190040004044, 1190040004045, 1190040004046, 1190040004050, 1190040004051, 1190040004052, 1190040004053, 1190040004054, 1190040004055, 1190040004056, 1190040004057, 1190040004058, 1190040004059, 1190040004060, 1190043031023, 1190043031024, 1190043052000, 1190043052001, 1190043052002, 1190043052003, 1190043052004, 1190043052005, 1190043052006, 1190043052007, 1190043052008, 1190043052009, 1190043052010, 1190043052011, 1190043052012, 1190043052013, 1190043052014, 1190059062000, 1190059062001, 1190059062002, 1190059062020, 1190059062023; VTD: 079, VTD: 080, VTD: 081, VTD: 089, VTD: 150, VTD: 209: Block(s) 1190061032000, 1190061032013, 1190061032014, 1190061032015, 1190061032016, 1190061032019, 1190061032022, 1190061051002, 1190061051003, 1190061051004, 1190061051005, 1190061051006, 1190061051007, 1190061051008, 1190061051022, 1190061051023, 1190061051029, 1190062131082, 1190062131094; VTD: 210: 1190061081007, 1190061082000; VTD: 211: 1190061051009, 1190061051010, 1190061051011, 1190061051012, 1190061051013, 1190061051014, 1190061051015, 1190061051016, 1190061051017, 1190061051018, 1190061051019, 1190061051020, 1190061051021, 1190061051024, 1190061051025, 1190061051026, 1190061051027, 1190061051028, 1190061051030, 1190061051031, 1190061061000, 1190061061001, 1190061061002, 1190061061003, 1190061061004, 1190061061005, 1190061061006, 1190061061007, 1190061061008, 1190061061009, 1190061062006, 1190061062007, 1190061062008, 1190061062009, 1190061062010, 1190061062011, 1190061062032, 1190061062033, 1190061062034, 1190061062035, 1190061071016,

1190061071017, 1190061071018, 1190061071019, 1190061071036, 1190061071037, 1190061071045, 1190061071046; VTD: 222, VTD: 223.1: Block(s) 1190060071015, 1190060071016, 1190060071017, 1190060071018, 1190060071019, 1190060071020, 1190060071021, 1190060071022, 1190060071023, 1190060071024, 1190060071025, 1190060071026, 1190060071027, 1190060071028, 1190060071029, 1190060071030, 1190060071031, 1190060071032, 1190060071035, 1190060071038, 1190060071040, 1190060071045, 1190060071046, 1190060071047, 1190060071048, 1190060071049, 1190060071050, 1190060071051, 1190060071052, 1190060071053, 1190060071054, 1190060071055, 1190060071058, 1190060071059, 1190060072000, 1190060072018, 1190060072019, 1190060072020, 1190060072021, 1190060072022, 1190060072023, 1190060072024, 1190060072025, 1190060072026, 1190060072027, 1190060072028, 1190060072029, 1190060072030, 1190060072031, 1190060072032, 1190060072033, 1190060072034, 1190060072035, 1190060072039, 1190060072040, 1190060072041, 1190060072042, 1190060072043, 1190060072044, 1190060072045, 1190060072046, 1190060073033, 1190061031040, 1190061031044, 1190061031045, 1190061031046, 1190061031047, 1190061031048, 1190061031050, 1190061031051, 1190061031052, 1190061031053, 1190061031054, 1190061031055, 1190061031056, 1190061031057, 1190061031058, 1190061031059, 1190061031060, 1190061031061; VTD: 224: 1190060051017, 1190060051018, 1190060051019, 1190060051020, 1190060051021, 1190060051022, 1190060051027, 1190060051028, 1190060051029, 1190060051030, 1190060051031, 1190060051032, 1190060051033, 1190060051040, 1190060051041, 1190060051042, 1190060051043, 1190060051051, 1190060051052, 1190060051053, 1190060051054, 1190060051055, 1190060051066, 1190060062011, 1190060062012, 1190060062013, 1190060062015, 1190060062016, 1190060062017, 1190060062019, 1190060062028, 1190060062029, 1190060062030, 1190060063005.

District 102: Mecklenburg County: VTD: 001: Block(s) 1190024003005, 1190024003006, 1190024003009, 1190024003010, 1190024003011, 1190024003012, 1190024003013, 1190024003014, 1190024003017, 1190026001031, 1190027012000, 1190027012001, 1190027012002, 1190027012003, 1190027012004, 1190027012005, 1190027012006, 1190027012007, 1190027012008, 1190027012009, 1190027012010; VTD: 002: 1190024001004, 1190024001006, 1190024001009, 1190024001010, 1190024001011, 1190024001012, 1190024001013, 1190024001014, 1190024001015, 1190024001016, 1190024001017, 1190024001018,

1190024001019, 1190024002000, 1190024002001, 1190024002002, 1190024002003, 1190024002004, 1190024002005, 1190024002006, 1190024002007, 1190024002008, 1190024002009, 1190024002010, 1190024002011, 1190024002012, 1190024003000, 1190024003001, 1190024003002, 1190024003003, 1190024003004, 1190024003007, 1190024003008, 1190024003018, 1190025002027, 1190025002029, 1190026001000, 1190026001001, 1190026001002, 1190026001003, 1190026001004, 1190026001005, 1190026001006, 1190026001007, 1190026001008, 1190026001009, 1190026001010, 1190026001011, 1190026001012, 1190026001013, 1190026001014, 1190026001015, 1190026001016, 1190026001017, 1190026001018, 1190026001019, 1190026001020, 1190026001021, 1190026001022, 1190026001023, 1190026001024, 1190026001025, 1190026001026, 1190026001027, 1190026001028, 1190026001029, 1190026001030, 1190026001032; VTD: 009: 1190003001000, 1190003001001, 1190003001002, 1190003001003, 1190003001004, 1190003001005, 1190003001006, 1190003001007, 1190003001008, 1190003001009, 1190003001010, 1190003001011, 1190003001012, 1190003001013, 1190003001014, 1190003001015, 1190003001016, 1190003001017, 1190003001018, 1190003001019, 1190003001020, 1190004002000, 1190004002001, 1190004002003, 1190004002004, 1190004002005; VTD: 013, VTD: 014: Block(s) 1190007001026, 1190007001027, 1190007001032, 1190008001000, 1190008001001, 1190008001002, 1190008001003, 1190008001004, 1190008001005, 1190008001006, 1190008001007, 1190008001008, 1190008001009, 1190008001010, 1190008001011, 1190008001012, 1190008001013, 1190008001014, 1190008001015, 1190008001016, 1190008001017, 1190008001018, 1190008001019, 1190008001021, 1190008001022, 1190008001023, 1190008001024, 1190008001025, 1190008001026, 1190008001027, 1190008001028, 1190008001029, 1190008001030, 1190008001031, 1190008001032, 1190008001034, 1190008001035, 1190008001036, 1190008001037, 1190008001038, 1190008001039, 1190008001040, 1190008001041, 1190008001042, 1190008002004, 1190008002006, 1190008002007, 1190009001006, 1190009002008, 1190009002009, 1190009002010, 1190009002011, 1190009002012, 1190009002013, 1190009002014, 1190009002015, 1190009002016, 1190009002017, 1190009002018, 1190009002019, 1190009002020, 1190025002003, 1190025002004, 1190025002005, 1190025002007, 1190025002010, 1190025002012; VTD: 017: 1190023001000, 1190023001001, 1190023001002, 1190023001003, 1190023001004, 1190023001005, 1190023001006, 1190023002000, 1190023002001, 1190023002002, 1190023002003, 1190023002004,

1190023002005, 1190023002006, 1190023002007, 1190023002008, 1190023002009, 1190023002010, 1190023002011; VTD: 022, VTD: 023, VTD: 031, VTD: 035: Block(s) 1190022001003, 1190022001004; VTD: 039: 1190039021000, 1190039021001, 1190039021002, 1190039021003, 1190039021004, 1190039021005, 1190039021006, 1190039021007, 1190039021008, 1190039021009, 1190039021010, 1190039021011, 1190039021012, 1190039021013, 1190039021014, 1190039021015, 1190039021016, 1190039021017, 1190039021018, 1190039021019, 1190039021020, 1190039021021, 1190039022008, 1190039022014, 1190039022015, 1190039022016, 1190039024000, 1190039024001, 1190039024002, 1190039024003, 1190039024004, 1190039024005, 1190039024006, 1190039024007, 1190039024008, 1190039024009, 1190039024010, 1190039024013, 1190039024014, 1190039024015, 1190039024016, 1190039024017, 1190039024018, 1190039024019, 1190039031000, 1190039031001, 1190039031002, 1190039031003, 1190039031004, 1190039031005, 1190039031006, 1190039031007, 1190039031008, 1190039031009, 1190039031010, 1190039031011, 1190039031012, 1190039031013, 1190039031014, 1190039031015, 1190039031016, 1190039031017, 1190039032000, 1190039032001, 1190039032002, 1190039032003, 1190039032004, 1190039032005, 1190039032006, 1190039032007, 1190039032008, 1190039032009, 1190039032010, 1190039032011, 1190039032012, 1190039032013, 1190039032014, 1190039032015, 1190039032016, 1190039032017, 1190039032018, 1190039032019, 1199801001000, 1199801001001, 1199801001002, 1199801001003, 1199801001004, 1199801001005, 1199801001006, 1199801001007; VTD: 052, VTD: 053: Block(s) 1190040002002, 1190040002003, 1190040002004, 1190040002005, 1190040002006, 1190040002007, 1190040003000, 1190040003001, 1190040003002, 1190040003003, 1190040003006, 1190040003007, 1190040003008, 1190040003009, 1190040003010, 1190040003011, 1190040003012, 1190040004047, 1190040004048, 1190040004049; VTD: 077, VTD: 078.1, VTD: 097, VTD: 098, VTD: 120: Block(s) 1190031081000, 1190031081001, 1190031081002, 1190031081003, 1190031081004, 1190031081005, 1190031082002, 1190031082006, 1190031082016, 1190031082017, 1190031082018, 1190031091000, 1190031091001, 1190031091002, 1190031091003, 1190031091004, 1190031091005, 1190031091006, 1190031091007, 1190031091008, 1190031091009, 1190031091010, 1190031091011, 1190031092000, 1190031092001; VTD: 122: 1190059143000, 1190059143001, 1190059143002, 1190059143003, 1190059143004, 1190059143005, 1190059143013, 1190059143014, 1199802001004, 1199802001010, 1199802001011, 1199802001012,

1199802001013; VTD: 138: 1190059122000, 1190059122001,
1190059122002, 1190059122003, 1190059122004, 1190059122005,
1190059122006, 1190059122007, 1190059122008, 1190059122009,
1190059122010, 1190059122011, 1190059122012, 1190059122013,
1190059122014, 1190059122015, 1190059122016, 1190059122017,
1190059122018, 1190059122019, 1190059122020, 1190059122021,
1190059122022, 1190059122023, 1190059122024, 1190059122025,
1190059122026, 1190059122027, 1190059122028, 1190059122029,
1190059122030, 1190059122031, 1190059122041, 1190059161000,
1190059161001, 1190059161002, 1190059161003, 1190059161004,
1190059161005, 1190059161006, 1190059161007, 1190059161009,
1190059161010, 1190059161011, 1190059161012, 1190059161013,
1190059161014, 1190059161015, 1190059161017; VTD: 147, VTD: 228:
Block(s) 1190059151000, 1190059151001, 1190059151002, 1190059151003,
1190059151004, 1190059151005, 1190059151006, 1190059151007,
1190059151008, 1190059151009, 1190059151010, 1190059151011,
1190059151012, 1190059151013, 1190059151014, 1190059151015,
1190059151016, 1190059151017, 1190059151018, 1190059151019,
1190059151020, 1190059151021, 1190059151022, 1190059151023,
1190059161008, 1190059161016, 1199802001000, 1199802001001,
1199802001002, 1199802001003, 1199802001005, 1199802001006,
1199802001007, 1199802001008, 1199802001009, 1199802001014,
1199802001015, 1199802001016, 1199802001017, 1199802001018,
1199802001019, 1199802001020, 1199802001027, 1199802001028,
1199802001029, 1199802001037, 1199802001038, 1199802001043,
1199802001044, 1199802001045, 1199802001046, 1199802001047,
1199802001053; VTD: 230: 1190059092006, 1190059092007,
1190059092008, 1190059092009, 1190059092010, 1190059092011,
1190059092012, 1190059092013, 1190059092014, 1190059092016,
1190059092017, 1190059092018, 1190059131006, 1190059131007,
1190059131009.

District 103: Mecklenburg County: VTD: 083: Block(s) 1190019161000,
1190019161001, 1190019161003, 1190019161004, 1190019161005,
1190019161006, 1190019161012, 1190019161013, 1190019161014,
1190019162005, 1190019162006, 1190019162007, 1190019162008,
1190019162009, 1190019171001, 1190019171002, 1190019171003,
1190019171004, 1190019171014, 1190019171015, 1190019172000,
1190019172001, 1190019172002, 1190019172003, 1190019172005,
1190019172006, 1190019172007, 1190019172008, 1190019172009,
1190019172010, 1190019172011, 1190019172012, 1190019172013,

1190057061002; VTD: 091: 1190058321001, 1190058321002, 1190058321003, 1190058321004, 1190058321006, 1190058321010, 1190058321012, 1190058321015, 1190058332003, 1190058332010, 1190058332012, 1190058332013, 1190058332014, 1190058481000, 1190058481003, 1190058481004, 1190058481005, 1190058481007, 1190058481008, 1190058481009, 1190058481010, 1190058481011, 1190058481012, 1190058481013, 1190058481014, 1190058481015; VTD: 094: 1190057102004, 1190057102007; VTD: 102: 1190057161000, 1190057161001, 1190057161003, 1190057161004, 1190057162001, 1190057162009, 1190057162010, 1190057162011, 1190057162012, 1190057162014, 1190057172001, 1190057172006, 1190057172008, 1190057172009, 1190057172010, 1190057172014; VTD: 115: 1190019113002, 1190019113003, 1190019113005; VTD: 116: 1190019222000, 1190019222001; VTD: 136, VTD: 201: Block(s) 1190056202017, 1190056202018, 1190056202021, 1190056202022, 1190056202023, 1190056202024, 1190056202025, 1190056202026, 1190056202027, 1190056202028, 1190056202029, 1190056202030, 1190056202031, 1190056202034, 1190056202035, 1190056202036, 1190056202037, 1190056202038, 1190056202039, 1190056202040, 1190056202041, 1190056202044, 1190056202045, 1190056202046, 1190056202047, 1190056202048, 1190056202049, 1190056203009, 1190056203010, 1190056203011, 1190056203012, 1190056203014, 1190056203015, 1190056211000, 1190056211001, 1190056211002, 1190056211003, 1190056211004, 1190056211005, 1190056211006, 1190056211007, 1190056211008, 1190056211009, 1190056211010, 1190056211011, 1190056211012, 1190056211013, 1190056211014, 1190056211015, 1190056213000, 1190056213001, 1190056213002, 1190056213003, 1190056213004, 1190056213005, 1190056213006, 1190056213007, 1190056213008, 1190056213010, 1190056213012, 1190056213013, 1190056213014, 1190057062012; VTD: 203: 1190056161015, 1190056161028, 1190056182006, 1190056191000, 1190056191001, 1190056191002, 1190056191003, 1190056191004, 1190056191005, 1190056191006, 1190056191007, 1190056191008, 1190056191009, 1190056191010, 1190056191011, 1190056191019, 1190056191028, 1190056191029, 1190056191030, 1190056192000, 1190056192001, 1190056192002, 1190056192003, 1190056192004, 1190056192005, 1190056192006, 1190056192007, 1190056192008, 1190056192009, 1190056192012, 1190056192015, 1190056192016, 1190056192017; VTD: 205: 1190056151017, 1190056151025, 1190056151026, 1190056151027, 1190056151028, 1190056151029, 1190056151030, 1190056151031, 1190056151032, 1190056151033,

1190056161000, 1190056161007, 1190056161012, 1190056161013, 1190056161014, 1190056181000, 1190056181001, 1190056181002, 1190056181003, 1190056181004, 1190056181005, 1190056181006, 1190056181007, 1190056181008, 1190056181009, 1190056181010, 1190056181011, 1190056181012, 1190056181013, 1190056181014, 1190056181015, 1190056181016, 1190056181017, 1190056181018, 1190056181019, 1190056181020, 1190056181021; VTD: 215, VTD: 216, VTD: 217: Block(s) 1190058121016, 1190058122009, 1190058122010, 1190058122012, 1190058122013, 1190058122018, 1190058122019, 1190058122020, 1190058122021, 1190058122022, 1190058122023, 1190058122024, 1190058122025, 1190058122026, 1190058122027, 1190058122029, 1190058122030, 1190058122031, 1190058122032, 1190058122033, 1190058122034, 1190058122035, 1190058122036, 1190058122037, 1190058122038, 1190058122039, 1190058122040, 1190058122041, 1190058122042, 1190058122043, 1190058333000, 1190058333001, 1190058333002; VTD: 218, VTD: 219, VTD: 220, VTD: 221, VTD: 227: Block(s) 1190058234012, 1190058234013, 1190058234014, 1190058234015, 1190058234016, 1190058234017, 1190058234018, 1190058234021, 1190058234022, 1190058234023, 1190058234024, 1190058234025, 1190058234026, 1190058234027, 1190058234028, 1190058234029, 1190058234032; VTD: 233, VTD: 234, VTD: 235: Block(s) 1190057101000, 1190057101001, 1190057101002, 1190057101003, 1190057101004, 1190057101005, 1190057101006, 1190057101007, 1190057101008, 1190057101009, 1190057101010, 1190057101011, 1190057101012, 1190057101013, 1190057101017, 1190057101019, 1190057101020, 1190057101021, 1190057102006, 1190057111000, 1190057111001, 1190057111002, 1190057111003, 1190057111004, 1190057111005, 1190057111006, 1190057111007, 1190057111008, 1190057112000, 1190057112001, 1190057112002, 1190057112003, 1190057112004, 1190057112005, 1190057112006, 1190057112007, 1190057112008, 1190057112009, 1190057112010, 1190057112011, 1190057112012, 1190057112013, 1190057112014, 1190057112015, 1190057112016, 1190057112023, 1190057113019, 1190057113020, 1190057113021; VTD: 236.

District 104: Mecklenburg County: VTD: 007, VTD: 035: Block(s) 1190022001000, 1190022001001, 1190022001002, 1190022001005, 1190022001006, 1190022001007, 1190022001008, 1190022001009, 1190022001010, 1190022001011, 1190022001012, 1190022002000, 1190022002001, 1190022002002, 1190022002003, 1190022002004, 1190022002005, 1190022002006, 1190022002008, 1190022002009,

1190022002010, 1190022002011, 1190022002012, 1190022002015, 1190022002016; VTD: 036, VTD: 047: Block(s) 1190020023000, 1190020023001, 1190020023002, 1190020023003, 1190020023004, 1190020023005, 1190020023006, 1190020023011, 1190020023012, 1190022003000, 1190022003001, 1190022003002, 1190022003003, 1190022003004, 1190022003005, 1190022003006, 1190022003007, 1190022003008, 1190022003009, 1190022003010, 1190022003011, 1190022003012, 1190022004015, 1190022004016; VTD: 048, VTD: 064: Block(s) 1190019142000, 1190019142001, 1190019142002, 1190019142003, 1190019142004, 1190019142005, 1190019142006, 1190019142007, 1190019142008, 1190019142009, 1190019142010, 1190019142011, 1190019142012, 1190019142013, 1190019142014, 1190019142015, 1190019142016, 1190019142017, 1190019142018; VTD: 065, VTD: 066, VTD: 067, VTD: 068, VTD: 069, VTD: 070, VTD: 071, VTD: 072, VTD: 073, VTD: 074, VTD: 085: Block(s) 1190020034000, 1190020034001, 1190020034002, 1190020034003, 1190020034004, 1190020034010, 1190020035002, 1190058111000, 1190058111001, 1190058111002, 1190058111003, 1190058111004, 1190058111005, 1190058111006, 1190058111007, 1190058111008, 1190058111009, 1190058111010, 1190058111011, 1190058111012, 1190058111014, 1190058111015; VTD: 086: 1190030072004, 1190030072005, 1190030072006, 1190030072007, 1190030072008, 1190030072009, 1190030072010, 1190030072018, 1190030072019, 1190030072021, 1190030072022, 1190030073000, 1190030073001, 1190030073002, 1190030073003, 1190030073004; VTD: 090, VTD: 091: Block(s) 1190058321005, 1190058321007, 1190058321008, 1190058321011, 1190058321016, 1190058321017; VTD: 096, VTD: 100, VTD: 103, VTD: 106, VTD: 110, VTD: 111, VTD: 118, VTD: 119, VTD: 121: Block(s) 1190058151003, 1190058151004, 1190058151005, 1190058151006, 1190058151007, 1190058151008, 1190058151009, 1190058151013, 1190058151014, 1190058151015, 1190058151016, 1190058151017, 1190058151020, 1190058151021; VTD: 131, VTD: 217: Block(s) 1190030153003, 1190030153009, 1190058121002, 1190058121003; VTD: 226: 1190058151010, 1190058151018, 1190058151019, 1190058311000, 1190058311001, 1190058311002, 1190058311003.

District 105: Mecklenburg County: VTD: 087: Block(s) 1190058261012, 1190058261014, 1190058261015, 1190058261016, 1190058261017, 1190058261018, 1190058261019, 1190058261020, 1190058262000, 1190058262001, 1190058262002, 1190058262003, 1190058262004, 1190058262005, 1190058262006, 1190058262009, 1190058262010, 1190058262011, 1190058262014, 1190058262015, 1190058262017,

1190058262018, 1190058262019, 1190058262020, 1190058262021, 1190058262022, 1190058262024, 1190058262025, 1190058302014, 1190058302015, 1190058302016, 1190058371021, 1190058371022; VTD: 088: 1190058302011, 1190058302012, 1190058302013; VTD: 091: 1190058471000, 1190058471001, 1190058471002, 1190058471003, 1190058471004, 1190058471005, 1190058472004, 1190058481016, 1190058481017, 1190058481018, 1190058481019, 1190058481020, 1190058481021; VTD: 112, VTD: 113, VTD: 121: Block(s) 1190058161000, 1190058161001, 1190058161002, 1190058161003, 1190058161004, 1190058161005, 1190058161006, 1190058161007, 1190058161008, 1190058161009, 1190058161010, 1190058161011, 1190058161012, 1190058161013, 1190058161014, 1190058161015, 1190058161016, 1190058161017, 1190058161018; VTD: 129: 1190058261000, 1190058261001, 1190058261002, 1190058261003, 1190058261004, 1190058261005, 1190058261006, 1190058261007, 1190058261008, 1190058261009, 1190058261010, 1190058261011, 1190058261013, 1190058262023, 1190058291000, 1190058291003, 1190058291017, 1190058291018, 1190058291019, 1190058291020, 1190058291021, 1190058291022, 1190058291023, 1190058291024, 1190058291025, 1190058291026, 1190058291027, 1190058291028, 1190058292000, 1190058292001, 1190058292002, 1190058292003, 1190058292004, 1190058292005; VTD: 137, VTD: 139.1, VTD: 140, VTD: 144, VTD: 148, VTD: 225: Block(s) 1190058252001, 1190058252002, 1190058252003, 1190058252004, 1190058252005, 1190058252006, 1190058252007, 1190058252008, 1190058252009, 1190058252010, 1190058252011, 1190058252012, 1190058252013, 1190058252014, 1190058252015, 1190058252016, 1190058252017, 1190058252018, 1190058252019, 1190058252020; VTD: 227: 1190058231000, 1190058231001, 1190058231002, 1190058231003, 1190058231004, 1190058231005, 1190058231006, 1190058231007, 1190058231008, 1190058231009, 1190058231010, 1190058231011, 1190058231012, 1190058231013, 1190058232000, 1190058232001, 1190058232002, 1190058232003, 1190058232004, 1190058232005, 1190058232006, 1190058232007, 1190058232008, 1190058232009, 1190058232010, 1190058232011, 1190058232012, 1190058232013, 1190058232014, 1190058232015, 1190058232016, 1190058232017, 1190058232018, 1190058232019, 1190058233002, 1190058233003, 1190058233004, 1190058233005, 1190058233006, 1190058233007, 1190058233009, 1190058233010, 1190058233011, 1190058233012, 1190058233013, 1190058233014, 1190058233015, 1190058233016, 1190058233017, 1190058233018, 1190058234031, 1190058234033, 1190058473000, 1190058473001,

1190058473002, 1190058473003, 1190058473004, 1190058473005, 1190058473006, 1190058473007, 1190058473008, 1190058473009, 1190058473010, 1190058473011, 1190058473012, 1190058473013, 1190058473014, 1190058473015, 1190058473016, 1190058473017, 1190058473018, 1190058473019, 1190058473020; VTD: 231, VTD: 232.

District 106: Mecklenburg County: VTD: 026, VTD: 027: Block(s) 1190053011002, 1190053011003, 1190053011005, 1190053011006, 1190053011017, 1190053011018, 1190053011020, 1190053011021, 1190053011022, 1190053011023, 1190053011024, 1190053011035, 1190053012010, 1190053012011, 1190053012012; VTD: 028, VTD: 042, VTD: 056: Block(s) 1190051001018, 1190051001019, 1190051001020, 1190051001021, 1190051001022, 1190051001023, 1190051001024, 1190051001025, 1190051001026, 1190051001027, 1190051001030, 1190051001031; VTD: 082, VTD: 105, VTD: 107.1, VTD: 126, VTD: 132, VTD: 135, VTD: 141: Block(s) 1190056041005, 1190056041009, 1190056041010, 1190056041012, 1190056041013, 1190056041014, 1190056041015, 1190056041018, 1190056041019, 1190056041020, 1190056041021, 1190056042000, 1190056042001, 1190056042002, 1190056042004, 1190056042005, 1190056043000, 1190056043001, 1190056043002, 1190056091011, 1190056091012, 1190056091013, 1190056091014; VTD: 146, VTD: 213.

District 107: Mecklenburg County: VTD: 011: Block(s) 1190001002000, 1190001002002, 1190001002003, 1190001002004, 1190001002011, 1190001003000, 1190001003001, 1190001003002, 1190001003003, 1190001003004, 1190001003005, 1190001003010, 1190005001000, 1190005001001, 1190005001002, 1190005001003, 1190005001004, 1190005001005, 1190005001006, 1190005001007, 1190005001008, 1190005001009, 1190005001010, 1190005001011, 1190005001012, 1190005001013, 1190005001014, 1190005001015, 1190005001016, 1190005001017, 1190005001018, 1190005001019, 1190005001020, 1190005001021, 1190005001022, 1190005001023, 1190005001024, 1190005001025, 1190005001026, 1190005001032, 1190005001033, 1190005001038, 1190005002000, 1190005002001, 1190005002002, 1190005002003, 1190005002004, 1190005002005, 1190005002006, 1190005002007, 1190005002010, 1190005002011, 1190047001035, 1190052003038, 1190052003045, 1190052003051; VTD: 014: 1190007001006, 1190007001009, 1190007001012, 1190007001013, 1190007001014, 1190007001016, 1190007001017, 1190007001018, 1190007001019, 1190007001020, 1190007001028, 1190007001043,

1190007001044, 1190009001003, 1190009001004, 1190009001005, 1190009001007, 1190009001008, 1190009001009, 1190009001010, 1190009001011, 1190009001012, 1190009001013, 1190009001014, 1190009001015, 1190009001016, 1190009002002, 1190009002003, 1190009002004, 1190009002005, 1190009002006, 1190009002007, 1190009002021, 1190009002022, 1190009002023, 1190052003010, 1190052003015, 1190052003016, 1190052003017; VTD: 016, VTD: 025, VTD: 027: Block(s) 1190052001001, 1190052001002, 1190052001003, 1190052001004, 1190052001005, 1190052001006, 1190052001007, 1190052001008, 1190052001010, 1190052001011, 1190052001012, 1190052001015, 1190052001016, 1190052001017, 1190052002001, 1190052002002, 1190052002003, 1190052002005, 1190052002006, 1190052002007, 1190052002008, 1190052002009, 1190052002010, 1190052002011, 1190052002012, 1190052002013, 1190052002014, 1190052002015, 1190052002016, 1190052002017, 1190052003000, 1190052003001, 1190052003002, 1190052003003, 1190052003004, 1190052003005, 1190052003006, 1190052003007, 1190052003008, 1190052003009, 1190052003011, 1190052003012, 1190052003013, 1190052003014, 1190052003018, 1190052003019, 1190052003020, 1190052003022, 1190052003023, 1190052003024, 1190052003025, 1190052003026, 1190052003027, 1190052003028, 1190052003029, 1190052003030, 1190052003031, 1190052003032, 1190052003033, 1190052003034, 1190052003035, 1190052003036, 1190052003037, 1190052003047, 1190053011000, 1190053011001, 1190053011007, 1190053011008, 1190053011011, 1190053011012, 1190053011013, 1190053011014, 1190053011015, 1190053012000, 1190053012001, 1190053012002, 1190053012003, 1190053012006, 1190053012007, 1190053012008, 1190053012009, 1190053012013, 1190053012014, 1190053012016, 1190053012017, 1190053012018, 1190053012019; VTD: 030: 1190007001001, 1190007001002, 1190007001004, 1190007001005, 1190007001007, 1190007001008, 1190007001010, 1190007001011, 1190009001000, 1190009001001, 1190009001002, 1190009002000, 1190009002001, 1190014002008, 1190014002032, 1190014002033, 1190014002034, 1190014002035, 1190014002036, 1190014002037, 1190052001009, 1190052001013, 1190052001014, 1190053011036, 1190053011037, 1190053011040; VTD: 054, VTD: 055, VTD: 056: Block(s) 1190050002000, 1190050002004, 1190050002005, 1190051001000, 1190051001001, 1190051001002, 1190051001003, 1190051001004, 1190051001005, 1190051001006, 1190051001007, 1190051001008, 1190051001009, 1190051001010, 1190051001011, 1190051001012, 1190051001013, 1190051001014, 1190051001015, 1190051001016,

1190051001017, 1190051001033, 1190051001034, 1190051001035, 1190051001036, 1190051001037, 1190051001038, 1190051001039, 1190051002000, 1190051002001, 1190051002002, 1190051002003, 1190051002004, 1190051002005, 1190051002006, 1190051002007, 1190051002008, 1190051002009, 1190051002010, 1190051002011, 1190051002012, 1190051002013, 1190051002014, 1190051002015, 1190051002016, 1190051002017, 1190051002018, 1190051002020, 1190051002021, 1190051002022, 1190051002023, 1190052001000, 1190052002000, 1190052002004, 1190053011009, 1190053011010, 1190053011016, 1190053012004, 1190053012005, 1190053012015; VTD: 128, VTD: 141: Block(s) 1190056041000, 1190056041001, 1190056041002, 1190056041003, 1190056041004, 1190056041006, 1190056041007, 1190056041008, 1190056041016, 1190056041017, 1190056042003, 1190056091000, 1190056091001, 1190056091002, 1190056091003, 1190056091004, 1190056091005, 1190056091006, 1190056091007, 1190056091008, 1190056091009, 1190056091010, 1190056101000, 1190056101001, 1190056101002, 1190056101003, 1190056101011, 1190056111008, 1190056111011, 1190056111042; VTD: 151, VTD: 210: Block(s) 1190054012000, 1190054012001, 1190054012002, 1190054012003, 1190054012005, 1190054012006, 1190054013000, 1190054013001, 1190054013002, 1190054013003, 1190054013004, 1190054013005, 1190054013006, 1190054013007, 1190054013008, 1190054013009, 1190054013010, 1190054013011, 1190054013012, 1190054013013, 1190061081000, 1190061081001, 1190061081002, 1190061081003, 1190061081004, 1190061081005, 1190061081006, 1190061081008, 1190061081009, 1190061081010, 1190061081011, 1190061081012, 1190061081013, 1190061081014, 1190061081015, 1190061081016, 1190061081017, 1190061081018, 1190061082001, 1190061082002, 1190061082003, 1190061082004, 1190061082005, 1190061082006, 1190061082007, 1190061082008, 1190061082009, 1190061082010, 1190061082011, 1190061082012, 1190061082013, 1190061082014, 1190061082015, 1190061082016, 1190061082017, 1190061082018, 1190061082019, 1190061082020, 1190061082021, 1190061091005, 1190061091006, 1190061091007, 1190061091008, 1190061091009, 1190061091010, 1190061091011, 1190061091012, 1190061091014, 1190061091015, 1190061091016, 1190061091017, 1190061091018, 1190061091019, 1190061091020, 1190061091021, 1190061091022, 1190061091023, 1190061091024, 1190061091025, 1190061091026, 1190061091027, 1190061091028, 1190061091029, 1190061091030, 1190061091031, 1190061091032, 1190061091033, 1190061091034, 1190061091035, 1190061091036, 1190061091037, 1190061091038,

1190061091039, 1190061091042; VTD: 211: 1190055081000, 1190055081001, 1190055081002, 1190055081003, 1190055081004, 1190055081005, 1190055081006, 1190055081007, 1190055081008, 1190055081011, 1190055081012, 1190055081013, 1190055081014, 1190055081015, 1190055081016, 1190055081017, 1190055081018, 1190055081019, 1190055081020, 1190055081021, 1190061051032, 1190061062000, 1190061062001, 1190061062002, 1190061062003, 1190061062004, 1190061062005, 1190061062012, 1190061062013, 1190061062014, 1190061062015, 1190061062016, 1190061062017, 1190061062018, 1190061062019, 1190061062020, 1190061062021, 1190061062022, 1190061062023, 1190061062024, 1190061062025, 1190061062026, 1190061062027, 1190061062028, 1190061062029, 1190061062030, 1190061062031, 1190061062036, 1190061062037, 1190061062038, 1190061062039, 1190061062040, 1190061062041, 1190061062042, 1190061062043, 1190061062044, 1190061062045, 1190061062046, 1190061071000, 1190061071001, 1190061071002, 1190061071003, 1190061071004, 1190061071005, 1190061071006, 1190061071007, 1190061071008, 1190061071009, 1190061071010, 1190061071011, 1190061071012, 1190061071013, 1190061071014, 1190061071015, 1190061071020, 1190061071021, 1190061071022, 1190061071023, 1190061071024, 1190061071025, 1190061071026, 1190061071027, 1190061071028, 1190061071029, 1190061071030, 1190061071031, 1190061071032, 1190061071033, 1190061071034, 1190061071035, 1190061071038, 1190061071039, 1190061071040, 1190061071041, 1190061071042, 1190061071043, 1190061071044, 1190061071047, 1190061072000, 1190061072001, 1190061072002, 1190061072003, 1190061072004, 1190061072005, 1190061072006, 1190061072007, 1190061072008, 1190061072009, 1190061072010, 1190061072011, 1190061072012, 1190061072013, 1190061072014, 1190061072015, 1190061072016, 1190061072017, 1190061072018, 1190061072019, 1190061072020, 1190061072021, 1190061072022, 1190061072023, 1190061072024, 1190061072025, 1190061072026, 1190061072027, 1190061072028, 1190061072029, 1190061072030, 1190061072031, 1190061072032; VTD: 212, VTD: 214, VTD: 237, VTD: 238.1, VTD: 239: Block(s) 1190055143002, 1190055143007, 1190055143010, 1190055181007, 1190055181008, 1190055181009, 1190055181010, 1190055181011, 1190055181012.

District 108: Gaston County: VTD: 07, VTD: 08, VTD: 09, VTD: 10, VTD: 12, VTD: 13, VTD: 14, VTD: 18, VTD: 24, VTD: 25, VTD: 26, VTD: 30, VTD: 32, VTD: 42, VTD: 43, VTD: 44, VTD: 45, VTD: 46.

District 109: Gaston County: VTD: 01, VTD: 02, VTD: 03, VTD: 04, VTD: 05: Block(s) 0710315001000, 0710315001001, 0710315001002, 0710315001003, 0710315001004, 0710315001005, 0710315001006, 0710315001007, 0710315001008, 0710315001009, 0710315001010, 0710315001011, 0710315001012, 0710315001014, 0710315002000, 0710315002001, 0710315002002, 0710315002003, 0710315002004, 0710315002005, 0710315002006, 0710315002007, 0710315002008, 0710315002009, 0710315002010, 0710315003000, 0710315003001, 0710315003002, 0710315003003, 0710315003004, 0710315003005, 0710315003006, 0710315003007, 0710315003008, 0710315003009, 0710315003010, 0710315003011, 0710315003012, 0710315003013, 0710315003014, 0710315003015, 0710315003016, 0710315003017, 0710315003018, 0710315004000, 0710315004001, 0710315004002, 0710315004003, 0710315004004, 0710315004005, 0710315004006, 0710315004007, 0710315004008, 0710315004009, 0710315005019, 0710315005020, 0710315005021, 0710315005022, 0710315005023, 0710315005024, 0710315005025, 0710315005026, 0710315005027, 0710315005028, 0710315005029, 0710315005030, 0710315005031, 0710315005032, 0710318005000, 0710318005003, 0710318005004, 0710318005006, 0710318005008, 0710319002002, 0710319002016, 0710319002017, 0710319003000, 0710319003001, 0710319003002, 0710319003003, 0710319003004, 0710319003005, 0710319003006, 0710319003007, 0710319003008, 0710319003009, 0710319003010, 0710319003011, 0710319004041; VTD: 06, VTD: 11, VTD: 15, VTD: 16, VTD: 17, VTD: 19, VTD: 23, VTD: 27, VTD: 28, VTD: 29, VTD: 31.

District 110: Cleveland County: VTD: S1, VTD: S2, VTD: S4, VTD: S5, VTD: S8, VTD: WACO; Gaston County: VTD: 05: Block(s) 0710308023000, 0710308023001, 0710308023002, 0710308023006, 0710308023009, 0710308023010, 0710308023012, 0710308023013, 0710308023018, 0710308023022, 0710308023023, 0710308023028, 0710308023029, 0710308023030, 0710308023032, 0710308023033, 0710308023035, 0710308023036, 0710308023037, 0710308023038, 0710308023039, 0710308023040, 0710315005002, 0710315005003, 0710315005004, 0710315005005, 0710315005006, 0710315005007, 0710315005008, 0710315005009, 0710315005011, 0710315005012, 0710315005013, 0710315005014, 0710315005015, 0710315005016, 0710315005041, 0710316004000; VTD: 20, VTD: 21, VTD: 22, VTD: 33, VTD: 34, VTD: 35, VTD: 36, VTD: 37, VTD: 38, VTD: 39, VTD: 40, VTD: 41.

District 111: Cleveland County: VTD: BETHWR, VTD: BSPGS, VTD: CASAR, VTD: FALSTN, VTD: GROVER, VTD: H-SPGS, VTD: KINGST, VTD: KM1, VTD: KM2, VTD: KM3, VTD: KM4, VTD: LATT, VTD: LAWNDL, VTD: MRB-YO, VTD: MULLS, VTD: OAKGR, VTD: POLKVL, VTD: RIPPY, VTD: S3, VTD: S6, VTD: S7, VTD: SHANGI.

District 112: Burke County: VTD: 0029, VTD: 0053, VTD: 0064, VTD: 0065; Rutherford County.

District 113: Henderson County: VTD: AR, VTD: AT, VTD: CB, VTD: EF, VTD: ES, VTD: EV, VTD: FR, VTD: GR, VTD: HS, VTD: RR; Polk County, Transylvania County.

District 114: Buncombe County: VTD: 01.1, VTD: 02.1, VTD: 03.1, VTD: 04.1, VTD: 05.1: Block(s) 0210016001004, 0210016001005, 0210016001022, 0210016001024, 0210016001025, 0210016001026, 0210016001027, 0210016001028, 0210016001029, 0210016001030, 0210016001031, 0210016001032, 0210016001033, 0210016001041, 0210016001042, 0210016001043, 0210016001044, 0210016001045, 0210016001047, 0210016002000, 0210016002001, 0210016002002, 0210016002003, 0210016002005, 0210016002007, 0210016002010, 0210016002011, 0210016002012, 0210016002015, 0210016002016, 0210016002017, 0210016002018, 0210016002019, 0210016002020, 0210016002023, 0210016002024, 0210016002025, 0210016002026, 0210016002027, 0210016002028, 0210016002029, 0210016002030, 0210016002031, 0210016002032, 0210016002033, 0210016002035, 0210016002036; VTD: 06.1, VTD: 07.1, VTD: 09.1, VTD: 10.1, VTD: 100.1: Block(s) 0210020003000, 0210020003001, 0210020003002, 0210020003003, 0210020003004, 0210020003005, 0210020003006, 0210020003007, 0210020003008, 0210020003009, 0210020003010, 0210020003011, 0210020003012, 0210020003013, 0210020003014, 0210020003015, 0210020003016, 0210020003017, 0210020003018, 0210020003019, 0210020003020, 0210020003021, 0210020003022, 0210020003023, 0210020003024, 0210020003025, 0210020003026, 0210020003027, 0210020003028, 0210020003029, 0210020003030, 0210020003031, 0210020003032, 0210020003033, 0210020003034, 0210020003035, 0210020003036, 0210020003037, 0210020003038, 0210020003039, 0210020003040, 0210020003041, 0210020003042, 0210020003043, 0210020003044, 0210020003045, 0210020003046, 0210020003047, 0210020003048, 0210020003049, 0210020004000, 0210020004001, 0210020004002, 0210020004003, 0210020004004, 0210020004005, 0210020004006,

0210020004007, 0210020004008, 0210020004009, 0210020004010, 0210020004011, 0210020004012, 0210020004013, 0210020004014, 0210020004015, 0210020004016, 0210020004017, 0210020004018, 0210020004019, 0210020004020, 0210020004021, 0210020004022, 0210020004023, 0210020004024, 0210020004025, 0210021011000, 0210021011001, 0210021011002, 0210021011006, 0210021011007, 0210021011008, 0210021011009, 0210021011032, 0210021011033, 0210021011047, 0210021021000, 0210021021001, 0210021021002, 0210021021003, 0210021021004, 0210021021005, 0210021021006, 0210021021007, 0210021021008, 0210021021009, 0210021021010, 0210021021011, 0210021021012, 0210021021013, 0210021021014, 0210021021015, 0210021021016, 0210021021017, 0210021021018, 0210021021019, 0210021021020, 0210021021021, 0210021021022, 0210021021023, 0210021021024, 0210021021025, 0210021021026, 0210021021027, 0210021021028, 0210021021029, 0210021021030, 0210021021031, 0210021021032, 0210021021033, 0210021021034, 0210021021035, 0210021021036, 0210021021037, 0210021022000, 0210021022001, 0210021022002, 0210021022003, 0210021022004, 0210021022005, 0210021022006, 0210021022007, 0210021022008, 0210021022009, 0210021022010, 0210021022011, 0210021022012, 0210021022013, 0210021022014, 0210021022015, 0210021022016, 0210021022017, 0210021022018, 0210021022019, 0210021022020, 0210021022021, 0210021022022, 0210021022023, 0210021022024, 0210021022025, 0210021022026, 0210021022027, 0210021022028, 0210021022029, 0210021022030, 0210021022031, 0210021022032, 0210021022033, 0210021022034, 0210021022035, 0210021022036, 0210021022037, 0210021022038, 0210021022039, 0210021022040, 0210021022041, 0210021022042, 0210021022043, 0210021022044, 0210021022045, 0210021022046, 0210021022047, 0210021022048, 0210021022049, 0210021022050, 0210021022051, 0210021022052, 0210021022053, 0210021022054, 0210021022055, 0210022061001, 0210022061002, 0210022061003, 0210022061004, 0210022061005, 0210022061006, 0210032011007, 0210032011008, 0210032011009, 0210032011010, 0210032011011, 0210032011012, 0210032011013, 0210032011014, 0210032011015, 0210032011016, 0210032011017, 0210032011018, 0210032011019, 0210032011020, 0210032011021, 0210032011022, 0210032011023, 0210032011024, 0210032011025, 0210032011026, 0210032011027, 0210032011028, 0210032011029, 0210032011031, 0210032011032, 0210032011033, 0210032011034, 0210032011035, 0210032011037, 0210032011038; VTD: 102.1: 0210022061008, 0210022061014, 0210022061015, 0210022061016,

0210022061017, 0210022061018, 0210022061019, 0210022061020, 0210022061021; VTD: 103.1, VTD: 104.1: Block(s) 0210005001007, 0210005001008, 0210005001019, 0210005001020, 0210005001021, 0210005001029, 0210005003000, 0210005003005, 0210005003009, 0210005003010, 0210005003011, 0210017001000, 0210017001001, 0210017001002, 0210017001003, 0210017001004, 0210017001005, 0210017001006, 0210017001007, 0210017001008, 0210017001009, 0210017001010, 0210017001011, 0210017001012, 0210017001013, 0210017001014, 0210017001017, 0210017001018, 0210017001019, 0210017001020, 0210017001021, 0210017001022, 0210017001023, 0210017001031, 0210017001032, 0210017001033, 0210017001036, 0210017001037, 0210017001038, 0210017001039, 0210017001040, 0210017001042, 0210017001046, 0210017001047, 0210017002003, 0210017002004, 0210017002005, 0210017002006, 0210017002007, 0210017002008, 0210017002009, 0210017002010, 0210017002011, 0210017002012, 0210017002013, 0210017002014, 0210017002015, 0210017002016, 0210017002017, 0210017002018, 0210017002019, 0210017002024, 0210017002025, 0210017002027, 0210017002028, 0210017002029, 0210017002030, 0210017002031, 0210017002033, 0210017002034; VTD: 105.1, VTD: 106.1, VTD: 11.1, VTD: 12.1, VTD: 13.1, VTD: 14.2, VTD: 15.1, VTD: 17.1, VTD: 19.1: Block(s) 0210022042000, 0210022042001, 0210022042002, 0210022042003, 0210022042004, 0210022042005, 0210022042006, 0210022042007, 0210022042008, 0210022042009, 0210022042026; VTD: 20.1, VTD: 24.1: Block(s) 0210012005002, 0210012005003, 0210012005007, 0210012005008, 0210012005009, 0210012005010, 0210012005011, 0210012005012, 0210012005013, 0210012005014, 0210012005015, 0210012005016, 0210012005017, 0210012005018, 0210012005019, 0210012005020, 0210012005021, 0210012005022, 0210012005023, 0210012005024, 0210012005025, 0210012005026, 0210012005027, 0210012005028, 0210012005030, 0210012005031, 0210012005032, 0210012005033, 0210012005034, 0210012005036, 0210012005044, 0210012005045, 0210012005046, 0210012005047, 0210012005048, 0210012005049, 0210012005054, 0210013001021, 0210013001022, 0210013001024, 0210013001025, 0210013001026, 0210013001027, 0210013001030, 0210013001033, 0210013001038, 0210013001044, 0210023021002, 0210023021003, 0210023021004, 0210023021005, 0210023021006, 0210023021007, 0210023021008, 0210023021009, 0210023021010, 0210023021037, 0210025061014, 0210025061016, 0210025061017, 0210025061018, 0210025061019, 0210025061022, 0210025061023, 0210025061035, 0210025061036, 0210025061037; VTD: 26.1, VTD: 28.1,

VTD: 57.1: Block(s) 0210022061007, 0210022061009, 0210022061010, 0210022061011, 0210022061012, 0210022061013; VTD: 60.2: 0210019002043, 0210019002044, 0210019002045, 0210019002046, 0210019002047, 0210019002048, 0210019002049, 0210019002051, 0210019002052, 0210030011062, 0210030011069, 0210032033000, 0210032033001, 0210032033027, 0210032033028; VTD: 64.1: 0210030011008, 0210030011010, 0210030011015, 0210030011017, 0210030011020, 0210030011022, 0210030011023, 0210030011024, 0210030011025, 0210030011026, 0210030011027, 0210030011028, 0210030011029, 0210030011030, 0210030011031, 0210030011032, 0210030011033, 0210030011034, 0210030011035, 0210030011036, 0210030011037, 0210030011038, 0210030011039, 0210030011040, 0210030011041, 0210030011042, 0210030011043, 0210030011044, 0210030011045, 0210030011046, 0210030011047, 0210030011060, 0210030011061, 0210030011063, 0210030011064, 0210030011068, 0210030024003, 0210030024004, 0210030024005, 0210030024006, 0210030024024, 0210030024025, 0210030024026, 0210030024032; VTD: 66.1, VTD: 70.1: Block(s) 0210003001022, 0210003001023, 0210003001025, 0210003001026, 0210003001028, 0210004001001, 0210004001002, 0210004001003, 0210004001004, 0210004001005, 0210004001006, 0210004001007, 0210004001008, 0210004001009, 0210004001013, 0210004001019, 0210004001020, 0210004001031, 0210004001032, 0210004001033, 0210004001034, 0210004001035, 0210004001036, 0210004001037, 0210004001038, 0210004001039, 0210004001040, 0210004001041, 0210004001042, 0210004001043, 0210004001044, 0210014003000, 0210014003001, 0210014003004, 0210014003020, 0210014003021, 0210015001000, 0210015001001, 0210015001002, 0210015001003, 0210015001004, 0210015001005, 0210015001006, 0210015001007, 0210015001008, 0210015001009, 0210015001010, 0210015001011, 0210015001012, 0210015001013, 0210015001014, 0210015001015, 0210015001016, 0210015001017, 0210015001018, 0210015001019, 0210015001020, 0210015001021, 0210015001022, 0210015001023, 0210015001024, 0210015001025, 0210015001026, 0210015001027, 0210015001028, 0210015001029, 0210015001030, 0210015001031, 0210015001032, 0210015001033, 0210015001034, 0210015001035, 0210015001036, 0210015001037, 0210015001038, 0210015001039, 0210015001040, 0210015001041, 0210015001042, 0210015001043, 0210015001044, 0210015001045, 0210015001046, 0210015001047, 0210015001048, 0210015001049, 0210015001050, 0210015001051, 0210015001052, 0210015001053, 0210015001054, 0210015001055, 0210015001056, 0210016002006, 0210016002013,

0210016002021, 0210016002022, 0210016002034, 0210016002037, 0210016002038, 0210016002039, 0210016002040, 0210016002049, 0210016002050, 0210016002051, 0210016002052, 0210016003091, 0210016003105, 0210016003106, 0210026072002, 0210027011043, 0210027011044.

District 115: Buncombe County: VTD: 05.1: Block(s) 0210016001000, 0210016001001, 0210016001002, 0210016001003, 0210016001006, 0210016001007, 0210016001008, 0210016001009, 0210016001010, 0210016001011, 0210016001012, 0210016001013, 0210016001014, 0210016001015, 0210016001016, 0210016001017, 0210016001018, 0210016001019, 0210016001020, 0210016001021, 0210016001023, 0210016001034, 0210016001035, 0210016001036, 0210016001037, 0210016001038, 0210016001039, 0210016001040, 0210016001048, 0210016001049, 0210016001050, 0210016003057, 0210016003061, 0210016003064, 0210016003066, 0210016003067, 0210016003078, 0210016003080, 0210016003081, 0210016003083, 0210016003084, 0210016003086, 0210016003087, 0210016003089, 0210016003090, 0210016003092, 0210016003093, 0210016003104, 0210016003108, 0210016003109, 0210016003110; VTD: 100.1: 0210022061000, 0210032011000, 0210032011001, 0210032011002, 0210032011003, 0210032011004, 0210032011005, 0210032011006, 0210032011030, 0210032011039, 0210032011040, 0210032011041, 0210032011042, 0210032011043, 0210032011044, 0210032011045, 0210032011046, 0210032011047, 0210032011048, 0210032021012, 0210032021013; VTD: 104.1: 0210005001000, 0210005001001, 0210005001002, 0210005001003, 0210005001004, 0210005001005, 0210005001006, 0210005001015, 0210005001016, 0210005003001, 0210005003002, 0210005003003, 0210017001041, 0210017001043, 0210017001044, 0210017001045, 0210017002020, 0210017002021, 0210017002022, 0210017002023, 0210017002026, 0210017002032; VTD: 107.1, VTD: 25.1, VTD: 32.1, VTD: 33.2, VTD: 33.3, VTD: 34.1, VTD: 35.1, VTD: 36.1, VTD: 37.1, VTD: 38.2, VTD: 38.3, VTD: 39.1, VTD: 41.1, VTD: 50.1, VTD: 52.1: Block(s) 0210026041000, 0210026041001, 0210026041002, 0210026041003, 0210026041004, 0210026041005, 0210026041006, 0210026041007, 0210026041008, 0210026041009, 0210026041010, 0210026041011, 0210026041013, 0210026041014, 0210026041015, 0210026041016, 0210026041017, 0210026041020, 0210026041021, 0210026041022, 0210026041023, 0210026041024, 0210026041025, 0210026041026, 0210026041027, 0210026041028, 0210026041029, 0210026041030, 0210026041031, 0210026041032, 0210026041033, 0210026041034, 0210026041035,

0210026041036, 0210026041037, 0210026041038, 0210026041039, 0210026041040, 0210026041041, 0210026041042, 0210026041043, 0210026041044, 0210026041045, 0210026041069, 0210026041070, 0210026042000, 0210026042001, 0210026042002, 0210026042003, 0210026042004, 0210026042005, 0210026042006, 0210026042007, 0210026042008, 0210026042009, 0210026042010, 0210026042011, 0210026042012, 0210026042013, 0210026042014, 0210026042015, 0210026042016, 0210026042017, 0210026042018, 0210026042019, 0210026042020, 0210026042021, 0210026042022, 0210026042023, 0210026042026, 0210026043037, 0210026043038; VTD: 57.1: 0210022061022, 0210022061023, 0210032011036, 0210032011049, 0210032021007, 0210032021008, 0210032021009, 0210032021010, 0210032021011, 0210032021014, 0210032021015, 0210032021016, 0210032021017, 0210032021018, 0210032021019, 0210032021020, 0210032021021, 0210032021024, 0210032021025, 0210032021026, 0210032021028, 0210032023010; VTD: 58.1, VTD: 59.1, VTD: 60.2: Block(s) 0210032031013, 0210032033002, 0210032033003, 0210032033004, 0210032033005, 0210032033006, 0210032033007, 0210032033008, 0210032033009, 0210032033010, 0210032033011, 0210032033012, 0210032033013, 0210032033014, 0210032033015, 0210032033016, 0210032033017, 0210032033018, 0210032033019, 0210032033020, 0210032033021, 0210032033022, 0210032033023, 0210032033024, 0210032033025, 0210032033026, 0210032033029, 0210032033030, 0210032033031, 0210032033032, 0210032033033, 0210032033034, 0210032033035; VTD: 61.1, VTD: 62.1, VTD: 64.1: Block(s) 0210030022036, 0210030022037, 0210030022038, 0210030022039, 0210030022040, 0210030022041, 0210030022042, 0210030022043, 0210030022044, 0210030022045, 0210030022046, 0210030023005, 0210030023006, 0210030023007, 0210030023008, 0210030023009, 0210030023010, 0210030023011, 0210030023012, 0210030023013, 0210030023014, 0210030023015, 0210030023016, 0210030023017, 0210030023018, 0210030023019, 0210030023020, 0210030023022, 0210030023023, 0210030023024, 0210030023025, 0210030023026, 0210030023027, 0210030023028, 0210030023029, 0210030023030, 0210030023031, 0210030023032, 0210030023033, 0210030023034, 0210030023035, 0210030024000, 0210030024001, 0210030024002, 0210030024007, 0210030024008, 0210030024009, 0210030024010, 0210030024011, 0210030024012, 0210030024013, 0210030024014, 0210030024015, 0210030024016, 0210030024017, 0210030024018, 0210030024019, 0210030024020, 0210030024021, 0210030024022, 0210030024023, 0210030024027, 0210030024028, 0210030024029, 0210030024030,

0210030024031, 0210030024033, 0210030024034, 0210030024035; VTD: 65.1, VTD: 67.1, VTD: 70.1: Block(s) 0210016003025, 0210016003026, 0210016003027, 0210016003028, 0210016003035, 0210016003036, 0210016003037, 0210016003038, 0210016003039, 0210016003041, 0210016003042, 0210016003043, 0210016003044, 0210016003068, 0210016003069, 0210016003070, 0210016003085, 0210016003088, 0210016003094, 0210016003095, 0210016003096, 0210016003097, 0210016003098, 0210016003099, 0210016003100, 0210016003101, 0210016003102, 0210016004009, 0210016004025, 0210016004026, 0210016004027, 0210016004031, 0210027011021, 0210027011022, 0210027011023, 0210027011024, 0210027011025, 0210027011029, 0210027011030, 0210027011031, 0210027011032, 0210027011033, 0210027011034, 0210027011035, 0210027011036, 0210027011037, 0210027011038, 0210027011039, 0210027011040, 0210027011041, 0210027011042; VTD: 71.1.

District 116: Buncombe County: VTD: 101.1, VTD: 102.1: Block(s) 0210022051007, 0210022051008, 0210022052000, 0210022052001, 0210022052002, 0210022052010, 0210022052011, 0210022052012, 0210022052013, 0210022052015, 0210022052017, 0210022052018, 0210022052019, 0210022052020, 0210022052021, 0210022052022, 0210022052023, 0210022052024, 0210022052025, 0210022052026, 0210022052027, 0210022052028, 0210022052029, 0210022052030, 0210022052031, 0210022052032, 0210022052037, 0210022052038, 0210022052039, 0210022052040, 0210022052041, 0210022052042, 0210022052043, 0210022052044, 0210022052045, 0210022052047, 0210022053000, 0210022053001, 0210022053002, 0210022053003, 0210022053004, 0210022053005, 0210022053006, 0210022053007, 0210022053008, 0210022053009, 0210022053010, 0210022053011, 0210022053012, 0210022053013, 0210022053014, 0210022053015, 0210022053016, 0210022053017, 0210022053018, 0210022053019, 0210022053020, 0210022053021, 0210022053022, 0210022053023, 0210022062000, 0210022062001, 0210022062002, 0210022062003, 0210022062004, 0210022062005, 0210022062006, 0210022062007, 0210022062008, 0210022062009, 0210022062010, 0210022062011, 0210022062012, 0210022062013, 0210022062014, 0210022062015, 0210022062016, 0210022062017, 0210022062018, 0210022062019, 0210022062020, 0210022062021, 0210022062022, 0210022062023, 0210022062024, 0210022062025; VTD: 19.1: 0210022042027, 0210022043000, 0210022043001, 0210022043008, 0210022043009, 0210022043010, 0210022043023, 0210022043024, 0210022043025,

0210022043030, 0210022043031, 0210022043032, 0210022043033, 0210022044016; VTD: 24.1: 0210023021000, 0210023021016, 0210023021017, 0210023021036, 0210023024009, 0210023024010, 0210023024011, 0210023024017, 0210023024018, 0210023024019, 0210023024020, 0210023024021, 0210023024043, 0210023024044, 0210023024045, 0210023024046, 0210023024047, 0210023024048, 0210023024049, 0210023024050, 0210023024051, 0210023024052, 0210023024056, 0210023024057, 0210023024058, 0210023024060, 0210025051018, 0210025051019, 0210025052002, 0210025052003, 0210025052015, 0210025052016, 0210025052017, 0210025052049, 0210025052050, 0210025052051, 0210025052052, 0210025052053, 0210025052054, 0210025052055, 0210025052067, 0210025061015, 0210025061020, 0210025061021, 0210025061024, 0210025061025, 0210025061026, 0210025061027, 0210025061030, 0210025061032, 0210025061033, 0210025061038, 0210025061039, 0210025061041, 0210025061042, 0210025061043; VTD: 30.1, VTD: 31.1, VTD: 44.1, VTD: 45.1, VTD: 46.1, VTD: 47.1, VTD: 48.1, VTD: 49.1, VTD: 52.1: Block(s) 0210026032005, 0210026041054, 0210026041055, 0210026041056, 0210026041057, 0210026041058, 0210026041059, 0210026041060, 0210026041061, 0210026041062, 0210026041063, 0210026041068, 0210026042024, 0210026042025, 0210026061010, 0210026062000, 0210026062001, 0210026062002, 0210026062003, 0210026062004, 0210026062005, 0210026062006, 0210026062007, 0210026062008, 0210026062009, 0210026062010, 0210026062011, 0210026062012, 0210026062013, 0210026062014, 0210026062015, 0210026062016, 0210026062017, 0210026062019, 0210026062020; VTD: 53.1, VTD: 55.1, VTD: 57.1: Block(s) 0210022061024, 0210022061025, 0210022061026, 0210022061027, 0210022061028, 0210022061029, 0210022061030, 0210022061031, 0210022061032, 0210032023011, 0210032023012, 0210032023013, 0210032023014, 0210032023015, 0210032023016, 0210032023017, 0210032023018, 0210032023019, 0210032023020, 0210032023021, 0210032023022, 0210032023023, 0210032023024, 0210032023025, 0210032023026, 0210032023027, 0210032023028, 0210032023029, 0210032023030, 0210032023042, 0210032023046, 0210032023047, 0210032023048; VTD: 63.1, VTD: 68.1, VTD: 69.1.

District 117: Henderson County: VTD: BC, VTD: BK, VTD: CC, VTD: ED, VTD: FL, VTD: GM, VTD: HC, VTD: HV-1, VTD: HV-2, VTD: HV-3, VTD: LJ, VTD: LP, VTD: MG, VTD: NB, VTD: NE, VTD: NM, VTD: NW, VTD: PR, VTD: PV, VTD: RG, VTD: SB, VTD: SE, VTD: SM, VTD: SW.

District 118: Haywood County: VTD: BC, VTD: BE-1, VTD: BE-2, VTD: BE-3, VTD: BE-4, VTD: BE56, VTD: BE-7, VTD: CE, VTD: CL-N, VTD: CL-S, VTD: CR, VTD: EF, VTD: FC-1, VTD: FC-2, VTD: IH: Block(s) 0879201013038, 0879201013039, 0879201013058, 0879201013076, 0879206002037, 0879206002041, 0879206002101, 0879206002102, 0879206002103, 0879206002104, 0879206002105, 0879206002112, 0879206002113, 0879206002114, 0879206002115, 0879206002116, 0879206002117, 0879206002118, 0879206002131, 0879207001000, 0879207001001, 0879207001002, 0879207001003, 0879207001004, 0879207001005, 0879207001006, 0879207001007, 0879207001008, 0879207001009, 0879207001010, 0879207001011, 0879207001012, 0879207001013, 0879207001014, 0879207001015, 0879207001016, 0879207001017, 0879207001018, 0879207001019, 0879207001020, 0879207001021, 0879207001022, 0879207001023, 0879207001024, 0879207001025, 0879207001026, 0879207001027, 0879207001028, 0879207001029, 0879207001030, 0879207001031, 0879207001032, 0879207001033, 0879207001034, 0879207001035, 0879207001036, 0879207001037, 0879207001038, 0879207001039, 0879207001040, 0879207001041, 0879207001042, 0879207001043, 0879207001044, 0879207001045, 0879207001046, 0879207001047, 0879207001048, 0879207001049, 0879207001050, 0879207001051, 0879207001052, 0879207001053, 0879207001054, 0879207001055, 0879207001056, 0879207001057, 0879207001058, 0879207001059, 0879207001060, 0879207001061, 0879207001062, 0879207001063, 0879207001064, 0879207001065, 0879207001066, 0879207001067, 0879207001068, 0879207001069, 0879207001070, 0879207001071, 0879207001072, 0879207001073, 0879207001074, 0879207001075, 0879207001076, 0879207001077, 0879207001078, 0879207001079, 0879207001080, 0879207001081, 0879207001082, 0879207001083, 0879207001084, 0879207001085, 0879207001086, 0879207001087, 0879207001088, 0879207001089, 0879207001090, 0879207001091, 0879207001092, 0879207001093, 0879207001094, 0879207001095, 0879207002000, 0879207002001, 0879207002002, 0879207002003, 0879207002004, 0879207002005, 0879207002006, 0879207002007, 0879207002008, 0879207002009, 0879207002010, 0879207002011, 0879207002012, 0879207002013, 0879207002014, 0879207002015, 0879207002016, 0879207002017, 0879207002018, 0879207002019, 0879207002020, 0879207002021, 0879207002022, 0879207002023, 0879207002024, 0879207002025, 0879207002026, 0879207002027, 0879207002028, 0879207002029, 0879207002030, 0879207002031, 0879207002032, 0879207002033, 0879207002034, 0879207002035, 0879207002036, 0879207002037,

0879207002038, 0879207002039, 0879207002040, 0879207002041, 0879207002042, 0879207002043, 0879207002044, 0879207002045, 0879207002046, 0879207002047, 0879207002048, 0879207002049, 0879207002050, 0879207002051, 0879207002052, 0879207002053, 0879207002054, 0879207002055, 0879207002056, 0879207002057, 0879207002058, 0879207002059, 0879207002060, 0879207002061, 0879207002062, 0879207002063, 0879207002064, 0879207002065, 0879207002066, 0879207002067, 0879207002068, 0879207002069, 0879207002070, 0879207002071, 0879207002072, 0879207002073, 0879207002074, 0879207002075, 0879207002076, 0879207002077, 0879207002078, 0879207002079, 0879207002080, 0879207002081, 0879207002082, 0879207002083, 0879207002084, 0879207002085, 0879207002086, 0879207002087, 0879207002088, 0879207002089, 0879207002090, 0879207002091, 0879207002092, 0879207002093, 0879207002094, 0879207002095, 0879207002096, 0879207002097, 0879207002098, 0879207002099, 0879207002100, 0879207002101, 0879207002102, 0879207002103, 0879207002104, 0879207002105, 0879207002106, 0879207002107, 0879207002108, 0879207002109, 0879207002110, 0879207002111, 0879207002112, 0879207002113, 0879207002114, 0879207002115, 0879207002116, 0879207002117, 0879207002118, 0879207002119, 0879207002120, 0879207002121, 0879207002122, 0879207002123, 0879207002124, 0879207002125, 0879207002126, 0879207002127, 0879207002128, 0879207002129, 0879207002130, 0879207002131, 0879207002132, 0879207002133, 0879207002134, 0879207002135, 0879207002136, 0879207002137, 0879207002138, 0879207002139, 0879207002140, 0879207002141, 0879207002142, 0879207002143, 0879207002144, 0879207002145, 0879207002146, 0879207002147, 0879207002148, 0879207002149, 0879207002150, 0879207002151, 0879207002152, 0879207002153, 0879207002154, 0879207002155, 0879207002156, 0879207002157, 0879207002158, 0879207002159, 0879207002160, 0879207002161, 0879207002162, 0879207002163, 0879207002164, 0879207002165, 0879207002166, 0879207002167, 0879207002168, 0879207002169, 0879207002170, 0879207002171, 0879207002172, 0879207002173, 0879207002174, 0879207002175, 0879207002176, 0879207002177, 0879207002178, 0879207002179, 0879207002180, 0879207002181, 0879207002182, 0879207002183, 0879207002186, 0879207002187, 0879207002188, 0879207002189, 0879207002190, 0879207002191, 0879207002192, 0879207002193, 0879207002194, 0879207002195, 0879207002196, 0879207002197, 0879207002198, 0879207002199, 0879207002200, 0879207002201, 0879207002202, 0879207002203,

0879207002204, 0879207002205, 0879207002206, 0879207002207, 0879207002208, 0879207002209, 0879207002210, 0879207002211, 0879207002212, 0879207002213, 0879207002214, 0879207002215, 0879207003000, 0879207003001, 0879207003002, 0879207003003, 0879207003004, 0879207003005, 0879207003006, 0879207003007, 0879207003008, 0879207003009, 0879207003010, 0879207003011, 0879207003012, 0879207003013, 0879207003014, 0879207003015, 0879207003016, 0879207003017, 0879207003018, 0879207003019, 0879207003020, 0879207003021, 0879207003022, 0879207003023, 0879207003024, 0879207003025, 0879207003026, 0879207003027, 0879207003028, 0879207003029, 0879207003030, 0879207003031, 0879207003032, 0879207003033, 0879207003034, 0879207003035, 0879207003036, 0879207003037, 0879207003038, 0879207003039, 0879207003040, 0879207003041, 0879207003043, 0879207003044, 0879207003045, 0879207003046, 0879207003047, 0879207003048, 0879207003049, 0879207003050, 0879207003051, 0879207003052, 0879207003053, 0879207003054, 0879207003055, 0879207003056, 0879207003057, 0879207003058, 0879207003059, 0879207003060, 0879207003061, 0879207003062, 0879207003063, 0879207003064, 0879207003066, 0879207003067, 0879207003068, 0879207003069, 0879207003070, 0879207003071, 0879207003072, 0879207003073, 0879207003074, 0879207003075, 0879207003076, 0879207003077, 0879207003078, 0879207003079, 0879207003080, 0879207003081, 0879207003082, 0879207003083, 0879207003084, 0879207003085, 0879207003086, 0879207003087, 0879207003088, 0879207003089, 0879207003090, 0879207003091, 0879207003092, 0879207003093, 0879207003094, 0879207003095, 0879207003096, 0879207003097, 0879207003098, 0879207003099, 0879207003100, 0879207003101, 0879207003102, 0879207003103, 0879207003104, 0879207003105, 0879207003106, 0879207003107, 0879207003108, 0879207003109, 0879207003110, 0879207003111, 0879207003112, 0879207003113, 0879207003114, 0879207003115, 0879207003116, 0879207003117, 0879207003118, 0879207003119, 0879207003120, 0879207003121, 0879207003122, 0879207003123, 0879207003124, 0879207003125, 0879207003126, 0879207003127, 0879208001046; VTD: JC, VTD: P, VTD: PC, VTD: WO; Madison County, Yancey County.

District 119: Haywood County: VTD: AC, VTD: HA, VTD: ID, VTD: IH: Block(s) 0879206002084, 0879206002085, 0879206002086, 0879206002087, 0879206002088, 0879206002089, 0879206002090, 0879206002091, 0879206002092, 0879206002093, 0879206002094, 0879206002095,

0879206002096, 0879206002097, 0879206002098, 0879206002100, 0879206002109, 0879206002110, 0879206002111, 0879206002119, 0879206002120, 0879206002121, 0879206002122, 0879206002123, 0879206002124, 0879206002136, 0879206003011, 0879206003012, 0879206003015, 0879206003016, 0879206003017, 0879206003018, 0879206003019, 0879206003020, 0879206003021, 0879206003022, 0879206003048, 0879206003049, 0879206003050, 0879206003051, 0879206003052, 0879206003053, 0879206003054, 0879206003055, 0879206003056, 0879206003057, 0879206003058, 0879206003059, 0879206003060, 0879206003061, 0879206003062, 0879206003063, 0879206003064, 0879206003065, 0879206003066, 0879206003097, 0879206003100, 0879206003101, 0879208001034, 0879208001036, 0879208001037, 0879208001038; VTD: LJ, VTD: SA, VTD: WC, VTD: WE, VTD: WS-1, VTD: WS-2, VTD: WW; Jackson County, Swain County.

District 120: Cherokee County, Clay County, Graham County, Macon County.

(b)   The names and boundaries of voting tabulation districts, tracts, block groups, and blocks specified in this section are as shown on the 2010 Census Redistricting TIGER/Line Shapefiles.

(c)   If any voting tabulation district boundary is changed, that change shall not change the boundary of a House district, which shall remain the same as it is depicted by the 2010 Census Redistricting TIGER/Line Shapefiles.

(d)   Repealed by Session Laws 2011-416, s. 2, effective November 7, 2011, and applicable to elections held on or after January 1, 2012.

(e)   The Legislative Services Officer shall certify a true copy of the block assignment file associated with any mapping software used to generate the language in subsection (a) of this section. The certified true copy of the block assignment file shall be delivered by the Legislative Services Officer to the Principal Clerk of the House of Representatives. If any area within North Carolina is not assigned to a specific district by subsection (a) of this section, the certified true copy of the block assignment file delivered to the Principal Clerk of the House of Representatives shall control. (Code, s. 2845; Rev., c. 4399; 1911, c. 151; C.S., s. 6088; 1921, c. 144; 1941, c. 112; 1961, c. 265; 1966, Ex. Sess., c. 5, s. 1; 1971, c. 483; 1981, c. 800; c. 1130, s. 1; 1982, Ex. Sess., c. 4; 1982, 2nd Ex. Sess., c. 1; 1984, Ex. Sess., c. 1, ss. 1, 2; c. 6, ss. 1-6; c. 7; 1991, c. 675, s. 1; 1991, Ex. Sess., c. 5, ss. 1, 2; 1993, c. 553, s. 34; 2001-459, s. 1; 2001-487, s. 77; 2002-1, Ex Sess., ss. 1, 2; 2002-2, Ex. Sess.,

s. 1; 2003-434, 1st Ex. Sess., ss. 1, 2; 2009-78, s. 1; 2011-404, s. 1; 2011-416, s. 2.)

§ 120-2.1. Severability of Senate and House apportionment acts.

If any provision of any act of the General Assembly that apportions Senate or House districts is held invalid by any court of competent jurisdiction, the invalidity shall not affect other provisions that can be given effect without the invalid provision; and to this end the provisions of any said act are severable. (1981, c. 771, s. 1.)

§ 120-2.2: Repealed by Session Laws 2013-343, s. 1, effective July 23, 2013.

§ 120-2.3. Contents of judgments invalidating apportionment or redistricting acts.

Every order or judgment declaring unconstitutional or otherwise invalid, in whole or in part and for any reason, any act of the General Assembly that apportions or redistricts State legislative or congressional districts shall find with specificity all facts supporting that declaration, shall state separately and with specificity the court's conclusions of law on that declaration, and shall, with specific reference to those findings of fact and conclusions of law, identify every defect found by the court, both as to the plan as a whole and as to individual districts. (2003-434, 1st Ex. Sess., s. 8.)

§ 120-2.4. Opportunity for General Assembly to remedy defects.

If the General Assembly enacts a plan apportioning or redistricting State legislative or congressional districts, in no event may a court impose its own substitute plan unless the court first gives the General Assembly a period of time to remedy any defects identified by the court in its findings of fact and conclusions of law. That period of time shall not be less than two weeks. In the event the General Assembly does not act to remedy any identified defects to its plan within that period of time, the court may impose an interim districting plan for use in the next general election only, but that interim districting plan may differ from the districting plan enacted by the General Assembly only to the extent necessary to remedy any defects identified by the court. (2003-434, 1st Ex. Sess., s. 9.)

§ 120-2.5. Direct appeal to Supreme Court.

Appeal lies of right directly to the Supreme Court from any final order or judgment of a court declaring unconstitutional or otherwise invalid in whole or in part and for any reason any act of the General Assembly that apportions or redistricts State legislative or congressional districts. (2003-434, 1st Ex. Sess., s. 10.)

§ 120-3. Pay of members and officers of the General Assembly.

(a)   The Speaker of the House shall be paid an annual salary of thirty-eight thousand one hundred fifty-one dollars ($38,151) payable monthly, and an expense allowance of one thousand four hundred thirteen dollars ($1,413) per month. The President Pro Tempore of the Senate shall be paid an annual salary of thirty-eight thousand one hundred fifty-one dollars ($38,151) payable monthly, and an expense allowance of one thousand four hundred thirteen dollars ($1,413) per month. The Speaker Pro Tempore of the House shall be paid an annual salary of twenty-one thousand seven hundred thirty-nine dollars ($21,739) payable monthly, and an expense allowance of eight hundred thirty-six dollars ($836.00) per month. The Deputy President Pro Tempore of the Senate shall be paid an annual salary of twenty-one thousand seven hundred thirty-nine dollars ($21,739) payable monthly, and an expense allowance of eight hundred thirty-six dollars ($836.00) per month. The majority and minority leaders in the House and the majority and minority leaders in the Senate shall be paid an annual salary of seventeen thousand forty-eight dollars ($17,048) payable monthly, and an expense allowance of six hundred sixty-six dollars ($666.00) per month.

(b)   Every other member of the General Assembly shall receive increases in annual salary only to the extent of and in the amounts equal to the average increases received by employees of the State, effective upon convening of the next Regular Session of the General Assembly after enactment of these increased amounts, except no such increase is granted upon the convening of the 1997 Regular Session of the General Assembly. Accordingly, upon convening of the 1997 Regular Session of the General Assembly, every other member of the General Assembly shall be paid an annual salary of thirteen thousand nine hundred fifty-one dollars ($13,951) payable monthly, and an expense allowance of five hundred fifty-nine dollars ($559.00) per month.

(c) The salary and expense allowances provided in this section are in addition to any per diem compensation and any subsistence and travel allowance authorized by any other law with respect to any regular or extra session of the General Assembly, and service on any State board, agency, commission, standing committee and study commission. (1929, c. 2, s. 1; 1951, c. 23, s. 1; 1965, c. 917; c. 1157, s. 1; 1967, c. 1120; 1969, c. 1278, s. 1; 1971, c. 1200, s. 5; 1973, c. 1482, s. 1; 1977, 2nd Sess., c. 1249, ss. 1, 2; 1979, 2nd Sess., c. 1137, s. 9.1; 1983, c. 761, s. 203; 1983 (Reg. Sess., 1984), c. 1034, s. 209; 1985, c. 479, s. 208; 1985 (Reg. Sess., 1986), c. 1014, s. 29; 1987, c. 738, s. 15; c. 830, s. 70; 1987 (Reg. Sess., 1988), c. 1086, s. 9; 1989, c. 752, s. 26; 1991 (Reg. Sess., 1992), c. 900, s. 35; 1993, c. 321, s. 52; 1993 (Reg. Sess., 1994), c. 769, s. 7.5; 1995, c. 507, s. 7.8; 2002-159, s. 39.)

§ 120-3.1. Subsistence and travel allowances for members of the General Assembly.

(a) In addition to compensation for their services, members of the General Assembly shall be paid the following allowances:

(1) A weekly travel allowance for each week or fraction thereof that the General Assembly is in regular or extra session. The amount of the weekly travel allowance shall be calculated for each member by multiplying the actual round-trip mileage from that member's home to the City of Raleigh by the rate per mile which is the business standard mileage rate set by the Internal Revenue Service in Rev. Proc. 93-51, December 27, 1993.

(2) A travel allowance at the rate which is the business standard mileage rate set by the Internal Revenue Service in Rev. Proc. 93-51, December 27, 1993, whenever the member travels, whether in or out of session, as a representative of the General Assembly or of its committees or commissions, with the approval of the Legislative Services Commission.

(3) A subsistence allowance for meals and lodging at a daily rate equal to the maximum per diem rate for federal employees traveling to Raleigh, North Carolina, as set out at 58 Federal Register 67959 (December 22, 1993), while the General Assembly is in session and, except as otherwise provided in this subdivision, while the General Assembly is not in session when, with the approval of the Speaker of the House of Representatives in the case of Representatives or the President Pro Tempore of the Senate in case of Senators, the member is:

a. Traveling as a representative of the General Assembly or of its committees or commissions, or

b. Otherwise in the service of the State.

A member who is authorized to travel, whether in or out of session, within the United States outside North Carolina, may elect to receive, in lieu of the amount provided in the preceding paragraph, a subsistence allowance of twenty-six dollars ($26.00) a day for meals, plus actual expenses for lodging when evidenced by a receipt satisfactory to the Legislative Services Officer, the latter not to exceed the maximum per diem rate for federal employees traveling to the same place, as set out at 58 Federal Register 67950-67964 (December 22, 1993) and at 59 Federal Register 23702-23709 (May 6, 1994).

(4) A member may be reimbursed for registration fees as permitted by the Legislative Services Commission.

(b) Payment of travel and subsistence allowances shall be made to members of the General Assembly only after certification by the claimant as to the correctness thereof on forms prescribed by the Legislative Services Commission. Claims for travel and subsistence payments shall be paid at such times as may be prescribed by the Legislative Services Commission.

(c) When the General Assembly by joint action of the two houses adjourns to a day certain, which day is more than three days after the date of adjournment, the period between the date of adjournment and the date of reconvening shall for the purposes of this section be deemed to be a period when the General Assembly is not in session, and no member shall be entitled to subsistence and travel allowance during that period, except under circumstances which would entitle him to subsistence and travel allowance when the General Assembly is not in session.

(d) Repealed by Session Laws 1989 (Regular Session 1990), c. 1066, s. 24(a). (1957, c. 8; 1959, c. 939; 1961, c. 889; 1965, c. 86, s. 1; 1969, c. 1257, s. 1; 1971, c. 1200, ss. 1-4; 1973, c. 1482, s. 2; 1977, 2nd Sess., c. 1249, ss. 3, 4; 1979, 2nd Sess., c. 1137, s. 30; 1983, c. 761, ss. 25, 26; 1983 (Reg. Sess., 1984), c. 1034, ss. 184, 186; 1985, c. 479, s. 206; 1985 (Reg. Sess., 1986), c. 1014, s. 40(a); 1987 (Reg. Sess., 1988), c. 1086, s. 30(c); 1989, c. 117; 1989 (Reg. Sess., 1990), c. 1066, s. 24(a); 1991 (Reg. Sess., 1992), c. 900, s. 51; 1993, c. 321, ss. 24(b), (c); 1993 (Reg. Sess., 1994), c. 769, s. 7.28; 1996, 2nd Ex. Sess., c. 18, s. 8(b).)

§ 120-4: Repealed by Session Laws 1985 (Reg. Sess. 1986), c. 1014, s. 40(b).

§ 120-4.1. Repealed by Session Laws 1973, c. 1482, s. 3.

§ 120-4.2. Repeal of Legislative Retirement Fund.

(a) Effective as of the end of the term of the members of the 1973 General Assembly, G.S. 120-4.1 is repealed, subject to the following provisions to preserve vested and inchoate rights in the Legislative Retirement Fund:

(b) All persons who have at least four terms of creditable service as of the end of the 1973 term shall be entitled to receive the retirement benefits provided under G.S. 120-4.1 as it existed prior to this repealing act, but no credit shall be given for any service performed after the end of the 1973 term.

(c) Solely for purposes of administering the benefits authorized by G.S. 120-3 to 120-4.2, the authority and duties created by G.S. 120-4.1 as it existed prior to this repealing act shall continue in effect. (1973, c. 1482, s. 3.)

§§ 120-4.3 through 120-4.7. Reserved for future codification purposes.

Article 1A.

Legislative Retirement System.

§ 120-4.8. Definitions.

The following words and phrases as used in this Article, unless the context clearly requires otherwise, have the following meanings:

(1) "Accumulated contributions" means the sum of all the amounts deducted from the compensation of a member and credited to his individual account in the annuity savings fund, together with regular interest as provided in G.S. 135-7(b).

(2) "Actuarial equivalent" means a benefit of equal value when computed upon the basis of the mortality tables as adopted by the Board of Trustees, and regular interest.

(3) "Annuity" means payment for life derived from the "Accumulated contribution" of a member. All "annuities" are payable in equal monthly installments.

(4) "Annuity reserve" means the present value of all payments to be made on account of any annuity or benefit in lieu of any annuity, computed upon the basis of the mortality tables as adopted by the Board of Trustees, and regular interest.

(5) "Compensation" means salary and expense allowance paid for service as a legislator in the North Carolina General Assembly, exclusive of travel and per diem. Effective July 1, 2009, "compensation" also means payment of military differential wages.

(6) "Filing," when used in reference to an application for retirement, means the receipt of an acceptable application on a form provided by the Retirement System.

(7) "Highest annual salary" means the twelve consecutive months of compensation authorized during a member's final legislative term for the highest position that a member ever held as a member of the General Assembly.

(8) "Medical Board" means the board of physicians provided for in G.S. 135-6, which shall determine disability as provided in this Article.

(9) "Member in service" means a member in service on or after June 15, 1983.

(10) "Pension reserve" means the present value of all payments to be made on account of any pension or benefit in lieu of any pension computed upon the basis of the mortality tables adopted by the Board of Trustees, and regular interest.

(11) "Pensions" means payments for life derived from money provided by the State of North Carolina. All pensions are payable in equal monthly installments.

(12) "Present member of the General Assembly" means a person who is a member of the General Assembly on or after June 15, 1983.

(13) "Regular interest" means interest compounded annually at the rate determined by the Board of Trustees in accordance with G.S. 135-7(b) and G.S. 120-4.10.

(14) "Retirement" means the withdrawal from active service with a retirement allowance granted under the provisions of this Article. In order for a member's retirement to become effective in any month, the member must render no service at any time during that month.

(15) "Year" as used in this Article shall mean the regular fiscal year beginning July 1, and ending June 30 in the following calendar year unless otherwise defined by rule of the Board of Trustees. (1983, c. 761, s. 238; 1983 (Reg. Sess., 1984), c. 1034, s. 198; 1987, c. 738, s. 31(a); 1993 (Reg. Sess., 1994), c. 769, s. 7.29(a); 2009-66, s. 6(h).)

§ 120-4.9. Retirement system established.

A Retirement System is established and placed under the Board of Trustees of the Teachers' and State Employees' Retirement System for administrative purposes. This Retirement System is a governmental plan, within the meaning of Section 414(d) of the Internal Revenue Code. Therefore, the nondiscrimination rules of Sections 401(a)(5) and 401(a)(26) of the Code do not apply.

The Retirement System shall have all the power and privileges of a corporation and shall be known as the "Legislative Retirement System of North Carolina." By this name all of its business shall be transacted, all of its funds invested and all of its cash and securities and other property held. All direction and policies concerning the Legislative Retirement System shall be vested in the Board of Trustees.

Consistent with Section 401(a)(1) of the Internal Revenue Code, all member employee and employer contributions to this Retirement System shall be made to funds held in trust through trust instruments that have the purposes of distributing trust principal and income to retired members and their beneficiaries and of paying other definitely determinable benefits under this Chapter, after meeting the necessary expenses of administering this Retirement System. Neither the trust corpus nor income from this trust can be used for purposes other than the exclusive benefit of members or their beneficiaries, except that employer contributions made to the trust under a good faith mistake of fact may be returned to an employer, where the refund can occur within less than one year after the mistaken contribution was made, consistent with the rule adopted by the Board of Trustees. The Retirement System shall have a consolidated Plan document, consisting of relevant statutory provisions in this Chapter, associated regulations in the North Carolina Administrative Code, substantive and procedural information on the official forms used by the Retirement System, and policies and minutes of the Board of Trustees. (1983, c. 761, s. 238; 2012-130, s. 7(a); 2013-287, s. 6.)

§ 120-4.10. Administration of retirement system.

The Board of Trustees of the Teachers' and State Employees' Retirement System shall be the trustee of the Retirement System. The provisions of this Article shall be administered by the Board of Trustees. (1983, c. 761, s. 238; 2013-287, s. 7.)

§ 120-4.11. Membership.

The following members of the General Assembly and former members of the General Assembly are eligible for membership in the Retirement System:

(1) Members of the General Assembly who serve on and after June 15, 1983; and

(2) Former members of the General Assembly who served prior to June 15, 1983; and

a. Who elect to transfer current and future entitlements, or contributions, from the Legislative Retirement Fund established by Chapter 1269 of the 1969 Session Laws; or

b. Who have five or more years of service as a member of the General Assembly. (1983, c. 761, s. 238; 1983 (Reg. Sess., 1984), c. 1034, ss. 188, 189; 1985, c. 400, ss. 1, 7; 1987 (Reg. Sess., 1988), c. 1109; 2001-424, s. 32.30(a).)

§ 120-4.12. Creditable service.

(a) Creditable service at retirement consists of the membership service rendered by the member of the Retirement System and any prior service purchased or granted by this Article.

(b) Membership Service means the number of years served as a member of the General Assembly as of the establishment of the Retirement System and thereafter. One year of membership service is equal to 12 months for which a legislator received compensation.

(c) Prior service means:

(1) The number of years a present member of the General Assembly served in the General Assembly prior to becoming a member of the Retirement System;

(2) The number of years served by former members of the General Assembly who were vested in the Legislative Retirement Fund. One year of prior service is equal to 12 months for which a legislator received compensation.

(c1) Any member of the Retirement System who was a member of the General Assembly as of January 1985 may purchase prior service credit for the month of January 1985 based upon seven percent (7%) of the compensation received for that period.

(d)   Any member of the Retirement System who has eight or more years of creditable service as a member of the General Assembly may purchase prior service credit for service in the Armed Forces of the United States at the same rates and conditions as set forth in G.S. 120-4.14 and G.S. 120-4.16; provided that credit is allowed only for the initial period of active duty in the Armed Forces of the United States up to the time the member was first eligible to be separated or released therefrom, and subsequent periods of such active duty as required by the Armed Forces of the United States up to the date of first eligibility for separation or release therefrom; and further provided that the member submits satisfactory evidence of the service claimed and that service credit be allowed only for the period of active service in the Armed Forces of the United States not creditable in any other retirement system, except the National Guard or any reserve component of the Armed Forces of the United States.

(e)   Any member of the Retirement System who has five or more years of creditable service as a member of the General Assembly may purchase credit for service in the Armed Forces of the United States eligible under subsection (d) of this section by making a lump sum payment into the Annuity Savings Fund equal to the full actuarial cost as provided for in G.S. 135-4(m).

(f)   If a member who has not vested in this System on July 1, 2007, is convicted of an offense listed in G.S. 120-4.33 for acts committed after July 1, 2007, then that member shall forfeit all benefits under this System. If a member who has vested in this System on July 1, 2007, is convicted of an offense listed in G.S. 120-4.33 for acts committed after July 1, 2007, then that member is not entitled to any creditable service that accrued after July 1, 2007. No member shall forfeit any benefit or creditable service earned from a position not as a member of the General Assembly.

(g)   If a member who is a present member of the General Assembly and who has not vested in this System on December 1, 2012, is convicted of an offense listed in G.S. 120-4.33A for acts committed after December 1, 2012, then that member shall forfeit all benefits under this System, except for a return of member contributions plus interest. If a member who is a present member of the General Assembly and has vested in this System on December 1, 2012, is convicted of an offense listed in G.S. 120-4.33A for acts committed after December 1, 2012, then that member is not entitled to any creditable service that accrued after December 1, 2012. (1983, c. 761, s. 238; 1983 (Reg. Sess., 1984), c. 1034, ss. 187, 190; 1989, c. 762, s. 1; 1993, c. 321, s. 71; 2007-179, s. 1(b); 2009-281, s. 1; 2011-183, s. 89; 2012-193, s. 8.)

§ 120-4.12A. Reciprocity of creditable service with other state-administered retirement systems.

(a)   Only for the purpose of determining eligibility for benefits accruing under this Article, creditable service standing to the credit of a member of the Consolidated Judicial Retirement System, Teachers' and State Employees' Retirement System, or Local Governmental Employees' Retirement System shall be added to the creditable service standing to the credit of a member of this System; provided, that in the event a person is a retired member of any of the foregoing retirement systems, such creditable service standing to the credit of the retired member prior to retirement shall be likewise counted. In no instance shall service credits maintained in the aforementioned retirement systems be added to the creditable service in this System for application of this System's benefit accrual rate in computing a service retirement benefit unless specifically authorized by this Article.

(b)   A person who was a former member of this System and who has forfeited his creditable service in this System by receiving a return of contributions and who has creditable service in the Consolidated Judicial Retirement System, Teachers' and State Employees' Retirement System, or the Local Governmental Employees' Retirement System may count such creditable service for the purpose of restoring the creditable service forfeited in this System under the terms and conditions as set forth in this Article and reestablish membership in this System.

(c)   Creditable service under this section shall not be counted twice for the same period of time whether earned as a member, purchased, or granted as prior service credits. (1989 (Reg. Sess., 1990), c. 1066, s. 35(a).)

§ 120-4.13. Transfer of membership and benefits.

(a)   The Board of Trustees shall set up procedures to transfer membership from the Legislative Retirement Fund to the Retirement System and to recompute benefits paid to retirees of the Legislative Retirement Fund who elect to transfer to the Retirement System.

(b)   The accumulated contributions and creditable service of any member whose service as a member of the General Assembly has been or is terminated other than by retirement or death and who, while still a member of this

Retirement System, became or becomes a member, as defined in G.S. 135-1(13), of the Teachers' and State Employees' Retirement System for a period of five or more years may, upon application of the member, be transferred from this Retirement System to the Teachers' and State Employees' Retirement System. In order to effect the transfer of a member's creditable service from the Legislative Retirement System to the Teachers' and State Employees' Retirement System, there shall be transferred from the Legislative Retirement System to the Teachers' and State Employees' Retirement System the sum of (i) the accumulated contributions of the member credited in the annuity savings fund and (ii) the amount of reserve held in the Legislative Retirement System as a result of previous contributions by the employer on behalf of the transferring member.

(c) The accumulated contributions and creditable service of any member whose service as a member of the General Assembly has been or is terminated other than by retirement or death and who, while still a member of this Retirement System, became or becomes a member, as defined in G.S. 135-53(11), of the Consolidated Judicial Retirement System for a period of five or more years may, upon application of the member, be transferred from this Retirement System to the Consolidated Judicial Retirement System. In order to effect the transfer of a member's creditable service from the Legislative Retirement System to the Consolidated Judicial Retirement System, there shall be transferred from the Legislative Retirement System to the Consolidated Judicial Retirement System the sum of (i) the accumulated contributions of the member credited in the annuity savings fund and (ii) the amount of reserve held in the Legislative Retirement System as a result of previous contributions by the employer on behalf of the transferring member. (1983, c. 761, s. 238; 2003-284, s. 30.18(a).)

§ 120-4.14. Purchase of prior service.

Purchase of prior service rendered by a member of the General Assembly before becoming a member of the Retirement System that is not service that may be transferred pursuant to G.S. 120-4.12 shall be at the rate of one month of service for each month for which a legislator received compensation, computed as follows:

(1) For final legislative terms beginning with the 1975 General Assembly, seven percent (7%) of the highest legislative compensation at the time of purchase plus an administrative fee to be paid in lump sum.

(2) For final legislative terms beginning prior to the 1975 General Assembly, five percent (5%) of the highest legislative compensation at the time of purchase plus an administrative fee to be paid in lump sum. (1983, c. 761, s. 238; c. 923, s. 217; 1983 (Reg. Sess., 1984), c. 1034, s. 191; 1985, c. 400, s. 2.)

§ 120-4.15. Repayment of contributions.

Repayment of contributions withdrawn from the Legislative Retirement Fund and System shall be at the rate of seven percent (7%) of the highest monthly compensation received as a legislator at the time of purchase for each month of creditable service restored plus an administrative fee to be paid in lump sum. (1983, c. 761, s. 238; c. 923, s. 217; 1983 (Reg. Sess., 1984), c. 1034, s. 192.)

§ 120-4.16. Repayments and purchases.

(a) All repayments and purchases of service credit, allowed under this Article, shall be made within two years after the member first becomes eligible to make such repayments and purchases. All such repayments and purchases not made within two years after the member becomes eligible shall equal the full actuarial cost of the additional service credit as defined in G.S. 135-4(m).

(b) Purchase of Service Credits Through Rollover Contributions From Certain Other Plans. - Notwithstanding any other provision of this Article, and without regard to any limitations on contributions otherwise set forth in this Article, a member, who is eligible to restore or purchase membership or creditable service pursuant to the provisions of this Article, may purchase such service credits through rollover contributions to the Annuity Savings Fund from (i) an annuity contract described in Section 403(b) of the Internal Revenue Code, (ii) an eligible plan under Section 457(b) of the Internal Revenue Code which is maintained by a state, political subdivision of a state, or any agency or instrumentality of a state or political subdivision of a state, (iii) an individual retirement account or annuity described in Section 408(a) or 408(b) of the Internal Revenue Code that is eligible to be rolled over and would otherwise be includible in gross income, or (iv) a qualified plan described in Section 401(a) or 403(a) of the Internal Revenue Code. Notwithstanding the foregoing, the Retirement System shall not accept any amount as a rollover contribution unless such amount is eligible to be rolled over to a qualified trust in accordance with applicable law and the member provides evidence satisfactory to the Retirement System that such amount qualifies for rollover treatment. Unless received by the Retirement System in the form of a direct rollover, the rollover contribution must be paid to the Retirement System on or before the 60th day after the date it was received by the member.

Purchase of Service Credits Through Plan-to-Plan Transfers. - Notwithstanding any other provision of this Article, and without regard to any limitations on contributions otherwise set forth in this Article, a member, who is eligible to restore or purchase membership or creditable service pursuant to the provisions of this Article, may purchase such service credits through a direct transfer to the Annuity Savings Fund of funds from (i) an annuity contract described in Section 403(b) of the Internal Revenue Code or (ii) an eligible plan under Section 457(b) of the Code which is maintained by a state, political subdivision of a state, or any agency or instrumentality of a state or political subdivision of a state.

(c)   (See editor's note for effective date) Purchase of Service Credits Through Plan-to-Plan Transfers. - Notwithstanding any other provision of this Article, and without regard to any limitations on contributions otherwise set forth in this Article, a member, who is eligible to restore or purchase membership or creditable service pursuant to the provisions of this Article, may purchase such service credits through a direct transfer to the Annuity Savings Fund of funds from (i) the Supplemental Retirement Income Plans A, B, or C of North Carolina or (ii) any other defined contribution plan qualified under Section 401(a) of the Internal Revenue Code which is maintained by the State of North Carolina, a political subdivision of a state, or any agency or instrumentality of a state or political subdivision of a state. (1983, c. 761, s. 238; 1987, c. 738, s. 31(b); 2002-71, s. 1.)

§ 120-4.17. Assets of retirement system.

(a)   All of the assets of the Retirement System shall be credited according to the purpose for which they are held to one of two funds, either the Annuity Savings Fund or the Pension Accumulation Fund.

(b) The Annuity Savings Fund is the fund to which all members' contributions, and regular interest allowances provided for as in G.S. 135-7(b), shall be credited. From this fund shall be paid the accumulated contributions of a member.

(c) Upon the retirement of a member, his accumulated contributions shall be transferred from the Annuity Savings Fund to the Pension Accumulation Fund. In the event that a retired former member should subsequently again become a member of the Retirement System as provided for in G.S. 120-4.11, any excess of his accumulated contributions at his date of retirement over the sum of the retirement allowance payments received by him since his date of retirement shall be transferred from the Pension Accumulation Fund to the Annuity Savings Fund and shall be credited to his individual account in the Annuity Savings Fund.

(d) The Pension Accumulation Fund is the fund in which accumulated contributions by the State and amounts transferred from the Annuity Savings Fund in accordance with subsection (c) of this section and to which all income from the invested assets of the Retirement System are credited. From this fund is paid retirement allowances and any other benefits provided for under this Article except payments of accumulated contributions as provided in G.S. 120-4.14.

(e) The regular interest allowance on the members' accumulated contributions provided for as in G.S. 135-7(b) shall be transferred each year from the Pension Accumulation Fund to the Annuity Savings Fund. (1983, c. 761, s. 238.)

§ 120-4.18. Management of funds.

The Board of Trustees shall manage the fund established by G.S. 120-4.17 pursuant to G.S. 135-7. (1983, c. 761, s. 238.)

§ 120-4.19. Contributions by the members.

Effective upon convening of the 1985 Regular Session of the General Assembly, each member shall contribute by payroll deduction for each pay period for which he receives compensation seven percent (7%) of his compensation for the period.

Anything within this Article to the contrary notwithstanding, the State, pursuant to the provisions of Section 414(h)(2) of the Internal Revenue Code of 1954 as amended, shall pick up and pay the contributions which would be payable by the members under this section with respect to the services of such members rendered after the effective date of this paragraph. The members' contributions picked up by the State shall be designated for all purposes of the Retirement System as member contributions, except for the determination of tax upon a distribution from the System. These contributions shall be credited to the Annuity Savings Fund and accumulated within the Fund in a member's account which shall be separately established for the purpose of accounting for picked-up contributions. Member contributions picked up by the State shall be payable from the same source of funds used for the payment of compensation to a member. A deduction shall be made from a member's compensation equal to the amount of his contributions picked up by the State. This deduction, however, shall not reduce a member's compensation as defined in G.S. 120-4.8(1). Picked-up contributions shall be transmitted to the Retirement System monthly for the preceding month by means of a warrant drawn by the State payable to the Retirement System and shall be accompanied by a schedule of the picked-up contributions on such forms as may be prescribed. (1983, c. 761, s. 238; 1985, c. 400, s. 8.)

§ 120-4.20. Contributions by the State.

(a) Effective upon convening of the 1985 Regular Session of the General Assembly, the State shall contribute annually an amount equal to the sum of the "normal contribution" and the "accrued liability contribution."

(b) The normal contribution for any period shall be determined as a percentage, equal to the normal contribution rate, of the total compensation of the members for the period. The normal contribution rate shall be determined as the percentage represented by the ratio of (i) the annual normal cost to provide the benefits of the Retirement System, computed in accordance with recognized actuarial principles on the basis of methods and assumptions approved by the Board of Trustees, in excess of the part thereof provided by the members' contributions, to (ii) the total annual compensation of the members of the Retirement System.

(c) The accrued liability contribution for any period shall be determined as a percentage, equal to the accrued liability contribution rate, of the total compensation of the members for the period. The accrued liability contribution rate shall be determined as the percentage represented by the ratio of (i) the level annual contribution necessary to amortize the unfunded accrued liability over a period of 15 years, computed in accordance with recognized actuarial principles on the basis of methods and assumptions approved by the Board of Trustees, to (ii) the total annual compensation of the members of the Retirement System.

(d) The unfunded accrued liability as of any date shall be determined, in accordance with recognized actuarial principles on the basis of methods and assumptions approved by the Board of Trustees, as the excess of (i) the then present value of the benefits to be provided under the Retirement System in the future over (ii) the sum of the assets of the Retirement System then currently on hand in the Annuity Savings Fund and the Pension Accumulation Fund, plus the then present value of the stipulated contributions to be made in the future by the members, plus the then present value of the normal contributions expected to be made in the future by the State.

(e) The normal contribution rate and the accrued liability contribution rate shall be determined after each annual valuation of the Retirement System and shall remain in effect until a new valuation is made.

(f) The annual contributions by the State for any year shall be at least sufficient, when combined with the amount held in the Pension Accumulation Fund at the start of the year, to provide the retirement allowances and other benefits payable out of the fund during the current year. (1983, c. 761, s. 238.)

§ 120-4.21. Service retirement benefits.

(a) Eligibility; Application. - Any member may retire with full benefits who has reached 65 years of age with five years of creditable service. Any member may retire with reduced benefits who has reached the age of 50 years with 20 years of creditable service or 60 years with five years of creditable service. The member shall make electronic submission or written application to the Board of Trustees to retire on a service retirement allowance on the first day of the particular calendar month he designates. The designated date shall be no less than one day nor more than 120 days from the filing of the application. During this period of notification, a member may separate from service without forfeiting his retirement benefits.

(b) Computation. - Upon retirement from service in accordance with subsection (a) of this section before July 1, 1990, a member shall receive a service retirement allowance computed as follows:

(1) For a member whose retirement date occurs on or after his 65th birthday and upon completion of five years of creditable service, four percent (4%) of his "highest annual salary," multiplied by the number of years of creditable service.

(2) For a member whose retirement date occurs on or after his 60th and before his 65th birthday and upon completion of five years of creditable service, computation as in subdivision (1) of this subsection, reduced by one-fourth of one percent (¼ of 1%) for each month his retirement date precedes his 65th birthday.

(b1) Computation. - Upon retirement from service in accordance with subsection (a) of this section on or after July 1, 1990, but before February 1, 1995, a member shall receive a service retirement allowance computed as follows:

(1) For a member whose retirement date occurs on or after his 65th birthday and upon completion of five years of creditable service, four and two-hundredths percent (4.02%) of his "highest annual salary," multiplied by the number of years of creditable service.

(2) For a member whose retirement date occurs on or after his 60th and before his 65th birthday and upon completion of five years of creditable service, computation as in subdivision (1) of this subsection, reduced by one-fourth of one percent (¼ of 1%) for each month his retirement date precedes his 65th birthday.

(b2) Computation. - Upon retirement from service in accordance with subsection (a) of this section on or after February 1, 1995, a member shall receive a service retirement allowance computed as follows:

(1) For a member whose retirement date occurs on or after his 65th birthday and upon completion of five years of creditable service, four and two-

hundredths percent (4.02%) of his "highest annual salary", multiplied by the number of years of creditable service.

(2) For a member whose retirement date occurs on or after his 60th and before his 65th birthday and upon completion of five years of creditable service, computation as in subdivision (1) of this subsection, reduced by one-fourth of one percent (¼ of 1%) for each month his retirement date precedes his 65th birthday.

(3) For a member whose retirement date occurs on or after his 50th birthday and before his 60th birthday and upon completion of 20 years of creditable service, computation as in subdivision (2) of this subsection, reduced by the same percentage as provided for in Article 1 of Chapter 135 of the General Statutes.

(c) Limitations Applicable to Members Retiring Before September 1, 2005. - In no event shall any member receive a service retirement allowance greater than seventy-five percent (75%) of his "highest annual salary".

(d) Limitations Applicable to Members Retiring on or After September 1, 2005. - In no event shall any member receive a service retirement allowance greater than seventy-five percent (75%) of the member's "highest annual salary" nor shall a member receive any service retirement allowance whatsoever while employed in a position that makes the member a contributing member of either the Teachers' and State Employees' Retirement System or the Consolidated Judicial Retirement System. If the member should become a member of either of these systems, payment of the member's service retirement allowance shall be suspended until the member withdraws from membership in that system. (1993 (Reg. Sess., 1994), c. 769, s. 7.30(p); 2001-424, s. 32.30(b); 2005-276, s. 29.30A(j); 2006-226, ss. 23(a), (b); 2007-431, s. 3; 2009-66, s. 12(k).)

§ 120-4.22. Disability retirement benefits.

(a) Eligibility; Application. - Upon application by or on behalf of the member, any member in service who has completed at least five years of creditable service and who has not reached his 60th birthday may, after medical certification, be retired on a disability retirement allowance by the Board of Trustees on the first day of the particular calendar month designated by the applicant. The designated date shall be no less than one day nor more than 120 days from the filing of the application.

(b) Medical Certification. - After a medical examination of the member, the medical board shall certify to the Board of Trustees that the member is mentally or physically incapacitated for further performance of duty as a member of the General Assembly, that the incapacity was incurred at the time of active employment and has been continuous thereafter, that the incapacity is likely to be permanent and whether the member should be retired.

(c) Computation. - Upon retirement for disability pursuant to subsection (a) of this section, a member shall receive a disability retirement allowance equal to a service retirement allowance calculated on the basis of the member's "highest annual salary" and the creditable service he would have had by the age of 60 had he continued in service.

(d) Limitations. - In no event shall any member receive a disability retirement allowance greater than seventy-five percent (75%) of his "highest annual salary". (1983, c. 761, s. 238; 1983 (Reg. Sess., 1984), c. 1034, ss. 195, 196; 1987, c. 513, s. 1; c. 738, s. 31(d); 2001-424, s. 32.30(c); 2009-66, s. 3(l).)

§ 120-4.22A. Post-retirement increases in allowances.

(a) Retired members and beneficiaries of the Retirement System shall receive post-retirement increases in allowances on the same basis as post-retirement increases in allowances are provided to retired members and beneficiaries of the Teachers' and State Employees' Retirement System.

(b) In accordance with subsection (a) of this section, from and after July 1, 1986, the retirement allowance to or on account of beneficiaries whose retirement commenced on or before January 1, 1986, shall be increased by the same amount as provided to retired members and beneficiaries of the Teachers' and State Employees' Retirement System pursuant to the provisions of G.S. 135-5(ii) and (jj).

(c) In accordance with subsection (a) of this section, from and after July 1, 1987, the retirement allowance to or on account of beneficiaries whose retirement commenced on or before January 1, 1987, shall be increased by the same amount as provided to retired members and beneficiaries of the Teachers' and State Employees' Retirement System pursuant to the provisions of G.S. 135-5(ii) and (jj).

(d) In accordance with subsection (a) of this section, from and after July 1, 1988, the retirement allowance to or on account of beneficiaries whose retirement commenced on or before January 1, 1988, shall be increased by the same amount as provided to retired members and beneficiaries of the Teachers' and State Employees' Retirement System pursuant to the provisions of G.S. 135-5(ll) and (mm).

(e) In accordance with subsection (a) of this section, from and after July 1, 1989, the retirement allowance to or on account of beneficiaries whose retirement commenced on or before January 1, 1989, shall be increased by the same amount as provided to retired members and beneficiaries of the Teachers' and State Employees' Retirement System pursuant to the provisions of G.S. 135-5(ll) and (mm).

(f) In accordance with subsection (a) of this section, from and after July 1, 1990, the retirement allowance to or on account of beneficiaries whose retirement commenced on or before January 1, 1990, shall be increased by the same amount as provided to retired members and beneficiaries of the Teachers' and State Employees' Retirement System pursuant to the provisions of G.S. 135-5(rr) and (ss).

(g) In accordance with subsection (a) of this section, from and after July 1, 1992, the retirement allowance to or on account of beneficiaries whose retirement commenced on or before January 1, 1992, shall be increased by one and six-tenths percent (1.6%) of the allowance payable on July 1, 1992. Furthermore, from and after July 1, 1992, the retirement allowance to or on account of beneficiaries whose retirement commenced after January 1, 1992, but before June 30, 1992, shall be increased by a prorated amount of one and six-tenths percent (1.6%) of the allowance payable as determined by the Board of Trustees based upon the number of months that a retirement allowance was paid between January 1, 1992 and June 30, 1992.

(h) In accordance with subsection (a) of this section, from and after July 1, 1993, the retirement allowance to or on account of beneficiaries whose retirement commenced on or before January 1, 1993, shall be increased by one and six-tenths percent (1.6%) of the allowance payable on January 1, 1993. Furthermore, from and after July 1, 1993, the retirement allowance to or on account of beneficiaries whose retirement commenced after January 1, 1993, but before June 30, 1993, shall be increased by a prorated amount of one and six-tenths percent (1.6%) of the allowance payable as determined by the Board of Trustees based upon the number of months that a retirement allowance was paid between January 1, 1993, and June 30, 1993.

(i) In accordance with subsection (a) of this section, from and after July 1, 1994, the retirement allowance to or on account of beneficiaries whose retirement commenced on or before January 1, 1994, shall be increased by three and one-half percent (3.5%) of the allowance payable on January 1, 1994. Furthermore, from and after July 1, 1994, the retirement allowance to or on account of beneficiaries whose retirement commenced after January 1, 1994, but before June 30, 1994, shall be increased by a prorated amount of three and one-half percent (3.5%) of the allowance payable as determined by the Board of Trustees based upon the number of months that a retirement allowance was paid between January 1, 1994, and June 30, 1994.

(j) In accordance with subsection (a) of this section, from and after July 1, 1995, the retirement allowance to or on account of beneficiaries whose retirement commenced on or before January 1, 1995, shall be increased by two percent (2%) of the allowance payable on January 1, 1995. Furthermore, from and after July 1, 1995, the retirement allowance to or on account of beneficiaries whose retirement commenced after January 1, 1995, but before June 30, 1995, shall be increased by a prorated amount of two percent (2%) of the allowance payable as determined by the Board of Trustees based upon the number of months that a retirement allowance was paid between January 1, 1995, and June 30, 1995.

(k) In accordance with subsection (a) of this section, from and after September 1, 1996, the retirement allowance to or on account of beneficiaries whose retirement commenced on or before January 1, 1996, shall be increased by four and four-tenths percent (4.4%) of the allowance payable on January 1, 1996. Furthermore, from and after September 1, 1996, the retirement allowance to or on account of beneficiaries whose retirement commenced after January 1, 1996, but before June 30, 1996, shall be increased by a prorated amount of four and four-tenths percent (4.4%) of the allowance payable as determined by the Board of Trustees based upon the number of months that a retirement allowance was paid between January 1, 1996, and June 30, 1996.

(l) In accordance with subsection (a) of this section, from and after July 1, 1997, the retirement allowance to or on account of beneficiaries whose retirement commenced on or before January 1, 1997, shall be increased by four percent (4%) of the allowance payable on June 1, 1997. Furthermore, from and after July 1, 1997, the retirement allowance to or on account of beneficiaries whose retirement commenced after January 1, 1997, but before June 30, 1997, shall be increased by a prorated amount of four percent (4%) of the allowance payable as determined by the Board of Trustees based upon the number of months that a retirement allowance was paid between January 1, 1997, and June 30, 1997.

(m)   In accordance with subsection (a) of this section, from and after July 1, 1998, the retirement allowance to or on account of beneficiaries whose retirement commenced on or before January 1, 1998, shall be increased by two and one-half percent (2.5%) of the allowance payable on June 1, 1998. Furthermore, from and after July 1, 1998, the retirement allowance to or on account of beneficiaries whose retirement commenced after January 1, 1998, but before June 30, 1998, shall be increased by a prorated amount of two and one-half percent (2.5%) of the allowance payable as determined by the Board of Trustees based upon the number of months that a retirement allowance was paid between January 1, 1998, and June 30, 1998.

(n)   In accordance with subsection (a) of this section, from and after July 1, 1999, the retirement allowance to or on account of beneficiaries whose retirement commenced on or before January 1, 1999, shall be increased by two and three-tenths percent (2.3%) of the allowance payable on June 1, 1999. Furthermore, from and after July 1, 1999, the retirement allowance to or on account of beneficiaries whose retirement commenced after January 1, 1999, but before June 30, 1999, shall be increased by a prorated amount of two and three-tenths percent (2.3%) of the allowance payable as determined by the Board of Trustees based upon the number of months that a retirement allowance was paid between January 1, 1999, and June 30, 1999.

(o)   In accordance with subsection (a) of this section, from and after July 1, 2000, the retirement allowance to or on account of beneficiaries whose retirement commenced on or before January 1, 2000, shall be increased by three and six-tenths percent (3.6%) of the allowance payable on June 1, 2000. Furthermore, from and after July 1, 2000, the retirement allowance to or on account of beneficiaries whose retirement commenced after January 1, 2000, but before June 30, 2000, shall be increased by a prorated amount of three and six-tenths percent (3.6%) of the allowance payable as determined by the Board of Trustees based upon the number of months that a retirement allowance was paid between January 1, 2000, and June 30, 2000.

(p) In accordance with subsection (a) of this section, from and after July 1, 2001, the retirement allowance to or on account of beneficiaries whose retirement commenced on or before January 1, 2001, shall be increased by two percent (2%) of the allowance payable on June 1, 2001. Furthermore, from and after July 1, 2001, the retirement allowance to or on account of beneficiaries whose retirement commenced after January 1, 2001, but before June 30, 2001, shall be increased by a prorated amount of two percent (2%) of the allowance payable as determined by the Board of Trustees based upon the number of months that a retirement allowance was paid between January 1, 2001, and June 30, 2001.

(q) In accordance with subsection (a) of this section, from and after July 1, 2002, the retirement allowance to or on account of beneficiaries whose retirement commenced on or before January 1, 2002, shall be increased by one and four-tenths percent (1.4%) of the allowance payable on June 1, 2002. Furthermore, from and after July 1, 2002, the retirement allowance to or on account of beneficiaries whose retirement commenced after January 1, 2002, but before June 30, 2002, shall be increased by a prorated amount of one and four-tenths percent (1.4%) of the allowance payable as determined by the Board of Trustees based upon the number of months that a retirement allowance was paid between January 1, 2002, and June 30, 2002.

(r) In accordance with subsection (a) of this section, from and after July 1, 2003, the retirement allowance to or on account of beneficiaries whose retirement commenced on or before January 1, 2003, shall be increased by one and twenty-eight hundredths percent (1.28%) of the allowance payable on June 1, 2003. Furthermore, from and after July 1, 2003, the retirement allowance to or on account of beneficiaries whose retirement commenced after January 1, 2003, but before June 30, 2003, shall be increased by a prorated amount of one and twenty-eight hundredths percent (1.28%) of the allowance payable as determined by the Board of Trustees based upon the number of months that a retirement allowance was paid between January 1, 2003, and June 30, 2003.

(s) From and after July 1, 2004, the retirement allowance to or on account of beneficiaries whose retirement commenced on or before January 1, 2004, shall be increased by one and seven-tenths percent (1.7%) of the allowance payable on June 1, 2004, in accordance with G.S. 135-5(o). Furthermore, from and after July 1, 2004, the retirement allowance to or on account of beneficiaries whose retirement commenced after January 1, 2004, but before June 30, 2004, shall be increased by a prorated amount of one and seven-tenths percent (1.7%) of the allowance payable as determined by the Board of Trustees based upon the number of months that a retirement allowance was paid between January 1, 2004, and June 30, 2004.

(t) In accordance with subsection (a) of this section, from and after July 1, 2005, the retirement allowance to or on account of beneficiaries whose retirement commenced on or before January 1, 2005, shall be increased by two percent (2%) of the allowance payable on June 1, 2005. Furthermore, from and after July 1, 2005, the retirement allowance to or on account of beneficiaries whose retirement commenced after January 1, 2005, but before June 30, 2005, shall be increased by a prorated amount of two percent (2%) of the allowance payable as determined by the Board of Trustees based upon the number of months that a retirement allowance was paid between January 1, 2005, and June 30, 2005.

(u) In accordance with subsection (a) of this section, from and after July 1, 2006, the retirement allowance to or on account of beneficiaries whose retirement commenced on or before January 1, 2006, shall be increased by three percent (3%) of the allowance payable on June 1, 2006. Furthermore, from and after July 1, 2006, the retirement allowance to or on account of beneficiaries whose retirement commenced after January 1, 2006, but before June 30, 2006, shall be increased by a prorated amount of three percent (3%) of the allowance payable as determined by the Board of Trustees based upon the number of months that a retirement allowance was paid between January 1, 2006, and June 30, 2006.

(v) In accordance with subsection (a) of this section, from and after July 1, 2007, the retirement allowance to or on account of beneficiaries whose retirement commenced on or before January 1, 2007, shall be increased by two and two-tenths percent (2.2%) of the allowance payable on June 1, 2007. Furthermore, from and after July 1, 2007, the retirement allowance to or on account of beneficiaries whose retirement commenced after January 1, 2007, but before June 30, 2007, shall be increased by a prorated amount of two and two-tenths percent (2.2%) of the allowance payable as determined by the Board of Trustees based upon the number of months that a retirement allowance was paid between January 1, 2007, and June 30, 2007.

(w) In accordance with subsection (a) of this section, from and after July 1, 2008, the retirement allowance to or on account of beneficiaries whose retirement commenced on or before January 1, 2008, shall be increased by two and two-tenths percent (2.2%) of the allowance payable on June 1, 2008. Furthermore, from and after July 1, 2008, the retirement allowance to or on account of beneficiaries whose retirement commenced after January 1, 2008, but before June 30, 2008, shall be increased by a prorated amount of two and two-tenths percent (2.2%) of the allowance payable as determined by the Board of Trustees based upon the number of months that a retirement allowance was paid between January 1, 2008, and June 30, 2008.

(x) In accordance with subsection (a) of this section, from and after July 1, 2012, the retirement allowance to or on account of beneficiaries whose retirement commenced on or before January 1, 2012, shall be increased by one percent (1%) of the allowance payable on June 1, 2012. Furthermore, from and after July 1, 2012, the retirement allowance to or on account of beneficiaries whose retirement commenced after January 1, 2012, but before June 30, 2012, shall be increased by a prorated amount of one percent (1%) of the allowance payable as determined by the Board of Trustees based upon the number of months that a retirement allowance was paid between January 1, 2012, and June 30, 2012. (1985 (Reg. Sess., 1986), c. 1014, s. 49(c); 1987, c. 738, s. 27(d); 1987 (Reg. Sess., 1988), c. 1086, s. 22(d); 1989, c. 752, s. 41(d); 1989 (Reg. Sess., 1990), c. 1077, s. 11; 1991 (Reg. Sess., 1992), c. 900, s. 53(d); 1993, c. 321, s. 74(a); 1993 (Reg. Sess., 1994), c. 769, s. 7.30(k); 1995, c. 507, s. 7.22(c); 1996, 2nd Ex. Sess., c. 18, s. 28.21(c); 1997-443, s. 33.22(f); 1998-153, s. 21(c); 1999-237, s. 28.23(c); 2000-67, s. 26.20(f); 2001-424, s. 32.22(c); 2002-126, s. 28.8(d); 2003-284, s. 30.17(c); 2004-124, s. 31.17(c); 2005-276, s. 29.25(c); 2006-66, s. 22.18(b); 2007-323, s. 28.20(c); 2008-107, s. 26.23(c); 2012-142, s. 25.13(c).)

§ 120-4.23. Reexamination for disability retirement allowance.

Any disability retiree who has not reached age 65 shall be reexamined pursuant to G.S. 135-5(e). After he reaches age 65, no further examinations are required. (1983, c. 761, s. 238.)

§ 120-4.24. Return to membership of former member.

If a retired former member of the Retirement System or of the Legislative Retirement Fund returns to service as a member of the General Assembly, his retirement allowance shall cease and he shall be restored as a member of the

Retirement System. The computation of the amount of benefits to which he may subsequently become entitled under this Article shall be computed as follows:

Upon his subsequent retirement, he shall be paid a retirement allowance determined as follows:

(1)   For a member who earns at least three years' membership service after restoration to service, the retirement allowance shall be computed on the basis of his compensation and service before and after the period of prior retirement without restrictions.

(2)   For a member who does not earn three years' membership service after restoration to service, the retirement allowance shall be equal to the sum of the retirement allowance to which he would have been entitled had he not been restored to service, without modification of the election of an optional allowance previously made, and the retirement allowance that results from service earned since being restored to service. (1983, c. 761, s. 238; 1987, c. 738, s. 39(a).)

§ 120-4.25. Return of accumulated contributions.

If a member ceases to be a member of the General Assembly except by death or retirement, he shall, upon submission of an application, be paid not earlier than 60 days following the date of termination of service, the sum of his contributions if he has less than five years of creditable service, or the sum of his accumulated contributions if he has five or more years of creditable service, provided he has not in the meantime returned to service. Upon payment of this sum his membership in the System ceases. If he becomes a member afterwards, no credit shall be allowed for any service previously rendered except as provided in G.S. 120-4.14 and the payment shall be in full and complete discharge of any rights in or to any benefits otherwise payable under this Article. Upon receipt of proof satisfactory to the Board of Trustees of the death, prior to retirement, of a member or former member, there shall be paid to the person or persons he nominated by electronic submission prior to completing 10 years of service in a form approved by the Board of Trustees or by written designation duly acknowledged and filed with the Board of Trustees, if the person or persons are living at the time of the member's death, otherwise to the member's legal representatives, the amount of his accumulated contributions at the time of his death, unless the beneficiary elects to receive the alternate benefit under the provisions of G.S. 120-4.28. (1983, c. 761, s. 238; 1983 (Reg. Sess., 1984), c. 1034, s. 197; 1987, c. 738, s. 31(e); 1993, c. 531, s. 1; 2009-66, s. 11(k).)

§ 120-4.26. Benefit payment options.

Any member may elect to receive his benefits in a retirement allowance payable throughout life, or he may elect to receive the actuarial equivalent of the retirement allowance in a reduced allowance payable throughout life under the provisions of one of the options set forth below. No election may be made after the first payment becomes due, or the first retirement check cashed, nor may an election be revoked or a nomination changed. The election of Option 2 or Option 3 or the nomination of the person thereunder shall be revoked if the person nominated dies prior to the date the first payment becomes normally due or until the first retirement check has been cashed. The election may be revoked by the member prior to the date the first payment becomes normally due or until his first retirement check has been cashed. Provided, however, in the event a member has elected Option 2 or Option 3 and nominated his or her spouse to receive a retirement allowance upon the member's death, and the spouse predeceases the member after the first payment becomes normally due or the first retirement check has been cashed, if the member remarries he or she may nominate a new spouse to receive the retirement allowance under the previously elected option, within 90 days of the remarriage. The new nomination shall be effective on the first day of the month in which it is made and shall provide for a retirement allowance computed to be the actuarial equivalent of the retirement allowance in effect immediately prior to the effective date of the new nomination. Any member having elected Options 2 or 3 and nominated his or her spouse to receive a retirement allowance upon the member's death may, after divorce from his or her spouse, revoke the nomination and elect a new option, effective on the first day of the month in which the new option is elected, providing for a retirement allowance computed to be the actuarial equivalent to the retirement allowance in effect immediately prior to the effective date of the new option.

Option 1. For Members Retiring Prior to July 1, 1993. - If a member dies within 10 years from his retirement date, an amount equal to his accumulated contributions at retirement, less one-one hundred twentieth (1/120) for each month for which he has received a retirement allowance payment, shall be paid to his legal representative or to the person he nominates by written designation acknowledged and filed with the Board of Trustees;

Option 2. - Upon his death, his reduced retirement allowance shall be continued throughout the life of and paid to the person he nominates by written designation duly acknowledged and filed with the Board of Trustees at the time of his retirement. If the person selected is other than his spouse, the reduced retirement allowance payable to the member shall not be less than one half of the retirement allowance without optional modification which would otherwise be payable to him; or

Option 3. - Upon his death, one half of his reduced retirement allowance shall be continued throughout the life of and paid to the person he nominates by written designation duly acknowledged and filed with the Board of Trustees at the time of his retirement. (1983, c. 761, s. 238; 1985, c. 649, s. 9; 1993, c. 321, s. 74.1(a); 1998-212, s. 28.26(a).)

§ 120-4.26A. Benefits on death after retirement.

In the event of the death of a retired member while in receipt of a retirement allowance under the provisions of this Article, there shall be paid to such person or persons as the retiree shall have nominated by electronic submission in a form approved by the Board of Trustees or by written designation duly acknowledged and filed with the Board of Trustees, if such person or persons are living at the time of the retiree's death, otherwise to the retiree's legal representatives, a death benefit equal to the excess, if any, of the accumulated contributions of the retiree at the date of retirement over the total of the retirement allowances paid prior to the death of the retiree.

In the event that a retirement allowance becomes payable to the designated survivor of a retired member under the provisions of G.S. 120-4.26 and such retirement allowance to the survivor shall terminate upon the death of the survivor before the total of the retirement allowances paid to the retiree and the designated survivor combined equals the amount of the accumulated contributions of the retiree at the date of retirement, the excess, if any, of such accumulated contributions over the total of the retirement allowances paid to the retiree and the survivor combined shall be paid in a lump sum to such person or persons as the retiree shall have nominated by electronic submission in a form approved by the Board of Trustees or by written designation duly acknowledged and filed with the Board of Trustees, if such person or persons are living at the time such payment falls due, otherwise to the retiree's legal representative. (1993, c. 321, s. 74.1(b); 2009-66, s. 11(l).)

§ 120-4.27. Death benefit.

The designated beneficiary of a member who dies while in service after completing one year of creditable service shall receive a lump-sum payment of an amount equal to the deceased member's highest annual salary, to a maximum of fifteen thousand dollars ($15,000). For purposes of this death benefit "in service" means currently serving as a member of the North Carolina General Assembly. "In service" also means service in the Uniformed Services, as that term is defined in section 4303(16) of the Uniformed Services Employment and Reemployment Rights Act, Public Law 103-353, if that service begins during the member's term of office. If the participant does not return immediately after that service to employment with a covered employer in this System, then the participant shall be deemed "in service" until the date on which the participant was first eligible to be separated or released from his or her involuntary military service.

The death benefit provided by this section shall be designated a group life insurance benefit payable under an employee welfare benefit plan that is separate and apart from the Retirement System but under which the members of the Retirement System shall participate and be eligible for group life insurance benefits. The Board of Trustees is authorized to provide the death benefit in the form of group life insurance either by purchasing a contract or contracts of group life insurance with any life insurance company or companies licensed and authorized to transact business in the State of North Carolina for the purpose of insuring the lives of qualified members in service, or by establishing or affiliating with a separate trust fund qualified under Section 501(c)(9) of the Internal Revenue Code of 1954, as amended.

Upon receipt of proof, satisfactory to the Board of Trustees, of the death of a retired member of the Retirement System or Retirement Fund on or after July 1, 1988, but before January 1, 1999, there shall be paid a death benefit to the surviving spouse of a deceased retired member, or to the deceased retired member's legal representative if not survived by a spouse; provided the retired member has elected, when first eligible, to make, and has continuously made, in advance of his death required contributions as determined by the Retirement System on a fully contributory basis, through retirement allowance deductions or other methods adopted by the Retirement System, to a group death benefit trust fund administered by the Board of Trustees separate and apart from the Retirement System's Annuity Savings Fund and Pension Accumulation Fund. This death benefit shall be a lump-sum payment in the amount of five thousand dollars ($5,000) upon the completion of twenty-four months of contributions required under this subsection. Should death occur before the completion of twenty-four months of contributions required under this subsection, the deceased retired member's surviving spouse or legal representative if not survived by a spouse shall be paid the sum of the retired member's contributions required by this subsection plus interest to be determined by the Board of Trustees.

Upon receipt of proof, satisfactory to the Board of Trustees, of the death of a retired member of the Retirement System or Retirement Fund on or after January 1, 1999, but before July 1, 2004, there shall be paid a death benefit to the surviving spouse of a deceased retired member, or to the deceased retired member's legal representative if not survived by a spouse; provided the retired member has elected, when first eligible, to make, and has continuously made, in advance of his death required contributions as determined by the Retirement System on a fully contributory basis, through retirement allowance deductions or other methods adopted by the Retirement System, to a group death benefit trust fund administered by the Board of Trustees separate and apart from the Retirement System's Annuity Savings Fund and Pension Accumulation Fund. This death benefit shall be a lump-sum payment in the amount of six thousand dollars ($6,000) upon the completion of 24 months of contributions required under this subsection. Should death occur before the completion of 24 months of contributions required under this subsection, the deceased retired member's surviving spouse or legal representative if not survived by a spouse shall be paid the sum of the retired member's contributions required by this subsection plus interest to be determined by the Board of Trustees.

Upon receipt of proof, satisfactory to the Board of Trustees, of the death of a retired member of the Retirement System or Retirement Fund on or after July 1, 2004, but before July 1, 2007, there shall be paid a death benefit to the surviving spouse of a deceased retired member, or to the deceased retired member's legal representative if not survived by a spouse; provided the retired member has elected, when first eligible, to make, and has continuously made, in advance of his death required contributions as determined by the Retirement System on a fully contributory basis, through retirement allowance deductions or other methods adopted by the Retirement System, to a group death benefit trust fund administered by the Board of Trustees separate and apart from the Retirement System's Annuity Savings Fund and Pension Accumulation Fund. This death benefit shall be a lump-sum payment in the amount of nine thousand dollars ($9,000) upon the completion of 24 months of contributions required under this subsection. Should death occur before the completion of 24 months of contributions required under this subsection, the deceased retired member's surviving spouse or legal representative if not survived by a spouse shall be paid the sum of the retired member's contributions required by this subsection plus interest to be determined by the Board of Trustees.

Upon receipt of proof, satisfactory to the Board of Trustees, of the death of a retired member of the Retirement System or Retirement Fund on or after July 1, 2007, there shall be paid a death benefit to the surviving spouse of a deceased retired member, or to the deceased retired member's legal representative if not survived by a spouse; provided the retired member has elected, when first eligible, to make, and has continuously made, in advance of his death required contributions as determined by the Retirement System on a fully contributory basis, through retirement allowance deductions or other methods adopted by the Retirement System, to a group death benefit trust fund administered by the Board of Trustees separate and apart from the Retirement System's Annuity Savings Fund and Pension Accumulation Fund. This death benefit shall be a lump-sum payment in the amount of ten thousand dollars ($10,000) upon the completion of 24 months of contributions required under this subsection. Should death occur before the completion of 24 months of contributions required under this subsection, the deceased retired member's surviving spouse or legal representative if not survived by a spouse shall be paid the sum of the retired member's contributions required by this subsection plus interest to be determined by the Board of Trustees. (1983, c. 761, s. 238; 1985, c. 400, s. 9; 1987, c. 824, s. 1; 1998-212, s. 28.27(d); 2004-147, s. 4; 2007-496, s. 3; 2009-66, s. 6(d).)

§ 120-4.28. Survivor's alternate benefit.

The designated beneficiary of a member who dies in service before retirement but after age 60 and after completing five years of creditable service or after completing 12 years of creditable service is entitled to Option 2 prescribed by G.S. 120-4.26.

In the event that a retirement allowance becomes payable to the one and only one beneficiary designated to receive a return of accumulated contributions pursuant to this subsection and that beneficiary dies before the total of the retirement allowances paid equals the amount of those accumulated contributions over the total of the retirement allowances paid to the beneficiary, the allowance shall be paid in a lump sum to the person or persons the member has designated as the contingent beneficiary for return of accumulated contributions, if the person or persons are living at the time the payment falls due, otherwise to the one and only one beneficiary's legal representative. (1983, c. 761, s. 238; 1983 (Reg. Sess., 1984), c. 1034, s. 199; 1985, c. 400, s. 3; 1987, c. 738, ss. 31(d), 37(c); 2012-130, s. 5.)

§ 120-4.29. Exemption from garnishment, attachment.

Except for the applications of the provisions of G. S. 110-136, and in connection with a court-ordered equitable distribution under G.S. 50-20, the right of a person to a pension, annuity, or retirement allowance, to the return of contributions, or to the receipt of the pension, annuity or retirement allowance itself, any optional benefit or any other right accrued or accruing to any person under the provisions of this Article, and the moneys in the various funds created by this Article, are exempt from levy and sale, garnishment, attachment, or any other process whatsoever, and shall be unassignable except as this Article specifically provides. Notwithstanding any provisions to the contrary, any overpayment of benefits to a member in a State-administered retirement system or Disability Salary Continuation Plan may be offset against any retirement allowance, return of contributions or any other right accruing under this Chapter to the same person, the person's estate, or designated beneficiary. (1983, c. 761, s. 238; 1985, c. 402; c. 649, s. 5; 1989, c. 792, s. 2.2; 1991, c. 636, s. 13.)

§ 120-4.30. Termination or partial termination; discontinuance of contributions.

In the event of the termination or partial termination of the Retirement System or in the event of complete discontinuance of contributions under the Retirement System, the rights of all affected members to benefits accrued to the date of such termination, partial termination, or discontinuance, to the extent funded as of such date, or the amounts credited to the members' accounts, shall be nonforfeitable and fully vested. (1987, c. 177, s. 1(a), (b).)

§ 120-4.31. Internal Revenue Code compliance.

(a) Notwithstanding any other provisions of law to the contrary, compensation for any calendar year after 1988 in which employee or employer contributions are made and for which annual compensation is used for computing any benefit under this Article shall not exceed the higher of two hundred thousand dollars ($200,000) or the amount determined by the Commissioner of Internal Revenue as the limitation for calendar years after 1989; provided the imposition of the limitation shall not reduce a member's benefit below the amount determined as of December 31, 1988.

Effective January 1, 1996, the annual compensation of a member taken into account for determining all benefits provided under this Article shall not exceed one hundred fifty thousand dollars ($150,000), as adjusted pursuant to section 401(a)(17)(B) of the Internal Revenue Code and any regulations issued under the Code. However, with respect to a person who became a member of the Retirement System prior to January 1, 1996, the imposition of this limitation on compensation shall not reduce the amount of compensation which may be taken into account for determining the benefits of that member under this Article below the amount of compensation which would have been recognized under the provisions of this Article in effect on July 1, 1993.

Effective January 1, 2002, the annual compensation of a person, who became a member of the Retirement System on or after January 1, 1996, taken into account for determining all benefits accruing under this Article for any plan year after December 31, 2001, shall not exceed two hundred thousand dollars ($200,000) or the amount otherwise set by the Internal Revenue Code or determined by the Commissioner of Internal Revenue as the limitation for calendar years after 2002.

All the provisions in this subsection have been enacted to make clear that the Plan shall not base contributions or Plan benefits on annual compensation in excess of the limits prescribed by Section 401(a)(17) of the Internal Revenue Code, as adjusted from time to time, subject to certain federal grandfathering rules.

(b) Notwithstanding any other provisions of law to the contrary, the annual benefit payable on behalf of a member shall, if necessary, be reduced to the extent required by Section 415(b) and with respect to calendar years commencing prior to January 1, 2000, Section 415(e) of the Internal Revenue Code, as adjusted by the Secretary of the Treasury or his delegate pursuant to Section 415(d) of the Code. If a member is a participant under any qualified defined contributions plan that is required to be taken into account for the purposes of the limitation contained in Section 415 of the Internal Revenue Code, the annual benefit payable under this Article shall be reduced to the extent required by Section 415(e) prior to making any reduction under the defined contribution plan provided by the employer. However, with respect to a member who has benefits accrued under this Article but whose benefit had not commenced as of December 31, 1999, the combined plan limitation contained in Section 415(e) of the Internal Revenue Code shall not be applied to such member for calendar years commencing on or after January 1, 2000.

(c)   On and after September 8, 2009, and for all Plan years to which the minimum distribution rules of the Internal Revenue Code are applicable, with respect to any member who has terminated employment, the Plan shall comply with federal income tax minimum distribution rules by applying a reasonable and good faith interpretation to Section 401(a)(9) of the Internal Revenue Code.

(d)   This subsection applies to distributions and rollovers from the Plan. The Plan does not have mandatory distributions within the meaning of Section 401(a)(31) of the Internal Revenue Code. With respect to distributions from the Plan and notwithstanding any other provision of the Plan to the contrary that would otherwise limit a distributee's election under this Article, a distributee (including, after December 31, 2006, a non-spouse beneficiary if that non-spouse beneficiary elects a direct rollover only to an inherited traditional or Roth IRA as permitted under applicable federal law) may elect, at the time and in the manner prescribed by the Plan administrator, to have any portion of an eligible rollover distribution paid directly to an eligible retirement plan specified by the distributee in a direct rollover. As used in this subsection, an "eligible retirement plan" means an individual retirement account described in Section 408(a) of the Code, an individual retirement annuity described in Section 408(b) of the Code, an annuity plan described in Section 403(a) of the Code, on and after January 1, 2009, a Roth IRA, or a qualified trust described in Section 401(a) of the Code, that accepts the distributee's eligible rollover distribution. Effective on and after January 1, 2002, an eligible retirement plan also means an annuity contract described in Section 403(b) of the Code and an eligible plan under Section 457(b) of the Code that is maintained by a state, political subdivision of a state, or any agency or instrumentality of a state or political subdivision of a state and which agrees to separately account for amounts transferred into that plan from this Plan. As used in this subsection, a "direct rollover" is a payment by the Plan to the eligible retirement plan specified by the distributee. Provided, an eligible rollover distribution is any distribution of all or any portion of the balance to the credit of the distributee, except that an eligible rollover distribution shall not include: any distribution that is one of a series of substantially equal periodic payments (not less frequently than annually) made for the life (or life expectancy) of the distributee or the joint lives (or joint life expectancies) of the distributee and the distributee's designated beneficiary, or for a specified period of 10 years or more; any distribution to the extent such distribution is required under section 401(a)(9) of the Code; and the portion of any distribution that is not includible in gross income (determined without regard to the exclusion for net realized appreciation with respect to employer securities). Effective as of January 1, 2002, and notwithstanding the exclusion of any after-tax portion from such a rollover distribution in the preceding sentence, a portion of a distribution shall not fail to be an eligible rollover distribution merely because the portion consists of after-tax employee contributions that are not includible in gross income. That portion may be transferred, pursuant to applicable federal law, to an individual retirement account or annuity described in Section 408(a) or (b) of the Code, to a qualified defined benefit plan, or to a qualified defined contribution plan described in Section 401(a), 403(a), or 403(b) of the Code that agrees to separately account for amounts so transferred, including separately accounting for the portion of such distribution which is includible in gross income and the portion of such distribution which is not so includible. The definition of eligible retirement plan shall also apply in the case of a distribution to surviving spouse, or to a spouse or former spouse who is the alternate payee under a qualified domestic relations order, as defined in Section 414(p) of the Internal Revenue Code, or a court-ordered equitable distribution of marital property, as provided under G.S. 50-20.1. Effective on and after January 1, 2007, notwithstanding any other provision of this subsection, a nonspouse beneficiary of a deceased member may elect, at the time and in the manner prescribed by the administrator of the Board of Trustees of this Retirement System, to directly roll over any portion of the beneficiary's distribution from the Retirement System; however, such rollover shall conform with the provisions of section 402(c)(11) of the Code. (1989, c. 276, s. 1; 1993, c. 531, s. 2; 1995, c. 361, s. 4; 2002-71, s. 2; 2009-66, s. 1(c); 2012-130, s. 4(a).)

§ 120-4.32. Deduction for payments allowed.

(a) Any beneficiary who is a member of a domiciled employees' or retirees' association that has at least 2,000 members, the majority of whom are active or retired employees of the State or public school employees, may authorize, in writing, the periodic deduction from the beneficiary's retirement benefits a designated lump sum to be paid to the employees' or retirees' association. The authorization shall remain in effect until revoked by the beneficiary. A plan of deductions pursuant to this section shall become void if the employees' or retirees' association engages in collective bargaining with the State, any political subdivision of the State, or any local school administrative unit.

(b) Any beneficiary eligible for coverage under the State Health Plan may also authorize, in writing, the monthly deduction from the beneficiary's retirement benefits of a designated lump sum to be paid to the State Health Plan for any dependent whom the beneficiary wishes to cover under the State Health Plan. In the event that the beneficiary's own State Health Plan coverage is contributory, in whole or in part, the beneficiary may also authorize a designated lump sum to be paid to the State Health Plan on behalf of the beneficiary. In addition, a beneficiary may similarly authorize the deduction for supplemental voluntary insurance benefits, provided that the deduction is authorized by the Department of State Treasurer and is payable to a company with which the Department of State Treasurer has or had an exclusive contractual relationship. Any such authorization shall remain in effect until revoked by the beneficiary. (2002-126, s. 6.4(d); 2012-178, s. 4(a).)

§ 120-4.33. Forfeiture of retirement benefits for certain felonies.

(a) Except as provided in G.S. 120-4.12(f), the Board of Trustees shall not pay any retirement benefits or allowances, except for a return of member contributions plus interest, to any member who is convicted of any felony under the federal laws listed in subsection (b) of this section or the laws of this State listed in subsection (c) of this section if all of the following apply:

(1) The federal or State offense is committed while serving as a member of the General Assembly.

(2) The conduct on which the federal or State offense is based is directly related to the member's service as a member of the General Assembly.

(b) The federal offenses covered by this section are as follows:

(1) A felony violation of 18 U.S.C. § 201 (Bribery of public officials and witnesses), 18 U.S.C. § 286 (Conspiracy to defraud the Government with respect to claims), 18 U.S.C. § 287 (False, fictitious or fraudulent claims), 18 U.S.C. § 371 (Conspiracy to commit offense or to defraud United States), 18 U.S.C. § 597 (Expenditures to influence voting), 18 U.S.C. § 599 (Promise of appointment by candidate), 18 U.S.C. § 606 (Intimidation to secure political contributions), 18 U.S.C. § 641 (Public money, property, or records), 18 U.S.C. § 666 (Embezzlement and theft), 18 U.S.C. § 1001 (Statements or entries generally), 18 U.S.C. § 1341 (Frauds and swindles), 18 U.S.C. § 1343 (Fraud by

wire, radio, or television), 18 U.S.C. § 1503 (Influencing or injuring officer or juror generally), 18 U.S.C. § 1951 (Interference with commerce by threats or violence), 18 U.S.C. § 1952 (Interstate and foreign travel or transportation in aid of racketeering enterprises), 18 U.S.C. § 1956 (Laundering of monetary instruments), 18 U.S.C. § 1962 (Prohibited activities), or section 7201 of the Internal Revenue Code (Attempt to evade or defeat tax).

(2)   Reserved for future codification purposes.

(c)   The offenses under the laws of this State covered by this section are as follows:

(1)   A felony violation of Article 29, 30, or 30A of Chapter 14 of the General Statutes (Relating to bribery, obstructing justice, and secret listening) or G.S. 14-228 (Buying and selling offices), or Part 1 of Article 14 of Chapter 120 of the General Statutes (Code of Legislative Ethics), Article 20 or 22 of Chapter 163 of the General Statutes (Relating to absentee ballots, corrupt practices and other offenses against the elective franchise, and regulating of contributions and expenditures in political campaigns).

(2)   Perjury or false information as follows:

a.   Perjury committed under G.S. 14-209 in falsely denying the commission of an act that constitutes an offense within the purview of an offense listed in subdivision (1) of subsection (c) of this section.

b.   Subornation of perjury committed under G.S. 14-210 in connection with the false denial of another as specified by subdivision (2) of this subsection.

c.   Perjury under Article 22A of Chapter 163 of the General Statutes.

(d)   All monies forfeited under this section shall be remitted to the Civil Penalty and Forfeiture Fund. (2007-179, s. 1(a).)

§ 120-4.33A. Forfeiture of retirement benefits for certain felonies related to employment or holding office.

(a)   Except as provided in G.S. 120-4.12(g), the Board of Trustees shall not pay any retirement benefits or allowances, except for a return of member contributions plus interest, to any member who is convicted of any felony under federal law or the laws of this State if all of the following apply:

(1)   The offense is committed while the member is serving as a member of the General Assembly.

(2)   The conduct resulting in the member's conviction is directly related to the member's office.

(b)   Subdivision (2) of subsection (a) of this section shall apply to felony convictions where the court finds under G.S. 15A-1340.16(d)(9) or other applicable State or federal procedure that the member's conduct is directly related to the member's office.

(c)   If a member or former member whose benefits under the System were forfeited under this section, except for the return of member contributions plus interest, subsequently receives an unconditional pardon of innocence, or the conviction is vacated or set aside for any reason, then the member or former member may seek a reversal of the benefit forfeiture by presenting sufficient evidence to the State Treasurer. If the State Treasurer determines a reversal of the benefit forfeiture is appropriate, then all benefits will be restored upon repayment of all accumulated contributions plus interest. Repayment of all accumulated contributions that have been received by the individual under the forfeiture provisions of this section must be made in a total lump-sum payment with interest compounded annually at a rate of six and one-half percent (6.5%) for each calendar year from the year of forfeiture to the year of repayment. An individual receiving a reversal of benefit forfeiture must receive reinstatement of the service credit forfeited. (2012-193, s. 7.)

§ 120-4.34. Improper receipt of decedent's retirement allowance.

A person is guilty of a Class 1 misdemeanor if the person, with the intent to defraud, receives money as a result of cashing, depositing, or receiving a direct deposit of a decedent's retirement allowance and the person (i) knows that he or she is not entitled to the decedent's retirement allowance, (ii) receives the benefit at least two months after the date of the retiree's or beneficiary's death, and (iii) does not attempt to inform this Retirement System of the retiree's or beneficiary's death. (2011-232, s. 10(d); 2013-288, s. 9(e).)

Article 2.

Duty and Privilege of Members.

§ 120-5. Presiding officers may administer oaths.

The President of the Senate is authorized to administer oaths for the qualification of Senators and officers of the Senate, and the Speaker of the House of Representatives is authorized to administer oaths for the qualification of all officers of the House and all members who shall appear after the election of Speaker. (1883, c. 19; Code, s. 2855; Rev., s. 4400; C.S., s. 6089.)

§ 120-6. Members to convene at appointed time and place.

Every person elected to represent any county or district in the General Assembly shall appear at such time and place as may be appointed for the meeting thereof, on the first day, and attend to the public business as occasion shall require. (1787, c. 277, s. 1, P.R.; R.C., c. 52, s. 27; Code, s. 2847; Rev., s. 4401; C.S., s. 6090.)

§ 120-6.1. Request that reconvened session not be held.

(a) As provided by Section 22(7) of Article II of the Constitution of North Carolina, if within 30 days after adjournment, a bill is returned by the Governor with objections and veto message to that house in which it shall have originated, the Governor shall reconvene that session as provided by Section 5(11) of Article III of the Constitution for reconsideration of the bill, unless the Governor prior to reconvening the session receives written requests dated no earlier than 30 days after such adjournment, signed by a majority of the members of each house that a reconvened session to reconsider vetoed legislation is unnecessary. If sufficient requests are received such that the session will not be reconvened, the Governor shall immediately issue a proclamation to that effect and so notify the President Pro Tempore of the Senate and the principal clerks and presiding officers of both houses.

(b) The form for the requests shall be:

"To the Governor:

A reconvened session to reconsider vetoed legislation is unnecessary.

This _____ day of _____, _____,

_____, Member of the [Senate] [House of Representatives]"

Petitions as they are received are public records and shall be maintained by the Office of the Governor. (1995, c. 20, s. 15.1; 1997-1, s. 2.)

§ 120-7. Penalty for failure to discharge duty.

If any member shall fail to appear, or shall neglect to attend to the duties of his office, he shall forfeit and pay for not appearing ten dollars ($10.00), and two dollars ($2.00) for every day he may be absent from his duties during the session, to be deducted from his pay as a member; but a majority of the members of either house of the General Assembly may remit such fines and forfeitures, or any part thereof, where it shall appear that such member has been prevented from attending to his duties by sickness or other sufficient cause. (1787, c. 277, s. 2, P.R.; R.C., c. 52, s. 28; Code, s. 2848; Rev., s. 4402; C.S., s. 6091.)

§ 120-8. Expulsion for corrupt practices in election.

If any person elected a member of the General Assembly shall by himself or any other person, directly or indirectly, give, or cause to be given, any money, property, reward or present whatsoever, or give, or cause to be given by himself or another, any treat or entertainment of meat or drink, at any public meeting or collection of the people, to any person for his vote or to influence him in his election, such person shall, on due proof, be expelled from his seat in the General Assembly. (1801, c. 580, s. 2, P.R.; R.C., c. 52, s. 24; Code, s. 2846; Rev., s. 4403; C.S., s. 6092.)

§ 120-9. Freedom of speech.

The members shall have freedom of speech and debate in the General Assembly, and shall not be liable to impeachment or question, in any court or place out of the General Assembly, for words therein spoken. (1787, c. 277, s. 3, P.R.; R.C., c. 52, s. 29; Code, s. 2849; Rev., s. 4404; C.S., 6093; 1991 (Reg. Sess., 1992), c. 1037, s. 1; 2000-140, s. 28.)

Article 3.

Contests.

§ 120-10: Repealed by Session Laws 2005-3, s. 1, effective March 10, 2005.

§ 120-10.1. Contesting a seat.

Except as otherwise provided by rules of the house, a contest of the qualifications as a candidate or election of a member of the House of Representatives or the Senate under Article II, Section 20 of the Constitution shall be conducted in accordance with the provisions of this Article. (2005-3, s. 2.)

§ 120-10.2. Definitions.

As used in this Article, the following terms mean:

(1) Clerk. - The Principal Clerk of the house in which the election of the seat is being contested.

(2) Committee. - The Committee on Rules of the appropriate house unless, by rule, the house has designated another committee to hear contests.

(3) Contest. - A challenge to the apparent election of a member of the General Assembly or a request to determine an undecided election to a seat of the General Assembly in accordance with the provisions of this Article.

(4) Contestant. - An unsuccessful candidate in an election to which this Article applies who initiates a contest.

(5) Contestee. - A candidate in an election to which this Article applies who is not a contestant.

(6) Notice of intent. - The notice required to initiate a contest in accordance with the provisions of this Article.

(7) Unsuccessful candidate. - A candidate for an elective office to which this Article applies who has not been issued a certificate of election. (2005-3, s. 2.)

§ 120-10.3. Initiating a contest.

(a) Who May Initiate. - A contest may be initiated only by a contestant by the filing of a written notice of the intent to petition for a contest in accordance with this section.

(b) When May Initiate. - The notice of intent may be filed no earlier than the date provided in G.S. 163-182.5 for the canvass by the board of elections with jurisdiction for the office under G.S. 163-182.4. The notice of intent must be filed no later than the latter of: (i) 10 days after a certificate of election has been issued, or (ii) 10 days after the conclusion of the election protest procedure under Article 15A of Chapter 163 of the General Statutes, but in no event may a contestant initiate a contest later than 30 days after the convening of a regular or special session of the General Assembly next after the election.

(c) Content of Notice. - A notice of intent shall state the grounds for the contest. The grounds shall be either or both of the following:

(1) Objections to the eligibility or qualifications of the contestee as a candidate in the election based on specific allegations.

(2) Objections to the conduct or results of the election accompanied by specific allegations that if proven true would have a probable impact on the outcome of the election.

The notice of intent shall also state that a contestee shall file an answer to the notice of intent in accordance with G.S. 120-10.4. The notice of intent shall be signed by the contestant and shall be verified in accordance with Rule 11(b) of the Rules of Civil Procedure. (2005-3, s. 2.)

§ 120-10.4. Answering a notice of intent.

Within 10 days after service of the notice of intent on a contestee, a contestee shall file a written answer with the clerk. The contestee's answer shall admit or deny the allegations on which the contestant relies, or state that the contestee has no knowledge or information concerning an allegation which shall be deemed denial, and state any other defenses, in law or fact, on which the contestee relies and any different or additional issues the contestee wants considered. The answer shall be signed by the contestee and shall be verified in accordance with Rule 11(b) of the Rules of Civil Procedure. The failure to file an answer shall be deemed to be a general denial of the allegations. (2005-3, s. 2.)

§ 120-10.5. Filings and service.

The notice of intent to contest shall be filed by the contestant with the clerk and copies thereof served by the contestant on the contestee as provided under Rule 4(j)(1) of the Rules of Civil Procedure. Proof of service shall be filed with the clerk in accordance with G.S. 1-75.10. The answer, petition, and any reply and copies thereof shall be filed with the clerk, and copies shall be served on the opposing party or the opposing party's counsel, if any, in the manner prescribed by Rule 5 of the Rules of Civil Procedure. (2005-3, s. 2.)

§ 120-10.6. Discovery.

(a) Depositions. - After service of the notice of intent, any party, after five days notice to the other party or parties may take depositions to sustain or invalidate the election. The contestant shall complete the taking of depositions to submit with the contestant's petition at any time within 20 days following the date of service of the notice of intent, and a contestee shall complete the taking of the contestee's depositions within 30 days following the date of service of the notice of intent on the contestee. By written stipulation of the parties, the testimony of any witness may be filed in the form of an affidavit by the witness within the same time limitations prescribed for the taking of depositions. Every deposition shall be taken before a person authorized by law to administer oaths, who shall certify and seal the deposition in the same manner as in judicial civil proceedings and file the same with the clerk.

(b)   Witnesses. - Subpoenas for witnesses in a contest shall be issued upon the application of either party or upon motion of the committee under the same procedures as under Article 5A of this Chapter and shall be enforced as provided under G.S. 120-19.4. Witnesses shall be entitled to the same allowances and privileges, and be subject to the same penalties, as witnesses summoned to attend the courts. (2005-3, s. 2.)

§ 120-10.7. Petitions.

(a)   Filing. - A written petition shall be filed by the contestant with the clerk within 40 days following the date of service of the notice of intent. The petition shall set forth the facts and arguments supporting the case of the contestant. A contestee may file a written reply to the petition within five days following its service on the contestee.

(b)   Affidavits. - No affidavit may be made a part of, or filed in support of, a petition or reply thereto unless the affidavit has previously been filed with the clerk, pursuant to the written stipulation of the parties or their counsel, on or before the date established by G.S. 120-10.6 for the completion of the taking of depositions by the proponent of the affidavit. (2005-3, s. 2.)

§ 120-10.8. Referral to committee.

(a)   Referral. - The clerk shall refer the notice, answer, petition, reply, depositions, and affidavits to the committee, which documents shall constitute part of the record in the contest. The committee shall hear the contest and conduct such investigation as has been directed by resolution of its house.

(b)   Procedure. - The committee shall set a schedule for taking depositions and receiving affidavits. The committee may consider the contestant's and contestee's recommendations for the procedural schedule. The committee may hold hearings and may compel the attendance of witnesses and the production of documents in its inquiry in accordance with Article 5A of this Chapter. The committee may accept the filing of briefs. The committee may order the recount of the ballots in the election and may seek and obtain the assistance of the State Board of Elections in the interpretation and counting of ballots.

(c)   Compel Discovery. - No witness in a contest shall be excused from discovering whether the witness voted in the election that is the subject of the contest or the witness's qualification to vote, except as to the witness's conviction for any offense which would disqualify the witness from voting. If the witness was not a qualified voter, the witness shall be compelled to discover for whom the witness voted; but any witness making such discovery shall not be subject to criminal or penal prosecution for having voted in the election.

(d)   Report. - The committee shall report its findings as to the law and the facts and make recommendations to the house for its action. (2005-3, s. 2.)

§ 120-10.9. Basis for decision.

(a)   Eligibility and Qualification. - If the contest is as to the eligibility or qualifications of the contestee, the house shall determine if the contestee is eligible and qualified. If it determines that the contestee is not eligible or not qualified, it shall order a new election.

(b)   Conduct or Results of Election. - If the contest is as to the conduct or results of the election, the house shall determine which candidate received the highest number of votes. If it can determine which candidate received the highest number of votes, it shall seat that person as a member of the house. If it cannot determine which candidate received the highest number of votes, it may order a new election, or may order such other relief, as may be necessary and proper. If it determines that two or more candidates shall be equal and highest in votes, the provisions of G.S. 163-182.8 shall apply. (2005-3, s. 2.)

§ 120-10.10. Jurisdiction.

A contest of any election held at the same time and place as members of the General Assembly are elected shall be considered by the newly elected house.

Any other contest shall be heard by the house sitting at the time of the election. (2005-3, s. 2.)

§ 120-10.11. Judicial proceedings abated.

Notwithstanding any other provision of law, upon the initiation of a contest under this Article, any judicial proceedings involving either the contestant or the contestee encompassing the issues set forth in the notice of intent or an answer thereto concerning the election that is the subject of the contest shall abate. The clerk shall file a copy of the notice of intent and final determination with the court in any judicial proceeding pending prior to the filing of the notice of intent. (2005-3, s. 2.)

§ 120-10.12. Determination of house not reviewable.

The decision of one of the houses of the General Assembly in determining a contest pursuant to this Article may not be reviewed by the General Court of Justice. (2005-3, s. 2.)

§ 120-10.13. Bad faith costs assessed.

The prevailing party in any contest may recover that party's costs incurred in conjunction with the contest in a civil action, upon a showing that the other party filed, pursued, maintained, or defended the contest in bad faith and without substantial justification. (2005-3, s. 2.)

§ 120-10.14. Applicability.

This Article applies only to a general or special election and does not apply to a primary or any other part of the nominating process. (2005-3, s. 2.)

§ 120-11: Repealed by Session Laws 2005-3, s. 1, effective March 10, 2005

Article 3A.

Sessions; Electronic Voting.

§ 120-11.1. Time of meeting.

The regular session of the Senate and House of Representatives shall be held biennially beginning at 9:00 A.M. on the second Wednesday in January next after their election, and on that day they shall meet solely to elect officers, adopt rules, and otherwise organize the session. When they adjourn that day, they stand adjourned until 12:00 noon on the third Wednesday after the second Monday in January next after their election. (1967, c. 1181; 1989 (Reg. Sess., 1990), c. 1066, s. 21; 2012-194, s. 66.5(a).)

§ 120-11.2. Installation and use of electronic voting apparatus.

(a) The General Assembly of North Carolina shall, in accordance with rules adopted by each of the respective bodies, vote by use of electronic voting apparatus. The electronic voting apparatus shall be purchased by and installed under the direct supervision of the Legislative Services Commission as soon as is practicable, but in any event the apparatus shall be installed and fully operational as soon as possible after January 1, 1975.

(b) The rules of the House of Representatives and the Senate shall be amended so as to provide for the installation and use of electronic voting apparatus.

(c) Working plans for the installation of electronic voting equipment shall be submitted to the Legislative Services Commission for approval to the end that the architectural integrity of the building may be preserved. (1973, c. 488, ss. 1-3.)

Article 4.

Reports of Officers to General Assembly.

§ 120-12. Reports from State institutions and departments.

It shall be the duty of the chief officer of each department of the State and of the boards of directors of all institutions supported in whole or in part by appropriations from the State, to submit to the General Assembly, with their respective reports, bills providing for the support and management of their respective departments; these reports, with those of the other officers of the executive department, shall be submitted to the Governor, to be transmitted by him with his message to the General Assembly. (1800, c. 557, s. 2, P.R.; Code, s. 2865; Rev., s. 4410; C.S., s. 6099.)

§ 120-12.1. Reports on vacant positions in the Judicial Department and two other departments.

The Judicial Department, the Department of Justice, and the Department of Public Safety shall each report by February 1 of each year to the Chairs of the House and Senate Appropriations Committees and the Chairs of the House and Senate Appropriations Subcommittees on Justice and Public Safety on all positions within that department that have remained vacant for 12 months or more. The report shall include the original position vacancy dates, the dates of any postings or repostings of the positions, and an explanation for the length of the vacancies. (1998-212, s. 16.23; 2011-145, s. 19.1(g), (h); 2012-83, s. 42; 2013-410, s. 10.)

§ 120-13: Repealed by Session Laws 1961, c. 243, s. 1.

Article 5.

Investigating Committees.

§ 120-14. Power of committees.

Any committee of investigation raised either by joint resolution or resolution of either house of the General Assembly has full power to send for persons and papers, and, if necessary, to compel attendance and production of papers by attachment or otherwise. (1869-70, c. 5, s. 1; Code, s. 2853; Rev., s. 4412; C.S., s. 6100.)

§ 120-15. Chairman may administer oaths.

The chairman of any committee or any person in his presence, and under his direction, shall have power and authority to administer oaths. (1869-70, c. 5, s. 3; Code, s. 2856; Rev., s. 4413; C.S., s. 6101.)

§ 120-16. Pay of witnesses.

Any witness appearing and giving testimony shall be entitled to receive from the person at whose instance he was summoned ten cents (10¢) for every mile traveling to and from his residence, and ferriage, to be recovered in the district court upon the certificate of the commissioner. (1800, c. 557, s. 2, P.R.; R.C., c. 52, s. 33; Code, s. 2860; Rev., s. 4414; C.S., s. 6102; 1973, c. 108, s. 69.)

§ 120-17. Appearance before committee.

Every person desiring to appear either in person or by attorney to introduce testimony, or to offer argument for or against the passage of an act or resolution, before any committee of either house of the General Assembly, shall first make application to such committee, stating in writing his object, the number and names of his witnesses, and the nature of their testimony. If the committee consider the information likely to be important, or the interest of the applicant to be great, they shall appoint a time and place for hearing the same, with such limitations as may be deemed necessary. (1868-9, c. 270, s. 10; Code, s. 2858; Rev., s. 4415; C.S., s. 6103.)

§ 120-18. Appeal from denial of right to be heard.

If any committee shall refuse to grant the request of any citizen to be heard before it in a matter touching his interests, he may appeal to the house of which the committee is a part; and if he shows good reason for his request the house shall order it to be granted. (1868-9, c. 270, s. 11; Code, s. 2859; Rev., s. 4416; C.S., s. 6104.)

§ 120-19. State officers, etc., upon request, to furnish data and information to legislative committees or commissions.

Except as provided in G.S. 105-259, all officers, agents, agencies and departments of the State are required to give to any committee of either house of the General Assembly, or any committee or commission whose funds are appropriated or transferred to the General Assembly or to the Legislative Services Commission for disbursement, upon request, all information and all data within their possession, or ascertainable from their records. This requirement is mandatory and shall include requests made by any individual member of the General Assembly or one of its standing committees or the chair of a standing committee. (Resolution 19, 1937, p. 927; 1993, c. 485, s. 37; 2001-491, s. 33.1.)

Article 5A.

Committee Activity.

§ 120-19.1. Hearings; examination of witnesses; counsel.

(a)   Committees of either the House or Senate of the General Assembly of North Carolina may hold separate or joint hearings, call witnesses, and compel testimony relevant to any bill, resolution or other matter properly before the committee.

(b)   Witnesses may be examined under oath.

(c)   When any person is examined before a committee, any member wishing to ask a question must address it to the chairman or presiding officer, who repeats the question or directs the witness to answer the member's question. Staff members or counsel employed by the committee may propound questions to the chairman for a witness to answer.

(d) Objections to the propriety of a question are directed to the committee as a whole. The committee must determine whether the objection is to be sustained or overruled by majority vote of the committee.

(e) When any witness is examined under oath, the proceedings must be taken and transcribed verbatim. Upon request, a witness must be furnished a copy of the transcript of his appearance before the committee.

(f) Witnesses may be accompanied by their own counsel for the purpose of advising them concerning their rights. (1973, c. 543.)

§ 120-19.2. Invitations to witnesses; when hearings and examinations held; subpoenas.

(a) Committees of the General Assembly may invite witnesses to appear and testify concerning pending legislation or other matters properly before the committee and may require the attendance of witnesses by subpoena as hereinafter provided. The committee may submit questions in writing to the witness in advance of his appearance. Witnesses may be permitted, in the discretion of the committee, to submit written, sworn statements in addition to or in lieu of sworn oral testimony before the committee.

(b) Hearings and examinations of witnesses concerning pending legislation or other appropriate matter may be conducted during sessions of the General Assembly, during recesses, and in the interim period between sessions, at such times as committees are authorized to convene.

(c) A subpoena for the purpose of obtaining the testimony of a witness may be issued by the chairman of a committee, upon authorization of the Speaker of the House or the Speaker pro tempore of the House for House committees, and the President of the Senate or the President pro tempore of the Senate for Senate committees, and by majority vote of the committee. A subpoena for the purpose of obtaining the testimony of a witness before a joint committee of the House and Senate may be issued by the joint action of the cochairmen of the joint committee, upon authorization of one of the above officers from each house and by majority vote of the joint committee. The subpoena shall be signed by the committee chairman and either the Speaker of the House, the President of the Senate, the President pro tempore of the Senate, or the Speaker pro tempore of the House and shall be directed to the witness, and state the name of the witness, and a description of any papers, documents, or records that he is required to bring with him; and the subpoena shall state the subject matter of the hearing before the committee, the name of the committee, and the name and address of the committee chairman; and the subpoena shall also clearly designate the date, time, and place at which the witness's presence is required.

(d) Any witness shall have five days' notice of hearing, unless waived by the witness, and subpoenas may be served by a member of the General Assembly Special Police, the State Bureau of Investigation, the State Highway Patrol, or within their respective jurisdiction by any sheriff or deputy, or any municipal police officer or other law-enforcement officer. Members of the General Assembly Special Police may serve subpoenas issued under this Chapter anywhere in the State. In addition, a subpoena may be served in the manner provided for service of subpoenas under the North Carolina Rules of Civil Procedure.

(e) The form of subpoena shall generally follow the practice in the General Court of Justice in North Carolina with such additional information or modification as shall be approved by the Legislative Services Commission.

(f) Return of the subpoena shall be to the Legislative Services Officer, where a permanent record shall be maintained for five years, and one copy of the subpoena shall be immediately filed with the committee chairman and one copy transmitted to the Speaker of the House, the President of the Senate, the President pro tempore of the Senate, or the Speaker pro tempore of the House, as the case may be. (1973, c. 543; 2011-63, s. 2.)

§ 120-19.3. Witness fees and expenses.

Witnesses subpoenaed to testify before a committee of either house of the General Assembly or a joint committee of the General Assembly shall be entitled to the same fees and expenses as are allowable for witnesses in criminal proceedings in the superior court division of the General Court of Justice. (1973, c. 543.)

§ 120-19.4. Failure to respond to subpoena or refusal to testify punishable as contempt.

(a) Any person who without good cause fails to obey a subpoena which was served upon him, or, fails or refuses to testify shall be deemed to be in contempt of the committee and shall be punished as in the case of a civil contempt under the procedures set out in subsection (b). Any person whose action in the immediate presence of the committee directly tends to disrupt its proceedings may also be punished as in the case of a civil contempt under the procedures set out in subsection (b).

(b) If by a majority vote the committee deems that any person is in contempt under the provisions of subsection (a) the committee shall file a complaint signed by the chairman in the General Court of Justice, superior court division, requesting that the court issue an order directing that the person appear within a reasonable time and show good cause why he should not be held in contempt of the committee or its processes. If the person does not establish good cause the court shall punish the person in accordance with the provisions of G.S. 5A-12 or G.S. 5A-21, whichever is applicable. (1973, c. 543; 1977, c. 344, s. 2; 1985, c. 790, s. 5.)

§ 120-19.4A. Requests to State Bureau of Investigation for background investigation of a person who must be confirmed by legislative action.

The President of the Senate or the Speaker of the House may request that the State Bureau of Investigation perform a background investigation on a person who must be appointed or confirmed by the General Assembly, the Senate, or the House of Representatives. The person being investigated shall be given written notice by regular mail at least 10 days prior to the date that the State Bureau of Investigation is requested to perform the background investigation by the presiding officer of the body from which the request originated. There is a rebuttable presumption that the person being investigated received the notice if the presiding officer has a copy of the notice. The State Bureau of Investigation shall perform the requested background investigation and shall provide the information, including criminal records, to the presiding officer of the body from which the request originated. A copy of the information also shall be provided to the person being investigated. The term "background investigation" shall be limited to an investigation of a person's criminal record, educational background, employment record, records concerning the listing and payment of taxes, and credit record, and to a requirement that the person provide the information contained in the statements of economic interest required to be filed by persons subject to Chapter 138A of the General Statutes. (1987, c. 867, s. 2; 2008-213, s. 89.)

§ 120-19.5. Committee staff assistance.

Upon a certificate of need from the Speaker of the House, the President of the Senate, the President pro tempore of the Senate, or the Speaker pro tempore of the House and upon request of the committee chairman, the Legislative Services Officer is authorized to assign to any standing committee having interim research, drafting, or hearing assignment one or more members of his staff who shall function as research assistant and counsel to the committee when needed. (1973, c. 543.)

§ 120-19.6. Interim committee activity; rules.

(a) Upon a general directive by resolution of the house in question or upon a specific authorization of either the Speaker of the House, President of the Senate, President Pro Tempore of the Senate or the Speaker Pro Tempore of the House, any standing committee, select committee or subcommittee of either house of the General Assembly is authorized to meet in the interim period between sessions or during recesses of the General Assembly to consider specific bills or resolutions or other matters properly before the committee. No particular form of authority is needed, but this section is intended to promote better coordination by having a system of authorization for meetings of the committees of the General Assembly between sessions or during recesses. Meetings will be held in Raleigh, but with the approval of the Speaker or Speaker Pro Tempore, a House committee may meet elsewhere; and with the approval of the President or President Pro Tempore, a Senate committee may meet elsewhere. In addition, committees may meet at such places as authorized by specific resolution or action of either body of the General Assembly.

(a1) The Speaker of the House or the President Pro Tempore of the Senate may authorize, in writing, the creation of interim study committees to study and investigate governmental agencies and institutions and matters of public policy to assist that chamber in performing its duties in the most efficient and effective manner. The Speaker of the House or the President Pro Tempore of the Senate may appoint members of the relevant chamber, State officers and employees, and members of the public to the interim study committee. An interim study committee created under this subsection shall be deemed a committee of the relevant chamber for the purposes of this Article. Interim study committee members who are State officers and employees or members of the public shall receive subsistence and travel expenses as provided in G.S. 120-3.1, 138-5, or 138-6, as appropriate.

(b) In all other respects, committees shall function in the interim period between sessions or during recesses in the same manner and under the rules generally applicable to committees of the house in question of the General Assembly during the session of the General Assembly.

(c) Any committee during the interim period that meets upon specific authorization of the Speaker of the House, President of the Senate, President Pro Tempore of the Senate or Speaker Pro Tempore of the House shall limit its activities to those matters contained in the authorization, and shall suspend its activities upon written directive of such officer. Any interim committee that meets upon a directive by resolution of the house in question of the General Assembly shall limit its activities to those matters contained in the authorization. (1973, c. 543; 2001-491, s. 33.2.)

§ 120-19.7. Subcommittees.

By consent and approval of a majority of any committee, the chairman may designate a subcommittee of not less than five persons to conduct hearings, call witnesses, and inquire into any matters properly before the committee. A duly constituted subcommittee shall have all of the powers of the full committee, but any subcommittee shall cease its activities upon majority vote of the full committee, or as provided in G.S. 120-19.6. (1973, c. 543.)

§ 120-19.8. Limitation by resolution of either house.

The provisions of G.S. 120-19.5 pertaining to staff assistance and the provisions of G.S. 120-19.6 pertaining to interim committee activity shall not apply to the House if the House by rule or resolution shall adopt an alternate method of staff assistance or interim committee activity and shall not apply to the Senate if the Senate by rule or resolution shall adopt an alternate method of staff assistance or interim committee activity. Either house of the General Assembly shall have the right to determine any matter concerning the scope of its internal procedure by appropriate rule or resolution without the joinder of the other. (1973, c. 543.)

§ 120-19.9. Local acts affecting State highway system to be considered by transportation committees.

Any local bill affecting the State highway system shall, prior to its passage, be referred to a committee of either the House or Senate charged with the responsibility of examining bills or issues related to transportation or to the State highway system. (1987, c. 747, s. 24.)

Article 6.

Acts, Journals, and Reports to the General Assembly.

§ 120-20. When acts take effect.

Acts of the General Assembly shall be in force only from and after 60 days after the adjournment of the session in which they shall have passed, unless the commencement of the operation thereof be expressly otherwise directed. (1799, c. 527, P.R.; R.C., c. 52, s. 35; 1868-9, c. 270, s. 1; Code, s. 2862; Rev., s. 4417; C.S., s. 6105; 1995, c. 20, s. 3.)

§ 120-20.1. Coded bill drafting.

(a) Whenever in any act:

(1) It is stated that:

a. A law "reads as rewritten:"; or

b. Laws "read as rewritten:"; and

(2) The law is set out showing material struck through or underlined, or both

the material struck through is being deleted from the existing law, and the material underlined is being added to the existing law.

(b) Notwithstanding subsection (a) of this section, underlining in a column heading is existing law, and a double underline shows a column heading being added to existing law.

(b1) In any part of a law enacted in the format provided by this section, the material deleted from existing law and the material being added to existing law are the only changes made, the setting out of material not deleted or added is for illustration only, and the fact that two different acts amend the same law, when one or more of those is in the format provided by this section, does not in itself create a conflict.

(b2) In any act ratified on or after January 11, 1989, when a new section, subsection, or subdivision is added to the General Statutes, and that section, subsection, or subdivision is underlined, the underlining is not part of the law, but merely an illustration that the material in the bill which enacted the law is new.

(c) As used in this section "act" and "law" also includes joint and simple resolutions.

(d) This section applies to acts ratified on or after February 9, 1987. (1987, c. 138; c. 485, s. 4; 1989, c. 770, s. 40; 2001-487, s. 78.)

§§ 120-21 through 120-22. Repealed by Session Laws 1969, c. 1184, s. 8.

§§ 120-23 through 120-25. Transferred to G.S. 147-43.1 to 147-43.3 by Session Laws 1943, c. 543.

§ 120-26. Repealed by Session Laws 1943, c. 543.

§ 120-27. Journals; preparation and filing by clerks of houses.

It shall be the duty of the principal clerks of the two houses of the General Assembly to hasten the preparation of their journals for the printer, so that in no case at any time shall the journal of either house of any one day's proceedings remain unprepared for the printer by the clerk for a longer period than six days after its approval, and such clerks shall, immediately after the preparation of any and every day's proceedings of their respective houses, send the same to the office of the Secretary of State. (1872-3, c. 45, ss. 2, 3; Code, ss. 3627, 3628; Rev., s. 5100; C.S., s. 7299.)

§ 120-28. Journals indexed by clerks.

The principal clerks of the two houses of the General Assembly shall provide full and complete indexes for the journals of their respective houses. (1866-7, c. 71; 1881, c. 292; Code, s. 2868; Rev., s. 4421; C.S., s. 6112.)

§ 120-29. Journals deposited with Secretary of State.

The principal clerks of the Senate and House of Representatives, as soon as may be practicable after the close of each session, shall deposit in the office of the Secretary of State the journals of the General Assembly; and the Secretary of State shall make and certify copies of any part or entry of the journals, and may take for the copy of each entry made and certified the same fee as for the copy of a grant. (1819, c. 1020, P.R.; R.C., c. 52, s. 36; Code, s. 2867; Rev., s. 4420; C.S., s. 6113.)

§ 120-29.1. Approval of bills.

(a)   If the Governor approves a bill, the Governor shall write upon the same, below the signatures of the presiding officers of the two houses, the fact, date, and time of approval, as follows: "Approved ____.m. this ____ day of ____, ____" and shall sign the same as follows: "____ Governor". The Governor shall then return the approved bill to the enrolling clerk.

(b)   If any bill becomes law because of the failure of the Governor to take any action, it shall be the duty of the Governor to return the measure to the enrolling clerk, who shall sign the following certificate on the measure and deposit it with the Secretary of State: "This bill having been presented to the Governor for signature on the ____ day of ____, ____ and the Governor having failed to approve it within the time prescribed by law, the same is hereby declared to have become a law.

This ____ day of ____, ____, ____ Enrolling Clerk".

(c) If the Governor returns any bill to the house of origin with objections, the Governor shall write such objections on the measure or cause the objections to be attached to the measure. When any such bill becomes law after reconsideration of the two houses, the principal clerk of the second house to act shall, below the objections of the Governor, sign the following certificate: "Became law notwithstanding the objections of the Governor, ____.m. this ____ day of ____, ____". The principal clerk of the second house to act shall fill in the time. The enrolling clerk shall deposit the measure with the Secretary of State.

(d) In calculating the period under Section 22(7) of Article II of the North Carolina Constitution, the day on which the bill is presented to the Governor shall be excluded and the entire last day of the period is included. (1995, c. 20, s. 2; 1997-1, s. 3; 2010-96, s. 15.)

§ 120-29.5. State agency reports to the General Assembly.

Whenever a report is directed by law or resolution to be made to the General Assembly, the State agency preparing the report shall deliver one copy of the report to each of the following officers: the Speaker of the House of Representatives, the President Pro Tempore of the Senate, the House Principal Clerk, and the Senate Principal Clerk; and two copies of the report to the Legislative Library. The State agency is encouraged to inform members of the General Assembly that an electronic copy is available. This section does not affect any responsibilities for depositing documents with the State Library or the State Publications Clearinghouse under Chapter 125 of the General Statutes. (2004-203, s. 49(b).)

§ 120-30: Repealed by Session Laws 1961, c. 24.

Article 6A.

Submission of Acts.

§§ 120-30.1 through 120-30.9: Repealed by Session Laws 1965, c. 1142.

§ 120-30.9A. Purpose.

The purpose of this Article is to ensure compliance with Section 5 of the Voting Rights Act of 1965 by designating certain officials who shall submit to the Attorney General of the United States any statute enacted by the General Assembly or action taken by any local government which affects any voting qualification, prerequisite to voting, or standard, practice, or procedure with respect to voting different from that in force or effect on November 1, 1964, in any jurisdiction covered by Section 5 of the Voting Rights Act of 1965. (1985, c. 579, s. 1; 1997-456, s. 27.)

§ 120-30.9B. Statewide statutes; State Board of Elections.

(a) The Executive Director of the State Board of Elections or, in the discretion of the Legislative Services Commission, a person designated by the Legislative Services Commission shall seek approval as required by 42 U.S.C. § 1973c for all of the following:

(1) Within 30 days of the time they become laws all acts of the General Assembly that amend, delete, add to, modify or repeal any provision of Chapter 163 of the General Statutes or any other statewide legislation, except relating to Chapter 7A of the General Statutes or as provided in subsection (b) of this section, which constitutes a "change affecting voting" under Section 5 of the Voting Rights Act of 1965; and

(2) Within 30 days all alterations of precinct boundaries under G.S. 163-132.2(c) in counties covered by Section 5 of the Voting Rights Act of 1965.

(b) With respect to acts of the General Assembly that amend, delete, add to, modify, or repeal any provision relating to apportioning or redistricting of State legislative or congressional districts, the Attorney General of North Carolina shall seek approval of the plan as required by 42 U.S.C. § 1973c. If the Attorney General of North Carolina fails within 30 days of enactment of the plan to seek approval of the plan, then the Legislative Services Commission may authorize another appropriate person to seek approval of the plan as authorized by law. (1985, c. 579, s. 1; 1989, c. 440, s. 4; 1995, c. 20, s. 4; 2001-319, s. 11; 2003-434, 1st Ex. Sess., s. 12; 2011-145, s. 22.3; 2011-391, s. 48.)

§ 120-30.9C. The judicial system; Administrative Office of the Courts.

The Administrative Officer of the Courts shall submit to the Attorney General of the United States within 30 days of the time they become laws all acts of the General Assembly that amend, delete, add to, modify or repeal any provision of Chapter 7A of the General Statutes of North Carolina which constitutes a "change affecting voting" under Section 5 of the Voting Rights Act of 1965. (1985, c. 579, s. 1; 1995, c. 20, s. 5.)

§ 120-30.9D. Constitutional amendments; Secretary of State.

The Secretary of State shall submit to the Attorney General of the United States within 30 days of ratification all acts of the General Assembly that amend the North Carolina Constitution and which constitute a "change affecting voting" under Section 5 of the Voting Rights Act of 1965. (1985, c. 579, s. 1.)

§ 120-30.9E. Counties; County Attorney.

The County Attorney of any county covered by the Voting Rights Act of 1965 shall submit to the Attorney General of the United States within 30 days:

(1)   Of the time they become laws, any local acts of the General Assembly; and

(2)   Of adoption actions of the county board of commissioners, or the county board of elections or any other county agency which constitutes a "change affecting voting" under Section 5 of the Voting Rights Act of 1965 in that county. (1985, c. 579, s. 1; 1995, c. 20, s. 6.)

§ 120-30.9F. Municipalities; municipal attorney.

The municipal attorney of any municipality covered by the Voting Rights Act of 1965 shall submit to the Attorney General of the United States within 30 days:

(1)   Of the time they become laws, any local acts of the General Assembly; and

(2)   Of adoption actions of the municipal governing body or any other municipal agency or county board of elections which constitutes a "change affecting voting" under Section 5 of the Voting Rights Act of 1965 in that municipality; provided that, if required or allowed by regulations or practices of the United States Department of Justice, a municipal attorney may delay submission of any annexation ordinance or group of ordinances until all previously submitted annexation ordinances have been precleared or otherwise received final disposition. (1985, c. 579, s. 1; 1989, c. 598, s. 4; 1995, c. 20, s. 7; 2011-31, s. 12; 2012-194, s. 22(a).)

§ 120-30.9G. School Administrative Units; State Board of Education; Local Boards of Education Attorney.

(a)   The State Board of Education shall submit to the Attorney General of the United States within 30 days any rules, policies, procedures, or actions taken pursuant to G.S. 115C-64.4 which could result in the appointment of a caretaker administrator or board to perform any of the powers and duties of a local board of education where that school administrative unit is covered by the Voting Rights Act of 1965.

(b)   The attorney for any local board of education where that school administrative unit is covered by the Voting Rights Act of 1965 shall submit to the Attorney General of the United States within 30 days:

(1)   Of the time they become laws, any local acts of the General Assembly; and

(2)   Of adoption actions of the local boards of education which constitutes a "change affecting voting" under Section 5 of the Voting Rights Act of 1965 in that school administrative unit. If the change affecting voting is a merger of two or more school administrative units, the change shall be submitted jointly by the attorneys of the school administrative units involved, or by one of them by

agreement of the attorneys involved. (1985, c. 579, s. 1; 1991, c. 529, s. 2; 1995, c. 20, s. 8.)

§ 120-30.9H. Decision letters of U. S. Attorney General published in North Carolina Register.

All letters and other documents received by the authorities required by this Article to submit any "changes affecting voting" from the Attorney General of the United States in which a final decision is made concerning a submitted "change affecting voting" shall be filed with the Director of the Office of Administrative Hearings. The Director shall publish the letters and other documents in the North Carolina Register. (1985 (Reg. Sess., 1986), c. 1032, s. 11.)

§ 120-30.9I. Alternate submission authority.

Notwithstanding any other provision of this Article, in the event that the person or party responsible under G.S. 120-30.9E, 120-30.9F, or 120-30.9G for submitting any local act of the General Assembly shall delay, obstruct, or refuse to make a submittal to the Attorney General of the United States, the Attorney General of North Carolina may submit that local act. Any person or party responsible under this Article for making such a submission shall promptly provide any information and materials the Attorney General of North Carolina might request to facilitate making the submission and making any supplements to the submission. (1991, c. 761, s. 21.1.)

§ 120-30.9J. Repeal of acts and ordinances which were denied preclearance.

Any (i) city or county ordinance or resolution, (ii) act, policy, or resolution of a county board of elections, or (iii) public or local law enacted by the General Assembly, for which prior to June 25, 2013, either the United States Department of Justice interposed an objection or the United States District Court for the District of Columbia denied a declaratory judgment under Section 5 of the Voting Rights Act of 1965 is repealed. This section shall not apply to any ordinance, resolution, act, policy, or law to which the United States Department of Justice withdrew its objection or, after the United States Department of

Justice interposed an objection, the United States District Court for the District of Columbia issued a declaratory judgment that such ordinance, resolution, act, policy, or law did not violate Section 5 of the Voting Rights Act of 1965. (2013-343, s. 1.)

Article 6B.

Legislative Research Commission.

§ 120-30.10. Creation; appointment of members; members ex officio.

(a) There is hereby created a Legislative Research Commission to consist of five Senators to be appointed by the President pro tempore of the Senate and five Representatives to be appointed by the Speaker of the House. The President pro tempore of the Senate and the Speaker of the House, or their designees, shall be ex officio members of the Legislative Research Commission. Provided, that when the President of the Senate has been elected by the Senate from its own membership, then the President of the Senate shall make the appointments of the Senate members of the Legislative Research Commission, shall serve ex officio as a member of the Commission and shall perform the duties otherwise vested in the President pro tempore by G.S. 120-30.13 and 120-30.14.

(b) The President Pro Tempore of the Senate and the Speaker of the House may appoint additional members of the General Assembly to work with the regular members of the Research Commission on study committees. The terms of the additional study committee members shall be limited by the same provisions as apply to regular commission members, and they may be further limited by the appointing authorities.

(c) The President Pro Tempore of the Senate and the Speaker of the House may appoint persons who are not members of the General Assembly to advisory subcommittees. The terms of advisory subcommittee members shall be limited by the same provisions as apply to regular Commission members, and they may be further limited by the appointing authorities. (1965, c. 1045, s. 1; 1975, c. 692, s. 1; 2012-194, s. 66.7(a).)

§ 120-30.11. Time of appointments; terms of office.

Appointments to the Legislative Research Commission shall be made not earlier than the close of each regular session of the General Assembly held in the odd-numbered year nor later than 15 days subsequent to the close. The term of office shall begin on the day of appointment, and shall end on January 15 of the next odd-numbered year. No moneys appropriated to the Legislative Research Commission may be expended for meetings of the Commission, its committees or subcommittees held after January 15 of the next odd-numbered year and before the appointment of the next Legislative Research Commission. (1965, c. 1045, s. 2; 1975, c. 692, s. 2; 1977, c. 915, s. 4; 1981, c. 688, s. 19; 1983, c. 63, s. 1; 1983 (Reg. Sess., 1984), c. 1034, s. 178; 1991 (Reg. Sess., 1992), c. 900, s. 16.)

§ 120-30.12. Vacancies.

Vacancies in the appointive membership of the Legislative Research Commission occurring during a term shall be filled for the unexpired term by appointment by the officer who made the original appointment. Vacancies in the ex officio membership shall be filled for the unexpired term by election by the remaining members of the Commission. Every vacancy shall be filled by a member of the same house as that of the person causing the vacancy.

If for any reason the office of President pro tempore of the Senate becomes vacant, the five Senate members of the Legislative Research Commission shall elect one of their own number to perform and exercise the duties imposed and powers granted pursuant to this Article, and such Senator so elected shall serve until the Senate shall elect a President pro tempore. If for any reason the office of Speaker of the House of Representatives becomes vacant, the five members of the House of Representatives of the Legislative Research Commission shall elect one of their own number to perform and exercise the duties imposed and powers granted pursuant to this Article, and such member of the House of Representatives so elected shall serve until the House of Representatives shall elect a Speaker. (1965, c. 1045, s. 3; 1969, c. 1037.)

§ 120-30.13. Cochairmen; rules of procedure; quorum.

The President pro tempore of the Senate and the Speaker of the House, or their designees, shall serve as cochairmen of the Legislative Research Commission. The Commission shall adopt rules of procedure governing its meetings. Eight members, including ex officio members, shall constitute a quorum of the Commission. (1965, c. 1045, s. 4; 2012-194, s. 66.7(b).)

§ 120-30.14. Meetings.

The first meeting of the Legislative Research Commission shall be held at the call of the President Pro Tempore of the Senate in the State Legislative Building or in another building designated by the Legislative Services Commission. Thereafter the Commission shall meet at the call of the chairmen. Every member of the preceding General Assembly has the right to attend all sessions of the Commission, and to present his views at the meeting on any subject under consideration. (1965, c. 1045, s. 5; 1981, c. 772, s. 1.)

§ 120-30.15. Repealed by Session Laws 1969, c. 1184, s. 8.

§ 120-30.16. Cooperation with Commission.

The Legislative Research Commission may call upon any department, agency, institution, or officer of the State or of any political subdivision thereof for such facilities and data as may be available, and these departments, agencies, institutions, and officers shall cooperate with the Commission and its committees to the fullest possible extent. (1965, c. 1045, s. 7.)

§ 120-30.17. Powers and duties.

The Legislative Research Commission has the following powers and duties:

(1) Pursuant to the direction of the General Assembly or either house thereof, or of the chairmen, to make or cause to be made such studies of and investigations into governmental agencies and institutions and matters of public policy as will aid the General Assembly in performing its duties in the most efficient and effective manner.

(2) To report to the General Assembly the results of the studies made. The reports may be accompanied by the recommendations of the Commission and bills suggested to effectuate the recommendations.

(3), (4) Repealed by Session Laws 1969, c. 1184, s. 8.

(5), (6) Repealed by Session Laws 1981, c. 688, s. 2.

(7) To obtain information and data from all State officers, agents, agencies and departments, while in discharge of its duty, pursuant to the provisions of G.S. 120-19 as if it were a committee of the General Assembly.

(8) To call witnesses and compel testimony relevant to any matter properly before the Commission or any of its committees. The provisions of G.S. 120-19.1 through G.S. 120-19.4 shall apply to the proceedings of the Commission and its committees as if each were a joint committee of the General Assembly. In addition to the other signatures required for the issuance of a subpoena under this subsection, the subpoena shall also be signed by the members of the Commission or of its committee who vote for the issuance of the subpoena.

(9) For studies authorized to be made by the Legislative Research Commission, to request another State agency, board, commission or committee to conduct the study if the Legislative Research Commission determines that the other body is a more appropriate vehicle with which to conduct the study. If the other body agrees, and no legislation specifically provides otherwise, that body shall conduct the study as if the original authorization had assigned the study to that body and shall report to the General Assembly at the same time other studies to be conducted by the Legislative Research Commission are to be reported. The other agency shall conduct the transferred study within the funds already assigned to it. (1965, c. 1045, s. 8; 1969, c. 1184, s. 8; 1977, c. 915, s. 3; 1981, c. 688, s. 2; 1983, c. 905, s. 7; 1985, c. 790, s. 7.)

§ 120-30.18. Facilities; compensation of members; payments from appropriations.

The facilities of the State Legislative Building, and any other State office building used by the General Assembly, shall be available to the Commission for its work. Members of the General Assembly serving on the Legislative Research Commission or its study committees shall be reimbursed for travel and subsistence expenses at the rates set out in G.S. 120-3.1. Advisory subcommittee members shall be reimbursed and compensated at the rates set out in G.S. 138-5 (public members) and G.S. 138-6 (State officials or employees). All expenses of the Commission shall be paid from funds appropriated for the Commission. (1965, c. 1045, s. 9; 1975, c. 692, s. 3; 1981, c. 772, s. 2.)

§§ 120-30.19 through 120-30.23. Reserved for future codification purposes.

Article 6C.

Review of Administrative Rules.

§§ 120-30.24 through 120-30.28: Repealed by Session Laws 1983, c. 927, s. 2.

§ 120-30.29: Repealed by Session Laws 1981, c. 688, s. 8.

§ 120-30.29A: Repealed by Session Laws 1983, c. 927, s. 2.

§§ 120-30.30 through 120-30.31: Repealed by Session Laws 1981, c. 688, s. 8.

§ 120-30.32: Repealed by Session Laws 1983, c. 927, s. 2.

§ 120-30.33: Repealed by Session Laws 1981, c. 688, s. 8.

§§ 120-30.34 through 120-30.40: Repealed by Session Laws 1983, c. 927, s. 2.

Article 6D.

Local Government Fiscal Information Act.

§ 120-30.41. Short title.

This Article may be cited as the "Local Government Fiscal Information Act." (1979, 2nd Sess., c. 1262, s. 1.)

§ 120-30.42. Definitions.

For the purposes of this Article, "unit of local government" means counties, cities, towns, and incorporated villages, sanitary districts, mosquito control districts, hospital districts, metropolitan sewerage districts, metropolitan water districts, county water and sewer districts, special airport districts, water and sewer authorities, county boards of education and city boards of education. (1979, 2nd Sess., c. 1262, s. 2.)

§ 120-30.43. Purpose.

It is the purpose of this Article to provide procedures for the preparation and distribution of fiscal information on bills, resolutions, amendments to bills and resolutions or rules which if enacted or adopted would have a fiscal impact on the units of local government of this State. (1979, 2nd Sess., c. 1262, s. 3.)

§ 120-30.44. Fiscal note defined.

For purposes of this Article, "fiscal note" means a realistic statement of the estimated effect on the expenditures or revenues of units of local government of implementing or complying with a proposed bill, resolution or rule. (1979, 2nd Sess., c. 1262, s. 4.)

§ 120-30.45. Fiscal note on legislation.

(a) Every bill and resolution introduced in the General Assembly proposing any change in the law that could increase or decrease expenditures or revenues of a unit of local government shall have attached to it at the time of its consideration by the General Assembly a fiscal note prepared by the Fiscal Research Division. The fiscal note shall identify and estimate, for the first five fiscal years the proposed change would be in effect, all costs of the proposed legislation. If, after careful investigation, the Fiscal Research Division determines that no dollar estimate is possible, the note shall contain a statement to that effect, setting forth the reasons why no dollar amount can be given. No comment or opinion shall be included in the fiscal note with regard to the merits of the measure for which the note is prepared. However, technical and mechanical defects may be noted.

(b)   The sponsor of each bill or resolution to which this section applies shall present a copy of the bill or resolution with the request for a fiscal note to the Fiscal Research Division. Upon receipt of the request and the copy of the bill or resolution, the Fiscal Research Division shall prepare the fiscal note as promptly as possible. The Fiscal Research Division shall prepare the fiscal note and transmit it to the sponsor within two weeks after the request is made, unless the sponsor agrees to an extension of time.

(c)   This fiscal note shall be attached to the original of each proposed bill or resolution that is reported favorably by any committee of the General Assembly, but shall be separate from the bill or resolution and shall be clearly designated as a fiscal note. A fiscal note attached to a bill or resolution pursuant to this subsection is not a part of the bill or resolution and is not an expression of legislative intent proposed by the bill or resolution.

(d)   If a committee of the General Assembly reports favorably a proposed bill or resolution with an amendment that proposes a change in the law that could increase or decrease expenditures or revenues of a unit of local government, the chair of the committee shall obtain from the Fiscal Research Division and attach to the amended bill or resolution a fiscal note as provided in this section.

(e)   The Office of State Budget and Management, the Department of Revenue, the Department of the State Treasurer, the Department of the State Auditor, the State department most directly concerned, and, where appropriate, officials of units of local government, upon the request of Fiscal Research Division, shall assist the Fiscal Research Division in the preparation of the fiscal note.

(f)   Copies of fiscal notes prepared by the Fiscal Research Division shall be furnished to the sponsor of the bill or resolution, the chairmen of the Local Government Committees, and the chairmen of the Appropriations, Finance,

Rules, or the Senate Ways and Means Committees as appropriate. (1979, 2nd Sess., c. 1262, s. 5; 1995, c. 415, s. 6; 2000-140, s. 93.1(a); 2001-424, s. 12.2(b).)

§ 120-30.46. Fiscal information related to requests for State appropriations.

Any State department, institution, agency, or other authority making requests for State appropriations to fund changes in existing programs or for implementing new programs shall, if such changes or new programs would require local expenditures, incorporate as a part of the information submitted in support of the request a statement of the estimated fiscal effect on the units of local government. (1979, 2nd Sess., c. 1262, s. 6.)

§ 120-30.47. Legislation introduced by request.

Any State department, institution, agency, or other authority requesting a member or members of the General Assembly to introduce legislation which if enacted would have a fiscal impact on the units of local government of this State shall furnish to such member or members, and to the Fiscal Research Division, a fiscal note containing a realistic estimate of the effect of the measure for the ensuing two fiscal periods. (1979, 2nd Sess., c. 1262, s. 7.)

§ 120-30.48. Fiscal impact of administrative rules.

An agency is required to prepare a fiscal note on a proposed administrative rule that affects the expenditures or revenues of a unit of local government as provided in G.S. 150B-21.4. (1979, 2nd Sess., c. 1262, s. 8; 1987, c. 827, ss. 1, 55; 1991, c. 418, s. 13.)

§ 120-30.49. Compiling federal mandates; annual report.

(a) The Fiscal Research Division shall, in consultation with the appropriate staff of the Research and Bill Drafting Divisions, make an annual report to the

General Assembly pertaining to the fiscal effect of federal mandates on, or federal law on which is conditioned the receipt of federal funds by the State and units of local government. The annual report on federal mandates shall include the following:

(1) A listing of federal laws that require the State and any unit of local government, including a county, city, school administrative unit, or other local entity funded by or through a unit of local government to carry out additional or modified responsibilities;

(2) An estimate of the amount of any increase or decrease in the costs to the State and units of local government in providing or delivering public services required by federal law that are funded in whole or in part by the State or units of local government; and

(3) A listing of any other federal actions directly affecting the expenditures or revenues of the State and units of local government.

(b) The Office of State Budget and Management shall assist the Fiscal Research Division in the preparation of the annual report on federal mandates upon the request of the Division. Each State department, agency, or institution shall cooperate fully with the Fiscal Research Division in compiling the annual report on federal mandates and shall supply information to the Division in accordance with G.S. 120-32.01. The North Carolina Association of County Commissioners, the North Carolina League of Municipalities, and units of local government shall cooperate with the Fiscal Research Division in compiling the annual report on federal mandates, as requested, by supplying information relevant to the expenditures or revenues of units of local government.

(c) Copies of the annual report on federal mandates to the State and units of local government shall be provided to members of the General Assembly and to the Governor, the Office of State Budget and Management, the North Carolina Association of County Commissioners, and the North Carolina League of Municipalities. (1995, c. 415, s. 7; 2000-140, s. 93.1(a); 2001-424, s. 12.2(b).)

Article 7.

Legislative Services Commission.

§ 120-31. Legislative Services Commission organization.

(a) The Legislative Services Commission shall consist of the President pro tempore of the Senate or a Senator designated by the President Pro Tempore, four Senators appointed by the President pro tempore of the Senate, the Speaker of the House of Representatives or a member of the House of Representatives designated by the Speaker, and four Representatives appointed by the Speaker of the House of Representatives. The President pro tempore of the Senate, and the Speaker of the House shall serve until the selection and qualification of their respective successors as officers of the General Assembly. The initial appointive members shall be appointed after the date of ratification of this Article and each shall serve for the remainder of his elective term of office and until his successor is appointed or until he ceases to be a member of the General Assembly, whichever occurs first. A vacancy in one of the appointive positions shall be filled in the same manner that the vacated position was originally filled, and the person so appointed shall serve for the remainder of the unexpired term of the person whom he succeeds. In the event the office of Speaker becomes vacated, the four Representatives shall elect one of themselves to perform the duties of the Speaker as required by this Article. In the event the office of President pro tempore becomes vacated, the four Senators shall elect one of themselves to perform the duties of President pro tempore as required by this Article. Members so elevated shall perform the duties required by this Article until a Speaker or a President pro tempore is duly elected by the appropriate house.

(b) The President pro tempore of the Senate or his designee from the Commission membership shall be the chairman of the Commission in odd-numbered years and the Speaker of the House of Representatives or his designee from the Commission membership shall be chairman of the Commission in even-numbered years.

(c) The Commission may elect from its membership such other officers as it deems appropriate, and may appoint other members of the General Assembly to serve on any committee of the Commission.

(d) The Commission may adopt rules governing its own organization and proceedings.

(e) Members of the Commission, when the General Assembly is not in session, shall be reimbursed for subsistence and travel allowance as provided for members of the General Assembly when in session for such days as they are engaged in the performance of their duties.

(f) In any case where any provision of law or any rule of the Legislative Services Commission required approval of any action by the Legislative Services Commission, approval of that action by the President Pro Tempore of the Senate and by the Speaker of the House of Representatives constitutes approval of the Commission. (1969, c. 1184, s. 1; 1971, c. 1116, ss. 1-3; 1999-431, s. 3.6(a); 2011-291, s. 1.1(a).)

§ 120-32. Commission duties.

The Legislative Services Commission is authorized to:

(1) Determine the number, titles, classification, functions, compensation, and other conditions of employment of the joint legislative service employees of the General Assembly, including but not limited to the following departments:

a. Legislative Services Officer and personnel.

b. Electronic document writing system.

c. Proofreaders.

d. Legislative printing.

e. Enrolling clerk and personnel.

f. Library.

g. Research and bill drafting.

h. Printed bills.

i. Disbursing and supply.

j. Program evaluation.

Temporary employees of the General Assembly are exempt from the provisions of G.S. 135-3(8)c., as to compensation earned in that status.

(2) Determine the classification and compensation of employees of the respective houses other than staff elected officers; however, the hiring of employees of each house and their duties shall be prescribed by the rules and administrative regulations of the respective house;

(3) Acquire and dispose of furnishings, furniture, equipment, and supplies required by the General Assembly, its agencies and commissions and maintain custody of same between sessions. It shall be a Class 1 misdemeanor for any person(s) to remove any state-owned furniture, fixtures, or equipment from the State Legislative Building for any purpose whatsoever, except as approved by the Legislative Services Commission;

(4) Contract for services required for the operation of the General Assembly, its agencies, and commissions; however, any departure from established operating procedures, requiring a substantial expenditure of funds, shall be approved by appropriate resolution of the General Assembly;

(5) a. Provide for engrossing and enrolling of bills,

b. Appoint an enrolling clerk to act under its supervision in the enrollment and ratification of acts;

(6) a. Provide for the duplication and limited distribution of copies of ratified laws and joint resolutions of the General Assembly and forward such copies to the persons authorized to receive same,

b. Maintain such records of legislative activities and publish such documents as it may deem appropriate for the operation of the General Assembly;

(7) a. Provide for the indexing and printing of the session laws of each regular, extra or special session of the General Assembly and provide for the printing of the journal of each house of the General Assembly,

b. Provide and supply to the Secretary of State such bound volumes of the journals and session laws and of these publications in electronic format as may be required by the Secretary of State to be distributed under the provisions of G.S. 147-45, 147-46.1 and 147-48.

(8)   Repealed by Session Laws 1985 (Regular Session, 1986), c. 1014, s. 40(c).

(9)   To establish a bill drafting division to draft bills at the request of members or committees of the General Assembly.

(10)   To select the locations for buildings occupied by the General Assembly, and to name any building occupied by the General Assembly.

(11)   To specify the operating and capital uses within the General Assembly budget of funds appropriated to the General Assembly which remain available for expenditure after the end of the biennial fiscal period, and to revert funds under G.S. 143C-1-2.

(12)   Provide insurance to provide excess indemnity for any occurrence which results in a claim against any member of the General Assembly, as provided in G.S. 143-300.2 through G.S. 143-300.6. That insurance may not provide for any indemnity to be payable for any claim not covered by the above cited statutes, nor for any criminal act by a member, nor for any act committed by a member or former member prior to the inception of insurance.

(13)   Provide insurance to provide excess indemnity for any occurrence that results in a claim against any employee, officer, or committee, subcommittee, or commission member in the legislative branch other than a member of the General Assembly, as provided in G.S. 143-300.2 through G.S. 143-300.6. That insurance may not provide for any indemnity to be payable for any claim not covered by the above cited statutes, nor for any criminal act, nor for any act committed prior to the inception of insurance. (1969, c. 1184, s. 2; 1971, c. 685, s. 2; c. 1200, s. 8; 1977, c. 802, s. 50.60; 1981 (Reg. Sess., 1982), c. 1191, s. 67; 1983 (Reg. Sess., 1984), c. 1034, s. 182; 1985, c. 479, s. 176(a), (b); 1985 (Reg. Sess., 1986), c. 1014, s. 40(c); 1993, c. 539, s. 912; 1994, Ex. Sess., c. 24, s. 14(c); 2001-424, s. 32.21A(a); 2001-513, s. 16(c); 2006-203, s. 59; 2007-78, s. 1; 2013-360, s. 36.13.)

§ 120-32.01. Information to be supplied.

(a)   Every State department, State agency, or State institution shall furnish the Legislative Services Office and the Research, Fiscal Research, Program

Evaluation, and Bill Drafting Divisions any information or records requested by them and access to any facilities and personnel requested by them. Except when accessibility is prohibited by a federal statute, federal regulation, or State statute, every State department, State agency, or State institution shall give the Legislative Services Office and these divisions access to any data base or stored information maintained by computer, telecommunications, or other electronic data processing equipment, whether stored on tape, disk, or otherwise, and regardless of the medium for storage or transmission.

(b)   Notwithstanding subsection (a) of this section, access to the BEACON/HR payroll system by the Research and Bill Drafting Divisions shall only be through the Fiscal Research Division and access to the system by the Program Evaluation Division shall only be through the Division Director and two employees of the Division designated by the Division Director.

(c)   Consistent with subsection (a) of this section and notwithstanding any other law relating to privacy of personnel records, the Retirement Systems Division of the Department of State Treasurer shall furnish the Fiscal Research Division direct online read-only access to active and retired member information or records maintained by the Retirement Systems Division in online information systems. Direct online read-only access shall not include access to medical records of individual members or to tax records and other tax-related documents of members and beneficiaries. Nothing in this subsection shall limit the provisions of subsection (a) of this section.

(d)   For the purpose of ensuring financial transparency, accountability, and efficient operation of the Medicaid program finances by the Department of Health and Human Services, employees of the Fiscal Research Division designated by the Director of Fiscal Research shall have access to all records related to the Medicaid program. The Department of Health and Human Services shall cooperate fully with the designated employees of the Fiscal Research Division to facilitate (i) the evaluation of all financial and policy components of the Medicaid program, including financial projections, (ii) the evaluation of the budgetary construction and management of the Medicaid program, and (iii) the identification of unusual financial events. The Department shall also provide the Fiscal Research Division with electronic access to any departmental data for assessing or predicting Medicaid financial outcomes, and to any modeling software used for assessing or predicting Medicaid program financial outcomes. Employees of the Department shall not impede, delay, or restrict the provision of information or limit access to any departmental personnel necessary for the Fiscal Research Division to perform its monitoring and analysis of the Medicaid program.

Nothing in this subsection shall be construed to grant Fiscal Research Division employees access to medical records of individuals or other information protected under the Health Information Portability and Accountability Act (HIPAA).

Nothing in this subsection shall limit the provisions of subsection (a) of this section.

(e) The Department of Health and Human Services shall provide its annual financial projection of Medicaid program expenditures and requirements for any future fiscal years to the Chairs of the House Appropriations Committee and to the Chairs of the Senate Appropriations/Base Budget Committee no later than the date the Governor presents budget recommendations in accordance with G.S. 143C-3-5. Prior to providing this projection, the Secretary shall cooperatively engage designated employees of the Fiscal Research Division in ongoing bilateral analytical discussions about historical, current, and unanticipated factors that may impact projected Medicaid program financial outcomes that may affect the formulation of an official departmental annual financial projection.

Nothing in this subsection shall limit the provisions of subsection (a) of this section. (1983 (Reg. Sess., 1984), c. 1034, s. 177; 1996, 2nd Ex. Sess., c. 18, s. 8.2; 2007-78, s. 2; 2007-103, s. 1; 2011-145, s. 29.21C; 2012-142, s. 6.12; 2012-178, s. 1.)

§ 120-32.02. Legislative commissions' and committees' employees and consultants.

(a) In the construction of a statute creating, continuing, or modifying a commission or committee whose funds are appropriated or transferred to the General Assembly or to the Legislative Services Commission for disbursement, unless that construction would be inconsistent with the manifest intent of the General Assembly or repugnant to the context of the statute, the creation, continuation, or modification of the commission or committee shall not be construed as a grant of authority to the commission or committee to hire its own employees or to contract for consultant or other services.

(b) Notwithstanding any other provision of law, a commission or committee whose funds are appropriated or transferred to the General Assembly or to the Legislative Services Commission for disbursement and which has the power to contract for consultants or hire employees, or both, may contract for consultants, or hire employees, or both, only upon the prior approval of the Legislative Services Commission. A contract for employment or consultant services by such a commission or committee is void and unenforceable unless approved by the Legislative Services Commission prior to the contract being entered into.

(c) This section shall not apply to contracts of employment or for consultant services for standing or select committees of either house of the General Assembly, or subcommittees thereof, which shall be entered into by either the Speaker of the House or the President Pro Tempore of the Senate, as appropriate, and governed by the provisions of G.S. 120-35. (1987 (Reg. Sess., 1988), c. 1100, s. 9.1.)

§ 120-32.03. Grants and contributions to legislative commissions and committees.

(a) In the construction of a statute creating, continuing, or modifying a commission or committee whose funds are appropriated or transferred to the General Assembly or to the Legislative Services Commission for disbursement, unless that construction would be inconsistent with the manifest intent of the General Assembly or repugnant to the context of the statute, the creation, continuation, or modification of the commission or committee shall not be construed as a grant of authority to the commission or committee to apply for, receive or accept grants, loans, and advances of non-State funds, or to receive and accept contributions from any source, of money, property, labor, or any other thing of value in order for it to conduct its work.

(b) Notwithstanding any other provision of law, a commission or committee whose funds are appropriated or transferred to the General Assembly or to the Legislative Services Commission for disbursement may, only with specific approval of the Legislative Services Commission, apply for, receive, or accept grants and contributions, from any source, of money, property, labor, or any other thing of value, to be held and used for the purposes set forth in the act creating the commission or committee. Any thing of value remaining at the termination of the commission or committee shall be deposited with the

Legislative Services Commission to be employed for the use of the General Assembly. (1987 (Reg. Sess., 1988), c. 1100, s. 9.1.)

§ 120-32.1. Use and maintenance of buildings and grounds.

(a) The Legislative Services Commission shall:

(1) Establish policy for the use of the State legislative buildings and grounds;

(2) Maintain and care for the State legislative buildings and grounds, but the Commission may delegate the actual work of the maintenance of those buildings and grounds to the Department of Administration, which shall perform the work as delegated;

(3) Provide security for the State legislative buildings and grounds;

(4) Allocate space within the State legislative buildings and grounds; and

(5) Have the exclusive authority to assign parking space in the State legislative buildings and grounds.

(b) The Legislative Services Officer shall have posted the rules adopted by the Legislative Services Commission under the authority of this section in a conspicuous place in the State Legislative Building and the Legislative Office Building. The Legislative Services Officer shall have filed a copy of the rules, certified by the chairman of the Legislative Services Commission, in the office of the Secretary of State and in the office of the Clerk of the Superior Court of Wake County. When so posted and filed, these rules shall constitute notice to all persons of the existence and text of the rules. Any person, whether on his own behalf or for another, or acting as an agent or representative of any person, firm, corporation, partnership or association, who knowingly violates any of the rules adopted, posted and filed under the authority of this section is guilty of a Class 1 misdemeanor. Any person, firm, corporation, partnership or association who combines, confederates, conspires, aids, abets, solicits, urges, instigates, counsels, advises, encourages or procures another or others to knowingly violate any of the rules adopted, posted and filed under the authority of this section is guilty of a Class 1 misdemeanor. The President Pro Tempore of the Senate and the Speaker of the House of Representatives may waive in writing the application of any rule adopted by the Legislative Services Commission to either or both of the House and Senate Sergeants-at-Arms of the General

Assembly, and such a jointly-executed waiver shall be a defense against any prosecution for violation of such rule. Such a waiver shall extend no longer than the expiration of their then current term of office. A copy of such waiver shall be delivered to the Chief of the General Assembly Special Police.

(c) The Legislative Services Commission may cause to be removed at the owner's expense any vehicle parked in the State legislative buildings and grounds in violation of the rules of the Legislative Services Commission and may cause to be removed any vehicle parked in any State-owned parking space leased to an employee of the General Assembly where the vehicle is parked without the consent of the employee to whom the space is leased.

(c1) No rule adopted under this section shall prohibit the transportation or storage of a firearm in a closed compartment or container within a person's locked vehicle or in a locked container securely affixed to a person's vehicle. Notwithstanding any other provision of law, a legislator or legislative employee who parks a vehicle in a State-owned parking space that is leased or assigned to that legislator or legislative employee may transport a firearm to the parking space and store that firearm in the vehicle parked in the parking space, provided that: (i) the firearm is in a closed compartment or container within the legislator's or legislative employee's locked vehicle, or (ii) the firearm is in a locked container securely affixed to the legislator or legislative employee's vehicle.

(d) For the purposes of this section, the term "State legislative buildings and grounds" means:

(1) At all times:

a. The State Legislative Building;

a1. Repealed by Session Laws 1998-156, s. 1, effective September 24, 1998.

a2. The areas between the outer walls of the State Legislative Building and the far curbline of those sections of Jones, Wilmington, Salisbury, and Lane Streets that border the land on which it is situated;

b. The Legislative Office Building, which shall include the following areas:

1. The garden area and outer stairway;

2. The loading dock area bounded by the wall on the east abutting the Halifax Street Mall, the southern edge of the southernmost exit lane on Salisbury Street for the parking deck, and the Salisbury Street sidewalk;

3. The area between its outer wall and the near curbline of that section of Lane Street that borders the land on which it is situated; and

4. The area bounded by its western outer wall, the extension of a line along its northern outer wall to the middle of Salisbury Street, following the middle line of Salisbury Street to the nearest point of the intersection of Lane and Salisbury Streets, and thence east to the near curbline of the Legislative Office Building at its southwestern corner;

c. Any State-owned parking lot which is leased to the General Assembly;

d. The bridge between the State Legislative Building and the Halifax Street Mall;

e. A portion of the brick sidewalk surface area of the Halifax Street Mall, described as follows: beginning at the northeast corner of the Legislative Office Building, thence east across the brick sidewalk to the inner edge of the sidewalk adjacent to the grassy area of the Mall, thence south along the inner edge of the sidewalk to the southwest outer corner of the grassy area of the Mall, thence east along the inner edge of the sidewalk adjacent to the southern outer edge of the grassy area of the Mall to a point north of the northeast corner of the pedestrian surface of the Lane Street pedestrian bridge, thence south from that point to the northeast corner of the pedestrian surface of the bridge, thence west along the southern edge of the brick sidewalk area of the Mall to the southeast corner of the Legislative Office Building, thence north along the east wall of the Legislative Office Building, to the point of beginning; and

f. From the center of Lane Street to the far curbline on the south side of the street; between the western edge of the Lane Street driveway to the gardens behind the State Records Center, and Wilmington Street.

(2) Repealed by Session Laws 1998-156, s. 1, effective September 24, 1998. (1973, c. 99, s. 1; 1975, c. 145, s. 3; 1981, c. 772, ss. 3, 4; 1991 (Reg. Sess., 1992), c. 1044, s. 7(a); 1993, c. 539, s. 913; 1994, Ex. Sess., c. 24, s. 14(c); 1996, 2nd Ex. Sess., c. 18, ss. 8(c), 8.1; 1998-156, s. 1; 2003-284, s. 19B.2; 2006-264, s. 60; 2011-63, s. 3; 2011-268, s. 25.)

§ 120-32.1A. Evacuation of legislative buildings and grounds.

The Chief of the General Assembly Police, or the Chief's designee, shall exercise at all times those means that, in the opinion of the Chief, or the Chief's designee, may be effective in protecting the State legislative buildings and grounds and the persons within those buildings and grounds from fire, bombs, bomb threats, or any other emergency or potentially hazardous conditions, including both the ordering and control of the evacuation of those buildings and grounds. The Chief, or the Chief's designee, may employ the assistance of other available law enforcement agencies and emergency agencies to aid and assist in evacuations of the legislative buildings and grounds. (1997-112, s. 2.)

§ 120-32.2. General Assembly Special Police.

(a) All sworn members of the General Assembly Special Police employed by the Legislative Services Office are special police officers, and have all the powers of policemen of cities, within any of the following areas of jurisdiction, while on official duty:

(1) Within those areas of the City of Raleigh and of the unincorporated parts of Wake County surrounded by the innermost right-of-way of Interstate 440.

(2) Throughout the State:

a. While accompanying a member of the General Assembly who is conducting, or traveling to or from, his or her official duties.

b. While preparing for, or providing security to, a session of either or both houses of the General Assembly, or official events directly related to that session.

c. While performing advance work for continuity of government planning and performing advance work and providing security for the protection of legislative members, staff, and the public for any meeting of a study, standing, select, or joint select committee, a caucus, or any committee or commission meeting of the General Assembly, or any state, regional, or national meetings of legislative bodies or organizations representing legislative bodies, and while accompanying a member of the General Assembly to or from any event listed in this subdivision.

d. While conducting a criminal investigation of a threat of physical violence against the General Assembly, a member or staff of the General Assembly, or their immediate family.

e. While accompanying a member of the General Assembly for the purpose of providing executive protection in response to a threat of physical violence.

f. While serving a subpoena issued by the General Assembly or any committee of the General Assembly authorized to issue a subpoena under the provisions of Chapter 120 of the General Statutes.

(b) General Assembly Special Police officers may arrest persons outside the areas described in subsection (a) of this section when the person arrested has committed a criminal offense within any of the areas, for which the officer could have arrested the person within that area, and the arrest is made during such person's immediate and continuous flight from that area.

(c) The General Assembly Special Police officers have the exclusive authority and responsibility for enforcing the parking rules of the Legislative Services Commission. (1975, c. 145, s. 1; 1981, c. 772, s. 5; 1991 (Reg. Sess., 1992), c. 1044, s. 7(b); 2005-359, s. 1; 2008-145, s. 1; 2011-63, s. 1.)

§ 120-32.3. Oath of General Assembly Special Police officers.

Before exercising the duties of a special police officer, each General Assembly Special Police officer shall take an oath before some officer empowered to administer oaths, and the oaths shall be filed with the Clerk of Superior Court of Wake County. The oath of office shall be as follows:

"State of North Carolina, Wake County.

"I, _____, do solemnly swear (or affirm) that I will well and truly execute the duties of General Assembly Special Police officer in the State Legislative Building and other buildings and grounds subject to the jurisdiction of the Legislative Services Commission and in other areas designated by law, according to the best of my skill and ability and according to law; and that I will use my best endeavors to enforce all rules and regulations of the Legislative Services Commission concerning use of those buildings and grounds and all laws of the State of North Carolina. So help me, God.

"Sworn and subscribed to before me, this the ____ day of _____, A.D. ____"

(1975, c. 145, s. 2; 1981, c. 772, s. 6; 2005-359, s. 2; 2008-145, s. 2.)

§ 120-32.4. Subpoena and contempt powers.

The provisions of G.S. 120-19.1 through 120-19.4 shall apply to the proceedings of the Legislative Services Commission as if it were a joint committee of the General Assembly. (1977, c. 344, s. 5.)

§ 120-32.5. Leave for temporary employees.

Temporary part-time or full-time employees of the General Assembly who have four years of aggregate employment with the General Assembly (temporary or permanent) shall receive the same holidays, vacation leave, and sick leave as permanent part-time or full-time employees of the General Assembly respectively, or as may be determined by the Legislative Services Commission. (1983, c. 923, s. 217.)

Vision Books Order Form

Fax Orders:	1-980-299-5965
Phone Orders:	1-704-898-0770
E-mail Orders:	www.visionbooks.org
Mail Orders:	Vision Books, LLC P.O. Box 42406 Charlotte, NC 28215

Shipp To:
Name_____
Address_____
City_____State_____Zip_____
Phone_____Fax_____
Email_____@_____

Bill To: We can bill a third party on your behalf.
Name_____
Address_____
City_____State_____Zip_____
Phone___(_____)_____Fax_____
Email_____@_____

Pamphlet Number ($15.00 Each)	Qty	Total Cost
_____	_____	_____
_____	_____	_____
_____	_____	_____
_____	_____	_____
_____	_____	_____
_____	_____	_____
_____	_____	_____
_____	_____	_____
Full Volume Set 1-92	**92 Pamphlets**	**1,380.00**

Free Shipping Shipping & Handling on Full Volume Orders
Add $1.00 Shipping & Handling per pamphlet $_____

Total Cost $_____

Thank you for your support. Management!

DID YOU ENJOY THIS BOOK?

Vision Books, LLC would like to hear from you! If you or someone you know has been fasely imprisoned, we would like to hear your story. If the 'North Carolina Criminal Law and Procedure' has had an effect in your life or if you have suggestions, we would like to hear from you. Send your letters to:

Vision Books, LLC
Attn: Staff Writers
P.O. Box 42406
Charlotte, NC 28215
Email: staff@visionbooks.org

Order Additional Copies:

Fax Orders: 1-980-299-5965

Phone Orders: 1-704-898-0770

E-mail Orders: www.visionbooks.org

Mail Orders: Vision Books, LLC
                         P.O. Box 42406
                         Charlotte, NC 28215

www.ingramcontent.com/pod-product-compliance
Lightning Source LLC
Chambersburg PA
CBHW051629170526
45167CB00001B/111